이야기치료의 원리와 실제

| 김번영 저 |

Principles and
Practice of
Narrative Therapy

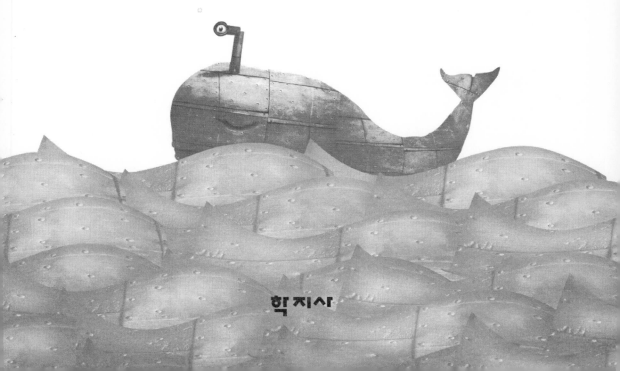

학지사

들어가며: 이야기란? 이야기치료의 모든 것

오해

이야기치료는 스토리텔링(storytelling)입니까? 아닙니다. 오해입니다. 제가 가장 많이 접하게 되는 오해 중 하나가 이야기치료를 스토리텔링 방식과 동일시하는 것이었습니다. 엄밀히 말해서 스토리텔링은 기법이나 상담 방식(methodology)에 불과하다고 할 수 있습니다. 현 시대(포스트모던시대)에서는 각 분야마다 유행처럼 스토리텔링 방식을 선호합니다. 관광학에서도, 수학에서도, 물리학에서조차도, 심지어는 프레젠테이션용 파워포인트를 만들 때도 스토리텔링을 접목하고 있습니다.

마찬가지로 어느 상담이론에서도 이용할 수 있는 것이 스토리텔링입니다. 마치 미술도구, 놀이도구, 역할극, 영화, 독서, 시 등이 상담과 치료의 매개체로 이용되는 것과 같습니다. 그렇지만 이런 매개체, 즉 도구나 방식 그 자체가 치료이론은 아닙니다. 다만, 그 치료가 효과적이고 더욱 효율적으로 진행되도록 사용되는 도구이지요. 말로 하기 어려울 때 도움을 받을 수 있는 도구, 비언어적 행위를 통해 자신의 이야기를 더욱 깊고 넓게 표현할 수 있도록 돕는 매개물이지요.

매개체, 도구, … 이 자체를 사용하는 것이 목적은 아니겠지요? 물론 이 도구들만으로 그 무엇을 이뤄 낼 수도 없겠지요. 이 도구를 뒷받침해 줄 수 있는 상담이론이나 철학적 바탕이 있어야 합니다. 즉, 인식론이 방법론을 이끈다는 것이지요. 그렇다면 이야기치료도 미술, 드라마, 독서 등을 이용할 수 있습니다. 마찬가지로 정신역동에서 스토리텔링을 도구로 활용할 수도 있습니다. 인지행동주의 관점에서 스토리텔링 기법을 이용할 수도 있습니다. 다시 말해, 스토리텔링이 중요하거나 다른 기법보다 효과적이라기보다는 어떤 관점에서 운영하느냐가 중요한 것입니다. 관점, 즉 인식론이 먼저 세워져야 한다는 것입니다.

　이야기치료에서 말하는 '이야기(narrative, story)'는 패러다임입니다. 즉, '인간이란 무엇인가?' '세계란 어떤 것이고 어떻게 구성되어 있는가?' 이런 질문에 대한 견해나 생각을 규정하는 테두리, 즉 철학적 인식론 혹은 세계관이라고 할 수 있습니다. 그런데 지금 세계적으로 이야기치료에서 활용되는 여러 가지 기법과 도구가 이야기치료 그 자체인 것으로 오해하고 있다고 합니다. 심지어 식자층이라면 '이야기접근법(narrative approach)'을 논해야 선진 지식인 행세를 하는 것 같은 현상이 현대의 추세라고 합니다.[1] 이야기치료란 이야기 그리고 치료입니다. 즉, '이야기'라는 인식론을 치료(혹은 상담)에 적용한 것이라고 할 수 있습니다. 그래서 우리는 '이야기접근법(narrative approach or way)으로 컨설팅(consulting)[2]

---

1) 2014년 10월 남아프리카공화국의 해석학자이자 이야기치료 전문가인 J. C. Müller가 방한하셨을 때 언급한 내용입니다.

2) 이야기치료의 선진은 치료(therapy)나 상담(counseling)이라는 단어를 썩 내켜 하지 않습니다. 그래서 보통 영어로 'consulting' 혹은 'the person who was consulting with me'라고 굳이 풀어서 쓰기도 합니다. 이야기치료의 선구자인 M. White는 내러티브 상담에 다른 이름을 붙인다면 "사람들을 연결하는 요법(connecting people therapy)"(Cattanch, 2002)이라고 하고 싶다고 하셨습니다. 이것은 심리상담 및 치유의 전체적인 패러다임 변화를 대변하고 있다고 봅니다. 그러다 보니 '내담자(client)'라는 단어도 외국의 현장에서는 피하고 있습니다. 이것은 이야기치료에서의 '문제(problem)'가 내담자 개인의 문제가 아닌 공동체의 사회문화적인 것임을 일깨우는 것이기 때문입니다. 그러나 이 책에서는 다만 소통을 위하여 우리나라에서 통용되는 '상담' 및 '치유' 또는 '내담자'라는 단어로 통일하겠습

을 한다.'라고 합니다.

   예를 들어, 정신역동 및 치료, 즉 인간은 정신이라는 구조를 가지고 있는 존재라는 가설하에 그것을 치료에 적용하는 것입니다. 인지치료는 인간이란 자신이 경험한 세계를 적극적으로 구성(constructing)하는 존재라고 인식합니다. 그리고 그 인식을 가지고 치료에 적용합니다. 그러면 가족치료는 인간을 가족으로 이루어진 존재로 볼까요? 아니지요. 가족치료는 가족을 체계(system)의 기본 단위로 봅니다. 다시 말해, 인간을 체계에 영향을 받는 존재로 보고, 체계로 인해 삶의 행동양식이 형성된다고 보는 이론을 치료에 적용한 것이 가족치료입니다. 마찬가지로 이야기치료란 인간을 '이야기'로 구성된 존재로 봅니다. 이 인식론을 '치료'에 적용하고 실천하는 것입니다.

책을 쓰게 된 동기

   이야기치료에 관한 책을 다시 쓰게 된 가장 큰 동기가 여기에 있습니다. 먼저, 이야기치료는 인식론적 패러다임을 삶에 체화해 내는 것이 핵심이며, 그것이 가장 중요하다고 생각하기 때문입니다. 그렇지 않으면 기법이나 접목하는 얼치기 이야기치료꾼이 되어 버립니다. 물론 그것이 그리 잘못된 것은 아니지만 치료 혹은 상담 상황에서 예측하지 못한 상황이 올 때 적절히 대처하지 못하는 우를

니다. 그리고 '기법'과 '접근법'은 확연히 다른 의미를 가지고 있습니다. 전자는 그 뜻 그대로 기술이고 테크닉인 반면에, 후자는 테크닉이라기보다는 '윤리적 자세'와 세계관적 '입장(world-view)'이 선행되는 것입니다.

범합니다. 또한 이야기치료의 정수를 맛보지 못합니다.

두 번째 동기는 우리 사회의 상황에서 저와 함께 현장을 누비며 열악한 상황에서도 이야기치료의 장을 열고 실천하도록 도와준 저의 모든 내담자분들과 함께했던 실천가분들(practitioners), 그리고 이름 없는 저의 강의를 찾아주셔서 1기부터 17기까지 이어 오게 해 주신 모든 분, 청소년 쉼터로 지원을 가셨던 이야기치료사 분들, 아동보호기관과 학교폭력 어울림, 보호관찰 대상자를 위해 애쓰셨던 분들의 노고를 책으로 남기고 싶었습니다. 그리고 이 분들과 함께 실천하고 만든 노하우와 프로그램을 책으로 내놓고 싶었습니다. 더불어 감사드리는 분이 있습니다. 제가 어렸을 때 상담에 눈뜨게 해 주셨고, 지금은 저를 이끌어 주시는 크리스찬치유상담대학원대학교 총장이신 정태기 총장님, 이야기치료로 저를 변화시켜 주신 수퍼바이저 Müller 교수님, 우리나라의 상황에 맞도록 학회를 세우고 함께해 주셨던 허남순 교수님을 필두로 한국이야기치료학회의 초석을 놓으신 모든 분의 은총을 저는 잊으면 안 됩니다.

마지막으로, 부끄럽지만 고백하고자 하는 것은 제가 처음 쓴 책 『이야기 치료와 상담』(2007)에 있는 몇 가지 오류를 수정하고, 기존에 출간된 이야기치료 책에서 혼용되고 있는 용어를 정리하고자 합니다. 부디 이 책을 접하는 모든 독자께 이 책이 이야기치료를 보다 올바르게 이해하고 실천할 수 있도록 도와주는 길잡이가 되었으면 합니다.

2015년 9월

저자 김번영

차례

제3부 **이야기치료의 실제**

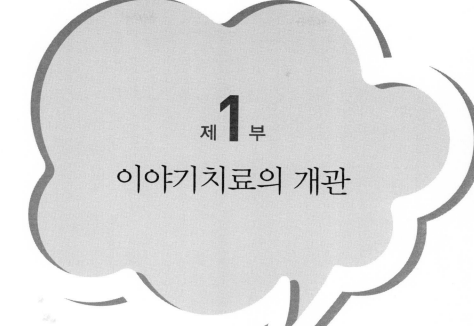

제**1**부

이야기치료의 개관

제**1**장

시대와 문화 읽기

청소년과 함께 노래방을 가 보신 적이 있습니까? 이 녀석들과 떼를 지어서 노래방을 가 보시면 이 녀석들 노는 문화에서 희한한 현상을 목격하게 될 겁니다. 한 녀석이 한 곡의 노래를 다 마치는 경우가 거의 없습니다. 한 친구가 노래를 시작해서 부르다가 자기가 고음에서 자신이 없으면 고음을 잘하는 친구에게 자연스럽게 넘깁니다. 혹은 한 친구가 부를 때 지켜보다가 다른 친구가 마이크를 잡으면 당연하다는 듯 그 친구에게 노래를 넘깁니다. 너무 자연스럽습니다. 그렇게 노래 하나를 여러 명이 합작해서 마무리합니다. 그런데 희한하게도 이것은 사전에 이렇게 저렇게 하자고 의논하고 하는 것이 아닙니다. 단순하게 '촉'으로, 그러니 물론 점수 확인 절차는 더더욱 없습니다. 한 사람이 한 곡하고 점수 확인 절차를 밟는 기성세대와는 많이 다르지요? 딱히 같이 하는 '우리'라고 할 수 없는 것 같은데 기성세대의 '우리'보다 더 '우리' 같은 세대가 지금의 청소년이 아닌가 싶습니다.

스마트폰 세대여서 그런지는 모르겠습니다. 느닷없이 한 통의 문자가 옵니다. "광화문 세종대왕상 앞 12시 13분, 만세 3창." 그래서 12시경 세종대왕상 앞에 가면 털이 보숭거리는 녀석들이 스멀스멀 모여듭니다. 그리고 시계를 맞춰 놓고 뭔가를 기다리더군요. 12시 13분이 되자 느닷없이 만세 3창을 하더니 흩어집니다. 이들을 쫓아가서 물어봅니다. "지금 뭐했니?" 간단히 대답합니다. "만세 3창 했잖아요." "왜 했니?" "그냥요… 재미있잖아요." "누가 하자고 했니?" "몰라요."

여러분, 이거 재미있습니까? 만약 재미있다고 하시는 독자 분이 있으시면 그분은 앞선 세대가 아니라 '묶여서 상담을 받으셔야 합니다~아.' 기성세대인 제 눈에는 누군가가 주도하지도 않고, 가볍지만 같이 하는 이상한 세대입니다.

시대문화와 상담

시대를 알면 상담이 보입니다. 왜냐하면 기존의 상담이 심리학을 기반으로 했다면 현대 상담은 문화와 철학적 인식론을 기반으로 하기 때문입니다. 조금 지루하실지 모르겠지만 우선 시대 읽기를 먼저 하시길 권합니다. 비록 여러분이 모더니즘과 포스트모더니즘의 차이[1]를 알고 계실지라도 다시 한 번 숙지하시는

---

1) 도식으로 구분하기는 억지스러움이 있겠지만 그래도 쉽게 한눈에 이해하기에는 편하실 듯합니다. 모더니즘의 가설(hypothesis)과 제안(fictional propositions) 속에 특징적으로 많이 사용되는 용어는 '객관(objective)' '보편(universal)' '타당(validity)' '신뢰성(reliability)' '규칙과 규범(criterion and rule)' '과학적(scientific)' '실험적(empirical)' '전문적(expertise)' '컨트롤(control)' 그리고 '양적인 것과 데이터(quantitative and data)'입니다. 또한 이들은 '필연론' '인과법칙', 직선적 사고인 '질서적 세계관'을 가지고 있습니다. 반면에 Grenz(1996)는 포스트모더니즘을 지식의 혁명이라고까지 말합니다. 이것은 객관에서 주관으로, 보편에서 특수로, 타당성에서 주관적 강직성으로, 개인주의에서 공동체 중심으로, 한 방향으로의 조정, 통제, 집중에서 상호적 참여로, 양적 강조점에서 질적 관심으로, 객관적 정보보다는 주관적인 경험으로, 연구 대상에서 주체적 참여로 관심과 강조점이 바뀌어 간다고 합니다. 모더니즘의 가치 체계가 중심이 되는 보편적 세계관을 강조한다면, 포스트모더니즘은 다양

과정을 거치기를 바랍니다. 사실 우리가 포스트모더니즘 문화와 모더니즘 문화를 학문적으로 구분할 수는 없을지 모르지만 일상생활에서는 이미 이런저런 모습으로 이야기하고 경험하며 살고 있지요. 그러나 이 시대(포스트모던)를 지식으로 알고 사는 것과 모르지만 경험으로 어렴풋하게 느끼며 사는 것에는 차이가 있습니다. 학문적으로 정리된 것을 알고 살 때는 특정한 상황에 대처할 수 있거나 예측 가능한 면이 있는 반면, 모르고 살 때는 긴가민가한 대처를 할 수 밖에 없습니다.

시대는 다른 말로 하면 그 문화[2]의 총아라고 할 수 있을 것 같습니다. 그 문화에는 그 시대가 추구하는 가치와 철학적 패러다임이 녹아 있습니다. 따라서 우

성과 서로 다른 특수성에 가치 체계가 있다고 할 수 있습니다. 비록 포스트모더니즘을 한마디로 정의하기는 어렵지만, 특징적인 단어로 나열한다면 개방적(openness)이며, 복합적이고, 상호적이지만 독립성이 보장되는 것과 어느 한 방향에서만 고집되는 결정주의를 원하지 않는다는 것입니다. 이들은 '우연론' '지금 이 순간' '순환론' '무질서 속의 질서적 세계관'을 가지고 있으며 동양적 사고체계와 정서가 많이 배어 있습니다.

2) '문화(culture)'라는 단어의 어원은 라틴어 'cultura(cultivate, 경작, 돌봄)'에서 왔습니다. 16세기 즈음에는 농작물 경작에서 인간 경작으로 그 의미가 확장되었고, 18세기 말~19세기 초부터 독립명사로 사용되었습니다. 'culture'라는 용어는 일반적으로 한 개인의 지적·육체적 특질을 고상하게 해 주는 것과 경작 또는 개선의 의미로 사용됩니다. 그러나 다른 한편, 그리스·로마 시대부터 문화와 문명은 같은 맥락으로 사용되었으며 그들 주변은 미개이자 야만의 경계선으로 사용되는 개념이기도 했습니다. 미개와 야만의 경계, 즉 문명은 20세기까지 서양문화와 동격으로 사용되었습니다. 또한 독일어 'zivilisation(세런)' 'Kultur(문명)'와 같은 의미로 사용되었습니다. 다시 말해, 시민의식은 곧 문화 또는 문명과 동일어였습니다. 그러던 중 19세기 말에 문화의 개념에 결정적인 변화가 일어났는데, 그것은 문화의 개념이 새로 등장한 인류학 과목과 통합되기 시작한 것입니다. 이 과정에서 문화의 개념은 민족중심적인 의미를 함축하기에 이릅니다. 이때부터 민족문화라는 개념이 나타나고 문화와 문명의 구분이 사라지기 시작합니다. 그렇지만 이때 등장한 '민족' 개념은 제국주의와 식민시대의 통일성 및 독립성을 위한 이데올로기로 사용됩니다. 이는 약소민족에게는 정서적 일치감을 형성하여 민족 대동단결을 하게 하는 이데올로기의 순작용을 이룹니다. 그러나 시간이 흐르면서 인종적 폐쇄성으로 작동하는 이데올로기로 작용하기도 합니다. 서양사와 대동소이한 현상을 나타낸 거지요. 결론적으로 문화란 정치적 수사와 정치적 동원의 필요에 근거한 이데올로기의 도구가 될 수도 있습니다. 이 문화가 헤게모니를 장악하면 거대문화(meta-culture), 밀려나면 지엽문화 및 하위문화(local-culture)가 됩니다. 문화의 구성 요소는 기술, 가치(예술 및 종교), 사회관계, 언어, 물질문화 같은 것을 포함합니다. 문화에는 외부에서 보는 인류학적 분야와 내부에서 보는 문화적·역사적 분야가 있습니다. 또한 문화는 두 가지 측면, 즉 기술적 측면과 상징적 측면을 가지고 있습니다.

리는 자신도 모르게 모든 생활에서 그 가치와 철학대로 살아가고 있는 것입니다. 때로는 개인의 신념처럼, 혹은 교육적 가치나 윤리로 둔갑하거나 전통이라는 옷을 입고 우리를 '당연시 로봇' 혹은 '확신의 화신'이 되게 합니다. 예를 들어, 우리 기성세대는 "시간은?" 하면 자동적으로 "금이다!"라고 답할 것입니다. 왜냐하면 생산과 효율의 시대를 건너왔기 때문입니다.

이렇게 시대와 문화는 우리 삶의 사건마다 우리의 생각과 행동에 대한 해석의 토대요 잣대로 작용하는 겁니다. 이 '당연시'의 풍토로 인해 '왜' '무엇을 위해' '누구에 의해' '누구를 위해'라는 물음 자체가 우스꽝스러운 것이 되어 버립니다. 문화란 이렇게 힘이 세고 우리의 뼛속까지 스며 있습니다. 이것을 Michel Foucault는 문화권력이라고 합니다.

• 배우 유재석 읽기

B급 남자 유재석 씨를 읽어 봅시다. 유재석 씨에 대해 인터넷상에 떠도는 대체적인 표현이 편안함, 바보 스타일, 평범, 생긴 대로, 중저가 브랜드, 여성적, 섬김의 리더십, 떼지어 다니기 등입니다. 다시 정리해 보면 다음과 같습니다. 유연함과 편안함의 리더십, 유니섹스(unisex), 연결자이자 보조자, 원맨쇼가 아닌 팀으로 움직임, 소통이 필요한 리더십이라고 정리할 수 있습니다. 즉, 포스트모더니즘 문화에서 강조하는 리더십이지요. 모더니즘 상황에서 각광받았던 카리스마적인 리더십(모더니즘이 강조하는 리더십)이 없는 유재석 씨이지요.

모더니즘 문화에서는 "저것도 남자냐?"란 말을 들을 만한 남자들이 현대 대중문화에서는 '꽃미남'으로 각광받고 있습니다. 실명을 거론해서 죄송합니다만, 중견배우 박근형 씨는 요즘 말로 꽃미남의 원조라고 합니다. 그런데 젊었을 때에는 비열한 자, 여자 등치는 제비류의 역할만 했다고 합니다. 반면에 예전 같으면 몸의 비율이 기형적이라고 놀림당할 만했던 조인성 씨는 요즘 절정의 인기를 누리지요. 모더니즘 문화의 기준으로 봐서는 남자다움이 없는, 리더로서 유약한, 멋진 비율이 적용되지 않는 외모일 뿐입니다. 포스트모더니즘 문화에서나 가능한 현상입니다.

• 영화감독 김기덕 읽기

비주류 영화계의 전형인 김기덕 감독은 어떻습니까? B급 영화의 대표 주자이지요. 정형화된 영화 관련 교육이 전무한 사람으로서 영화계의 비주류로 낙인된 분이지요. 영화계의 변방, 지엽(local)으로서 주관적 표현이 극치였던 작품을 고수하던 분이지요. 순수예술과는 거리가 먼 퓨전적인 실험 영화를 주로 했던 분이지요. 그런 그가 국제무대에서 각광을 받기도 했습니다. 그래서 그런지 현대에는 아예 B급 장르가 예술계에 형성되었다고 합니다.

• 가수 싸이 읽기

가수 싸이는 더욱 드라마틱하지요. 가수 싸이 씨가 처음 데뷔했을 때 대중은 환호하기는커녕 "뭐 저런 것도 가수야?" 하는 반응이 더 컸습니다. 그런데도 상당히 많은 사람, 특히 젊은 층은 싸이 씨를 좋아하고 그의 노래를 즐깁니다. 싸이 씨가 떴습니다. 이것을 심리적 현상이라고 설명하기는 좀 궁색합니다. 나와 비슷한 처지의 사람에게 더 호감을 가졌거나 응원하는, 그런 투사니 투사적 동일시니 하는 방식으로 이 현상을 생각하기에는 어딘가 설명이 옹색합니다. 그보다는 이 시대 문화, 즉 포스트모더니즘 문화의 특징에서 찾아야 할 것 같습니다. 사실 저와 연배가 비슷한 세대 중에는 그를 저급하다고 하는 사람도 많이 있었습니다. 그러나 요즘은 싸이 씨를 저급하다고까지는 말하지 않는 것 같습니다. 특히 그가 우리나라 가수로는 처음으로 빌보드 차트 2위를 넘나들면서부터 저급이란 단어는 한 방에 날아갔습니다.

똘끼, 아줌마 패션, 군복무 문제, 뛰어! 놀아 봐! … 대중가요 가수 '싸이' 하면 떠오르는 단어들이 아닌가 싶습니다. 저 역시 그의 공연이라고 하면 '신나게 뛰어 봐!' '놀아 봐!' 그 이상 다른 단어가 떠오르지 않습니다. 기성세대(모더니즘 세대)의 부류에 들어가는 저에게는 왜 이런 현상이 나타났을까요? 제가 뒤떨어져서요? 그렇게 말씀하시는 독자 분 있으시면 만나시죠! 제가 묶어 놓고 상담해 드릴 테니.

싸이 씨의 첫 데뷔 곡 중 대표적인 것은 〈새〉였습니다. 기성세대인 저의 귀에는 너무도 낯선 것이었습니다. 게다가 의상과 가사 역시 파격이었습니다. 노래하는 폼도 외모도 정형화된 저에게는 너무 낯선 것이었습니다. 아니, 이상한 것이었습니다. 아무리 좋게 말해도 독특한 것 이상은 아니었습니다. 그의 등장을 두고 대부분의 사람이 '엽기'라고까지 했으니까요. 어느 정도였냐면 그의 인기가 하락세를 탈 때 양현석이라는 기획자가 조언을 했답니다. "야, 넌 똘끼야~ 네 방식대로 나가." 그의 또 한 가지 특징은 방송 출연보다는 직접 대중과 만나고 소통할 수 있는 라이브 무대를 선호했다는 것입니다.

즉, 싸이 씨는 모더니즘 문화에서 보면 비정형화된 모습으로 대중 앞에 나왔습니다. 그런데 유명세를 탄 이후 그는 자신의 스타일을 정형화로 바꾸기 시작합니다. 목소리부터 외모까지 소위 말하는 품위 있는, 소위 정형화된 쪽으로 방향을 전환합니다. 그러나 그 전략은 맞지 않았습니다. 한동안 슬럼프가 찾아왔습니다. 그러다가 양현석 씨의 조언을 받아들여 만든 곡이 〈강남스타일〉이었고, 다시 싸이 씨의 전성시대를 열었습니다. 그는 우리 대중이 요구하는 방식으로 소통하려 했을까요? 혹시 그랬다면 싸이 씨는 데뷔조차 못했을지도 모릅니다.

한 예로, 1980년대에 이은하 씨라는 유명 가수가 있었습니다. 그런데 외모가 당시 대중이 원하는 정형화된 모습이 아니었다고 해서 그녀는 TV에조차도 나오지 못했습니다. 또 한번은 세종문화회관에서 이미자 씨라는 대중가수가 공연 대관 신청을 했는데 '대관이 된다, 안 된다' 논란이 일었던 적이 있습니다. 그리고 얼마 후 어느 대중가수가 드디어 세종문화회관에서 최초로 공연을 한다고 큰 기사가 나온 적이 있습니다. 물론 제가 잘못 알고 있을지도 모르지요. 그러나 분명한 한 가지는 '연예인 외모는 이러해야 하고, 극 중 주인공은 이러해야 하고, 악인은 이러해야 한다.'는 전제가 있었던 것이 사실이라는 것입니다.

왜 그랬을까요? 당시에 세종문화회관은 '격조 있는 문화'의 상징이었습니다.

여기서 말하는 격조란 정확히 말하면 '서양 클래식 예술'이었습니다. 이 말은 대중가요나 대중가수는 격조가 없거나, 최소한 격조가 낮은 문화라는 것이지요. 당시의 우리 사회문화를 주도하던 주류문화는 모더니즘3)의 영향을 받고, 모더니즘의 가치를 유지하고 실현하는 사회였습니다(각주의 설명을 자세히 읽어 보시기 바랍니다). 반면에 싸이 씨의 현상이 가능하게 한 지금을 포스트모더니즘 문화라고 하는 데는 반론이 없을 것입니다. 가수 싸이 씨만이 아닙니다.

음악 세계에 왜 이런 차별적 현상을 존재했을까요? 시대문화입니다. 예를 들어, 클래식 음악의 가치는 오랜 기간 시대의 풍파를 넘어서도 살아남아 우리 곁에서 사랑을 받는 점이라고 합니다. 그래서 클래식이 품격과 고고함을 갖췄다고 합니다. 그렇다면 과연 여러분께서는 판소리를 들으면서 우리가 클래식에 붙여주는 그런 고급스러움을 말하고 있나요? 여러분은 우리나라 고유의 창이나 민요를 들으면서 흔히 말하는 클래식의 품격이란 단어를 붙여 주나요? 그보다는 그냥 우리의 전통이라는 이름으로 책임성, 지켜야 할 가치 쪽에 더 가까이 있지는 않은지요? 저만 지금 이런 의구심을 갖는 걸까요? 만약 저와 같은 의구심을 가지신다면, 왜 판소리도 클래식인데 우리에게 다른 느낌으로 다가오는 걸까요?

이런 현상을 엄밀하게 말하면 클래식이 고고하기 때문이 아니라 서구 전통음악이기 때문에 '품격'이라는 딱지를 받았던 것입니다. 왜냐하면 그것이 세계 주

---

3) 후기 계몽주의(post-enlightenment) 혹은 모더니즘이라는 것은 하나의 세계관이며 철학 사조의 한 흐름입니다. 이것은 시대 구분의 이정표도 아니고 그렇다고 진리의 결과물은 더더욱 아닙니다. 말 그대로 흘러가는 하나의 '이즘(-ism)'인 것입니다. 즉, 세계와 인간 이해, 정체성, 진리 등에 대한 관점과 인식하는 방법론을 제시하는 또 다른 패러다임에 불과한 것입니다. 모더니즘의 가설들(hypothesis)과 제안들(fictional propositions)을 통해 모더니스트들은 과학적이고 보편타당한 것을 찾을 수 있고 또 발견함으로써 세계를 설명하고 변화시킬 수 있다고 생각합니다. 심지어 복잡 미묘하고 다양한 인간의 삶을 총체적인 '그 어떤' 틀에 가두어 설명하려고 합니다. 그들은 인간의 삶도 어떤 고정되고 불변하는 패턴과 규칙에 의해 움직이며 변화 발전한다는 가설을 가지고 있습니다. 그렇기 때문에 전문가에 의해 객관적이고 보편적인 규칙을 찾아서 개개인에게 적용하고, 삶을 그 규칙에 따르게 한다면 질적인 삶의 변화를 가져올 것이라고 제안하고 있습니다. 이러한 제안과 가설을 '지식(knowledge)'이라고 하며, 이 지식이 객관화되고 보편화된 것이 곧 '진리'요 '사실'이라고 합니다.

류음악, 문화로 등극했기 때문입니다. 그 외의 서구 변방의 것은 B급인 것이지요. 싸이 현상에 열광하는 우리에게 이런 내밀함이 있는 것입니다. 빌보드 차트가 주류고 기준이며 세계화의 보편적 잣대인거지요. 이것을 문화 사대주의라고 비판하는 경향도 있습니다만, 굳이 그렇게까지 말할 필요는 없다고 봅니다. 인간이라면 당연한 것 아니겠습니까? 다만 분명한 것은 모던적 사고를 하게 되면 주류와 하위에는 소통이 필요 없습니다. 서구 외의 타 지역은 모방하거나 소외되거나, 둘 중 하나의 운명을 택해야 합니다.

🐦 서구문화와 모더니즘

저는 그 의구심을 모더니즘을 꽃피웠던 서구문화에서 풀고자 합니다. 서구문화는 종교 기득권자들이 자신의 기득권을 지키기 위해 종교를 앞세워 지식과 정치 문화를 탄압하여 암흑시대를 구축했습니다. 사실 암흑시대라고 표현하는 이유도 이후 계몽주의 시대 주류의 통칭이지요. 아무튼 그 암흑시대를 극복하고, 부르주아지(자본가 계급)의 혁명과 투쟁으로 정치, 경제, 학문, 문학, 예술 등 여러 분야에서 르네상스라고 하는 계몽시대를 열게 되었습니다. 이 시대처럼 '이성'이 강조되던 시대도 드물 것입니다. 그 계몽시대의 유산을 확장·발전시킨 것이 모더니즘이지요. 바로 지금의 기성세대가 배우고 신봉하며 살아왔던 패러다임이지요. 이것의 다른 이름은 지식사회 혹은 정보화사회라고도 합니다. 사회 정치적으로는 산업사회와 제국주의 시대를 열게 됩니다. 기성세대의 모든 행동양식과 세계관에 절대적인 영향을 끼치고 절대적 기준이 되었던 것이지요. 때론 윤리로, 혹은 믿음과 신념으로 우리 속에 자리 잡고 있었던 것이지요. 이것을 담론이라고 합니다. 여기에는 물론 교육도 크게 한몫을 했습니다.

문제는 모더니즘이 우리 인류의 보편적 세계관이 아니라 우리 삶에 내밀하게 스며든 서구의 사상·주의·문화라는 것입니다. 그런데도 어떻게 강력하게 우리의 삶 속에 파고들어 마치 절대기준과 법칙과 같이 자리하게 되었을까요? 왜? 경제적·군사적 힘이 있기 때문이었습니다. 제국주의의 기틀 아래 세계의 패권을 장악했기 때문입니다. 즉, 세계의 주류로 자리하는 거지요. 그러다 보니 식민시대를 경험한 국가나 약소국가는 그 힘을 미워하면서도 동경했던 것입니다. 그 동경은 곧 문화 모방으로 이어지고, 그 모방(mimesis)은 알게 모르게 우리의 삶속에 스며드는 거지요. 이런 과정에서 서구주의는 세계의 주류로 떠오른 것입니다. 서구 외 지역의 모방 대상이 된 것이지요. 그것은 자동으로 서구 외 지역의 길라잡이가 된답니다.

주류와 비주류

주류는 비주류를 필연적으로 양산합니다. 이어서 역설적이게 비주류는 자신들을 변방으로 만든 주류를 따라가려는 경향을 보이게 되지요. 이런 경향 속에서 제국주의는 자신들의 문화를 문명이라거나 시민의식이라고 했습니다. 문명이란 단어는 당연히 미개한, 심지어 야만이란 등식을 만들어 냅니다. 이런 등식은 비단 18~19세기의 제국주의에서 만들어진 창조물만이 아니라 고대 그리스·로마의 가름막이기도 합니다. 문명과 미개는 서로 동등한 입장에서 소통할 수 없습니다. 한쪽이 다른 한쪽을 개화해야 합니다. 결론적으로 말하면, 서구문화, 정신, 학문과 같은 것들이 세계 보편으로 자리 잡을 수 있는 토대는 군사적·물질적힘이었던 것입니다.

이런 서구지역 현상은 단지 역사적인 것이고 물리력의 영향임에도 불구하고 우리의 삶에서는 굉장히 광범위하게 퍼져서 잣대의 역할을 담당하고 있습니다. 기성세대는 종종 이런 말을 합니다. "참 요즘 애들 진짜 대책 없다." "진짜 무슨 생각으로 사는지 모르겠어! 말이 안 통해 말이…" 기업가나 기업 임원, 혹은 팀장 직급 정도 되시는 분들을 만나거나 청소년 부모 상담을 하다 보면 토씨만 틀렸지 대동소이합니다. 왜냐하면 기성세대는 정답이 확실하기 때문입니다. 옳고 그름, 맞고 틀림을 가름해야만 직성이 풀리는 세대입니다.

이렇게 자신들이 정해 놓은 기준과 법칙이 절대적이라고 생각하니 다른 삶의 방식은 틀린 것이 되어 버립니다. 즉, 옳고 그름, 맞고 틀림으로 자신의 삶만이 아니라 타인의 삶까지도 구획하는 것이지요. 이분법적 구도입니다. 하나가 있으면 그 반대가 있고, 그 어느 하나는 틀린 것이 됩니다. 최소한 어느 하나는 하위가 되는 것이지요. 주류문화가 있고, 하위문화, 즉 B급 문화가 있는 것입니다. 클래식은 고급스럽고 격조가 있으며 순수문화인 반면에, 대중문화는 저급이라고까지는 말 못하지만(사실 일이십 년 전까지만 해도 저급이라고 표현했지만) 고급스럽다거나 품위 있다거나 순수한 것이라고는 말하지 못합니다. '…답고' '…답지 못한' 구분선은 이미 정해져 있습니다. 이런 상황에서 소통은 불가합니다. 다운 사람이 답지 못한 사람을 가르치고, '답도록' 만들어야 하는 생각을 하게 되는 것이지요.

모더니즘과 포스트모더니즘의 차이

모더니즘 시대의 가치와 문화를 신념으로 받들고 교육받았던 기성세대와 현대의 대표주자인 포스트모던 시대의 삶의 터는 아주 많이 다릅니다. 포스트모던 세대는 딱히 정답이라는 것이 없습니다. 무엇을 물어도 애매모호한 표현을 하고 두루뭉술한 답변을 하기 일쑤입니다. 이런 현상이 일어나는 이유는 현 세대가 문제가 많은 것이 아니고 삶의 터가 다르기 때문입니다.

삶의 터(모더니즘과 포스트모더니즘)는 개인의 느낌, 생각, 행동양식을 지시하고 '만듭니다'. 같은 사물, 같은 상황, 같은 말을 듣고 말할지라도 다른 느낌으로 받아들이고 표현할 수 있습니다. 느낌, 생각, 행동양식, 감정이란 것은 자연발생적인 것이 아닙니다. 자동적이고 무의식적으로 '일어나는 현상'이 아닙니다. 의식적으로 '만들어지는' 것이고 '만들어 가는' 것입니다. 문화의 힘이지요. 이것을 문화권력이라고 합니다.

다시 말하면, 인간 개개인은 자신의 의지와 주체적 관점에서 행동하는 것이 아니라고 할 수 있습니다. 이들이 사는 삶의 터, 즉 문화가 그렇게 하게끔 했다고 해도 과언이 아닙니다. 문제는 문화가 자신들을 그렇게 생각하도록 하고, 느끼고 말하게 한다는 것을 의식하고 거기에 따르는 것이 아니라 이들이 태어나기 전부터 이미 그렇게 생각하고 행동하도록 만들어져 있다는 것입니다. 이 바탕 위에서 개개인의 가족 문화, 개개인의 차이와 특성, 교육 등이 가미되는 것이지요. 예를 들어, 기성세대가 민주, 효율, 순수, 생산, 부지런함, 시간은 금, 옳고 그름, 맞고 틀림 등이 강조되는 터에 살았다면 포스트모던 세대는 전혀 다른 강조와 가치에서 살고 있지요.

일례로 요즘 청소년문제 중 대표적인 것이 '왕따'입니다. 그런데 이상한 것이 있습니다. 기성세대의 청소년 시절에도 왕따는 빈번했고 어쩌면 더 가혹했을지도 모릅니다. 그런데 요즘 아이들은 이 현상을 더 힘들어하고 문제시하는 듯 보입니다. 왜 그럴까요? 이들에게는 '시간은 금'이 아니라 '관계가 금'입니다. 예를 들어, 기성세대는 어린 시절 점심시간에 식사를 같이 할 친구가 없어도 우선 먹고 시간을 아껴야 했습니다. 그러나 현대의 청소년은 같이 식사할 친구가 없으면 아예 굶습니다. 이렇게 시간보다는 관계를, 다수결보다는 소수와 독특함을, 효율보다는 자기가치를, 순수보다는 융합(fusion)과 소통의 중요성을 강조하게 됩니다.

문화에서만이 아니라 학문의 세계에서도 모더니즘에서는 극명하게 너와 내가 구분됩니다. 순수과학, 인문과학, 자연과학, 응용과학 등과 같이 분명한 경계선이 있습니다. 그런데 그 경계선이 그 고유 영역을 넓히고 깊어지게 하는 쪽으로만 발전되는 것이 아니라 다른 쪽을 무시하거나 그리 크게 인정하지 않는 경향을 띠었던 것도 사실입니다. 인문학도는 자연과학도들에게 공돌이라고 하고, 자연과학도는 인문학도들에게 뜬구름 잡는 자들이라고 비아냥대기도 했습니다. 두 학도들은 순수과학이란 기치 아래 응용과학을 하위에 두는 경향도 있었습니다.

　　재미난 현상은 학문 발전의 역사입니다. 각자의 영역, 즉 순수과학을 한다는 부류들을 내밀하게 관찰해 보면 심리학은 물리학에서 아이디어를 얻고, 물리학은 철학의 도움을 받고 성장해 왔거든요. 그런데 외형적으로는 서로의 영역 안에서 자신들의 독립적 노력으로 성장 · 발전한 것처럼 여기며 학문을 해 왔다는 거지요. 그러기에 이 경계가 확실한 두 영역이 굳이 소통할 이유가 없습니다. 자신의 분야로 충분히 자존감 있고, 타 학문의 도움이 불필요합니다. 심하게 말하면 교만이 하늘을 찌르는 것이지요.

과학주의

　　그럼 서구정신과 문화의 전차부대인 모더니즘은 어떤 필살기로 서구 이외의 타 지역을 자신들의 하위문화로 몰아왔을까요? 과학입니다. 이것을 우리는 과학주의라고 합니다. 과학은 사실을 발견할 수 있고, 실증해 낼 수 있는 능력의 소유자로 간주되었습니다. 그러니 실험으로 확인되지 않으면 진리, 실재, 법칙, 사실, 근원으로 인정할 수 없습니다. 즉, 보이지 않거나 논리적으로 설명되지 않으면 사실로 인정할 수 없는 것입니다. 이런 것이 암흑시대를 극복하게 했던 과학의 결실입니다.

　　문제는 과학주의가 계몽주의의 계승자[4]이다 보니 신화의 중요성, 세계의 신

---

4) 대부분의 학자가 동의하듯 모더니즘의 토대를 구축하는 데 있어 '전기모더니즘(Pre-modernism)'이라고도 불리고 '이성의 시대(The age of reason)'라고도 불리는 르네상스(Renaissance) 운동을 빼고는 모더니즘을 말할 수 없습니다. '신'으로 모든 것을 환원하려던 '신' 중심에 '이성'을 대체했던 시대, 인간 이성과 가치에 대해 흑암의 시대(dark ages)라고 정의하던 중세 시대를 벗어나서 고대 헬레니즘 문화와 로마의 시민 문화를 다시 끌어들인 시기가 르네상스라고 할 수 있습니다. 르네상스라는 단어는 프랑스어에서 온 것으로서 '재탄생(rebirth)' 혹은 '재연(revival)'이라는 뜻을 가지고 있습니다. 르네상스 철학은 이전(중세 시대)까지의 신(God) 중심과 신에게 의존적이던 자세를 뛰어넘어 인간의 이성과 자율성 그리고 우월성을 강조한 것으로서 인간의 가치를 강조한 것이라고 할 수 있습니다. 이 시대에는 인간이 자연의 의존성에서 벗어나 창조물들의 패턴과 구조를 분석하여 이것들을 관리할 수 있다고 믿었습니다. 그러므로 '지식(knowledge)'은 곧 힘(power)으로 이해되었으며, 이 지식으로 세

비함, 종교계의 영성, 인간의 풍부한 상상 같은 긍정적 요소까지 말살하게 되었지요. 과학은 종교의 허구성을, 종교는 과학의 공격에 맞서 한편으론 변증을 발전시키고 다른 한편으로는 과학의 협소성을 공격하게 됩니다. 이 둘 사이에 소통을 해야 할 이유도 없었고 오랜 기간 기어코 쓰러뜨려야 할 대상으로서만 존재했던 것입니다. 간혹 서로 대화를 시도하는 집단도 있었지만 그것은 극히 작은 비주류의 몸부림이었습니다. 그런데 역사적 현상을 보십시오. 모두 부자가 되고 싶다는 가당치도 않은 상상으로 시작된 연금술 덕에 물리 · 화학이 이만큼 발전했고, 망상 수준의 불로초 사랑이 생물학으로 발전했지요. 아시다시피 연금술사나 약사를 대신하던 주술사들이 철학가 · 예술가이기도 했지 않습니까?

과학주의를 단순화해서 말하면, ① 양적 통계, ② 실험을 통한 검증, ③ 논리적 설명이었습니다.[5] 논리적으로 설명 가능하면 이론이 되는 것이고, 그 이론을 실험에 적용하여 수십 번, 수백 번 같은 결론을 도출하면 그것에 이름을 붙입니다. 법칙! '질량보존의 법칙' '만유인력의 법칙', 그리고 그 법칙은 불변 혹은 절대란 이름을 얻게 됩니다. 이렇게 얻은 불변의 절대적 법칙은 인류의 지식이자 보편적 지식[6]의 자리에 앉게 됩니다. 그래서 모더니즘을 다른 말로 하면 지식사

계를 분석하고 변화시킬 수 있다고 믿었습니다. 이러한 사고가 모더니즘 과학주의의 초석(foundation of modernism)이 되었음은 이론의 여지가 없습니다. 르네상스의 휴머니즘은 계몽주의 시대를 여는 초석을 이루고, 인간 '이성'의 시대를 열었으며, 과거 중세 시대에 종교의 권위에 억압되어 있던 인간 자아를 해방시키는 데 결정적인 역할을 했습니다. 그리고 '이성'을 통해 창조 세계에 대한 신의 섭리와 뜻을 분별할 수 있다고 믿었습니다. 이러한 '이성'의 발견은 곧 모더니즘의 과학적 기초가 되며, 세계를 이해하고 문제를 해결하는 열쇠라고 믿게 되었습니다. 그리고 인간은 지적으로 종교와 독립된 자아라는 것을 깨달은 시기로서 '개인'과 '독립적 개성'으로서의 인간 이해라는 통찰을 하기에 이릅니다. 그럼에도 불구하고 실존주의(existentialism) 철학이 유행하기 전까지도 르네상스의 휴머니즘과 계몽주의의 인간 이해는 개인으로서의 자아(individual ego)나 자율성이 있는 자아(self-determination)로 사고되지는 않았습니다. 모더니즘의 초석이 된 이 시대의 세계관을 한마디로 정의하면 '목적론적(teleologically and lawfully governed)' 세계관이라고 할 수 있습니다.

5) '이성'과 '과학'의 강조는 분석적이고 수학적인 테크닉(analytical and mathematical techniques)과 실험적인 결과물을 요구하기에 이릅니다. 이러한 현상은 자연과학 분야만이 아니라 인문학 분야에까지 널리 적용되기 시작합니다. 이들은 이러한 방법론을 통해 인과론적 우주와 세계를 파악하고 변화시킬 수 있는 힘이 인간에게 있다고 믿었습니다.

회라고도 하지요. 그러나 아시다시피 과학이 더 발전하면서 법칙은 또 다른 법칙에 의해 변화를 겪습니다.

여기서 우리는 주의를 기울여야 합니다. 절대라는 단어 앞에서 그 어느 것도 의논 상대, 즉 동등한 입장에서 소통의 상대가 될 수 없습니다. 특수한 혹은 개별적인 경험과 삶의 지혜들은 참고는 될 수 있으나 같은 반열에서 소통의 상대로 받아들일 수 없는 것들입니다. 왜냐하면 절대라는 단어는 보편적 진리요 사실이라고 신념화되었기 때문입니다. 결국 모더니즘의 필살기인 과학주의는 서구 이외의 타 지역 문화와 지식 및 삶의 지혜들을 살처분하는 결과를 빚은 것입니다. 그 결과 서구는 세계의 지식을 주도해야 하는 짐을 지고, 타 지역은 서구를 열심히 따라가야 하는 형국이었던 것입니다. 그러니 소통보다는 모방이 우선시되었던 것이죠.

모더니즘의 여러 사조

여기서 잠깐 모더니즘의 우산 아래에서 나타난 여러 사조를 정리하고 넘어 가겠습니다. 세상에는 어떤 절대 구조(structure)가 있다고 생각했습니다. 인간의 정

---

6) 모더니즘에서 지식이란 '진리' 그리고, '사실'을 밝히는 가장 중요한 도구입니다. 모더니즘의 가설에 따르면, 지식이란 증명 가능한 '그 어떤' '사실들'에 의해서 추출되고, 그것이 객관화된 것이라는 것이지요. 증명되지 않는 것은 사실이 아니며, 지식도 될 수 없는 것입니다. 그러므로 지식이란 거울과 같은 것으로서 인식 가능하고 객관적이며 외적(external)으로 드러날 수 있는 세계를 비추는 역할을 수행하는 것입니다. 그러한 지식은 관찰과 임상적 실험에 의해 탄생하고 얼마나 많은 양의 데이터와 리서치가 되었느냐에 따라 보편이라는 이름을 달게 됩니다. 이렇게 보편타당이라는 이름을 달게 되면 그 지식은 곧 '진리' 혹은 '사실'이라고 명명됩니다. 불변의 진리나 사실이 어디엔가 있다는 전제하에 모더니즘에서의 지식은 발전하기에 이릅니다. 진리와 사실은 절대 불변의 것으로서 인식을 시도하는 자(knower)와 관계없이 항상 '있는' 것이고 그만의 자리에 '존재'한다고 모더니스트들은 주장하고 있습니다. 다시 말하면, 진리와 사실은 온전한 '객관'과 '표준'을 유지하며 절대 불변하는 것이기에 고정된 것이고, 확실한 것이며, 선천적으로 선한 것이라고 간주되고 있습니다. 모더니스트들은 이러한 불변의 진리와 사실이 우리의 삶에 원칙과 좌표를 형성해 주고 삶의 질을 향상시킬 수 있다고 믿고 있습니다.

신세계도, 지구도, 생물도 그 어떤 구조가 있다는 것입니다. 이것을 구조주의 (structuralism) 혹은 근본주의(fundamentalism)라고 부릅니다. 마치 어떤 거대한 기계처럼 말입니다. 그래서 기계론(mechanism)과 구조주의는 그 궤를 같이합니다. 이 기계, 즉 구조가 가만히 있겠습니까? 구조 안의 뭔가는 제각각 기능을 가지고 있겠지요. 그래서 기능주의(functionalism)라고도 합니다. 이 구조나 기능을 알아내려는 노력을 기울이는 것이 지식이고 과학입니다. 비록 아직은 완전히 그 구조를 파악하지는 못했지만 과학의 힘으로 그 구조를 발견할 수 있다는 것입니다.

그렇게 구조와 기능을 알려고 노력하는 이유가 무엇이겠습니까? 그렇습니다. 구조나 기능을 알게 되면 잘못된 부분은 고칠 수도 있고, 새롭게 만들어 갈 수도 있습니다. 마치 차를 만드는 사람이 차의 구조를 완전히 알게 되면 차를 고칠 수 있을 뿐만 아니라 차를 만들 수도 있는 것과 같습니다. 그렇기에 사람이 정신에 문제가 있다면 정신구조가 어떻게 되었는지, 그 각각의 요소는 어떤 기능을 하는지 알게 되었을 때 그 사람의 정신 구조를 고치기도 하고 바꾸기도 할 수 있는 거지요. 다시 말해, 지식과 과학으로 완전한 세상을 만들 수 있다는 믿음을 주게 되지요. 그래서 공상적 이상주의 혹은 낙관론(utopianism)이라고 표현되기도 합니다.

지식에 대하여

그렇다면 서구의 지식, 다시 말해 과학주의를 이끌어 온 주도세력은 누구일까요? 전문가라는 이름을 가진 지식계층입니다. 여러분은 과학을 비전문가가 한다고 생각하십니까? 아니지요. 그렇다면 여러분이 비과학자라고 해서 스스로 비과학적인 삶을 산다고 생각하십니까? 아니면 나름으로 과학적이고 합리적이며 이성적으로 삶을 꾸려 간다고 생각하십니까? 조선시대의 우리 선조들은 비과학적으로 살았다고 생각하십니까? 아니라고 해 주세요! 그래야 제가 다음 문장으로 넘어 갈 수 있습니다.

그런데 이렇게 생활의 지식, 실천적 지혜, 세계의 한 지역인 조선에서 발달한 나름의 과학적 삶이 서구의 눈으로 보면 야만이었습니다. 미개했습니다. 다시 말해, 지금까지의 세계는 전문가에 의해 재단되고 구축된 지식에 우리 같은 필부는 편승해 가면 되는 구조였습니다. 왜냐하면 그들은 군사적 · 물질적 힘을 가진 주류였기 때문입니다. 그것은 또한 절대적 기준이고 보편이란 이름을 붙였습니다. 그렇기 때문에 전문가와 비전문가에게는 상호 보완과 소통보다는 가르치고 배우는 계급구조가 형성되어 있었던 것입니다. 가르치고 배우는 구조에서는 서로 보완하고 소통하는 노력이 필요하다기보다는 전문성과 지식에 대한 열정이 더 필요한 것이었습니다.

모더니즘이 추구하는 인간상

이들이 꿈꾸던 인간은 완전한 인간입니다. 영화 〈스타워즈 I〉에 나오는 인조인간과 같이 완벽한 인간관을 가지고 있습니다. 아프지도 않고 고장도 나지 않고 무엇이든 척척 해결해 나가는 인간. 자신들의 전문성으로 인간의 신비와 우주의 비밀을 알 수 있고, 알고 나면 유토피아를 건설할 수 있다는 신념으로 무장했지요. 그런 인간의 전형이 누구였을까요? 바로 천재입니다. 일반인에게 천재는 부러움의 대상이요 넘볼 수 없는 경지의 사람들입니다. 즉, 일인 천재의 시대라고 해도 과언이 아닌 것이 모더니즘이라고 할 수 있습니다. 레오나르도 다빈치가 필요한 시대, 학문 세계의 독재자, 프로이트도 눈감아 줘야 하는 시대입니다. 그런데 초록은 동색이라고 하지요. 종교가 암흑의 시대를 구축한 것과 진배없이 모더니즘 사회는 과학으로 보통 사람과 특수를 무지렁이로 몰고 간 시대라고 저는 단언합니다. 천재에게 일반인과의 상호 보완의 절실함이 있을까요? 천재 중의 한 명이라고 할 수 있는 히틀러는 소통의 맛을 알았을까요?

'우리'는 '나'를 위한, 나의 삶을 짜 가는 데 필요한 어쩔 수 없는 구조이자 네트워크입니다. 즉, 네트워크란 가령 벽돌 하나에 또 하나의 벽돌을 쌓아 놓았을 때 벽돌 둘이 쌓인 물건이 아니라 그 이상의 무엇이 된다는 것이지요. 다시 말해,

벽돌을 쌓아 집을 짓고 나면 벽돌의 총합이 아니라 또 다른 의미와 가치가 부여되는 집이 되는 것과 같은 이치이지요. 그 네트워크를 인정하지 않고는 '나'가 존재하기 어려운 것이지요. 그럼에도 불구하고 '우리'에 대한 그 믿음의 주체는 '나'가 되어야 합니다. 이 말이 차갑게 혹은 너무 개인주의적으로 들릴 수도 있습니다. 주체를 자기중심적 개념으로 치부하시면 그렇게 들릴 수도 있습니다. 주체란 개인이, 특수가, 하나가 '우리'의 시작임을 강조할 뿐입니다. 우리란 그 이상입니다. '나'와 '우리'는 구분되기 어렵다는 것입니다. 이것을 '통전적 우리'라고 합니다.

모더니즘은 독립적인 자기를 멋진 사람이라고 하고 포스트모더니즘은 관계 안의 자기를 중요시합니다. 마치 김밥과 만두의 차이 같습니다. 김과 얇게 편 밥 위에 이런저런 고물을 얹어 말은 것이 김밥입니다. 그런데 만들어 놓은 김밥에서 계란이나 맛살을 빼도 김밥입니다. 즉 '너'가, 혹은 '나'가 빠져도 우리가 될 수 있다는 구조로 생각하는 것이 모더니즘입니다. 왜냐하면 중심과 주변, 주체와 객체, 주류와 비주류의 구분선이 확실하기 때문입니다. 그러나 만두와 같은 사고는 '내'가 되려면 '우리'가 있어야 하고, 우리가 되려면 내가 있어야 합니다. 즉, 구분선이 모호한 네트워크 구조이지요. 만두에서 고물 중 무엇 하나가 싫다고 뺄 수도 없습니다. 만두를 다 헤집어 놔야 하니까요. 너를 빼려다가 나도 혼란을 가지게 되는 상황이지요. 즉, 수평적이면서도 통전적인 상황에서 이해되어야 합니다.

기준과 법칙

모더니즘의 이 패악의 근원은 절대적 기준(foundational)이 있다는 관념입니다. 그 전제하에 그 기준과 법칙에 맞춰 살아야 정상의 범위에 들어갑니다. 또한 이 것을 객관적이라고 믿고 있습니다. 즉, 객관이란 것이 있다는 것이지요. 그러나 이들은 누구에 의한 객관, 그리고 누구로부터의 표준을 말하고 있지 않습니다.

또한 양적인 실험이 보편타당하고 객관적인 것이라는 믿음은 이미 깨진지 오랩니다. 왜냐하면 리서치를 하는 사람이나 실험을 하는 사람의 방법론과 위치, 그리고 자신의 선험적 경험들이 리서치나 실험 데이터를 결정지을 수 있기 때문입니다. 그리고 그 자체가 연구자 및 통계자에 의해 의도적으로 변질될 수 있다는 거지요. '누가 중심인가? 그리고 누가 주변인가?' 제가 아무리 무수한 사람 중 한 명일지라도 저를 중심으로 그들이 있습니다. 그러나 동시에 역으로 저기 서 있는 사람에 의해 저는 그 사람의 주변인이 됩니다.

모더니스트의 더욱 위험한 발상은 보편적이고 객관적인 인간의 행동양식을 규정하려는 경향입니다. 그 전제하에 인간의 복잡다단한 삶의 형태를 분석하고 설명하기도 합니다. 심지어 인간 상호관계까지도 규정하고 구분짓는 잣대로 사용하게 됩니다. 그러나 엄밀하게 보면 이는 모더니즘 시대와 문화에서 강조하던 가치이고 의미일 뿐입니다. 때로는 절대적 진리라는 신념을 가지기도 합니다. 그러나 엄밀하게 보면 그 시대의 역사적인 진리이며 혹은 이데올로기라고 해도 과언이 아닙니다. 그리고 그 역사적 진리 혹은 이데올로기는 그 시대의 주류사회를 유지해 주는 수단으로 작동한다는 것입니다. 이러한 진리라는 이름의 이데올로기는 그 사회에 또 다른 계층 분화와 계급 구조를 심화시키고, 나아가서 사회 불평등의 구조를 고착화시키는 것으로 작동하기도 합니다.

모더니즘과 상담

상담과 관련하여 예를 들어 봅시다. 어느 한 가족이 있습니다. 모더니즘에 기초한 상담이론은 일단 '이 가정이 기능적인가, 아닌가?', 즉 역기능과 순기능을 가름합니다. 혹은 정상적 구조를 가진 가정인가, 아닌가를 먼저 분석합니다. 그 분석의 틀은 전통적으로 내려온 가족 개념, 즉 이혼이나 사별의 사건을 거치지 않은 가정으로서 양 부모가 건재(혈통적 가족)하고 남편은 전통적인 남자상에 충실하며(예를 들어, 밖에서 일을 하는) 부인은 전통적인 여성의 역할을 수행하는 가정이라는 등식이 성립되는 가정에 기초를 두고 있습니다.

이러한 틀로 보면 동성 가정은 말할 것도 없이 재혼·이혼 가정조차도 문제 가정 혹은 비정상적 구조를 가지고 있습니다. 역기능입니다. 태생적으로 문제를 안고 있는 가정으로 낙인됩니다. 전통적 가정 구조는 '보편'적이고 '규범'적인 반면, 그 이외의 가족 형태는 그 보편에서 벗어납니다. 규범이 없거나 미약한 비정상적 형태인 것이지요. 상담할 때 혹은 우리 주위에서 이런 경우를 흔히 만날 수 있습니다. 어떤 결손 가정(한부모가정, 조부모가정)의 비행 청소년이 뉴스에 소개되었다면, 그때 대부분 빠지지 않는 부연 설명이 있습니다. 바로 '불우' '비정상적'인 가정이라는 단어입니다. 즉, 결손 가정은 아이들이 자라는 데 교육적으로 좋지 않다고 하는 사회적 암시(보편적 지식)가 짙게 깔려 있는 것입니다.

아무튼 이 기준이 인간의 삶의 방식, 외모, 행동양식, 호불호까지 결정해 주고 지시하는 경향을 나타냅니다. 이것이 고정관념을 가지게 합니다. 모더니즘에서는 취향 역시 단순하게 개인의 다름으로 간주되는 것이 아니라, 계층적·계급적 판 가르기의 도구로 활용되었던 시대였습니다. 즉, 개인의 멋스러움, 취향까지 이미 정해져 있습니다. 어떤 유형이 멋진 남자고 여자인지, 남자다움과 여성스러움을 구분해 줍니다. 재미난 예를 하나 들어보지요. 서양의 중세시대 사람들은 후추를 듬뿍 넣어서 아주 맵게 음식을 요리했답니다. 왜냐하면 당시 후추는 부자, 귀족의 전유물이었기 때문입니다. 한동안 영국에서는 일본식 젓가락 사용을 잘 하는 것이 자랑거리였다지요. 왜냐하면 젓가락을 잘 사용한다는 것은 스시 식당을 자주 간 것이고 스시 식당을 자주 갔다는 것은 부자의 표증이니까요. 우리가 즐기는 커피나 맥주가 그와 같은 과정을 거쳐서 대중화되었다는 것은 이미 알고 있는 사실이고요.

남아프리카공화국에서 백인 통치 시절에 유행한 루이보스 차라고 하는 것이 있습니다. 백인들이 좋아하는 차였지요. 즉, 백인 취향의 차 문화였던 것입니다. 그러나 흑인은 마실 수 없었습니다. 재미난 현상은 흑백 분리가 무너진(최소한 정치적으로는) 후부터 흑인이 이 차를 즐겨 마십니다. 그런데 그 뒤부터 백인은 루

이보스 차를 마시지 않는 경향을 보입니다. 흔히 말하는 명품, 중형차 선호, 볼링, 골프 바람 등도 이와 같은 맥락에서 설명될 수 있습니다. 그러나 포스트모던에서는 개인과 특수, 오지(local)의 것들을 더 이상 이상하게 보거나 계층적 구분선으로 나누어 보지 않게 됩니다.

✏ 모더니즘의 구원투수, 포스트모더니즘[7]

현대의 모든 학문이나 실천은 해석에 따라 그 방향과 방법론이 달라집니다. 예를 들어, 소화기에 문제가 있어 엑스레이를 찍었더니 혹이 하나 있는 것을 발견했습니다. 그 엑스레이 사진을 A라는 의사는 위궤양으로 진단(해석)했고, B라는 의사는 음성 혹이라고 판단(해석)했습니다. 그리고 C라는 의사는 암으로 진단을 내렸습니다. 이 모든 의사가 같은 증상을 다르게 해석했음에도 치료를 같은 방식으로 하지는 않겠지요. 마찬가지입니다. 물리학을 할지라도, 미학을 논할지라도, 생물학을 연구할지라도 현상과 상황에 대해 어떻게 해석하느냐에 따라 그 연구와 실천 방향은 달라지겠지요.

해석의 문제는 다시 인식론[8]적인 패러다임[9]과 연관이 있습니다. 모든 학문

---

7) 1960~1970년대를 전후해서 M. Foucault, J. Derrida, P. Ricoeur, K. J. Gergen과 같은 분들에 의해 포스트모더니즘은 인문학 분야에서 두각을 나타내기 시작합니다. 이것은 근본주의적 전제들(fundamental assumptions)과 모던 사회 및 지식들이 인간의 삶을 규정하고 규범화하려는 것에 대해 한편으로는 진지한 질문을 던지고, 다른 한편으로는 거부의 뜻을 밝힌 하나의 운동(a movement)이요 패러다임의 총체적 전환입니다. 즉, '자아'의 문제와 정체성, 개인주의(individualism), 상업주의(commercialism) 그리고 '모든 이즘(all sorts of other ism)'에 대한 도전이라고도 할 수 있습니다. 현대 사회에서 포스트모더니즘은 종교, 예술, 건축 양식, 문화인류학, 언어학, 철학, 심리학, 역사 그리고 각종 리서치에까지 영향을 미치고 있습니다.

8) 인식론의 중요성이 강조되기 시작한 것은 근대부터입니다. 인식론은 존재론과 함께 철학의 중심 주제로서 세계를 바라보는 눈이라고 할 수 있습니다. 즉, 세계관 혹은 현상에 대한 안경이라고 해도 과언이 아닐 듯합니다. 그리스어의 'epistēmē(지식)+logos(논리 · 방법론)'를 어원으로 두고 있습니다.

과 실천이 인식론적인 패러다임의 우산 아래서 연구되고 실천됩니다. 예를 들어, 경제 제도를 설계한다고 가정해 보시지요. 그때 설계자는 그저 효율과 생산을 중심으로 설계를 하지 않습니다. 인간에 대한 인식, 인간이란 무엇인가에 대한 철학적인 패러다임을 기준으로 해서 경제 제도를 설계할 것입니다. 그 인식론(epistemology)은 방법론(methodology)을 지시합니다. 그런 면에서 실천 역시 인식론적인 패러다임 우산 아래에서 움직이게 되는 것이지요.

마찬가지로 상담이론도 인식론적 패러다임 위에 세워집니다. 상담의 방법론이나 기법 역시 그 토대에서 만들어집니다. 도구를 이용하는 미술, 드라마, 놀이, 독서치료 등도 그 도구를 받쳐 주는 인식론적 패러다임이 있습니다. 특정한 현상, 문제, 아픔, 상처라는 것을 어떻게 해석하느냐, 어떻게 인식하느냐에 따라 그 상담의 방향은 달라지는 것이지요. 왜냐하면 상담은 인간과 그에 얽힌 사회·문화에 대한 이해, 즉 존재론적 인식의 접근을 요구하기 때문입니다. 그렇기 때문에 상담은 해석학적(hermeneutics) 실천(praxis)이라고 할 수 있고, 세계관을 가지고 전개된다고 할 수 있습니다. 그래서 이 책에서 시대와 문화 읽기를 앞에 소개한 것입니다.

패러다임의 전환

여타의 심리학, 상담학, 정신병리학(혹은 이상심리학)이란 학문이 시작된 시점부터 현대까지의 철학적 배경은 크게 두 범주로 나뉠 수 있습니다. 모더니즘(modernism)을 바탕으로 하는 것과 포스트모더니즘(postmodernism)에 기초한 것입니다. 그런데 현대는 많은 분야에서 포스트모더니즘 담론에서 벗어날 수 없습니다. 적어도 모더니즘에서 포스트모더니즘으로의 변환(transition)을 경험하며

---

9) 패러다임(paradigm)이란 요즘 흔히 말하는 생각의 프레임(frame)이라고 할 수도 있고 사고체계라고도 할 수 있습니다. 마치 생각의 나침반과도 같습니다. 어떤 상황, 사건, 사실, 실재, 세계를 볼 때 특정한 방향을 보도록 하는 나침반이지요.

살아가고 있다고 해도 이의를 제기할 분은 없는 것 같습니다. 사람들이 포스트모더니즘의 담론에 찬성하든 부정하든, 받아들이든 받아들이지 않든 상관없이 대부분의 분야에서 적어도 패러다임의 전환(shift)을 경험하고 있다고 해도 무리는 아닐 것입니다.

이러한 패러다임의 전환이 상담학에서도 인간의 삶을 구성하고 있는 자아에 대한 인식 그리고 세계관에 대해 새롭고 총체적인 관점의 전환을 요구하고 있습니다. 이러한 전환은 앞에서도 살펴보았듯이, 모더니즘 다음 주자(a successor of modernism)로서가 아닙니다. 시간의 흐름에 따라 자연스럽게 나타난 것도 아닙니다. 모더니즘의 후속 이론이라든지 연속선상에 있는 다음 세대의 그 무엇도 아닙니다. 즉, 연대기적(chronological)인 전환이 아니라는 겁니다. 그렇다고 모더니즘 담론의 결과론적 변화(sequential change of modern discourse)도 아닙니다. 패러다임의 총체적 전환을 의미합니다.

패러다임의 총체적 전환이란 이론적인 것과 실천적인 것 그리고 문화와 행동양식의 모든 것에 대한 전환을 뜻합니다. 저의 은사이신 J. C. Müller는 현대의 전환을 스포츠를 가지고 은유적으로 표현했습니다. 즉, 어떤 사람이 혼자서도 할 수 있는 볼링을 즐기다가 팀을 짜서 하는 축구로 스포츠를 바꾸는 것과도 진배없다는 것입니다. 이 두 스포츠는 모두 공으로 하는 것은 같으나 공의 종류도 전혀 다를뿐더러 게임 법칙이나 기술과 전략 그리고 스포츠 정신 같은 것들이 전혀 다릅니다. 만약 축구로 스포츠를 바꾼 이 사람이 볼링의 규칙이나 게임 패턴을 축구에 적용하거나 고집하려고 한다면 이 사람은 과연 제대로 된 축구를 즐길 수 있겠습니까? 이 사람의 머릿속에 볼링만 꽉 차 있다면 과연 축구의 묘미를 맛볼 수 있겠습니까? 현대 상담을 실천의 장으로 끌어들일 때도 마찬가지입니다.

모더니즘에서 포스트모더니즘으로의 패러다임의 전환이 예전 패러다임의 문화에서 밀어내던 것들에 다시 주목하게 합니다. 비과학적이고 두루뭉술한 정서인 하위요소라고 치부했기에 의미 있게 받아들이지 않던 '감(sensitive, feeling)'이 이제는 '촉'이란 단어로 각광을 받습니다. 순수보다는 '융합'이나 '퓨전'이

인기가 있습니다. 분명한 구분선이 아니라 '썸'이라고 하면서 애매모호하게 말합니다. 일반인의 경험은 경험일 뿐이거늘 '실천적 지혜(praxis)' 혹은 '생활과학'이라고 하며 또 다른 개념의 '전문가'로 융숭한 대접을 합니다. 과학 역시 최고의 새로운 그 무엇보다 '적정 기술' '지속 가능한 기술'을 선호합니다.

복잡하고 우연한 만남

필연적이며 계획과 질서가 부여된 세계관에서 독야청청의 세계는 저물었습니다. 학문은 다학문 간의 교류(interdisciplinary-discourse)에 역점을 두고, 음악도 소설도 퓨전과 판타지가 유행합니다. 노래 가사까지 두루뭉술합니다. B급이 장르로 자리 잡았습니다. 경제계도 마찬가지입니다. 커피숍에 자동차를 전시하고 옷을 판매하는 하이브리드(hybrid)[10]가 대세입니다. 사업 기획도 참 애매모호합니다. 기획 단계에서부터 동기를 확인하고 비전을 세워 목표치를 분명히 하던 모더니즘 문화 스타일은 없어지고 동기는 있지만 목표를 세우지 않게 되었습니다. 심지어 로드맵도 열어 놓습니다. 즉, 복잡계 이론[11]에 발판을 둔 사고체계를

---

10) 새로운 무언가를 창출하기 위해 각기 다른 영역이나 종류의 이종(異種), 혼합, 혼성, 혼혈이라는 의미로서 이질적인 요소가 결합된 것입니다.

11) 복잡계(Complex System) 이론이란 이 세상의 모든 질서가 몇 개의 이론만으로 설명될 수 없는 불가사의한 복잡성으로 얽혀 있다는 전제입니다. 복잡계에서는 수많은 변수가 유기적으로 작용하므로 기계론적 대응 방식의 과학은 불가하다고 생각합니다. 여러 집단 체계 안의 요소들이 다른 요소와 끊임없이 상호작용하며, 예측 불가하지만 다양한 결론이 기다리고 있다고 생각합니다. 적용의 전제는 선형이 아닌 비선형적 수학 해석, 절대작용이 아닌 상호작용, 연속성이 아닌 불연속성, 환원이 아닌 종합, 불확실성, 우연성 등과 같은 것입니다. 경향들은 카오스(chaos[혼돈]: 질서의 불합리성과 무질서 속에 질서가 있는 것. 작은 변화가 엄청난 결과를 가져올 수도 있는 일파만파), 프랙탈(fractal[조형원리]: 러시아의 마트료시카 인형이나 해안선과 같이 반복되면서도 세부적인 것과 전체적인 것이 유사하면서 다른 모양으로 구성되는 것), 퍼지(fuzzy[법석]: 퍼센트[%]나 '약[about]과 같은 것으로서 애매모호하고 경계가 명확하지 않은 상황을 수학적으로 이해하려는 시도. 참과 거짓, 옳고 그름의 경계가 모호한 중간에 대한 연구), 카타스트로피(catastrophe[파국 이론]: 물이 100℃ 전에는 차분하다가 100℃가 되는 순간 전혀 다른 현상이 일어나는 것처럼 일정한 질서를 유지하다가 갑자기 변속하는 불연속현상들을 연구하는 것), 하이브리드 혹은 매시 업(Mash Up) 등과 같은 것입니다.

보입니다.

앞에서 예를 든 싸이 씨의 〈강남스타일〉이 복잡계 현상을 잘 설명해 줍니다. 싸이 씨가 제작자 양현석 씨의 조언을 받아들여 자신의 캐릭터 '똘끼'로 복귀를 합니다. 그 동기는 단 한 가지, 하락하는 인기를 만회하려고 했던 것이지요. 그런데 이 노래가 세계적으로 유명세를 탄 이야기가 드라마틱합니다. 이 노래의 뮤직비디오가 한 동영상 커뮤니티에 게재되었고 우연치 않게 이것을 미국 팝 가수 저스틴 비버가 봤답니다. 그런데 너무 재미있어서 자신의 매니저에게 보내 줬답니다. 매니저가 보는 순간 상품가치가 보였답니다. 그래서 미국에서 활동하는 한국인에게 계약 중개를 부탁했고, 그 한국인은 싸이 씨는 모르지만 윤도현 씨와 지인이어서 윤도현 씨를 통해 싸이 씨를 소개받았답니다. 그 와중에 중개를 하던 이 한국인이 저스틴 비버 매니저에게 다시 제안을 했답니다. 아예 미국으로 초청해서 투어를 해 보도록 말이지요. 그래서 미국에 건너가 선풍적인 인기를 끌게 되었답니다.

이 대목에서 눈여겨봐야 할 것이 있습니다. 어떻게 저스틴 비버는 유튜브에서 케이팝을 보게 되었을까? 바로 그 전에 제작자 박진영 씨가 야심차게 기획해서 미국 팝시장 공략에 나섰기 때문입니다. 결과적으로 당시에는 크게 반향을 불러일으키지 못했지만 그때 케이팝 마니아층이 형성된 거지요. 그 마니아층이 가끔씩 유튜브에서 새로운 케이팝을 클릭해 본 거지요. 그러다 걸려든 것이 〈강남스타일〉입니다. 그걸 저스틴 비버 지인이 보라고 권했고, 저스틴 비버는 자신의 매니저에게 전한 거지요. 즉, 싸이 씨는 의도하지 않았지만 결과적으로 박진영 씨가 기획한 걸그룹 원더걸스의 도움을 받게 된 거지요. 그들이 없었다면 성공률은 더욱 희박했을지도 모르지요.

또 한 가지는 싸이 씨는 영어로 소통이 가능했던 겁니다. 모두 알다시피 그분이 유학 중 공부도 안 하고 학교도 다 마치지 못했다지요. 그러나 영어 소통에는 문제가 전혀 없었던 것이지요. 그 덕에 박진영 씨가 통역을 해 주고 그걸 다시 받아 반응하던 원더걸스의 공연과는 확연히 다른 거지요. 만약 싸이 씨가 열심히 정형화된 음악을 했다면 어땠을까요? 만약 싸이 씨가 박진영 씨처럼 단기 · 중기 · 장기 계획을 세웠다면 어떤 결과를 가져왔을까요? 아무도 답할 수 없는 질문을 제가 하고 있습니다만, 분명한 한 가지는 '우연성'이란 겁니다. 동기는 분명하나 결과는 예측 불가하고 일파만파한 것이지요.

시대와 문화가 다일층 다각층으로 전개되면서 우리는 일인 천재의 한계를 느끼기 시작합니다. 일인 천재보다는 집단 지성의 가치를 인정하게 됩니다. 그렇게 모더니즘에 대한 반성이 일기 시작합니다. 개인의 리더십보다는 팀의 가치가 드러나게 되고, 하나에 의함이 아니라 '우리'의 중요성을 학인하게 됩니다. 인간의 한계를 인정하기 시작하는 거지요. 완벽한 인간이 목표였던 모던과는 다르게 포스트모던은 인간의 불가능성을 인정하게 됩니다. '절대'라는 말을 붙이는 것에 거부 반응을 보이는 것이 포스트모던적 사고입니다. 그러다 보니 포스트모더니즘 문화는 이럴 수도 있고 저럴 수도 있다는 느낌을 많이 줍니다. 즉, 어떤 절대적 기준이 없는 사회(non-foundational)라고 합니다.

반성의 패러다임

과학에 대한 맹신적 신념을 반성합니다. 과학의 발전이 인류에게 번영과 평화를 가져오고 우리가 꿈꾸던 유토피아를 건설하도록 할 수 있다는 낙관론은 과학의 발전으로 인해 그 환상을 깨 버립니다. 그 대표적인 예가 일인 천재로서는 히틀러이고, 과학의 폭력은 세계 대전이었습니다. 이미 여러분도 아시다시피 현대 과학을 이끌고 선두에 섰던 것이 군사물자, 전쟁에 필요한 물품이었다는 사실은 누구도 부인하지 못하지요. 그래서 과학을 반성하기 시작합니다. 서구주의를 모든 인류의 가치 척도이고 지식의 보편이라고 여겼는데 그 서구주의의 독단으로 인해 제국이 건설되고 식민지 민중이 피폐해져 갑니다. 이런 서구주의를 반성하기 시작합니다. 그것이 바로 포스트모더니즘입니다.

포스트모더니즘은 그렇기에 모더니즘의 탄생 배경과는 많이 다릅니다. 모더니즘은 극복 혹은 발전, 진보의 역사 속에서 성장해 온 것입니다. 암흑기를 극복하고 계몽주의를 발전시키며 완성되었던 것입니다. 그러나 포스트모더니즘은 모더니즘의 연속선상에서 발전이나 진보가 아니라 반성에서 시작합니다. 되돌아보기입니다. 무엇을 놓쳤는가? 왜 그것이어야 했나? 과학과 인간 지성에서 무엇이 빠졌던가? 지식이 아니면 무엇이란 말인가? 이성이 왜 이리 다른 방향으로 가게 되었는가? 과연 보편적이고 객관적이며 합리적인 것이 있기는 한 건가? 전문가가 과연 전문가인가? 이런 반성을 시작하게 됩니다.

그 반성의 하나가 과학에 윤리가 빠진 것을 돌아본 것입니다. 그래서 포스트모더니즘은 과학 이전에 윤리를 가치로 내세우지요. 과학주의가 빠진 '발전'에 대해 윤리를 붙이려 합니다. 결과물에 집착하는 것이 아니라 무엇을 위한 결과물이고, 누구를 위한 결과물이냐고 토를 달기 시작합니다. 이제까지 '어떻게 (how)'에만 매달리던 과학이 '왜(Why)?'라는 질문을 하기 시작합니다. 그러다 보니 자연과학은 인문과학과 대화를 시도하고, 인문과학은 자신의 약점을 보완하기 위해 자연과학을 필요로 합니다. 그렇기에 하나가 아닌 다양의 중요성도 부각됩니다. 그래서 이제는 대단한 과학보다 적정한 과학을 고민하기 시작합니다. 차가운 기술에 따뜻한 가슴을 불어넣습니다.

우리 시대의 포스트모던 과학의 대표적 주자라고 할 수 있는 분이 장하석 박사라고 저는 생각합니다. 그 분이 인정할지는 모르겠지만 말이지요. 아무튼 그분의 책 『장하석의 과학, 철학을 만나다』(2014)에서 과학에 '다원'과 '관용'이란 개념을 들고 나온 것은 굉장히 중요한 사유라고 생각합니다. 즉, 그는 획일화된 과학이 아니라 다원적인 접근과 만남이 필요하다고 설파합니다. 이런 자세가 과학이 '절대'란 맹신에서 벗어날 수 있게 한다는 것입니다. 과학의 성과를 무시하자는 것이 아니라 하나의 과학적 성과에 '절대'라는 위치를 부여하는 우를 범해서는 안 된다는 것으로 저는 그분의 이야기를 이해했습니다. 다시 말해서, 저는 지금 모더니즘에서 꽃을 피운 과학의 성과를 무시하는 것이 아니라 다양성에 눈을 뜨고 과학에 윤리를 반영해야 한다는 겁니다.

진리에 대하여

그러다 보니 사실 및 실제(reality)에 대한 접근(approach)도 달리 생각해 보고 반성도 합니다. 사실 그 자체, 즉 객관적 사실이 존재하는가? 아니면 관점에 따라 보이는 사실만 존재하는가? 보이는 사실인가? 언어로 '이름 지어진(구성된) 사실'을 보고 있는가? 누가 보는 사실인가? '누가'를 먼저 물어보면서 모더니즘의 학문적 자세를 반성하기 시작합니다. 즉, 관점과 그 사람이 처한 위치에서 보는 사실에 더 관심을 갖기 시작합니다. 그러다 보니 사실이라는 것, 실재라는 것이 애매해지는 것을 깨닫게 됩니다. "당신이 말씀하시는 사실이란 뭡니까?" "당신은 어떤 관점에서 그걸 사실이라고 하십니까?" "왜 그런 이름(언어)이어야 합니까?" 즉, 자신의 경계를 벗어나 타인의 경계를 들여다보려고 노력합니다. 자기의 위치, 자기의 관점을 돌아보는 예의를 갖춥니다. 이런 현상이 연구 경향을 양적(quantitative) 연구나 실험과 증명에서 질적(qualificative) 연구의 유용성을 부각시킨 겁니다.

관점과 맥락으로

문제는 이 관점입니다. 관점이란 고정된 것이 아니잖아요. 그렇기에 '실제'의 문제에서 '관점'의 문제로의 전환이 또 다른 논쟁을 야기하게 됩니다. 바로 '진리'의 영원불변성입니다. 진리의 객관성 문제와 일맥상통하는 복잡 미묘한 화두지요. '완전한 진리(entire truth)가 있느냐 없느냐? 불변의 진리에 인간이 도달할수 있느냐 없느냐?'는 문제입니다. 특히 종교인들에게 이 문제는 더욱 심려가 되는 부분일 것입니다. 포스트모더니즘에서의 진리란 지엽적이고 시대적인 것입니다. 그렇기 때문에 종교적 다원주의를 포함하고 있는 것도 사실입니다. 반면, 모더니즘에 기초한 종교인들은 이러한 종교 다원주의가 그들의 근간을 흔드는 것이라고 생각하기에 극도로 적대시하는 부분일 것입니다.

그렇다면 과연 포스트모더니즘의 진리관이 모든 영원불변의 진리라는 문제에 대해 적대적인가? 다른 포스트모더니스트들은 다르게 답을 할지 모르겠지만 저의 답은 "아니다."입니다. 포스트모더니즘에 기초한 '영원불변의 진리성'의 문제는 포스트모더니스트들과 그 학파에 있어 차이가 있을 뿐입니다. 개인적으로 저 자신이 포스트모더니스트라고 불려도 좋습니다. 그렇다고 종교적 다원주의자도 아닙니다. 개인적으로 저의 사상 체계는 포스트 파운데이셔널리즘(post-foundationalism)과 근접한다고 말하고 싶습니다. Denzin과 Lincoln(2000)은 '진리' 문제를 이렇게 이야기합니다. "인간은 '진리'에 접근할 수 있는 온전하고 완전한 개념 체계를 가지고 있지 않기 때문에 완전하고 구체적이며 총체적인 접근이 불가능하다. 단지 자신이 스스로 구축한 실제성을 가지고 가능한 한 가까이(approximated) 가도록 노력할 따름이다."

결국 진리를 어느 자리에서 논하고 있느냐의 문제입니다. 즉, 인간의 문제이지 진리 그 자체의 문제가 아니며, 삶의 쟁점과 연관된 콘텍스트의 문제입니다. 진리는 하늘의 어느 한 곳에 위치하고 있으면서 인간 세상에 상위 하달로 내려오는 것이 아니지요. 인간은 구체적인 상황에서 경험하고 이해하고 행동합니다. 그러한 삶의 파편들이 모여 '좀 더 가까이' '좀 더 가능한 한' 이해의 폭을 넓혀 가는 것입니다. 이해와 행동은 자신의 상황을 '어떻게 해석'하느냐에 따라 달라지는 것이지요. 이것을 해석학적 관점이 행동양식을 지시한다, 혹은 규정한다고 말합니다. 물론 그 해석조차도 개인의 주체적인 해석이 아니라 그 시대 문화의 영향을 받습니다. 이런 관점을 사회구성론(social-construction)이라고 합니다.

주지하다시피, 포스트모더니즘은 진리, 실체, 실재, 사실은 다면적이고, 유동적이며, 다양하다고 주장합니다(Denzin & Lincoln, 2000). 그렇기 때문에 포스트모더니즘에서 진리의 문제는 '인간이해'가 선행되어야 하며, 진리의 접근은 유한성의 인간이 서 있는 그 자리(영역)에서부터 이야기될 수밖에 없는 한계를 가지고 있습니다. 고정(fixed)되거나 보편화된 것이 아니라, 개인적이며 공동체적이고, 사회문화적이며, 상호 관계적이고, 상황적이며, '아직' 완성되지 않은 것입니다. 엄밀히 말해서, 인류가 끝이 날 때까지 완성이란 없다는 것이 더 옳은 표현일 것입니다. 다만 상호 교류와 소통 속에서 끊임없이 또 다른 무엇을 열어 갈 뿐입니다.

예를 들어, 모더니즘 사회에서 '금은 가치 있다.' 이것은 진리입니다. 그런데 어떤 지역에 가니 금을 돌 보듯 합니다. 어떤 사람은 금에 가치를 두지 않고 인생의 다른 부분에서 의미를 찾습니다. 그 사람 이야기를 들어보니 말이 됩니다(make sense). 궁금증이 생기는 순간입니다. 왜 그럴까? 무엇 때문에 그럴까? 금의 가치가 금이라는 실재에 있는 것이 아니라 그 지역 사람의 삶의 방식과 관점에 따라 실재가 달라지는 것을 깨닫게 됩니다. 이것을 해석된 사실이라고 합니다. 그래서 포스트모더니즘은 모더니즘 방식을 반성하면서 타자와 소통하려고 애를 쓰는 것입니다. 귀를 열수록 더 실재에 가까이 가 볼 수 있고 확실하게 알게 된다는 것과 그로 인해 우리의 인생이 더 풍부해진다는 것을 경험하게 되었습니다.

불완전한 인간으로는 객관적 실체 자체를 확인할 수 없다는 깨달음과 절대가치에 대한 의구심은 내밀한 부분에 눈을 뜨게 합니다. 이런 깨달음과 의구심이 포스트모더니스트에게 가치와 의미에 초점을 두게 합니다. 무엇을 가치 있다 하고 의미를 두느냐에 따라 '보이는 사실이나 실재'가 아닌 '가치 있는 실재나 의미 있는 사실'에 방점을 두게 된 거지요. 의미와 가치가 삶에 더 중요함을 깨닫습니다. 왜냐하면 가치와 의미는 대가를 지불한 정도에 따라 달라지기 때문입니다. 실재가 가치를 품고 있는 것이 아니라 우리의 피가 섞일 때 그 실재가 가치 있어진다는 것을 부정하지 않으려는 자세입니다. 이런 자세가 과학주의 시대에 '비과학적'이라고 무시되던 '신화'에 대해 다시 생각하게 하고 두루뭉술한 '이야기'도 귀한 대접을 하는 자세를 갖게 합니다.

의미와 가치

의미와 가치 그리고 대가 지불의 합리성은 문화에 따라 다르고, 그 문화에 따라 세상을 보는 관점, 즉 실재 및 사실에 접근하는 방식도 달라집니다. 그렇다면 그 삶의 방식, 그 방식을 가능케 했던 그 지역의 문화와 공동체의 역사가 궁금해지기 시작합니다. 가치나 의미를 형성하는 그 문화는 오랜 기간에 걸쳐 형성되어 왔기 때문에 쉽게 바뀔 수 있는 것은 아니지요. 왜냐하면 전통과 관습, 교육과 윤리, 신념과 당연한 상식으로 전승·유지·발전되어 왔기 때문입니다. 이런 것이 때론 속담, 담론, 민속 이야기, 건국신화와 같은 형태로 우리 삶에 스며 있기도 합니다. 이런 것의 다른 모습은 고정관념입니다. 고정관념은 우리의 삶에서 많은 부분을 '당연시'하게 합니다. 그렇기에 고정관념에서 벗어나기 위해서는 타 문화를 들여다보고 자신의 문화를 반성해 보기도 해야 하겠지요.

재미난 현상이라고 할까요? 순환적 역사라고 할까요? 인류의 3대 발명품인 화약, 종이, 나침반은 세계를 연결하는 첨병이 되었지요. 이 세 가지 모두 가만 보면 소통의 도구이지요. 그런데 그 첨병을 가장 효과적으로 이용한 것이 서구세계입니다. 그 결과, 서구세계를 세계의 중심으로 세워 주지요. 한 가지가 더 있습니다. 서구문화가 세계 보편적 지식과 문화가 될 수 있도록 한 첨병이 교통과 통신의 발달입니다. 교통과 통신은 결국 지역과 지역을 뛰어넘는 소통의 첨병이지요. 그 교통과 통신의 발달이 서구문화를 반성하고 되돌아보는 계기가 된 것입니다. 세계 구석구석에 서구문화를 전파할 수 있게 만든 교통과 통신 때문에 야만으로 치부했던 그 지역의 문화를 만나면서 새로운 깨달음을 얻게 됩니다. 결과적으로 소통의 첨병으로 인해 서구세계가 보편이 되기도 했습니다. 그러나 역으로 다른 문화권이 부각되도록 지식과 지혜의 삶으로 증명해 주는 역할을 하면서 서구중심의 세계를 다양한 세계로 인도하기도 합니다.

지식에 대하여

'지식'이라는 화두에 대해서도 포스트모더니즘은 새로운 접근을 합니다. 계몽주의에서는 인간이 가지고 있는 미지에 대한 두려움을 없애고 세계의 주인으로 세우고자 하는 목표를 추구하는 행위가 지식이었지요. 그러다 보니 탈신화화, 탈마법화가 화두였지요. 그런데 역설적이게도 신화를 파괴하기 위해 모든 재료를 신화로부터 가져옵니다. 결국 그 화두가 신이 중심이었던 그 자리에 지식을 대체해 놓은 것에 불과한 형국이 되었지요. 지식의 진정한 추구는 통찰의 행복이나 지평의 확대라기보다는 'how(어떻게)'를 추구하고 '의미'를 포기하는 것입니다. 즉, '작용'과 '효과적 운영방식'에 몰두합니다. '객관적'이라는 이름의 모순된 표현으로 말입니다.

그러나 포스트모더니즘에서의 지식에 대한 사유는 진리, 사실, 실재, 근원의 문제에 접근했던 자세와 같이 지식에 대해서도 이 세상에 어느 지식도 객관적인 것은 존재하지 않는다고 전제합니다. 그 시대가 인정한 통념일 수는 있으나 인류 보편적이라고 할 수는 없다는 것이지요. 주관성, 역사성, 유사성을 인정할 뿐입니다.[12] 즉, 지식이란 타임머신을 타고 흘러온 인류의 유산이며 사회화 과정을 거친 것이라고 전제하는 것입니다. 그 시공간에서 사회구성원 간에 서로 합일해 가며 구성된 것이라고 믿기 때문입니다. 그렇기 때문에 보편타당하고 합리적 지식이라고 명명하기 전에 어느 지역, 어느 역사를 지닌 공동체가 주장하는 객관과 지식인지를 알아야 한다는 것이지요.

또한 보편 이론이나 지식을 찾는 과정에서 자기 자신을 객관화시킬 수 있다는 망상을 하지 않습니다. 통계를 낸다는 것도 통계자의 입장이 반영 될 수밖에 없는 한계를 지닙니다. 또 실험을 한다고 할지라도 그 실험자가 설정하는 그 주관에 의해 실험의 결과가 나올 수밖에 없는 것이 현실입니다. 그렇다면 어느 개인

---

12) '객관'이란 어느 상황과도 무관하게 주위와 상관없이 그 자체 그대로, 관계에서도 치우침 없이 있는 그대로란 관념입니다. 그런 관념에 R. Rotty는 유대성이란 개념으로 반론을 제기하는 겁니다. 이분에 따르면, 서구의 진리탐구 전통은 그리스·로마로부터 계몽주의를 관통하여 모더니즘까지 내려왔습니다. 이들은 진리문제를 선(善)이라기보다는 그 자체를 위해서 추구되는 것으로 인식합니다. 인간이 자기 공동체와의 유대성 안에 있으면 그 외의 지역이나 관계에 대해서는 묻지 않는 경향을 띠며, 인간이 객관성을 추구할 수 있다는 것은 마치 자신은 비실재로서 존재 가능할 수 있다는 착각입니다.

이나 집단도 지식을 통해 객관적이고 보편타당한 진리나 사실을 찾을 수 없다는 결론이 나옵니다. 그렇다면 이것은 세계에 많은 다른 세계관과 실천적 지혜들은 모두 그 시대와 상황에 의미 있고 가치 있는 것으로서 어느 한 세계관이 다른 세계관보다 우월한 지위를 부여 받을 수 없다는 의미이기도 합니다.

그러므로 태생적인 한계를 가진 인간의 지식 중 영구불변한 것은 없으며, 시대적이고 역사적이고 상황적이며 특수적일 수밖에 없습니다. 또한 만약 영구불변한 진리와 사실이 있다면 그것들을 온전하게 비출 수 있는 그릇(methodology)이 언어 외에는 없다는 한계를 가지고 있습니다. 만약 비출 수 있다고 한다면 그것은 일부분에 지날 수밖에 없습니다. 그 한계가 언어의 한계입니다. 그렇기 때문에 포스트모더니스트들은 지식은 특수에서, 지역에서 그리고 구체적인 상황과 시공간적인 한계 안에서만 논의될 수 있다고 믿습니다.

저 아프리카 남단에 있는 어느 소수 부족의 지식과 실천이라고 해도 진정 가치 있는 지식으로 대우받아야 마땅하며, 하버드 대학 강의동에서 스포트라이트를 받는 지식일지라도 그 부족의 지식보다 우월할 수 없습니다. 단지 어떤 지식과 또 다른 지식 사이에는 좀 더 실천적인가, 그렇지 않은가, 누구를 위한 그리고 누구에 의한 실천인가라는 논의만이 이루어질 수 있지요. 포스트모더니즘은 이 점에서 프락시스(praxis)라고 할 수 있는 실천적 지혜, 즉 삶의 지혜까지 지식의 범주에 넣는 것에 찬성합니다. 그리고 이것을 생활과학이라는 과학의 범주에 넣는 것을 주저하지 않습니다.

그러므로 포스트모더니스트들은 구체적인 콘텍스트를 강조하며, 그 구체적인 콘텍스트에서 추출된 지식이야말로 그 상황에 가장 유효하고 적합한 실천적 지혜라고 할 수 있습니다. 이럴 때만 적정 기술 또는 지속 가능한 지식이라는 개념이 성립하지요. 그 실천적 지혜는 다른 지혜들과 만나 서로를 공유하고 나누면서 또 다른 형태의 지식들을 창출합니다. 그렇기에 학문 간의 소통을 요구하는 것이고요. 포스트모더니스트에게 모든 지식과 실천적 지혜는 '케이스 바이 케이스(case by case)'이고, 그 케이스마다 나타나는 지혜들과 실천들은 그 자체로

높이 평가되어 우리의 공동체에 기여하는 우리의 삶입니다.

또한 포스트모더니즘 문화는 지식에 대한 윤리의식을 요구합니다. 그러다 보니 모든 가치와 사회문화적 유산이 실천적이고 유지되어야 한다고 생각하지 않습니다. 또한 포스트모더니즘이라고 해서 모든 것이 개방이라는 이름으로 가능하고 받아들일 수 있는 것도 아닙니다. 이 부분이 많은 사람에게 오해를 받는 대목입니다. 잣대나 규범이라고 말할 수는 없지만 포스트모더니스트의 윤리관이 있습니다. 그 윤리관에 따라 모든 '다름(differences)'과 '다양(diverse)'은 공동체를 위한 지혜와 지식으로 걸러지게 됩니다. 일단 '당연시'하거나 '절대적' '반드시' '꼭'과 같은 넘지 못할 벽은 없습니다. 그런 모든 것에 대해 일단 질문을 합니다.

윤리

첫 번째 질문은 '무엇을 위한 그리고 누구를 위한 실천과 지식인가?'입니다. 앞에서도 언급했지만, 지식은 그 지식을 향유하는 자와 그렇지 않은 자 사이에 힘과 권력관계(power relation)가 형성되어 있습니다. 어떤 개인이나 특정한 집단에 복무되는 지식과 실천에는 태생적으로 편애가 숨어 있습니다. 그 속에 속하지 못하는 개인과 집단을 소외시키게(marginalized) 되고, 이는 서로를 구분하는 이데올로기가 되어 버립니다. 이러한 현상은 결국 사회 저변에 깔려 있는 에너지와 자원을 모으는 데 크나큰 걸림돌이 될 수밖에 없습니다. 즉, 구체적인 콘텍스트가 배제된 상태에서 억압이나 소외 구조를 생산하는 실천과 지식은 포스트모더니즘에서는 용납되지 않습니다.

두 번째 질문은 첫 번째 질문과 더불어 '조건에 대한 실천적인 잣대가 누구의 것인가?'입니다. Browning(1991)의 책에서 재미있는 예를 읽었습니다. 미국의 어느 백인 교회가 "누구든지 오십시오. 우리는 당신을 환영합니다."라는 문구로 교회 홍보에 나섰다고 합니다. 어느 날 그 광고를 보고 한 흑인 여성(single parenting)이 전화를 하여 그 교회 신도가 되고자 한다는 의향을 비쳤다고 합니다. 그런데 그 교회의 대답은 교회 운영위에서 논의해야 한답니다. Browning은 그 교회 문구를 이렇게 해석하고 있습니다. 'Welcome to us'에서 '우리'라는 것은 언어적인 표현이고, 우리와 '같은 부류'만 환영한다는 뜻이라는 것이지요. 잣대에는 삼각 잣대도 있고 30cm의 잣대도 있고, T 잣대도 있습니다. 용도에 따라 그것을 필요로 하는 사람의 의향에 의해 선택되는 것일 뿐입니다. 그런데 그 선택과 용도가 콘텍스트인 개인과 그가 속한 공동체에 해악적 작용을 한다면, 포스트모더니즘은 그것을 단호히 거부합니다.

　어떤 것이 정의일까요? 잣대란 옳고 그름, 역기능과 순기능, 주류와 비주류를 나누지요. 그럼에도 모더니즘적 사고는 객관적 잣대가 존재할 수 있다는 신념을 가지고 있었습니다. 객관적이라는 표현에는 치우침이 없다, 공평무사하다란 의미가 내포되어 있습니다. 그러나 포스트모더니즘의 인간에 대한 전제는 인간은 편향될 수밖에 없다는 것입니다. 그러므로 객관적인 잣대도 가능치 않다고 생각합니다. 이들의 주장대로 하면, '정의'와 '공정함'이란 그저 편향된 공정함, 편애적인 정의일 뿐입니다. 그렇다면 포스트모던 윤리에서 정의나 편향은 어느 한편을 지지하거나 인정하는 것이고 그들의 편에 서는 것입니다. 그것은 비주류, 아웃사이더, 소외계층(the marginalized) 편에 서는 것입니다. 문화인류학, 여성학, 민속심리학의 대두, 성소수자 인권 운동, 이야기치료의 실천 현장이 사회복지 쪽에 편중된 현상, 비과학적인 샤머니즘에 대한 새로운 해석, 신화나 판타지 문학의 재발견 등입니다.

　세 번째로 포스트모던 윤리의 질문은 '앞의 내용과 연관된 것은 개인의 다양성과 다름을 인정하는가?' 입니다. 개인의 주체성 문제입니다. 즉, 개인의 선택과 가치가 보편적 잣대로 인해 무시되거나 거부당하는가 아닌가가 중요한 척도입니다. 다만 다름의 인정은 "너는 너이고 나는 나다."라는 식이거나, "네 것은 관여치 않을 것이니 내 것도 관여하지 말라."는 배타적인 것이 아닙니다. 이런 자세를 극단적인 포스트모더니스트들의 냉담주의라고 합니다. 이런 냉담주의는 극단적인 근본주의와 별 차이가 없는 해악이나 다름이 없습니다. 다양성과 다름의 인정은 상호 '대화'의 문이 열려 있고, 그 대화 속에서 상호 '영향'을 줄 수 있는 구조가 되어야 합니다.

포스트모더니즘 윤리의 중요한 것 중 하나가 공동체와의 관계입니다. 아무리 개인의 선택권을 존중할지라도 그 개인의 선택이 공동체에 해악을 주는 것이라면 받아들일 수 없습니다. 아무리 개인의 선택이 방해되거나 무시되면 안 된다고 하여도 그 사람의 공동체에게 해악이 되는 방식은 절대 인정될 수 없습니다. 여기 두 사례가 있습니다. 한 사례는 성소수자의 성(sex)에 대한 선호는 성에 대한 개인의 선택이라는 것입니다. 또 한 사례는 부부싸움 중 폭력을 행사한 경우입니다. 둘 다 자신의 선호에 따라 행동했습니다. 그러나 전자는 보편적이고 일반적인 정서에서 불편하게 볼 수는 있을지 모르지만 공동체에 해악을 끼치는 것이 아닙니다. 그러므로 포스트모던 윤리로는 부정될 일이 아닙니다. 한편, 후자는 부부의 문제 이전에 인류가 추방해야 할 폭력의 문제로 받아들여집니다.

문화에 대해

포스트모더니즘의 또 다른 특징은 '문화'에 대한 접근입니다. 일방향 혹은 정형화된 문화를 강조하기보다는 소통[13]하는 문화를 가치로 둡니다. 지식이 그렇

---

13) 국립국어원의 표준국어대사전에 따르면, 소통의 사전적 의미는 '막히지 아니하고 잘 통함' '뜻이 서로 통하여 오해가 없음'이라고 합니다. 즉, 소통의 목적은 막힌 것을 뚫고 열어젖히는 것이며 '서로'가 강조되는 것입니다. 영어의 communication도 공동체란 뜻의 community에서 온 것이지요. 영어의 dialogue란 단어의 어원도 라틴어의 dia(생각)+logos(의미)로서 함께 모아 간다는 뜻이 내포되어 있습니다. 소통에는 목적만 있는 것이 아니라 성별(gender)도 있습니다. 남성이 아닌 여성입니다. 아시다시피, 프랑스어나 독일어, 스페인어 같은 것에는 명사에도 여성 명사, 남성 명사가 있지요. 바로 이 소통을 의미하는 단어들이 모두 여성 명사입니다(communication[프랑스어], comunicacion[스페인어], Kommunikation[독일어]). 여성성으로 대표되는 성격이 소통에서도 필요하다는 뜻일 겁니다. 소통은 근육질적이고 카리스마적인 분위기보다는 여성적 부드러움과 유연함이 요구되는 것을 의미하는 것 아닐까요? 한자의 '소통(疏通)' 역시 마찬가지입니다. 물 '흐르듯' 하는 '도리'입니다. 즉, 타인의 경계에 들어가기 위한 행위가 소통입니다.

듯이, 기준이 애매모호한 것처럼 문화현상과 상호관계에도 명확한 선이 없습니다. 모더니즘 문화에서는 주류문화와 하위문화, 고급문화와 B급 문화가 갈리게 되는데 포스트모던에서는 소통이 전제가 되다 보니 문화의 등급을 나눌 이유가 없습니다. 다만 이해를 필요로 하기 때문에 그 공동체와 접촉을 시도하고, 들어 보려 하고, 소통하려 합니다. 포스트모더니즘 문화가 소통하는 그 모습이 바로 팝페라('팝송' + '오페라')라는 장르를 개척하게 하고, 퓨전 음식이 인기를 얻게 하고, 융합과학이란 이름으로 인문학과 자연과학의 경계가 허물어지게 합니다. 이제까지 서로 소 닭 보듯 하던 대상들이 서로를 더욱 풍요롭게 한다는 것을 알게 되었습니다.

이와 같은 전제하에 모더니즘에서 강조하는 지식과 포스트모더니즘의 문화 특성을 좀 더 들여다보면 이렇습니다. 포스트모더니스트의 문화 · 지식 탐구는 모더니스트와는 다른 인체기관을 쓰는 듯합니다. 개념적이고 범주화된 언어보다는 가슴에 박히는 '이미지' '은유' '상징'을 선호합니다. 지식이 논리와 실험 그리고 머리로 대표된다면, 문화는 가슴, 즉 감성을 추구해 갑니다. 지식은 깨달음을 주고 가슴은 감동을 줍니다. 깨달음은 '아하!'를 연발케 하지만 감동은 '울렁거림'을 줍니다. 전달 방식에도 차이가 있습니다. 그래서 지식은 퍼즐 맞추듯 빙빙 돌아서 전해지는 간접 방식을 취하지만 감동은 직접적이고 직설적입니다. 그래서 요즘 세대가 '돌직구'란 유행어를 좋아하는지도 모르겠습니다. 유행하는 대중가요의 가사를 보면 대부분 직설적으로 표현하고 있는 것도 그렇습니다.

지식과 가슴의 우산 역할을 하는 과학과 문화 역시 마찬가지입니다. 과학은 합리적 설명과 설득이 필요한 부분이기에 배워 가는 것이지만, 문화는 '획득'되는 것이기에 배움 이전에 우리 삶의 근간이었던 것입니다. 그래서 문화인류학자들은 문화를 인간의 제2의 자연이라고도 하며, 인간은 자연 상태가 아닌 문화 상

---

14) A. Gehlen은 "인간의 자연은 문화다."라고 규정합니다. 즉, 인간은 다른 동물처럼 자연에서 태어나

태라고 하지요.14) 문화는 이해 이전에 이미 우리의 삶입니다. 우리가 의미를 가지는 일, 가치를 두는 것의 바탕을 이루어 주는 것이 문화입니다. 즉, 어떤 문화에 있느냐에 따라 경험에 대한 해석과 느낌을 달리하게 되지요.

문화와 모방

그러므로 문화란 창조되기보다는 모방(mimesis, 모방이란 단어를 숙지하시기 바랍니다)되었다고 할 수 있습니다.15) 또한 모방 '되어 간다'는 문화인류학자들의 말이 설득력이 있다고 봅니다. 그러므로 지식 역시 모방에 모방을 거듭한 것이고, 가슴, 즉 정서적인 면도 역시 '천성' '원래 그런' '타고난 성격'에 한정된 것이 아니라 모방되었고 모방되어 갈 수 있습니다. 예를 들어, 누군가 시장에서 평생 고생해 모은 모든 재산을 장학금으로 기부했다는 이야기를 들으면 대부분의 사람은 감동을 합니다. 물론 안 하는 사람은 상담받으셔야 합니다만. 그 감동이 태생적이고 본래적인 것이 아니라 학습된, 모방된 감동이란 거지요. 우리가 무엇인가에 감동이 되는 현상은 그 문화가 의미와 가치를 두고 전수한 것입니다.

는 것이 아니라 문화에서 태어나는 존재라는 겁니다. 그러므로 문화란 태생적으로 획득된다는 것입니다. 인간이 의지적·적극적으로 문화를 창조한 것이 아닙니다. 그보다는 자연현상에서 살아남기 위해 지각하고 가공하고 기술을 습득한 습득체계가 문화란 것이지요. 그러므로 인간은 자연으로부터 문화행위를 강요당했다고 봅니다. 왜냐하면 인간은 자연 앞에서는 무기력하기 그지없는 '결핍 존재'이기 때문입니다. 또한 "모든 문화의 토대는 습관의 체계다."라고 합니다. 그러므로 생존을 위해 인간은 학습이 필수인거지요. 이런 과정에서 정신적 사유로 인해 구성(construction)된 것이 '세계'에 대한 개념이라고 합니다. 그러므로 문화는 자연의 '대용 세계'인 것이고 생존을 위한 보호막의 작용을 한다고 Gehlen은 설파합니다.

15) 문화인류학자이자 문학비평인 R. Girard는 문화는 '모방(mimesis)'을 통해 이루어졌다고 주장합니다. 욕망 역시 모방입니다. S. Freud가 욕망을 결핍으로 가설을 세운 것과는 큰 차이가 있지요. 그 모방은 바로 '차이'에서 오는 것입니다. 그 어떤 것의 '가치' 역시 본래적으로 가치가 있는 것이 아니라 '차이'를 통해 가치가 확증되고, 그 차이가 모방을 불러일으킨다고 그는 주장합니다. Girard가 말하는 욕망은 단순한 자본주의적 소비욕구나 세속적인 풍요에 대한 욕구 혹은 생리적 충동에 국한된 것이 아닙니다. J. Lacan의 "인간은 타자의 욕망을 욕망한다."는 개념, 즉 Lacan의 해체적 윤리 및 욕망 개념과 일맥상통한다고 할 수 있습니다.

그것이 개인의 정서체계에 그대로 심어지는 것입니다. 슬픔도 마찬가지이며, 정신적인 문제도 유사합니다. 즉, 획득된 정서라고 할 수 있는 것입니다.

문제는 이 문화가 고정관념의 산실 역할도 한다는 거지요. 그런데 이 고정관념이 가슴을 울리게 되면 지식으로 깨달음을 얻은 것보다 더 무섭고 단단한 껍질이 됩니다. 모더니즘이 법칙과 기준 혹은 보편적 가치라는 틀로 사람을 묶어 세웠듯이, 문화란 것도 우리에게 고정관념을 심어 주고 그것이 모든 것인 양 우리에게 그 고정관념에서 살도록 요구합니다. 특히 이것이 가슴에 박히면 그때부터는 그 무엇보다 강한 고집으로 남을 여지가 충분합니다. 만약 그 문화의 틀에서 벗어나면 그 문화 공동체에서 매장당하기 십상입니다.

예를 들어 보지요. 모성애, 인간이라면 다 가지고 있는 것이라고 하지요. 그래서 우리는 이런 말을 합니다. "자기 뱃속으로 난 자식 떼어놓는 어미는 천륜으로 타고나야 한다." 이처럼 죄인을 넘어 인간 말종 취급을 하게 되지요. 그런데 문화인류학자들의 보고에 따르면 모성애 역시 문화적 산물이라고 합니다. 모성애를 보편적 가치라고 배운 문화의 사람은 아이를 낳으면 공동체가 기르는 문화의 사람이 지닌 모성애의 개념을 달리 생각하겠지요. 즉, 모방이지요. 가슴이 다른데 왜 어느 한쪽은 이상한 취급을 받아야 합니까?

고정된 틀은 개개인의 행동양식과 삶을 규정하고 그 사람의 역할과 상황에 맞게 태어날 때부터 그것을 끊임없이 주입시켜 놓습니다. '학교 선생님은 이래야 해…' '남자라면 이 정도는…' '직장 상사에게는 이렇게…'라는 사회문화가 요구하는 행동양식이 있습니다. 거기서 인간은 매우 자유롭지 못합니다. 만약 자기만의 방식을 고집하고 선호하면 그때부터 아웃사이더가 되거나 이상한 사람 취급을 받으니까요. 서서히 우리는 사회문화가 요구하는 이미지에 물드는 거지요. 그러다 보면 나도 모르게 행동도 인상도 말투도 그런 형태로 구축되어 갑니다. 그렇기 때문에 우리는 처음 본 사람일지라도 "그 사람 조심해야겠는데." "그 사람 착해 보이는데." "너는 사람 볼 줄을 몰라."라는 말을 하는 거지요.

네트워크 문화

반면에 포스트모던 사회는 고정된 틀이 아주 느슨합니다. 가장 큰 특징은 네트워크 사회입니다. 다문화, 다학문, 다양성을 배경으로 합니다. 개별 같으나 연결되어 있고, 연결되어 있으나 개별적 삶 같은 그런 사회가 네트워크 사회입니다. 마치 거미줄처럼 얼기설기 엮인 사회가 네트워크 사회입니다. 아래위가 있는 것 같으나 없는 사회가 될 수도 있습니다. 개별의 선택이 가능하고 무시되지 않아야 합니다. 그렇다고 개별의 선택이 공동체에 해가 되는 방향도 거부됩니다. 즉, 개별 개별을 이어 주는 유연성이 요구되면서도 일정한 공동체를 지향하는 그런 삶의 방식을 네트워크 사회라고 합니다.

마치 호수에서 공동체 삶을 사는 수달과 같은 것입니다. 다문화 사회의 대표 주자라고 할 수 있는 동물이 캐나다의 국가 동물이기도 한 수달이라고 하지요. 그 이유는 수달의 살아가는 방식이 다문화 사회의 표상이기 때문입니다. 수달은 자신이 살 댐을 만들 때는 공동 작업을 한답니다. 그리고 댐이 완성되면 그때부터 그 안에서 서로 다른 개별로 산다지요. 바로 네트워크 사회가 그와 같습니다. 네트워크를 네트워크답게, 개별을 개별로 묶어 세우기 위해 집단(팀), 유연성, 구분 없는 성(no gender), 질서 유지 이전의 다양성의 공존, 공감 등이 강조되는 문화가 포스트모던입니다. 현대사회에서 이러한 단어들, 특히 다양성과 소통 그리고 공감이란 단어가 여기저기에서 많이 쓰이는 것의 배경입니다.

언어의 중요성

모더니즘과 포스트모더니즘 문화 이해의 또 한 가지 중요한 화두가 '언어'입니다. 공감과 소통에 있어 언어는 밀접한 관련이 있지요. 그리고 이 언어는 모든 우리의 개념과 표현을 관장하고 있기도 하지요. 문화가 하나의 체계라면 그 문화 체계를 가능하게 만드는 주역 역시 언어입니다. 어렵게 말하면, 인간이 세계

(reality) 자체(structure)를 인지하는 것이 아니라 언어로 구성(construction)된 세계를 인식한다고 합니다. 인간은 온전한 사실(reality) 자체를 묘사할 수 없고, 단지 언어로 구성된 사실만 묘사 가능하다는 것입니다. 아무튼 이래저래 별 말을 다 해도 인간의 묘사와 상호 교류는 일단 언어라는 도구를 피할 수 없습니다. 오해하시지 말아야 할 것은 비언어적 행위 역시 언어적 표현임을 감안하셔야 한다는 것입니다.

모더니즘의 언어란 이분법적으로 분명하고 명확한 선이 있습니다. 앞에서도 언급했지만, 모더니즘 언어에는 옳고 그름, 틀리고 맞음, 주류와 비주류라는 등식이 있고, 범주화하며, 가능한 한 통일적이고 함축적인 언어가 대세를 이룹니

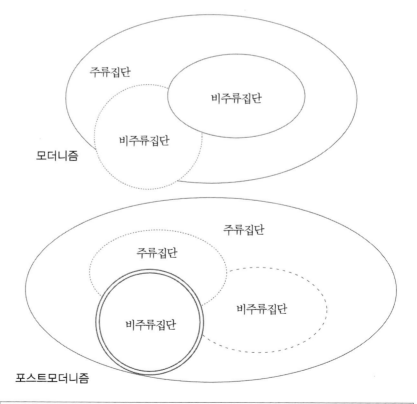

[그림 1-1] 모더니즘과 포스트모더니즘의 구조 도식

다. 모더니즘은 기준선이 분명하고 통일적이어야 하기 때문이지요. 정답이 분명한 언어가 모더니즘 언어입니다. 그것이 진정한 정답일지는 모르겠지만요. 그러나 포스트모더니즘 문화에서는 언어적 경계조차도 모호합니다. 여기에는 은유적(metaphor) 표현, 상징적이고 상상적인(imaginative) 언어가 주로 사용됩니다. 시적이고 다양한 해석이 가능한 방향으로 언어를 구사합니다. 그러다 보니 모더니즘 방식에 익숙해져 있던 우리는 포스트모더니즘 방식이 너무 두루뭉술하고 뜬구름 잡는 것 같고 선후가 없는 것 같고 답답할 수도 있습니다. 정답은 없으나 해결에 방점이 있는 언어가 포스트모던 언어라고 해도 과언이 아닙니다.

[박스 1-1] 모더니즘과 포스트모더니즘

〈특징적 강조점〉

모더니즘 및 포스트모더니즘은 학자마다 여러 형태로 그 용어를 사용하고 있습니다. 모더니즘과 포스트모더니즘을 도식으로 정리하면 다음과 같습니다.

용어 정리

모더니즘(Modernism)	포스트모더니즘(Post-modernism)	용어 사용자
Secular dualism	Post-secular holism	Cornel du Toit
Structural	Poststructural	−
Positivistic	Relational	−
Propositionalistic	Cultural-linguistic	Lindbeck
Rational-argumantative	Narrative	−
Fundamentalist	Postfoundationalist	Schrag and Van Huyssteen
Maintenance	Missional	Müller (Theme of the conference)

〈강조점의 차이〉

모더니즘	포스트모더니즘
과학	윤리
구성주의적 관점(constructivism)	사회구성론(social construction theory)
절대적 사실(진리)	해석된 사실(상대적 진리)
절대적 기준	다양한 기준
객관	주관
이성	감성
보편적, 우주적	특수적, 지엽적
논리	이해
신뢰성 · 타당성	주관적 강직
양적 통계	질적 깊이(구체적)
전문가 중심	공동체 중심(참여적)

〈문화적 차이〉

모더니즘	포스트모더니즘
비전(이성: 보고, 확인, 설명, 설득)	소통(감성: 듣고 느끼고 이해하는 것과 가슴을 강조)
남성적(힘 중심: 카리스마)	중성적(개성 중심)
권력, 집중	연결, 부드러움

〈표현의 차이〉

모더니즘	포스트모더니즘
과학적 · 기술적 언어(의미를 집약 축소)	문화적 언어(이야기 서술)
범주화 · 개념화 · 체계화	은유 · 비유 · 상징
사실 규명(인과론)	사실은 관점의 문제
절대적 진리(사실)란 무엇인가?	어떤 맥락인가?(상황적 · 관계적 · 정치적)
설명, 설득, 증명, 논리, 전문성	이해, 묘사, 경험적, 사회문화
서구적 직선사고(이분법적)	동양적 순환사고(관계적 맥락)
옳고 그름, 맞고 틀림	그럴듯, 말 됨, 의미, 가치
판단적 언어	탐구적 언어

제 **2** 장

포스트모던 지평의 확대: 인식론

패러다임 전환을 강의하면서 부딪히는 가장 큰 어려움은 '고정관념' 탈피였습니다. 수강생들은 공감도 하고 동의도 하면서도 기존에 가졌던 '당연시' 하던 것에 대해 '의구심'을 가지고 질문합니다. 그런데 재미난 현상이 있습니다. 그 의구심이 담긴 질문들은 우리의 삶에서 실제로 벌어지고 있는 이야기였습니다. 상담사 훈련에서도 이런 모습은 여실히 드러납니다. 이야기치료를 강의할 때, 아예 상담의 '상'자도 모르는 분들은 기존 상담사보다 훨씬 쉽게 이야기치료를 이해합니다. 그러나 기존 이론에 익숙한 상담사는 너무 어려워합니다.

왜 이런 현상이 일어날까요? 제 나름으로 결론 내린 것이 있습니다. 시대가 강조하던 의미나 가치들은 우리가 태어나기 전부터 이미 존재했던 것이고 그 강조점을 우리는 당연시하며 살아왔습니다. 그러나 실제에서는 예외적이거나 다양한 형태의 삶이 동시에 우리의 삶을 지탱해 주는 것이지요. 예를 들어, 종교인의 신념이나 신앙 행위는 과학적이지 않고 합리적이지도 않으며 객관성도 결여되어 있습니다. 그럼에도 만약 그 종교인에게 "선생님은 참 비과학적이시네요? 비합리적이시네요? 객관적이지 않으시네요?"라고 한다면 기분 좋아할 사람이 몇이나 있을까요? 왜 그럴까요? 삶이 전환된 것이 아니라 패러다임의 전환 때문이라고 저는 생각합니다. 이 장에서는 그 패러다임 전환과 관련된 주요 용어 몇 가지를 정리하고 넘어가겠습니다.

사회구성론

학문이란 궁극적으로 진리를 탐구하는 것이라고 하지요. 그 진리는 다른 말로 하면 사실 및 실재라는 말로 대체할 수 있습니다. 또는 본질이라고도 하는 원초적인 모습, 원형 혹은 근원·근본이라고 할 수 있습니다. 그러므로 "만물의 근원은 물이다."라는 그리스 철학자 탈레스의 화두를 필두로 해서 철학, 신학, 물리학, 생물학 등으로 분화하여, 결국 그 궁극의 문제를 탐구하는 것이지요. 그 궁극의 문제를 풀기 위해 자연과학과 인문학 등이 발달하면서 현재의 포스트모더니즘이 열린 것이고, 이야기접근법(narrative approach)까지 온 것입니다. 포스트모더니즘의 분화 중 하나가 사회구성론(social-construction)입니다.

본질 및 사실

포스트모더니즘은 사회구성론[1]과 함께 그 본질을 찾는 노력에 새로운 인식적

---

1) 사회구성론에 대해 저의 책 『이야기치료와 상담』(솔로몬, 2007)에서 실수한 것이 있습니다. 사회구성론은 엄밀하게 말해서 사회구성'주의'라고 하지 않습니다. 왜냐하면 체계적인 이론이긴 하나 '주의'를 붙여 고정화할 수 없다는 것이지요. 이 사회구성론과 구성주의(constructivism)가 같은 포스트모던 우산 아래 있다고 하지만 둘 사이에는 절대적인 차이가 있습니다. 특히 이 구성주의에는 개인 능력의 편차를 합리화시킴으로써 계급차별, 인종차별의 이론적 배경을 제공할 여지도 충분히 깔려 있습니다. 구성주의는 생태학적인 관점으로 Maturana와 Varela, von Foerster, von Glasersfeld 등과 같은 학

접근과 해석학적 지평을 열고 있습니다. 이야기치료 역시 사회구성론자들의 사유에 동의합니다. 사회구성론자들은 '본질' '존재 그 자체'란 용어에 의구심을 갖습니다. 단순하게 우리가 보고 만지는 소나무에 대해 말해 볼까요. 그것의 본질 그 자체가 '소나무'가 아니라, 우리가 소나무라고 이름 붙인 '그것'을 보고 만지고 느끼고 말하고 생각한다는 겁니다. 이제까지는 '진리(truth)' '사실(reality)'이라고 한 것이 그 자체로 고유하게 존재한다고 생각했습니다. 반면, 사회구성론자는 그 사회나 구성원이 합일한 것이라고 봅니다. 이것을 사회적(social)으로 '구성(construction)'되었다고 합니다. 즉, 어떤 사물이나 개인과 집단 그리고 이론 혹은 문화와 실천들이 사회화 과정을 거치면서 사회적으로 구성되는 것이라고 봅니다.

또한 사람들은 어떤 사물이나 세계, 가령 소나무를 경험할 때 그 세계, 즉 소나무는 여러분이나 제가 세계라고 부르기 이전에 이미 세계라고 부르고 있었던 것을 경험하는 것입니다. 거기에는 의미가 이미 붙어 있고 생각이 덧붙어 있습니다. 그것을 우리 공동체가 합의한 것이 '사실' '진실'이라고 한다는 거지요. 물론 한 명 한 명의 의견을 묻거나 개개인이 의견을 개진하고 참여하여 합의한

자들이 주장합니다. 이들은 인간은 생태학적으로 '직관'이란 영역이 있기 때문에 외부적 자극이나 실재를 지각하고 직관한다고 주장합니다. 이들의 가장 큰 공로는 과학주의, 심리 없는 심리학, 실증심리학이라고 불리던 행동주의(behaviorism)가 설득력 있게 설명하지 못하던 난제 "왜 사람은 같은 조건, 같은 자극에 다른 반응을 하는가?"라는 의문에 답하지 못하고 있을 때 구성주의(constructivism) 관점에서 명확한 답을 선사한 것입니다. 대표적인 학자 중의 하나인 Kelly의 설명에 따르면, 문제는 사람의 인지적 능력과 해석적 차이에서 오는 것입니다. 이 분에 따르면, 사람은 자신만의 해석적 틀, 구성이 있다는 것입니다. 즉, 경험에 대한 자신만의 해석적 틀(personal construct)이 있다는 것입니다. 자신만의 해석적 틀은 자신이 이미 알고 있는 지식이나 믿음에 근거하여 발생한다고 그는 이야기합니다. 이 해석적 틀은 고정되지 않은 변화 가능한 것이기 때문에 경험에 대한 재해석이 가능하다고도 이야기합니다(Kendler, 1987). 다만 여기서 우리는 또다시 질문해야 하는 것이 있습니다. '경험을 해석 가능케 하는 개인 구성 개념이란 것은 어떻게 구성되었는가?' '어떤 근거, 어떤 조건에서 구성 가능한 것인가?' '단지 개인의 능력, 개인의 차이에서 가능해지는 것인가?'입니다. 즉, 사회적 구축(social construction)과 사회의 거대담론(meta-narrative)에 의해 개인의 구성 개념이 구축된다는 것을 구성론자들은 간과한 거지요.

합의문건은 아니지만 사회적으로 스며들고, 역사와 전통으로 내려오면서 어느 덧 우리 곁에 지식이란 이름으로 그리고 진리로 자리 잡고 있는 것입니다.

지식이라든지 진리란 것은 어떤 사물과 세계를 알고자 하는 인간의 욕망의 경계를 넘어선 것입니다. 어떤 상황이나 현상에 대해 결정하고 그것을 적용하기 위한 노력의 일환 이상입니다. 역사적으로 보면 이것들은 인간 간, 민족 간의 차별을 구조화하는 도구로 사용되었습니다. 인간의 행복과 불행을 가름하는 기준과 틀의 역할을 하기도 했습니다. 능률과 효율의 대명사이기도 합니다. 인간 행위와 생각에 타당성을 부여하는 것만이 아니라 타당한 평가와 시야도 제공합니다. 어떻게 그게 가능할까요? '객관' '절대'란 옷을 입혔기 때문입니다.

그런데 진리, 사실, 실재 자체가 '객관'이 아니라 객관적이라고 하는 '신념'인 겁니다. 문제는 이 신념이 개인, 특정 문화, 특정 의미와 가치를 가볍게 여기거나 심지어 무시하는 것에 대해 분명히 돌아봐야 합니다. 사람들의 복잡다단하고 역사적인 신념을 가지고 '객관성'이란 이름으로 다가갈 때 그 객관의 범주에 들어가지 않는 지역, 문화, 개인은 객체, 외부, 부수, 부족으로 처분되는 거지요. 그러므로 그들은 지식 및 전문성에 수동적으로 하위적인 자세로 임할 수밖에 없는 겁니다. 지금 저는 모더니즘의 업적을 무시한다거나 객관성의 신념을 폐기 처분하자는 것이 아닙니다. 다만 그 객관성에 대한 절대화, 그 업적에 대한 권위적 태도로 인해 또 다른 지혜와 지식이 하위적 개념으로 자리하게 하는 그 태도를 문제 삼는 것입니다.

지식에 대해

'지식'이란 어느 특정한 콘텍스트 아래서 개인과 개인 혹은 집단과 집단의 관계성 속에 형성된 것을 말합니다. 사회적 과정 속에서 사람 간에 서로 아이디어를 공유하고 연결지으면서 구축된 결과물들이 지식이요, 사실인 것이지요. 그래서 R. Rorty는 지식을 객관성이 아닌 유대성, 유사성이라고 말한 겁니다. 이렇게 사회적으로 구성된 사실이나 지식은 그 시대 속에서 실천적 검증을 거치면서 사람들에게 '신념'으로 자리 잡게 됩니다. 이 신념은 시간적 간격이 오래되면 오래될수록, 그리고 사회적 저변이 넓어지면 넓어질수록 불변의 '진리'나 '사실'로 자리매김하게 되지요. 그 대표적인 예가 상담심리에서 신념화된 '무의식세계' '사춘기'라는 용어지요.

제 질문에 대답해 보시지요. 마음이 어디 있습니까? 마음이란 무엇입니까? 이 질문에 대한 여러분의 답은 여러분의 고유한 사유 혹은 여러분이 창조한 대답입니까? 아니면 우리 문화에서 일컫는 그 마음의 개념으로 대답하고 계십니까? 마음은 추상명사이니 그렇다 치고, 그럼 '소나무'에 대해서 한번 대답해 보시지요. 소나무가 무엇입니까? 나무입니까? 원자덩이, 물질, 가구 재료 등 그 답은 한이 없을 것입니다. 과학적이든 은유적이든 앞으로도 인류가 끝날 때까지 아마도 소나무의 본질 하나 제대로 말하기 어려울 것입니다. 다만 쓰임새나 시적 표현에 따라 언어로 규정한 그 소나무라는 한계를 가지고 있지요.

해석된 사실

'사실'이란 그 자체인가 아니면 사회적 합일인가, 역사적 신념인가 아닌가 하는 문제를 논하는 것은 이 장의 목적이 아닙니다. 만약 그렇다면 사회구성론자들은 공허한 논객에 불과할 것입니다. 더욱 중요한 것은 그 속에 담겨 있는 '의미'입니다. 어떻게 그것이 의미가 되었는가? 그 의미가 어떻게 '사실화'되었는가? 즉, 그 의미의 실체는 무엇인가 하는 것이 더욱 중요하다고 볼 수 있지요. '사실'은 사실 그 자체로는 우리에게 아무런 의미가 없습니다. 그 사실에 의미와 가치가 부여될 때 사실다워지는 거지요. 경험 역시 경험 그 자체가 중요한 것이 아니라 그 경험에 의미와 가치가 부여될 때 경험이 경험다워지는 거지요. 즉, 해석된 경험이 경험다운 것이지요.

문제는 경험이 경험다워지게 하는 '해석'이라는 실체가 묘하다는 겁니다. 우리가 어떤 경험을 하면, 그 해석이 경험자인 개인의 자율적이고 주체적인 해석이 아니란 겁니다. 그 이유는, 첫째, 일단 그 경험을 해석할 때는 '언어'라는 것을 매개로 한다는 사실입니다. 나중에 좀 더 깊이 다루겠습니다만, 언어는 사회적 합의이자 사회화를 거친 유산이지요. 그리고 그 언어는 내가 태어나기 이전에 이미 누군가의 경험에 표현되었고, 설명된 매개물이었지요. 그런 공동체와 역사적인 시간을 거치면서 언어는 우리 옆에서 내가 경험한 것들을 설명해 줍니다. 그래서 해석은 그 사회와 공동체의 상호 교류를 통해 형성된 것이고, 역사적이고 사회적인 합의물이라고 합니다. Paré(1995)는 이런 현상을 '상호 주관적인 영역(intersubjective domain)'이라고 부르기도 합니다.

해석에는 필연적으로 어떤 '의미'가 부여되어 있습니다. 부여된다는 것은 아무렇게나 구겨 넣는 것이 아니라 어떤 특정한 체계를 가지고 이루어지는 것입니다. 그 체계 역시 사회적 산물이지요. 그 산물들이 오랜 세월을 견디며 유지·전승된 것이 우리 곁에 있는 것이 해석입니다. 인류는 오랜 시간 경험을 하고 그 경험을 여러 경로를 거치면서 사회적 상호작용으로 이해합니다. 그것이 해석입니다. 그 해석은 주의, 신념, 법칙, 관습, 습관 등을 토대로 이루어지고 이해됩니다. 그렇게 '사실'은 해석의 경로를 통해서 구성된 것이지요. 심지어 우리의 심리구조라는 추상적인 것조차 해석의 과정을 거칩니다.

이런 경로를 통해서 이제 그 사실, 해석, 의미는 대표성(typification)을 띠게 됩니다. 이 대표성은 그 공동체 안에서 자신이 다른 유형들(types)과 구분될 수 있도록 합니다. 한편으로 그 유형 분류는 이제 계급으로 둔갑하는 거지요. 이 계급은 개개인의 책임과 의무나 권리를 부여해 주지요. 여성으로 할 일, 남성으로 가질 수 있는 권리 등을 말입니다. 다른 한편, 이런 유형 분류는 어느덧 우리 삶에 교육적인 신념이나 제도화(institutionalization)로 자리를 잡습니다. 그러면 어렵게 만들어진 그 구조를 우리는 여러 경로를 통해 퍼뜨리는 데 주력하지요. 왜냐하면 '삶의 당연한' '버릴 수 없는 가치'로 오래 오래 배워 왔으니까요. 짧게는 몇 백 년, 길게는 수천 년, 마치 우리의 DNA처럼 말이지요.

우리가 당연시하는 의미나 가치를 개인이 쉽게, 가볍게 여기지는 못합니다. 아니, 심지어 거기에 복무하고 순종하여야 합니다. 그렇지 않으면 이상한 사람이 되어 버리니까요. 그럴 수밖에 없는 것이 그 시대 문화에서 대표성을 띠고 신념으로 굳어진 것들은 특정한 권위나 집단에 의해 정당화의 과정도 거치게 되기 때문입니다. 여러분이 만약 이 책을 읽고 논문에 인용하고 강의 때마다 사용한다면 세월이 흐르고 세대가 지난 후 어느덧 이 책은 사라지고, 이 책의 내용만이 정당성으로 존재하게 되지요. 원전에서 나온 내용보다는 그 내용을 인용한 사람들의 권위, 그들이 그 사회에서 차지한 위치에 따라 정당화되는 거지요.

그렇게 세월이 지나면서, 세대와 세대를 거치면서 때론 내용이 재조명되고 재해석되기도 합니다. 어떤 때는 소멸되고 새로운 관점으로 생성되기도 합니다. 이렇게 해석은 우리가 태어나기 전에 이미 우리 삶에 스며 있는 것이지요. 그렇기에 우리는 그 해석을 '당연시'하며 한 점의 의심도 없이 그렇게 생각합니다. 마치 우리 몸의 세포와 같이 작동하는 것과 진배없습니다. 세포를 의도적으로 조정·통제하는 것이 가능하지 않듯이 말입니다. 그것을 지금 여기에 사는 우리는 일상에서 '생각한다' '느낀다' '경험했다'라고 이야기하고 있는 거지요.

예를 들어, 부모님이 돌아가셨습니다. 그러면 슬퍼해야 합니다. 그것이 우리 문화가 요구하는 행동양식, 즉 해석이고 감정입니다. 여기에는 '부모'에 대한 우리 문화의 특별한 가치와 의미가 부여되어 있습니다. '부모'란 단어 자체가 특권적인 지위를 갖는 거지요. "그래도 천륜인데…."라는 당위는 그 사람이 좋은 사람인지와는 나쁜 사람인지와는 상관없습니다. 옳고 그름을 떠나 누구도 거부할 수 없는 감정, 관계 혹은 인간의 '도리'가 강제되는 것입니다. 그러나 역사적으로나 문화적으로 보면 부모에 대한 관념이 여러 가지로 실천되어 왔음을 알 수 있습니다.

그리고 두 번째로 죽음에 대한 담론입니다. 우리에게 죽음이란 이별, 분리, 아픔, 어쩔 수 없는 운명 등과 같은 의미를 내포하고 있습니다. 그러니 죽음은 나쁜(슬픈, 안타까운) 건데, 거기에 부모님의 죽음이니 더 나쁜(슬픈, 안타까운) 것이 되지요. 아니, 엄밀히 말해서 부모님의 죽음은 누구에게나 슬픈 것이 '되어야 하는 것'입니다. 그러다 보니 슬프지 않을 수도 있는 사람, 그럴 수밖에 없는 사연, 그러지 않아도 될 사람은 이상하거나 상종 못할 인간이거나, 혹은 철부지가 되는 거지요. 그렇다면 이 슬픔은 사회적 해석이지 결코 개인의 주체적이고 독창적인 해석과 의미 부여는 아니지요.

인접학문

그러나 다른 문화권에서는 죽음에 대한 담론이 다름을 엿볼 수 있습니다. 남태평양의 한 부족은 가족이나 부족원의 죽음을 '끝을 맞이한 이별이나 분리'로 생각하지 않는다고 합니다. 그러므로 부족원들이 죽은 사람을 다시 자신들의 공동체로 재구성하는 의식을 행한답니다. 그렇게 함으로써 죽은 자에게는 공동체의 명예 회원 자격을 부여하고, 가족이나 부족원에게는 그들과의 소속감을 강화하는 계기로 활용하도록 한다고 합니다.[2] 이야기치료에서는 이것을 채택하여 인정 예식(정의 예식, 축하 파티)이라는 이름으로 실천하고 있습니다.

이런 연유로 현대에는 문화인류학과 여성학 같은 학문이 우리의 인식의 확장에 큰 힘이 됩니다. 다행히 한편으론 그리스 · 로마 때부터 이분화했던 문명, 야만, 미개란 구도가 깨졌고, 다른 한편으로 교통통신의 발달로 인해 지구촌의 속살이 드러났습니다. 미개문화로 치부되던 문화권의 삶의 실천과 지혜가 현대를 사는 우리에게 확장된 개념을 선사한 거지요. 이를 통해 우리는 '옳고 그름'의 구분에서 '말이 되는(make sense)' 삶을 배우게 되었습니다. 그래서 그런지 포스트모더니즘적 언어가 두루뭉술한 'make sense'가 통하는 것인지도 모르겠습니다. 그뿐 아니라 인생에서 위기나 갈등, 장애 혹은 딜레마에 빠졌을 때 새로운 관

---

2) B. Myerhoff라는 문화인류학자이자 해석학자가 베니스(Venice)라는 남태평양 군도의 부족을 연구한 결과로서, 여기서는 이것을 Definitional ceremony라고 명명했습니다. 이것을 M. White가 이야기치료에 적용합니다.

점에서 새롭게 해석할 수 있는 관점을 선물받았습니다.

　여성학 역시 우리의 고정관념과 남성 중심의 세계관에서 빠져나오는 데 매우 큰 영향을 주었습니다. 여성학을 관계학이라고도 하고 비평학이라고도 하지요. 왜냐하면 이제까지 모든 학문에서 남성의 관점에서 이루어진 것들을 여성의 눈으로 새롭게 바라보기 때문입니다. 즉, 또 다른 자리에서 기존의 업적(남성 중심의 학문적 업적)을 평가하고 구성할 수 있는 역할을 하는 거지요. 그래서 여성학은 기존의 학문과 관계를 맺어 가며 이루어지는 학문으로, 그 관계 안에서 발전적이고 확장적인 비평을 할 수 있습니다. 이들의 도움으로 수없이 많은 가정의 문제, 개인의 심리내적 문제로 치부되던 것들이 사회구조적인 맥락의 문제였음이 폭로됩니다. 개인적으로 여겼던 능력이나 무기력, 심리적인 죄책감, '내 탓이오!'의 함정에서 벗어날 수 있는 눈을 뜨게 한 거지요. 이들의 도움으로 현대의 많은 문제에 계급과 정치적 힘이 스며 있다는 것을 깨닫게 된 거지요.

　이러한 연유로 '구성(construct)'이란 것에 대해 구성주의자와 사회구성론자의 시각이 다른 겁니다. 구성주의자의 주장은 '직관(direct perception)'이란 것이 외부의 어떤 요소를 어쩌고저쩌고 한다는 것입니다. 이들을 다시 말하면 직관주의자라고 할 수 있습니다. 즉, 신경계의 그 어떤 것이 외부자극을 받아들여 그 자체가 저장해 둔 데이터로 해석하는 과정을 거치는 것이라고 믿습니다. 그런데 이들의 주장은 가장 중요한 '상호작용' 과정을 간과합니다. 인간은 상호작용이란 것을 통해 끊임없이 모방되고 변화하며 새로운 의미를 창조해 나가는 과정을 거친다는 사실을 간과한 거지요. 쉽게 말해, 해 아래 새것이 없다는 것이지요. 이것을 인식의 개인주의적 경험에서 사회구성적 인식론으로의 전환이라고 합니다. 이 전환에 가장 큰 몫을 한 것이 '언어'에 대한 성찰이라고 볼 수도 있습니다.

언어

언어, 이놈이 참으로 신비하기도 하고 원망스럽기도 한 놈입니다. 마치 야누스의 얼굴과도 같습니다. 우리는 언어가 없으면 세상이라고 하는 실체, 사실, 실재를 인식하지 못합니다. 그런데 다른 한편 이놈 때문에 우리는 그 세상, 실재, 사실을 아는 데 한계가 있습니다. 나무를 의식하려면 나무란 단어를 알 때만 나무가 있음을 보게 되지요. 즉, 아무리 객관적 실재가 존재할지라도 '의식'될 때만 존재로서 인정되지요. 그 의식됨과 객관적 실재 사이의 간극을 언어가 메워 주지요. 문제는, 나무가 "내가 나무야."라고 자기의 이름을 가르쳐 주는 것 보셨습니까? 그렇다고 우리가 "이게 나무야." 했다고 해서 온전한 그 자체는 아니지요. 다만 무수히 많은 요소를 통으로 나무라고 부를 뿐이지요. 그런데 나무란 언어를 얻게 됨과 동시에 나무의 무수히 많은 또 다른 실체는 무시되거나 우리의 인식 밖으로 밀려나 버려서 우리가 존재 그 자체를 못 보게 됩니다. 그래 놓고도 우리는 존재 자체를 안다고 하는 거지요.

예를 들어, 사람들이 저를 알 수 있는 것은 '김번영'이란 단어를 알기 때문에 저를 압니다. 그럼 '김번영'이 인간이란 실체입니까? 저의 온전체입니까? 아니지요. 그렇게 말씀하시는 분은 상담받으셔야지요? 김번영이란 단어는 이미 있었습니다. '김'이 있었고 '번'이 있었고 '영'이 있었습니다. 글자마다 이미 그것만의 의미를 실어 나르고 있지요. 또한 물리학적으로 원자 덩이지요. 원자라는 단어가 없으면 눈에 보이지도, 만져지지도 않는 원자를 우리는 모르지요. 단지 원자라고 명명할 뿐이지요. '김번영'에 대해 알려면 또한 문화적인 살핌도 있어야지요. 이런 식으로 가다 보면 한도 끝도 없지요. 그러나 그냥 단순히 "그 친구 누구야?"라고 물었을 때 "그 이야기치료사 김번영."이라고 답하면 우리는 김번영을 안다고 합니다. 즉, 단어를 아는 거지요. 단어가 제가 된 거지요.

이것이 구성론자와 사회구성론자의 큰 차이입니다. 구성론자는 이렇게 생각합니다. 객관적 실체를 어느 개인이 봅니다. 그리고 거기에 언어를 표하거나 대응합니다. 그 실체에 대해 재현하는 역할자가 언어란 것입니다. 예를 들어, '김번영(객관적 사물·실체) + 언어(김번영, 원자, 생물학) + 독자 여러분(그 객관적 사물을 인식하려는 인간)'이라는 구조로 언어의 역할을 생각했습니다. 다시 말해, 어느 사물이 객관적으로 있습니다. → 그걸 제가 봅니다. 그때 언어가 그 객관적 실체와 저를 연결해 줍니다. '사물 + 언어 + 나'가 되는 거지요. 그러나 사회구성론자의 생각은 언어가 실체를 만들어 내는 것이라는 거지요. 언어의 종류(김번영, 원자, 생물)가 이미 존재합니다. → 그러므로 그 단어에 상응하는 객관적 실체인 존재(지금 이 글을 쓰고 있는 김번영)를 압니다. 그렇다면 우리는 단어(언어) 이상의 그 무엇(김번영이란 실체)을 모릅니다.3)

이와 같은 언어의 속성을 P. L. Berger와 T. Luckmann은 의미와 경험을 객관화시켜서 그것을 언어로 전수 보존한 것이라고 봅니다. 시공간적으로 보면 현시점(오늘)을 초월한 인간의 축적물이지요. 그러다 보니 지금 여기에 우리의 삶에는 '존재'하지 않는 것을 다양하게 존재하게 할 수 있는 거지요. 그것을 우리는 객관적 세계·실체·사실·실재·진리라고 믿고 있다는 거지요. 결론적으로 말하면, 존재 그 자체가 "나는 이거요!"라고 하지 못합니다. 인간이 "저걸 이거라고 합시다!"라고 했던 그 실체가 오늘 우리 앞에 있다는 거지요. 즉, 약정과 공통적인 사용에 의해 상징화한 약속이지요. R. Rorty는 이것을 두고 세상이 우리에게 말하는 것이 아니고 우리가 세상을 말한다고 합니다. 그렇기 때문에 세상이 우리가 말할 언어를 제안하지 못하고, 또 다른 인간만이 그 사물을 표현할 수 있는 언어를 제안할 수 있다는 거지요. 언어가 있어 우리는 세상을 알지만, 한편 우리가 알고자 하는 세상을 언어가 한계 지으려 하는 형국입니다.

---

3) 니이체 연구 제3집(1997)에 수록된 심의식의 '니이체 철학에 있어서 언어와 진리'를 읽어 보세요. 제가 Nietzsche의 모든 것을 받아들이거나 이해하지는 못하지만 사회구성론, 해체론(deconstruction)자들의 효시라고 할 수 있는 Nietzsche의 언어와 실재에 대한 사유는 우리가 반드시 참고해 봐야 할 것이라고 생각합니다.

여러분이 이러한 사회구성론자들의 주장을 이해하시고 받아들이신다면, 우리는 실체, 사실, 실재를 보고 이해하는 것이 아니라 단지 언어를 알고 이해하는 거지요. 그 알고 이해하는 것을 언어로 조직한 것이 지식입니다. 결국 언어가 실재를 만들었다고도 할 수 있습니다. 그러므로 우리가 말하는 '실체'란 엄밀히 말해서 '언어로 구성한 논리'이지 그 실체, 그 자체는 아무도 모르는 겁니다. 우리는 그 언어를 공유하고 있는 겁니다. 약속된 것, 공통적으로 이어받은 것, 획득된 것을 우리는 실체로 받아들이고 공유하는 것이지요. 그 공유를 신념으로 가지고 있는 거지요.

그렇다면 사실, 실체, 실재란 실존주의자의 말처럼 있다고 할 수도 없고 없다고 할 수도 없는 아주 묘한 대상인 거지요. 언어만이 이것들을 실체화해 주니까요. 지금 여기 살고 있는 우리가 말할 수 있는 분명한 한 가지는 우리가 인지하는 것 이전에 이미 언어가 있었다는 것입니다. 저의 이 표현조차도 사실은 언어가 있으니 가능할 뿐이지요. 그러므로 우리는 언어의 굴레 안에서 살고 이해하고 인식하며 산다고 해도 과언이 아닐 듯합니다. 이것이 언어의 신비이자 한계지요.

은유

언어의 신비는 은유[4]에 있다고 해도 과언이 아닙니다. 언어란 생명이 없는 기호에 불과합니다. 인간이 소리와 문자로 재현해 내지 않으면 아무것도 아닌 것에 불과한 것입니다. 그런데 이놈이 우리의 마음을 들었다 놨다 하고 우리가 보는 현상을 실재처럼 보이게 합니다. 은유는 범위를 정해 주는 역할을 합니다. 그리고 우리의 애매모호한 행위를 구체화시켜 줍니다.

---

4) "은유란 유(類)에서 종으로, 혹은 종에서 유로, 혹은 종에서 종으로, 혹은 유추에 의하여 어떤 다른 사물에 속하는 이름을 전용(轉用)하는 것이다." (천병희 역, 2002)

예를 들어, '어머님의 눈물'이라고 하면 여러분은 기뻐 뜁니까? 뭔가 가슴이 찡합니까? 어.머.님.의.눈.물. 한 글자, 그 한 글자가 뭐길래요? 그런데 '어머님' '눈물'이란 것이 여러 가지 은유를 품고 있지요. '사춘기'란 단어를 들으면 여러분은 "아, 우리 아들이 드디어 사춘기다. 참 기쁘다!"라고 하실 겁니까? 아니면 "아이고 큰일 났다!" 이러실 것 같습니까? 사춘기가 과연 있기는 한지는 모르겠으나 아무튼 여러분은 전자이십니까? 전 후자였습니다. '갱년기'는 어떤가요? 과연 갱년기란 것이 있는 것인지, 아니면 몸의 변화가 조금씩 진척되면서 인생 2막을 준비하는 시기인지는 모르겠으나 우리는 갱년기란 단어를 듣는 순간 뭔가 모를 힘에 눌리지 않습니까?

그래서 '언어는 내재화하는 힘이 있다.' '언어는 행동양식을 지시한다.'라고 합니다. 이 신비한 놈을 알기 위해서 서양 학문과 철학은 또 언어학(linguistics)을 발전시킵니다. 우리가 말하는 마음은 언어의 일종이지 깊은 내면의 그 무엇이거나 그 어디에 있는 것이 아님을 깨닫게 된 거지요. 그러므로 언어학은 문학이나 국문학 혹은 수사학과 같은 범주를 넘어 해석학(hermeneutics)으로 발전된 것입니다. 그러다가 언어가 포함하고 있는 은유(metaphor)에 인간의 생각이 귀착된 거지요.

우리는 언어가 가지고 있는 은유를 통해 사물의 본질을 은유적으로 표현할 뿐입니다. 그것은 비단 문법적인 정리나 논리적 구성만이 아닙니다. 언어 자체가 가지고 있는 의미나 가치를 통해서만 그 본질을 표현한 것입니다. 그것을 은유라고 합니다. 우리가 과일의 종류 '사과'의 본질을 연구하고 파악하고 표현한다면 다른 언어적 은유, 즉 원자, 중성자, 달콤, 시큼 같은 것으로 합성할 때만 '사과'의 본질을 표현할 수 있습니다. 그렇다면 우리가 열심히 그 사물의 본질을 밝혀 낸 그 노력은 결국 은유적 차이를 분석하고 은유적 사실만을 연구한 것이고 규정한 것이지요. 그렇다고 오해하시면 안 됩니다. 그 '사과'란 단어 자체가 객관적 존재 자체인 사과는 아니지요. 다만 그 객관적 대상 자체가 '사과'란 단어와 불가분의 관계, 즉 떼려야 뗄 수 없는 관계에 있다는 것이지요. 그렇기 때문에 사과란 단어가 객관적 대상과 한 몸인 거지요. 그걸 우린 그 물체로 규정한 것이지요.

모든 사물은 사물 자체가 아니라 언어적 은유로 표현된 겁니다. 그러므로 엄밀하게 말해서 사물 그 자체가 아니라 은유만 말할 뿐이라고 할 수 있지요. 빛을 아시지요? 그럼 무엇이 빛입니까? 밝음은 어느 정도를 밝다고 할 수 있나요? 그럼 과연 빛이 있나요? 그런데 우리는 있다 하고 빛을 느끼지요. 왜냐하면 '밝다' '어둡다' '빛이 든다'는 언어적 표현을 하기 때문이지요. 그렇다고 언어가 빛은 아니지요. 그렇지만 빛이란 단어를 들으면 뭔가 우리는 밝음과 연결을 시키지요. 빛이란 단어가 품고 있는 은유 때문이지요. 우리가 인식하고 인지하는 모든 사물엔 이렇게 이름이 붙어 있습니다. 그 이름은 모두가 은유를 품고 있습니다.

문제는 그 모든 이름이 나름의 고유한 은유를 품고 있는 것이 아니라는 겁니다. 즉, 고정된 의미와 고유한 은유를 가지고 있는 것이 아니라 유연하고 유동적인 은유라는 것입니다. 빛은 밝은 은유만을 가지고 있는 것이 아니라 속도의 의미로도 쓰일 수 있습니다. 속도로만 쓰이는 것이 아니라 빛나는 '성과'에도 사용됩니다. 그렇다면 은유는 고유하지 않고 문장의 앞뒤에 따라 그 의미가 달라집니다. 예를 들어, 수(水) 자 앞뒤에 화(火), 목(木)이 붙으면 요일을 칭하게 되지요. 그러나 앞에 온(溫) 자가 붙으면 온수라고 해서 물의 종류가 됩니다. 또한 상황과 시대와 문화 혹은 인간 상호관계에 따라서도 달라집니다. 예를 들어, 지도란 정교하고 일점 일획이라도 틀림없어야 합니다. 그런데 범죄 예방 차원에서 만든 지도와 커피숍 영업망을 위해 만든 지도는 다르겠지요. 정교한 지도인데 의도와 목적에 따라 다른 지도가 되지요. 김치는 우리에게 단순하게 배추로 만든 음식이 아니지요. 미국에서는 타향살이의 그리운 고향 맛으로, 일제강점기에는 놀림거리로, 아이들에게는 먹기 싫어하는 음식 중 하나로 인식되지요.

이 부분에서 인간의 한계가 다시 드러나게 됩니다. 객관적 대상과 언어가 불가분의 관계라고 한다면 구성론자들의 말처럼 단어가 객관적 실체와 우리를 연결해 주는 도구요 통로가 맞는 듯합니다. 그런데 그 사이를 연결하는 언어가 은유를 품고 있기 때문에 객관적 존재 그 자체가 설명되고 이름 지어지기 불가능하다는 것을 깨닫지 못한 거지요. 이것을 P. Ricoeur(1976)는 은유가 은유 그 자체로서 온전히 드러나는 것이 아니라 해석을 통해서만 드러나고 존재한다고 말합니다(김윤성 역, 1998). 사회구성론자는 이 부분을 고민한 거지요. 언어는 자체가 이미 은유이고, 은유는 고유한 뜻을 품지 않고 다양한 해석이 가능하다는 겁니다. 즉, 객관적 존재와 언어 사이에 은유가 끼어 있고 그 은유에는 해석이 전제됩니다. 앞에서도 언급했지만, 그 해석은 개인의 고유한 해석이 아니라 이미 사회 문화적 영향하에 만들어진 해석이란 것입니다. 그러므로 이 해석 자체도 객관적 해석이 불가하고 주관적일 수밖에 없다는 것이지요.

주관적이란 표현이 이제까지는 객관적이지 않은, 즉 불분명한 혹은 매우 개인적인, 전혀 신뢰가 가지 않는 그런 느낌을 주지요. 그러나 객관적이라고 고집하지 않으니 해석의 진정한 의미가 있는 거지요. 은유라는 것은 해석이 열려 있을 수밖에 없습니다. 그래야 은유지, 필연적이고 고정적이면 은유가 아니지요. 그러니 개방적일 수밖에 없고 타자와 비교할 수밖에 없지요. 이것을 어렵게 말해 대상과의 사이에서 유사성의 역할을 담당한다고 합니다. 대상과의 유사성을 통해 그 사물을 파악한다는 것이지요. 쉽게 말하면 비교입니다. 그러므로 앞에서 살펴봤듯이 고정된 진리라기보다는 유사성과 유대성 속에서의 진리이기도 한 겁니다. 고정되지 않은 은유는 우리의 의미 지평을 넓혀 줍니다. 그리고 의미 지평이 넓어질수록 우리가 그토록 원하는 객관적 존재와 우리의 간극을 좁힐 수 있습니다.

그렇다면 은유의 해석은 스펙트럼 같아야 합니다. 범주화되거나 규정된 언어가 아니라 묘사(description)되어야만 하고 맥락적일 때만 그 의미를 드러낼 수 있지요. 실재를 이해하는 것은 설명보다는 묘사를 통해 가능하며, 이는 맥락으로 이해할 수 있을 뿐입니다. 묘사와 맥락은 다른 말로 하면 서술하는 것입니다. 그렇다면 실재는 설명될 수 없고 서술된다는 의미를 지니기도 합니다. 서술은 다시 언어(은유 덩이) 모둠을 통해 진행되지요. 그러므로 그것을 문장으로 하든 말로 하든 풀어 써야지요. 풀어 쓰려니 필연적으로 해석이 따라 붙지요. 해석은 또 다른 언어의 은유를 품고 있고요. 이것을 의미론적 해석이라고 합니다. 게다가 그 해석을 사물 자체가 해 주지 않고 인간이 한다는 거지요. 그 인간은 문화의 영향을 받고 시대적 한계를 갖고 있는 사람이고요.

결론적으로 말하면, "정치나 사랑뿐만 아니라 삶의 모든 측면에서 우리는 은유의 관점에서 실재를 규정하고, 그 은유에 근거해서 행동으로 나아가게 된다. 의식적이든 무의식적이든 우리는 은유를 통해서 부분적으로 우리의 경험을 구성하는 방식에 근거하여 추론하고 목표를 세우고 언약을 하고 계획을 실행하는 등의 모든 것을 행한다."(노양진 역, 1995)입니다.

해체! 새로운 관점 찾기

다양한 해석이 가능한 은유, 어디서부터 어떻게 전해진 것인지도 모르는 은유적 표현을 통해 우리는 우리의 삶을 재단하기도 하고 규정하기도 했습니다. 그것을 해석의 잣대로 삼아 우리는 살아왔습니다. 그리고 그것이 어느덧 시대가 지나면서 거부할 수 없는 신념으로 우리의 의식을 사로잡고 있었습니다. 이런 연유에서 사회구성론자와 이야기접근론자들에게 빼 놓을 수 없는 화두 중 하나가 해체(deconstruction)입니다. 해체란 기존 질서를 파괴하거나 거부하는 것이 아니라 이제껏 논의되고 해석되어 오던 그 신념을 내려놓고 또 다른 관점을 열어 보자는 의미를 지닙니다. 즉, 새로운 관점 찾기라고 할 수 있지요.

그런데 저의 개인적인 경험만이 아니라 학문의 세계에서 해체 혹은 해체주의 개념이 등장했을 때 사람들은 불편해하는 정서를 느낄 수 있었습니다. 특히 일부 종교에서 이 해체란 단어 자체에 거부감을 느끼고 무조건적으로 경원시하는 경향을 보입니다. 그 이유는 (제 추측으로) 해체란 단어 자체가 급진적인 냄새가 나서 그렇지 않을까 싶습니다. 뭘 해체한다는 것은 마치 파괴한다는 느낌이 들지요. 사실 그렇게 이해하거나 실제 급진주의, 파괴론자 등으로 부르는 경우도 있습니다. 혹은 기존 질서나 관념을 거부하는 경향으로까지 이해합니다. 더군다나 이들의 주류가 대부분 실존적 허무주의자들이 많으니 더욱더 불편한 마음이 들 수 있지요.

지평 확대를 위해

그러나 엄밀히 말해서 해체는 파괴적인 것이 아닙니다. 이것의 의도는 '원문으로 돌아가자(undo).'는 운동이었습니다. 고정관념에서 탈피하여 좀 더 실체에 가까이 접근해 보려는 의식적 갈구였습니다. 그리고 사회문화적으로 주어지고 구축된 의미와 가치에 대해 혹시 또 다른 의미들이 내포되어 있지는 않은지를 발견하고 싶었던 것입니다. 좀 더 새로운 부분을 찾아내고자 하는 노력의 일환이 해체의 개념입니다. 즉, 의식의 지평을 넓히기 위해 기존의 관념을 뒤집어 보고 때론 내려놓고 다시 보자는 운동이자 새로운 관점 찾기지요.

해체라는 개념이 사용되기 시작한 것은 텍스트 분석(text analysis)에서부터입니다. 텍스트의 범주는 문서화된 것이거나 구전에 의한 담화이거나, 교육적 내용과 같은 것을 포함합니다. 즉, 사회현상과 관련된 모든 것을 의미한다고 생각하시면 될 듯합니다. Gadamer(1984)에 따르면, 텍스트 그 자체로는 어떤 의미도 포함하지 않고 의미를 주지도 않습니다. 실재 자체는 우리에게 아무 말도 하지 못하고 의미를 창출하지 못한다는 말과 맥락을 같이 합니다. 다만 이것을 독자(readers)가 읽으면서 그 텍스트와 '대화'할 때에만 의미가 발생한다고 주장합니다. 대화란 파트너가 있을 때 가능한 것이고, 그 파트너와 어떤 화두가 있을 때 대화가 이루어지는 것과 같은 맥락이지요. 문제는 어느 누구도 자신의 선이해와 경험, 지식 없이 대화를 하는 경우는 없습니다. 그렇기 때문에 텍스트는 지금 '그' 독자(무작위의 독자가 아닌)만이 그것에서 특별한 의미를 창출할 수 있게 된다는 것입니다.

예를 들면, 여러분이 도서관에 갔습니다. 엄청나게 많은 책을 둘러봅니다. 그때 어떤 책이 툭 튀어 나와서 "나는 이런 내용이니 나를 읽어!"라고 하는 책 보셨습니까? 보셨다면 어떻게 해야 하지요? 네, 상담받으셔야지요. 여러분은 또한 어떤 책을 고르실 건지 선택하시겠지요. 물론 여러분의 의도와 목적에 따라 고르실 겁니다. 그 선택 또한 아무 생각 없이 "어느 것을 고를까요, 알아맞춰 보세요!"라고 하며 아무거나 찍지는 않으시겠지요. 이미 여러분의 선지식과 선이해를 가지고 고르시겠지요. 자, 그다음에 또 문제입니다. 아무리 '그' 책의 저자의 목적과 동기 그리고 전달하고자 하는 내용이 있었을지라도, 그때 그 저자는 자신의 문화와 시대를 반영하여 썼겠지요. 그리고 독자는 또 독자가 사는 시대와 세상의 눈과 잣대로 그 저자의 의도와 내용을 읽겠지요. 이때 독자는 작가의 내용에 동의할 수도 있고, 전혀 다른 해석을 할 수도 있고, 유사한 생각에 빠질 수도 있겠지요. 이 도서관을 세상이라고 생각해 보시고 도서관에 소장된 책들을 세상사, 세상에 있는 실재들, 우리 공동체가 가치로 여기는 것들이나 신념들이라고 등치시켜 보십시오. Gadamer의 지적은 바로 그것과 같습니다.

여기까지는 그래도 받아들일 만하실 겁니다. 그러나 종교의 경전을 놓고 예를 들면 분위기는 달라질지 모릅니다. 불경이나 성경 혹은 이슬람의 경전 코란이 "뭔가는 절대적 진리를 드러내는 것이 아니다. 독자가 읽을 때 그 독자에 의해 뜻이 여러 가지로 나타날 수 있다."라고 하면 아마도 그 종교인들은 화를 많이 낼지도 모릅니다. 왜냐하면 그들은 그 경전 자체가 품고 있는 의미나 가치가 있는 그대로를 드러낸다고 생각하기 때문입니다. 그렇지 않으면 경전으로서의 권위가 손상된다는 오해를 가지고 있는 것이지요. 독자의 한계, 즉 인간의 한계를 인정하지 않는 형국이 되는 거지요. 우리가 읽지 않는 이상 경전의 의미는 드러나지 않습니다. 문제는 그 읽는 자가 알게 모르게 배우고 습득한 것이 자신의 색안경이 되어 있다는 사실을 간과한 겁니다. 그 색안경은 마치 자기 몸처럼 붙어 있어서 착용한 사실조차 느끼지 못합니다. 그것이 인간입니다.

정확하게 보십시오. 해체주의자들은 이제껏 우리 사회 문화에 영향을 끼치던 것들을 거부하는 것이 아닙니다. 자신이 받아들이고 이해하고 경험한 텍스트의 의미를 부정하는 것도 아닙니다. 그 또한 그 텍스트의 하나의 현상이고 의미입니다. 다만 텍스트에 암시되고 숨어 있는 또 다른 의미들을 발견하려고 노력하는 것입니다. 그러기 위해 자신들의 텍스트와 다른 텍스트들의 상호 관계성에 주의를 기울입니다. 앞서도 언급했듯이, 언어는 맥락적이고 상호 연관적이고 유사성을 가지고 발전하는 것과 같습니다. 자신들의 텍스트 그 자체 안에 있는 또 다른 구조 체계(subtext)와의 관계도 규명해 보려고 합니다. 간단하게 말하면, 해체는 텍스트의 전제가 되고 있는 것들을 드러내는(reveal) 작업이라고 할 수 있습니다.

탈중심적

최근까지 해체주의에 많은 영감을 제공한 Derrida(1973)는 모든 텍스트는 텍스트 그 자체에 상반된 의미를 품고 있다고 전제합니다. 우리가 믿고 신념으로 여기던 어떤 개념일지라도 그 개념을 대표하는 의미와 상반된 의미들을 이미 그 자체 안에 내포하고 있다고 가정합니다. 그러므로 텍스트는 단일한 의미로 규정되어 버리는 것을 그 텍스트 자체가 거부한다는 겁니다. 그 텍스트의 저자가 의도한 주된 의미가 있을지라도 그것은 그 텍스트의 모든 것이 될 수도 없답니다. 주된 의미가 중심이 되거나 전하고자 하는 내용 전체가 될 수는 없다는 것이 해체주의자의 관점입니다. 즉, 주체가 될 수는 있으나 중심이 아니라는 거지요. 이것을 탈중심적(decentred) 사고라고 합니다.

탈중심적 사고란 우리는 모두 주체이지만 또한 주변일 수밖에 없는 사람이라는 것입니다. 즉, 객관적인 중심은 없다는 의미이기도 합니다. 그러나 다른 한편, 서로는 또한 영향을 줄 수 있는 관계이기도 한 거지요. 그래서 인간 한계의 어쩔 수 없는 주관성과 의도성 그리고 주체성을 강조하는 거지요. 텍스트 안에도 러시아 인형 마트료시카처럼 또 다른 주체들이 존재한다는 것입니다. 그것들이 상호 관계하고 영향을 미칠 때 그 원래의 뜻은 또 다른 의미를 드러낼 수 있다는 것입니다. 종교의 경전과 과학, 논리적 학문도 그와 같다고 생각합니다. 각자 주체적 언어가 있습니다. 그러나 어느 한쪽을 중심적 위치에 두고 이야기하거나 대화하는 것은 또 다른 한 세계, 축복된 어느 세계를 잃어버리거나 무시하는 불균형의 상태를 초래할 여지가 충분합니다. 그것은 이미 역사가 증명해 주고 있습니다.

이유인즉슨, 어떤 텍스트라도 그 자체 안에 '차이(difference)'가 동시에 존재한다는 거지요. 마치 일란성 쌍둥이처럼 같으면서 서로 다른 두 사람인 것과 같은 구조를 가지고 있는 거지요. 일란성 쌍둥이 중 누구 하나가 중심이라고 할 수 없잖아요. 다만 서로 주체로서 서로를 세워 가는 것이지요. 모든 인간의 담론이나 이론은 이러한 쌍생의 구조를 태생적으로 가지고 있다고 해체론자는 가정합니다. 그러므로 그들은 텍스트 안에 잠복해 있는 양면 가치(ambivalence)나 대척점(self-contradiction)을 찾아가는 것을 작업의 필수로 여깁니다. 이들은 텍스트를 부분별로 해체하여 더욱 깊고 넓게 이해하고자 노력합니다. 저의 개인적인 생각으로는 그것조차 가능한 일이 아니라고 생각합니다만, 이들은 이런 작업을 통해 텍스트를 가능한 한 원래의 상태로 돌려 보려는 노력을 합니다.

그들의 일차 작업은 '지우기(crossing out)'입니다. 기존까지 알고 있던, 믿어 왔던, 신념으로 받들었던 것을 텍스트에서 떼어냅니다. 지운다는 것은 없애 버린다는 의미가 아닙니다. 무시한다는 것도 아닙니다. 다만 몸처럼 붙어 있는 색안경을 일단 벗고 보자는 것입니다. '이제껏 주장되어 왔던 것들은 충분히 이해하고 있다. 그러니 그다음 작업을 위해 안경을 벗고 다시 읽어 보자.'는 것입니다. 기존의 것을 보류해 두지 않으면 다른 쪽으로 생각할 수 있는 여지가 그만큼 줄어든다는 의미입니다.

이러한 과정은 이제까지 주장된 사실과 이론들(claimed truths and theories), 즉 선험적 지식을 재해석해 볼 수 있는 공간을 여는 것입니다. 여기 '재' 자를 주목해 주시기 바랍니다. '재'의 의미는 '의도성'입니다. 좀 더 의도적으로 공간을 연다는 것입니다. 공간을 연다는 것은 새로운 주장들과 새로운 공식들을 대입해 볼 수 있는 여지를 제공합니다. 이제껏 텍스트에 대한 일방통행식의 특권 및 가치가 지녀 온 독소를 깨달을 수 있는 기회도 부여받을 여지가 큽니다. 더불어서 다른 텍스트들의 가치 체계나 의미들에서 억압되거나 무시되었던 부분들이 드러날 수도 있습니다. 이것은 '이야기되지 않았지만 암시(absent but implicit)'하는 것을 드러내기라고 합니다.

이 해체 작업의 진수는 실천 현장에서 확실하게 느낄 수 있습니다. 이제껏 기존 규범, 주류적 가치에 묻혀 소외되었던 계층들, 편견과 선입견 속에 숨죽여 살던 분들의 실천적 지식들, 이상하거나 무시되었던 주변인들과 지역들의 숨이 살아납니다. 이 해체적 작업으로 인해 그들만의 목소리를 발현할 기회가 주어질 수 있었습니다. 그 대표적인 것이 문화인류학이나 여성학의 힘이 되기도 했습니다. 그리고 그 속에 숨어 있는 편견이나 선입견 등을 파헤치고 그에 의한 독소들을 걷어 내는 데 일조도 했습니다. Epston과 White(1994)는 자신들의 오랜 경험을 바탕으로 하여, 해체 작업은 고정관념에 묻혀 있는 소외된 가족 구조나 내담자가 자신들만의 방법에 충실할 수 있도록 돕는다고 증언하고 있습니다.

담론

해체적 실천이 신경 쓰는 한 가지는 담론(discourse)입니다. 해체론자들은 담론에 호기심(curiosity)을 갖습니다. 여기서 말하는 호기심이란 누구를 들여다보는 관음증 같은 부정적인 의미의 호기심이 아닙니다. 엄밀하게 보면 질문이라고 할 수 있습니다. 이들은 크게 두 가지 영역에 대해 질문을 던집니다. 하나는 기존까지 내려오던 사회 문화적으로 당연시(taken for granted)되었던 담론에 대해서입니다. 당연시하던 의미, 행위, 기준, 해석 등에 의문을 갖습니다. 오해가 없으시길 바랍니다. 담론이 꼭 부정적인 것만은 아닙니다. 담론은 우리의 삶 속에 녹아 있으면서 개개인의 삶을 한 방향으로 몰고 가고 범주화하려는 부정적인 측면의 것들도 있지만, 반면에 긍정적으로 사회구성원의 행동 양식의 좌표를 제시하기도 합니다.

또 하나의 질문은 당연시되었던 그 담론이 특수(local knowledge)에 어떻게 영향을 미치고 그것을 규정하고 있는지에 호기심을 갖습니다. 담론이 긍정적으로든 부정적으로든 어떻게, 그리고 어떤 영향을 개인과 특수에게 주고 있는지를 질문합니다. 앞에서는 담론에 대한 질문을 했다면, 두 번째 영역은 내담자의 특수에 대한 깊은 이해를 더하기 위한 질문을 합니다. 그리고 그 외의 다른 뜻, 다른 길, 다른 방법, 행동양식은 없는지를 질문해 봅니다. 이러한 질문을 '건전한 의심(healthy suspicious; Lyotard, 1984, p. xxiv)'이라고 하며, 이는 사회 문화적 담론 뒤에 숨어 있는 의미들, 내재하고 있는 힘의 역학 관계, 시스템 등을 당연시하지 않고 다른 각도에서도 확인해 보려는 시도나 다름이 없습니다. 이런 과정을 통해 좀 더 유용하고 효과적일 것인지를 의논해 보려는 시도가 담론에 대한 해체 작업이라고 할 수 있습니다(Zimmerman & Dickerson, 1996).

담론이란 무엇일까요? 특정한 주제에 대해 이야기하는 전개 과정과 방식이라고 정의하면 될 듯합니다. 즉, 어떤 공동체 내에서 특정한 집단이 특정한 의도와 목적을 가지고 '이야기하는 방식'입니다. 라틴어 'discursus'로서 이해의 과정(process of understanding)이라고 해석하면 될 듯합니다. 그 어원은 메타내러티브(meta-narrative)에서 왔다고 합니다. '메타'란 '숨어 있는(behind)' 혹은 '아래에 있는(underneath)' 의미(meaning)라는 뜻이라고 합니다. 즉, 인간 삶의 이야기의 기저 층을 이루고 있으면서 어떤 영향을 미치고 있다는 뜻이겠지요. 속담, 우화와 같은 전승된 이야기, 각양각색의 과학 이론, 심리학, 유행어, TV와 같은 대중매체에서 흘러나오는 정보가 모두 포함된다고 할 수 있습니다.

담론의 특징

담론의 첫 번째 특징은, 그 자체로서 독특한 구조를 가지고 특정한 목적을 언어적으로 구성한다는 것입니다(Flaskas & Humphrelys, 1993). 앞서도 살펴보았듯이, 세계(실재) 자체가 자신을 드러내는 것이 아니라 언어로 구성된다는 의미와 같은 맥락입니다. 이와 관련하여 학자들은 담론을 언어적 유희라고 표현합니다. 유희라는 용어의 의미는 언어적 장난이 아닌 언어 활동으로 이해하시면 될 듯합니다. 담론은 어떤 주제(topic)에 대한 언어의 유희이며, 신념과 의미로 형성된 문화의 단면을 언어라는 매개체를 통해 드러낸 것이라고 할 수 있습니다(Scott, 1990). 언어로 구성된 담론은 그 자체가 의도와 목적을 가집니다. 그 시대를 반영하는 의미와 가치, 나름의 논리구조 그리고 함의하는 맥락을 품고 있지요.

또한 담론은 때론 그 원조가 어디서부터, 누구로부터 시작되었는지 모르는 작자 미상인 경우가 있기도 하지요. 때론 순환적인 구조로 어느 이야기에 영향을 받아 또 다른 이야기로 구성되고, 그 구성된 이야기는 다시 원조 이야기와 비슷한 맥락을 가지기도 합니다. 다시 말해, 어느 것이 원조인지는 알 수 없으나 뭔가를 모방한 이야기라는 것이지요. 창의적인 것 같으나 또 다른 것의 재현인 거지요. 정신분석도, 실험심리학도, 진화론도, 자연과학에서 주장하는 이론들도 하나의 '설', 즉 담론입니다. 무언가에 대한 모방이고 재현입니다. 자신들의 이야기를 하고자 하는 그들만의 이야기 구조를 가지고 있습니다.

그러므로 담론은 필연적으로 그 분야, 그 방식을 선호하는 '담론공동체(discourse community)'를 형성합니다. 그 담론공동체와 담론은 자연스럽게 그 자체로 사회적 지위와 재생산구조를 가지게 됩니다. 사회적 지위가 있다는 것은 담론의 역할과 밀접한 연관이 있음을 암시하기도 하지요. 왜냐하면 담론이란 Lowe (1991, p. 144)와 Talbot(1995)에 따르면 '문화적 활동(cultural activities)'으로서 뭔가가 생산된 결과물인 것만이 아니라 그 자체가 과정이기 때문입니다. 담론이 무엇을 위해 존재하는가는 그 담론이 누구를 위해 복무하는가의 질문과 일맥상통한다고 할 수 있습니다. 누구를 위한 담론인가는 누가 그 담론의 희생양인가를 내포하기도 하지요.

다시 말해, 담론은 그 자체로 권력이자 구조를 가지고 있다는 것입니다. 그렇다면 그 의도와 목적에 따라 재생산 구조를 가지는 것 또한 당연한 이치지요. 그 의도와 목적은 재해석되면서 새로운 의미로 발전하기도 합니다. 혹은 단순하게 그 자리에서 맴돌기도 합니다. 어떤 것은 자연 소멸되고, 또 어떤 것은 확대 재생산됩니다. 이와 같은 과정을 통해 담론은 사회화가 되어 갑니다. 역사적·사회적·정치적으로 확대 재생산되는 거지요. 그리고 문화적·교육적 외피를 입고 우리 앞에 신념으로 굳어집니다. 즉, 담론의 지속성과 확장성이지요.

역할

담론의 역할은 그렇기 때문에 '의미 전달자'라고 할 수 있습니다. 문화적으로나 교육적으로 의미를 나르는 역할을 하지요. 그 의미 전달자는 우리가 어떤 현상을 만날 때 해석의 기초를 제공하는 해석적 안경 역할을 합니다. 앞서 언급했듯이, 이 안경은 의지적으로 썼다 벗었다 할 수 있는 그런 안경이 아니라 이음동의어 같은 것이지요. 즉, 담론은 우리 내면으로 내재화하는 힘을 가지고 있습니다. 나의 해석인 듯하나 나의 해석이 아닌 담론으로 보는 해석이지요.

그래서 담론은 우리가 대화를 할 때도 직간접적으로 영향을 줍니다. 대화자들에게 배경을 제공하는 역할을 하는 거지요(Zimmerman & Dickerson, 1996). 왜냐하면 담론의 다른 이름은 기준이고, 표준이거나 지혜입니다. 이런 힘에 의해 담론은 우리의 행동양식을 지시하는 역할을 합니다. 쉽게 말해서, 대화자들은 의식적으로든 무의식적으로든 사회에 떠도는 담론을 오랜 기간 쌓여 온 선현들의 지혜, 또는 가장 적절히 경험을 표현해 주는 경험적 이야기로 받아들이는 경향을 보입니다. 우리는 지금까지도 이런 담론을 당연한 것으로 받아들이고 살아가고 있습니다.

권력

이러한 역할을 감당하는 담론의 영향은 실로 넓고 강한 권력(power)을 가지고
있습니다. 우리 곁에서 자주 사용되는 단어 '반드시' '꼭' '절대로'와 같은 표현
으로 당위성을 부여하지요. 이런 단어를 통해 담론이 가르치고 선전하는 것들을
반드시 실천하고 이행해야만 한다는 압박감을 가지게 하며, 개인이 세뇌되게 합
니다. 이렇게 내재화된 담론은 종종 사람들에게 '의무감의 학대(the tyranny of
ought)' 속에서 살도록 강요한다고 Horney(1987)는 지적했습니다. 이것이 담론이
가지는 권력입니다.

이 의무감의 학대는 엉뚱하게 사회계층 구조를 강화하기도 합니다. 특정 계층
이나 구조에 사회 문화적 힘을 제공하는 겁니다. 그러다 보니 반드시 그 담론의
소외계층이 형성되는 것입니다. 그뿐만 아니라 개인의 정체성도 규정하게 됩니
다. 클래식이 가치를 지니는 사회에서는 대중음악이, 이성애자가 주류인 사회에
서는 동성애자가, 초혼 가족구조 중심의 연구에서는 재혼이나 한부모·조부모
가족구조가, 민족 혈통주의에서는 생산노동자로 구성된 다문화가, 남성주의에
서는 여성이, 장유유서 이데올로기에서는 아랫사람이 희생되거나 강요받는 그
무엇이 있는 것이지요.

예를 하나 들어 보지요. '여의사'란 단어를 쓰기는 하지만 '남의사'란 단어는
안 씁니다. 반면에 '남 간호사'는 있어도 '여 간호사'란 표현은 없습니다. '여자
장관'은 있어도 '남자 장관'이라고 말하지는 않습니다. '남자 가사도우미'는 있
어도 '여자 가사도우미'는 듣기 어렵습니다. 그런데 다른 한편, 우리는 직업에 귀
천이 없다고 합니다. 그리고 하늘 아래 여성이나 남성의 인권은 동등하다고 합니
다. 그렇다면 여러분은 의사와 간호사, 가사도우미와 직장인 중 누가 이 사회에
서 우위를 점하고 있다고 생각하십니까? 두 담론 속에 숨어 있는 함의가 뭐라고
생각하십니까? 여성은 하위고 남성은 우위라는 인식이 은밀하게 숨어 있지요.

프랑스의 철학자 Foucault는 자신의 여러 저작에서 이러한 사회 문화적인 담

론 속에는 '권력'의 논리와 계층 구조를 유지하려는 목적이 숨어 있음을 통렬하게 비판합니다. Foucault에 따르면 권력은 지식이고, 지식은 곧 권력입니다. 이 권력은 상관적(relational)인 것으로서(Townely, 1994) 우리 일상의 대화 속에, 인간 관계 속에 항상 존재하며 활동한다고 밝힙니다. 이러한 권력은 항상 사회 속에 편재해 있고, 개인은 그 속에서 자유로울 수 없다는 것을 Gordon(1980) 역시 강하게 비판합니다. 이러한 권력을 가진 담론은 특정한 집단이나 사람들이 특정한 구조를 유지하는 수단일 수도 있고 교육적 목적을 가지고 생산해 낸 것일 수도 있습니다. 사회를 유지하는 통치 이념이 되고, 이데올로기가 되며, 때론 특정 집단을 지키고 확장하는 무서운 도구가 되기도 합니다. 이러한 담론이 행동 양식의 표준과 규범으로 사회 속에 자리 잡게 될 때, 그와 다른 경험이나 행동 양식을 하는 개인 및 집단은 그 담론에 대해 수동적일 수밖에 없습니다. 그리고 담론을 거스른다는 것을 두려워할 수밖에 없습니다. 우리 삶의 숨은 권력이자 내면의 통치자인 것이지요.

제 **3** 장

이야기란

"그 친구 왜 그랬대(행동양식)?" "모르겠어, 어제(시간) 뭔 일(사건과 상호관계)
이 있기는 했나 본데 뭐라고 하는지(의도와 목적)도 모르겠어. 이야기의 앞뒤(줄
거리)도 없고, 지 마음대로 생각(해석)하고…, 아무튼 이해가 안 돼." 이 대화처럼
우리는 특정한 사건을 묘사하고 한 인간을 이해하려고 할 때 아주 쉽게 '이야기
(narrative)'에 의지합니다. 이 대화를 통해 알 수 있듯이 두 사람의 이야기는 단순
히 이야기하기(telling the story)가 아니라 여러 요소가 복합적으로 어우러져 있는
것임을 알 수 있습니다. 그 친구(특정한 세계)는 시간적·공간적 상황에서 그에게
주어진 상호관계를 통해 뭔가를 경험했습니다. 그리고 그것을 시간적 배열과 언
어적 구성으로 자신의 의도와 목적에 따라 줄거리로 엮어 냈습니다. 그런데 그
이야기를 다른 친구(다른 세계)가 이해하지 못합니다.

🐦 근원에 대한 물음

이야기[1]란 무엇일까요? 경험된 것을 이해하는 과정을 언어로 씨줄 날줄 엮듯 엮어 줄거리로 만든 겁니다. 아리스토텔레스[2] 이후 많은 사람이 여러 형태로 정의한 것을 한마디로 말하기는 어렵지만 그래도 단순하게 도식화한다면 '이야기란 인간이 처한 상황과 상호관계하면서 경험된 것에 질서를 부여하고, 화자의 의도와 목적에 따라 언어라는 매개물로 줄거리를 구성한 것으로서 화자가 자신의 세계를 이해하는 과정'이라고 할 수 있습니다. 즉, 이야기에는 일차적으로 경험에 대한 시간적 배열이 있습니다. 그리고 사건을 구성하는 요소들의 상호 관련성과 관계적 측면이 고려됩니다. 또한 그 속에는 이야기 구성의 의도와 목적이 내포되어 있습니다. 마지막으로, 그렇게 구성된 이야기는 그 이야기의 영향

---

1) 혹자는 영어의 내러티브(narrative)라는 용어와 스토리(story)라는 용어의 뜻과 의미 그리고 쓰임새를 구분 짓습니다. 그러나 한국어 그 자체로 보면 두 단어 모두 이야기로 번역될 수 있지요. 간략하게 말하면, 스토리는 줄거리를 통해 어떤 사건에 대해 묘사한 것이며, 일정한 구조를 가지고 있는 것입니다(Brooks, 1984). 그리고 내러티브란 좀 더 광범위한 개념으로 경험된 것을 이해하기 위한 시스템과 사건에 대한 관점, 즉 세계관이 배어 있는 것이라고 설명할 수 있습니다(Freedman, Epston, & Lobovits, 1997). 그러나 어떤 사건을 묘사할 때도 거기엔 이미 자신의 관점이 들어가는 것이고, 줄거리를 구성하는 데 있어서도 자신의 선택이 이미 선행되어 있으며, 화자가 이야기를 할 때는 이미 자신만의 이야기 구조를 가지고 이야기하게 됩니다. 그러므로 저는 굳이 내러티브와 스토리의 개념을 구분할 필요는 없다고 생각합니다. 따라서 저는 이 책에서 내러티브라는 용어와 이야기라는 용어를 구분하지 않고 쓸 것입니다. 전문 용어를 너무 무시해서도 안 될 것이지만, 그렇다고 용어에 너무 매여 실천적 본질이 흐려지지도 않기를 바라는 마음에서입니다. 그러나 또한 용어 사용에 있어서 사회 문화적으로 퍼져 있는 느낌이나 감성을 무시하게 되면 그 용어가 내포하고 있는 참 의미가 오해받을 소지가 있으니 그 또한 주의해야 할 것임을 말씀드립니다.

2) Aristoteles는 그의 저서 『시학(*Poetics*)』(천병희 역, 2002)에서 이야기에 대해 시간 개념과 연관시켜 상당히 체계적으로 설명한다고 합니다. 그 분의 뮈토스(mutos)란 개념은 줄거리를 잡아 주는 역할(plot)이라고 이해할 수 있는 것이며, 그것은 행동모방인 것입니다. 이 뮈토스란 개념을 가지고 이야기를 설명합니다. 이야기의 근간인 줄거리란 행동으로 이루어진 사건들에 대한 체계를 잡는 행위지요. 그러므로 줄거리란 파편화되고 흩어진 사건들을 시간적 단위로 묶어 낸 것으로서 하나의 일관된 행동으로 질서를 부여하는 것이라고 합니다(김한식 역, 2004).

을 받는 주체(인간)의 주관적 이해라고 할 수 있습니다. 한마디로 말해서 자신의 세계를 이해하려는 것이지요.

근원에 대한 대답

이야기란 무엇일까요? 오랜 시간에 걸쳐 이루어져 온 근원에 대한 물음에 대한 현존 인류의 답입니다. 이야기가 모든 세계의 근원이라는 것은 이와 같습니다. 인간은 근원, 실재, 본질, 사실, 원인을 알고 싶어 별의별 짓을 다 했습니다. 쉽게 말해, '그것이 무엇인가?' '그것이 어디서 왔는가?' '그 근원은 또 어디서 왔는가?' 이 작업을 하는 것이 학문이었고 철학의 시발이었습니다. 만물의 근원이 물이라고 설파한 Thalès를 위시해서 인류는 이것에 질문하고 답하고, 서로 경쟁하고 논쟁하며 학문을 발전시켜 왔습니다. 그럼에도 불구하고 그 무엇도 근원에 대한 답으로는 미진했습니다.

그렇게 묻고 또 물었지요. 그 답을 내리게 된 그 앞의 답을 쫓고 쫓다 보니 결국 분명한 실체 하나를 발견했습니다. 그것이 문자입니다. 즉, 문서화된 것만 있는 겁니다. 그럼 그 문자는 어디서 왔는가라고 또 물었겠지요. 그랬더니 결국 구전된 이야기만 있는 겁니다. 여기까지가 인류가 밝혀낸 겁니다.

조금 유치한 설명일지 모르겠지만 마치 이와 같습니다. 우리 한국인은 누구입니까? 여러 경로를 통해 설명해 봅니다. 그러다 결국 조선인을 알아야 지금의 한국인을 설명할 수 있다는 결론을 내립니다. 조선인을 알려고 하니 고려인, 고려인의 근원은 삼국인, 그 근원은 고조선, 그 근원은 '단군신화'에 있습니다. 그럼 그 단군신화, 즉 그 이야기는 어디에 있나요? 일연 선생의 『삼국유사』란 책에 있습니다. 즉, 문자에 있는 것입니다. 그럼 일연 선생은 어떻게 그 단군신화 이야기를 문자화했을까요? 당연히 구전으로 내려왔던 것을 정리하였겠지요.

다른 예를 하나 더 들어 보지요. 여러분은 마음(heart)이란 존재가 무엇인지, 어디에 있는지 아세요? 가슴에 손을 대며 거기에 있다고 하지는 않으시지요? 이 마음에 대한 질문 하나를 가지고 Socrates부터 지금에 이르기까지 여러 학자가 철학적 사유와 별의별 방법으로 설명해 보려고 했습니다. 우리가 잘 아는 각종 정신분석적, 인지적·행동주의적·현상학적·체계이론 등과 같은 것으로 접근해 봤습니다. 이런 심리학의 기저를 제공했던 각종 철학적 사유도 계속되었습니다. 그 결과, 마음에는 '마음'이란 언어만 있다는 것을 깨닫습니다. 이 말의 의미는 마음의 실재를 만든 것은 결국 언어라는 것이지요. 그럼 앞의 방식대로 또 질문해 봐야지요. 그 마음이란 단어는 어디서 왔을까요? 그 근원은 무엇일까요? 신화가 그 뿌리였던 겁니다. 오이디푸스 신화, 나르키소스 신화 등이 그것이지요.

신화

인간의 문명을 받쳐 주는 단단한 뿌리와도 같은 것이 신화 및 설화입니다. 오랜 기간 사람들의 의식세계에 자리 잡고 있는 것 중의 하나가 '신화'라는 이야기입니다(Hoffman, 1986). 신화 속에는 현존하는 인간이 궁금해하는 것들이 들어 있습니다. '인간이란 무엇인가?' '인간은 어떻게 만들어졌는가?'에 대한 이야기가 있습니다. 그 신화가 그 사회의 정체성을 대변하기도 합니다. 신화는 이야기로 구성되고 전승되어 왔습니다. 현재, 미래 그리고 과거라는 시간 개념을 줄기로 해서 자신들이 '터'하고 있는 상황을 이야기라는 매개로 구성해 놓은 것입니다. 그러므로 우리가 신화 및 설화를 선택한 것이 아니라 그것이 획득된 거지요. 마치 한국인으로 태어남을 선택할 수 있는 것이 아니라 그것이 획득되는 것처럼 말입니다. 우리가 그 신화를 믿건 말건, 받아들이든 안 받아들이든 이것들은 이미 우리 이전에 있었고, 우리의 인식 밖에서 이미 존재했던 겁니다.

신화란 '없었던 사실'을 만든 동화 이야기가 아니라 '의미를 부여해 구성한' 이야기입니다. 다시 말해, 신화에는 '의미와 가치론적 사실' '해석학적 사실'이 내포되어 있다고 할 수 있습니다. 이 신화는 그 공동체의 정체성을 부여하고, 지탱하며, 공동체의 뿌리로서의 역할을 충실히 수행하고 있었던 거지요. 모든 신화는 세상에 대한 권원적인 이야기를 해 주면서도, 동시에 그 세상과 독립되어 있는 허구입니다. 신화는 세계를 현상 또는 조명하는 동시에 은폐 혹은 왜곡한다고 합니다. 아무튼 그럼 그 신화의 원뿌리는 무엇일까요? 다시 문서로 돌아갈 수밖에 없지요. 그 문서는 또 어디서? 구전이지요. 이렇게 도돌이표를 하고 있는 것이 지금 우리 인간의 인식론의 한계입니다.

인간? 이야기로 된 존재

그렇다면 우리는 이렇게 이야기할 수 있습니다. 우리가 태어나기 이전부터 이야기는 있었고 그 이야기에 영향을 받으며 우리는 살아왔다는 것이지요.[3] 간단

---

3) 이것을 Ricoeur(1983, pp. 86-92)의 삼중 모방인 전형상화(pre-figuration, Mimesis I), 형상화(con-figuration, Mimesis II), 재형상화(re-figuration, Mimesis III)로 풀어서 설명하면 다음과 같습니다. 우리 모두가 터한 문화는 주어진 문화(Mimesis I)로서 '획득된 문화' 혹은 이미 '형성된 문화'라고 할 수 있습니다. 이 주어진 문화가 우리의 경험에 의미 지평으로 역할을 하면서 우리에게 삶은 이런 것이라고 말해 줍니다. 그러므로 전형상은 과거 이야기이면서도 오늘 이 순간 안에서 눈 시퍼렇게 뜨고 존재하며 영향을 미치고 있는 거지요. 즉, 해석의 틀로 작용하거나 아이디어를 제공하고 발전되지요. 이미 있던 이야기가 우리의 현재 삶(형상화, configuration=경험하는 문화=Mimesis II)을 구성해 가는 데 일조하고 있는 겁니다. 지금 '이 순간' 경험(experiencing)을 형상화하고 있는 거지요. 이 현재진행형 속에 과거 이야기(문화 · 해석의 틀=전형상화)가 같이 숨을 쉬고 있는 거지요. 그러므로 주어진 문화와 경험하는 문화는 러시아 인형 마트료시카 같은 것이지요. 이 경험하는 문화(configuration; 혹은 경험하는 이야기라고 이해해도 좋습니다) 속에서 우리는 또 다른 삶의 지평(the horizon of the textual world: Gadamer, 1975)을 만나게 되지요. 지평이란 문화적 · 지식적 · 철학적 사고 등의 관점과 경험이라고 해도 좋을 듯하고, 또 다른 독자라고 해도 좋습니다. 이때 색다른 경험을 하게 됩니다(re-figuration, Mimesis III). 우리는 이 지평을 만나면서 상황에 대한 새로운 해석, 이해를 시도하게 되고, 내 것으로 통합해 가려는 의지를 갖게 됩니다. 이것을 재형상화(=통합된 문화, refiguration) 혹은 통전적으로 통합된 이야기라고 불러도 좋을 것 같습니다. 즉, 지금 이 순간 경험하는 내가 어떤 상황이나 조건(이것을 reader's text라고 Ricoeur나 Gadamer는 부릅니다)과 마주하는 순간 우리는 자신의 주어진 문화와 경험하는 문화를 통합하며 의미를 찾아갑니다. 즉, 이야기로 자신의 이야기를 이해하고 풀어 가는 거지요. 이러한 순환 구조를 해석학적 순환이라고 합니다. 이 Ricoeur의 논리로 이야기의 근원을 말한다면, 이야기에는 모방은 있으나 그 원조나 근원은 아직 알 수 없다고 해도 과언이 아닙니다.

하게는 동화부터 신화까지 여러 이야기가 우리 주위에 있었습니다. 모든 삼라만 상과의 관계를 이야기의 틀을 이용해 전하기도 하고 이해하기도 한 것입니다. 그렇게 우리 삶의 방식을 가르쳐 주는 것이 이야기입니다. 우리의 행동양식에 영향을 주는 것이 이야기입니다. 즉, 우리의 행동양식이 먼저냐 이야기의 영향 이 먼저냐를 묻는다면 '이야기'가 먼저입니다. 그 이야기를 우리는 모방하며 사 는 것이고, 모방된 이야기를 또 만드는 것이지요. 물론 인간이 먼저인지, 이야기 가 먼저인지 사실은 아무도 모릅니다. 그것은 유일회적인 사건이기 때문입니다. 다만 현존하는 인간의 입장에서 보면 이야기가 인간보다 먼저 존재했으며 우리 의 경험에 지대한 영향을 미치고 있는 것이지요.

그래서 '인간은 이야기로 된 존재'라고 하는 겁니다. 이솝우화나 단군신화가 우리 세포나 뇌를 구성하고 있는 것이 아니라 인간 근원의 문제를 파다 보니 결 국 이야기에서 귀착되었다는 것입니다. 그리고 또 한 가지 인간 이야기 밖의 것, 예를 들어 화성, 목성, 미립자와 같은 물리학의 원소들, 유전자와 같은 것들 의 문제입니다. 이와 같은 것은 인식론과 존재론에 대한 관점의 문제도 있지만, 또 한 가지는 그것들을 전하는 형식에서 이야기를 벗어날 수가 없습니다. 그러 므로 우리는 이야기 안에서만 그 물질들을 이야기할 수 있을 뿐이지요. 마치 모 든 것을 우물 안(이야기)에서 보고 느끼고 만지는 형국인 거지요.

이야기의 구성 요소

그렇다면 이야기의 구성 요소는 뭘까요? 첫째가 구상(plot)입니다. 인생에서 우연적이고 불규칙적이며 다발적인 사건을 한 코로 뜨는 일이란 그리 녹록치 않 습니다. 이 주관적이고 불규칙한 것들을 이야기로 구성할 때 그 중심축을 구상 이란 것이 담당해 줍니다. 그 구상에 따라 이야기의 전체적 윤곽과 특징이 나타 나지요. 예를 들어, 어느 기업이 사업 구상을 한다면 무턱대고 사업을 벌이는 것이 아니겠지요. 사업의 특징, 목적, 욕구, 다른 사업과의 위상 등을 고려해 기획을 하겠지요. 바로 이 기획을 한 코로 떠 주는 역할을 하는 것이 구상이라고 보시면 됩니다. 즉, 이야기 프레임과도 같은 것으로 한 사건 및 사연과는 다른 사건, 이야기의 특정한 요소와 또 다른 요소들을 시공간에 따라 배열하여 연관성과 통일성을 기할 수 있도록 하는 역할을 하는 것이 구상입니다.

여러분은 이런 경험을 해 보셨을 것입니다. 똑같은 유머라도 누가 하느냐에 따라 재미가 달라지는 것 말입니다. 마찬가지입니다. 똑같은 사건 요소일지라도 어떤 구상의 특징을 가지고 이야기를 전개하느냐에 따라 그 이야기의 특성, 전체적인 윤곽은 달라집니다. 이야기의 요소를 가지고도 색다른 맛이 나게 하는 역할을 합니다. 즉, "이야기의 방향을 이끌어 가는 '합리적인 조정관'"(고미영, 2004)이라고 표현하기도 하더군요.

이런 구상을 중심으로 줄거리를 만들지요. 줄거리는 서술적(narrative)입니다. 그 줄거리 안에 사건, 시공간, 주인공, 목적, 수단 등이 들어갑니다. 즉, '이질적인 것을 종합'해서 질서를 부여한 겁니다. 줄거리를 구성하는 것은 곧 경험한 것의 전체를 고려하는 행위가 되는 거지요. 이야기를 통해 가치판단을 내리기도 하고 의미를 부여하기도 합니다. 그렇기 때문에 이야기의 줄거리는 존재론적이고 가치론적인 질서를 표현한 것이라고도 할 수 있지요. 그 질서에서 빠질 수 없는 것이 '상상'과 '시간'입니다. 이미 지나간 과거라는 시간을 현재 구성할 수 있는 것이 상상이고, 그 상상을 배열하는 것이 시간이지요. 이런 상상과 시간적 배열은 줄거리의 맛을 살리고 이야기를 이야기답게 만듭니다.

생성과 소멸의 순환 과정

이야기는 생성과 소멸의 과정(telling, taking, retelling)이 순환됩니다. 모방에 모방을 거듭하며 첨가, 삽입, 삭제의 과정을 거칩니다. 그 과정 속에서 조금씩 자신의 의도와 목적에 따라 각색·변형되어 갑니다. 소설(fiction)과도 같은 거지요. 뒤에 '상상과 이야기' 편에서 다시 말씀드리겠지만, 이야기에는 속성상 사실의 묘사 이상의 그 어떤 말로 표현하기 어려운 분위기라는 것이 있습니다. 사실도 아닌 것이 그렇다고 완전 허구도 아닌 것이, 그러면서도 가슴에 울리는 그 무엇으로 우리를 끌어가는 힘이 있는 것입니다. 이것이 신화의 힘이고 우리가 주위를 맴도는 우화와 동화지요. 그래서 문화인류학자들이 '이야기', 특히 여러 나라와 부족, 민족의 신화에 천착하는 것이기도 합니다.

우리 같은 일반인이 생각하기에 우리가 이야기를 한다고 할 때, 우리는 사실을 묘사한다고 생각하는데 왜 이렇게 허구요, 상상적인 이야기요, 신화 같고 우화 같다(Hoffman, 1986)고 할까요? 왜냐하면 이야기를 구성하는 순간부터 이야기는 telling[4]되려는 속성을 가지고 있기 때문입니다. 이야기는 아무 의미 없이 구성되지 않습니다. '구상(plot)'에서 설명할 때 밝혔듯이 의도와 목적에 따라 이야기가 구성됩니다. 의도와 목적이 있다는 것, 줄거리에 주인공이 있다는 것 자체가 이미 누군가에게는 이야기되기 위해 준비된 것이라는 것이 이야기의 속성입니다.

telling된 이야기는 누군가에게 채택(taking)됩니다. 즉, 이야기의 사회화 과정과 마찬가지입니다. 여러분은 누군가의 이야기를 듣거나 읽은 후 어떻게 하십니까? 그냥 잊어버리거나 적어 놓거나, 혹은 머릿속에서 그 이야기가 떠나지 않아 그 화두에 젖어 있기도 합니다. 그리고 더 나아가서는 여러분의 행동양식에 영향을 미치지요. 이렇게 채택된 이야기는 다시 재구성되는 과정을 거칩니다. 재구성된다는 표현의 의미는 당연히 retelling되려는 속성을 보인다는 것입니다.

이렇게 retelling된 것은 그 독자에 의해 해석 및 재해석의 과정을 거치며 채택이냐 소멸이냐의 과정을 거치지요. 바로 Ricoeur가 밝힌 이야기의 순환 과정이 이렇게 진행되는 것입니다. 이야기의 순환적 관점에서 보면 어느 한 이야기가

---

4) telling을 '말하기'라고 번역할 수도 있지만 이야기치료사들은 영어 그대로 telling 및 retelling으로 사용합니다.

시작 같으나 그 전 어느 이야기의 끝인 것입니다. 끝인 그 이야기는 또 다시 어느 이야기의 시작점이기도 하지요. 그 과정에서 작가의 의도와 목적, 독자의 상황과 맥락에 따라 이야기는 계속 성장하든가 어느 시점에서 소멸되어 사라지는 것이지요. 이 telling, retelling의 과정이 이야기치료 과정에서 매우 중요하기도 합니다.

🐦 상상과 이야기

이야기의 구성 요소 중 또 한 가지는 '상상'입니다. 인간이 어떤 포유류와도 절대적으로 다르고 우위를 가지고 있는 것이 상상적 능력이지요. 은유를 이해함도 사실 상상이 있어 가능한 거지요. 어떤 이야기(대화 포함)를 '이해'하기 위해 상상은 필수 불가결한 것입니다. 상상은 어떤 개인으로 하여금 사고의 폭을 넓힐 수 있게 하는 특유한 도구입니다. 우리의 일상생활은 상상의 연속이라고 해도 과언이 아닙니다. 대화 속에서도, 과거를 이야기하는 데 있어서도, 앞으로의 계획에 대해서도, 책을 읽을 때나 텔레비전을 볼 때도, 심지어 강의를 들을 때도 우리는 상상이라는 매개체 통해 듣고 느끼며 이해합니다. 인간은 상상을 통해서 주어진 무언가를 이해하려 하며, 문제에 직면했을 때 상상을 통해 유추해 보고 통찰하려는 경향을 보입니다.

다시 말해, 상상과 현실의 상호 관계가 밀접하다는 것입니다. 상상은 현실에 기반을 두지 않고는 불가능하고, 현실은 그 상상을 실현하려는 경향을 보입니다. 상상을 현실적이지 않은 (소위 말하는) '뜬구름 잡는 그 무엇'으로 여기는 것은 인간의 큰 자산을 잃어버리는 것과 같습니다. 인간의 그 어떤 상상도 현실의 반영일 뿐입니다. 현실(세계)이란 것도 결국 상상을 통해 이해되어 왔습니다(Talbot, 1995). 예를 들어, 지구가 어떻게 만들어졌는지에 대한 답을 찾기 위해 인간은 과학이라는 이름으로 증명하려고 하지만, 결국 그것 역시 상상 이야기(fictional narrative)를 전제하지 않고는 불가능합니다. 이런 상상이 이야기화하면 현실세계는 변화를 꾀하게 된다(Cattanach, 2002)고 합니다. 즉, 자신이 반영된 산물인 상상이 결국 자신을 변화시키는 것이지요.

그렇기 때문에 상상은 일상생활에서 새로운 방향을 모색할 때도 적극적으로 활용됩니다. 상상은 그 사람의 행동양식에 지대한 영향을 미치기 때문입니다. 쉽게 말해 미래에 대한 간을 보는 거지요. '할까 말까? 해도 되나 안 되나?' '이것을 먹을까 저것을 먹을까?' '어~ 생각만 해도 군침이 돈다.' 예측, 추측, 기대 등이 상상을 통해 가능합니다. 자신의 경험을 기반으로 해서 자기가 갈 길에 대해 이미 상상 속에서 계산하고 구조화하여 행동으로 옮기는 것입니다. 상상은 뇌의 자동화된 시스템, 즉 뇌 구조의 산물이 아닙니다. 그건 뇌의 기계적 역할이거나 병리 현상입니다. 혹은 트라우마의 영향으로서 트라우마의 특징으로 나타나는 현상입니다.

그리고 상상은 이야기의 공간을 채워 나갑니다. 일어난 모든 일을 시간 순서에 따라 남김없이 이야기한다는 것은 불가능합니다. 이야기는 불협화음과 균열을 태생적으로 가집니다.5) 그 균열과 불협화음을 상상이 채워 갑니다. 이야기 상담의 주창자이자 선구자인 White는 이야기 자체에는 채워져야 할 공간이 많이 있다고 합니다(White & Epston, 1990). 또한 Brooks(1984)도 언급하기를, 이야기는 화자가 사용하는 언어적 한계나 문화적인 것들로 인해 어떤 이야기든지 그 이야기가 내포하는 의미나 표현하고자 하는 것이 온전히 드러나기란 그리 쉬운 작업이 아니라고 합니다.

앞서도 언급했듯이, 이야기는 줄거리를 통해 어떤 사건을 묘사한 것이기 때문에 그 줄거리를 구성할 때 사건을 구성하고 있는 다른 요소 중 선택되지 않은 것 역시 많이 있을 것입니다. 또한 가치의 표현이나 사건의 의미는 화자의 다양한

---

5) Paul Ricoeur는 아우구스티누스의 '화음을 이루는 불협화음(dicordance concordante)' 현상학적 시간 개념과 아리스토텔레스의 '불협화음을 내포한 화음(concordance dicordante)'이란 사유를 통해 이야기의 실재를 규명합니다.

삶의 공간에 따라, 그리고 그가 살아가고 있는 시간이란 것에 따라, 혹은 인간관계나 경험 등에 따라서 달라질 수 있지요. 그런 이야기의 공간을 채울 수 있는 도구가 바로 상상입니다.

　우리는 이 상상을 통해 고대인과도 대화가 가능하고, 미래의 사람과도 대화가 가능합니다. 또한 이 상상을 통해 우리는 과거의 이야기를 재구성할 수도 있고 미래의 이야기를 꾸며 볼 수도 있지요. 현재의 나에게 과거나 미래라는 시간과 공간이 있습니까? 아닙니다. 나중에 시간에 대해 구체적으로 말씀드리겠지만 시간은 오늘 이 순간에만 존재합니다. 그렇다고 실체가 없는 과거나 미래라고 해서 무시하거나 불필요한 것으로 생각해야 합니까? 그것은 더욱더 아니지요. 이런 실체 없는 시공간의 개념을 연결해 주고 탐구할 수 있는 유일한 도구가 바로 상상입니다. 상상은 지금 이 순간의 우리에게 과거와 미래의 교량 역할을 함과 동시에, 오늘 이 시간을 과거와 미래의 총체적인 것으로 묶어 주는 역할을 합니다. 상상을 통해 우리는 무궁무진한 세계를 탐험할 수 있고 그 탐험 속에서 자신이 원하는 세계를 선택하고 자신이 바라는 행동 양식을 찾아갈 수도 있을 것입니다. 인간이 인지할 수 있는 현실을 고정된 시각이 아닌, 좀 더 넓고 유연한 시각으로 바라볼 수 있게 하는 것이 상상입니다.

🕊 경험과 이야기

　다음으로 중요한 이야기의 구성 요소는 '경험'입니다. 경험과 이야기의 관계는 실과 바늘의 관계와도 같지요. 경험 없이 이야기가 엮일 수 없고, 이야기로 엮이지 않은 경험 그 자체로서는 의미가 없습니다(White & Epston, 1990). 경험들이 이야기로 엮일 때 비로소 경험은 살아있는 실체가 됩니다. 우리는 흔히 "무익한 경험이었다." 혹은 "유익한 경험이었다." "쓰라린 경험이었다." 혹은 "휴, 다행이다. 큰일 날 뻔했네."라는 표현을 합니다. 그것은 어떤 경험이 '경험' 그 자체로 남는 것이 아니라 이름 붙여지는 순간이며 의미가 부여되는 순간이지요.

철학과 심리학에서 인간의 '경험' 그 자체에 관심을 가지게 된 것은 상담학에서도 매우 중요합니다. 그중 하나가 실증주의(experimentalism)에 입각한 행동주의자들(behaviorists)의 가설과 그들의 이야기라고 할 수 있습니다. 물론 정신의학자인 Sullivan도 경험을 강조합니다만 경험을 화두로 이론을 발전시킨 것은 아닙니다. 아무튼 실증주의자들은 경험을 외부적인 어떤 요소에 대한 개인의 반응과 행동이라고 생각했습니다. 이들은 경험을 실험 가능한, 그리고 자연적 현상으로서 생리적 과정이라고 가정하고, 경험을 외부적(outside or out-there) 요소에서 파악함으로써 경험을 단지 조건적이고 생리학적이며 기계적인 것으로 치부해 버리는 한계를 드러냈습니다.

그러다가 그 후 실존주의자들(existentialists) 혹은 주관적 경험주의자들(Experientialists)의 이야기의 도움을 받아 주관적 경험에 눈을 뜨게 되지요. 이때부터 일인칭적인 경험(first person experience; 실존적인 경험)을 중요시합니다(Stevens, 1996). 특히 Rogers의 개인의 독특하고 주관적인 경험에 대한 성찰은 심리학과 상담학의 전기를 가져왔다고 해도 과언이 아닐 것입니다. 인간에 대한 현상적(phenomenological) 접근이나 실존적(existential) 접근을 통해 개인을 통찰하고 그 개인이 생각하는 의미, 개인이 바라보는 세계에 대한 관점, 느낌(feelings), 신념의 중요성을 인식합니다. 그리고 양적 통계보다도 질적 경험이 철학, 심리학, 교육학 등의 인문학에서 중요한 화두로 떠오르게 되지요(May, 1983).

이런 인류의 노력으로 사회구성론과 이야기접근법은 경험에 대한 사유를 확장합니다. 그 결과, 경험은 맥락(context) 안에서 이루어진다는 것을 깨닫습니다. 앞서의 노력이 관념적 · 생물학적 · 현상학적 관점에 머물렀다면 이야기접근법은 사회구성론과 문화인류학의 도움을 받아 경험에 대해 좀 더 폭넓은 관점을 지니게 되었습니다. 같은 사건이라도 누구는 "휴~ 다행이네."라고 하고 다른 누구는 "아휴, 어쩌나." 하며 난감해 합니다. 누군가는 하늘이 무너져도 솟아날 구멍이 있다고 하고 누군가는 호미로 막을 것을 괭이로 막았다고 합니다. 왜 그럴까요? 맥락에 따라 달리 보인다는 의미지요. 맥락에 따라 관점이 달라진다는 거지요. 그래서 관점과 맥락은 일란성 쌍생아 같은 관계를 가지고 있습니다. 서양문화에서 보는 것과 동양문화에서 보는 것, 가진 자와 빈자가 느끼는 경기 체감은 같으면서 다르게 경험되지요.

경험은 모방 체험

경험은 결국 언어 체험이자 모방(mimesis) 체험입니다. 맥락에 따라 경험이 달라진다는 말은 한편으로 문화가 핵심적인 역할을 한다는 것과 같지요. 그 문화는 언어의 특성으로 움직인다는 것과 이 언어는 이야기와 함께 이미 존재했다는 것을 앞에서 살폈습니다. 이미 언어적으로 표현된 경험, 즉 이야기된 경험을 모방하는 겁니다. 물론 지금 이 순간에 우리는 경험을 언어로 구성하여 이야기로 표현합니다. 그러나 이는 언어로 구성된 그 이전의 경험을 가지고 지금 우리의 경험을 표현하는 것입니다. 다시 말하면, 경험은 있으나 그 표현, 그 느낌, 그 해석은 모방인 거지요. 그래서 경험을 모방된 경험이라고 하는 겁니다.

그렇다면 경험은 이야기라는 해설서를 통해 온전한 경험이 된다고 할 수 있습니다. A. Morgan(2000)은 "사람들은 이야기를 통해 삶을 살아간다."라고 했습니다. 다시 말하면, 이야기가 경험을 해설하는 해설서라고 할 수 있지요. 여기서 해설서라 함은 우리가 뭔가를 이해하려 할 때 이야기와 이야기들의 퍼즐을 맞추듯 연결해 주는 역할을 한다는 것이지요. 인간은 자신의 경험을 이해하고자 합니다. 그렇기 때문에 경험에 대해 해석을 하려는 경향을 보입니다. 그래야만 경험이 경험다워지는(experienced experience) 것이기 때문입니다. 즉, 인간은 경험을 통해 이야기를 만드는 것이 아니라 이야기가 우리의 경험을 경험답게 하는 겁니다.

경험은 시간 체험

경험은 시간 체험입니다. 경험이 일어난 순간 시간상으로는 과거가 됩니다. 문제는 과거의 경험은 시간상으로 경험 그 자체로 끝난 것입니다. 그런데 우리는 이런저런 일이 '있었다'고 지금 이 순간 이야기로 실체화합니다. 바로 이야기란 것을 우리가 이용하기 때문에 가능한 일입니다. 이야기할 때(현재)만이 그 과거가 재현되지요. 그러나 그때 경험한 그 과거와 '지금 이 순간 이야기하는 과거'[6]의 실체는 분명히 다릅니다. 왜냐하면 해석된 과거, 묘사된 과거(a descriptive past), 이름 붙여진 과거, 의미가 부여된 과거가 되어 버리기 때문입니다. 즉, 해석된 과거지요.

이야기하는 경험

이것을 저는 '있었던 사건'과 '이야기되는 사건'의 차이라고 합니다. 있었던 사건을 상대론(relational theory)은 고정된 존재로서의 그 자체(being) 또는 상대적인 실체로 보고 있습니다. 이야기접근론자의 입장에서도 일정 부분 상대주의자들의 이러한 주장을 인정합니다. 그러나 과거의 경험(실체)이 소멸된다거나 상대적인 것이라는 주장에는 동의하지 않습니다. 이야기되는 과거는 달라집니다. 있었던 그 과거의 경험이 '지금 이 순간'이란 시공을 만나면 새로운 경험, 변화 가능한 과거의 사건이 되기는 합니다. 과거의 경험은 지금 이 순간 이야기하기에 영향은 줄 수 있으나 규정할 수는 없습니다. 지금 이야기하는 이 순간에 그 과거

---

6) Augustinus는 시간을 정신적 활동 영역으로 규정합니다. 시간은 삼중현재, 즉 과거란 현재 이 순간 '기억하는 시간 개념'이고 미래는 '기대하는 시간 개념'으로, 현재는 '경험하는 시간'으로서 현재 안에 다 포함되어 있는 거지요. 이것을 Ricoeur의 개념을 빌면 현재 '이야기하는 과거' '이야기하는 현재', 현재 '이야기하는 미래'입니다. 이 역시 지금 이야기하는 이 순간 안에 과거, 현재, 미래가 있는 거지요.

는 규정되는 것입니다.

예를 들어, 어느 운동선수가 중학교 시절부터 혹독한 훈련을 했다고 합시다. 물론 그 중학생은 훈련이 너무 힘들어 엄마에게 대들기도 하고 반항도 했답니다. 그런데 고등학교 3학년 때 그만 사고로 체육을 더 이상 계속할 수 없게 되었고, 그러다 보니 체육특기자로 대학을 갈 수도 없고 대학 시험 준비도 할 수 없는 상황이 되었다 합니다. 그 여파로 우울증을 겪었습니다. 그럼 이 사람은 뭐라고 할까요? "그때! 엄마만 아니었어도!" 한편, 다른 버전을 보지요. 대학 시절에 드디어 올림픽 금메달을 땄습니다. 그리고 이렇게 인터뷰를 합니다. "그때 엄마가 야속하기도 했지만 그래도 그 엄마 덕분에… 감사드려요." 똑같은 과거의 경험이 지금 이 순간 내가 누구인가에 따라 달리 해석되는 것이지요.

감정과 이야기

감정! 이놈의 정체를 밝히기 위해 인류는 여러 가지 시도를 해 봤습니다. 그런데 만족할 만한 답을 얻지 못했습니다. 왜냐하면 감정이라는 실체가 없는 것이 마치 있는 것처럼 행세한 놈이 이놈입니다. 분명히 우리 몸 어딘가에서 작동하는 것 같기는 한데 그렇다고 몸 어딘가에 감정을 생산하는 장소(place)는 없습니다. 그럼 없는 겁니다. 그런데 우린 분명히 감정을 느끼고 현상이 나타납니다. 눈물, 흥분, 두려움 등이 그것이지요. 마치 마음이 어디에도 없듯, 시간의 무실체가 실체화된 것처럼 말이지요. 왜 그럴까요? 무엇이 감정이라 할 수 있을까요? 이것은 인류의 오래된 숙제 중 하나입니다.

영어의 감정(emotion)이라는 말은 라틴어 'emovere'에서 왔습니다. 그 뜻은 '동요시키다, 흔들어 대다'라는 것입니다. 단어 '동요'와 '흔들림'은 어떤 자극이나 상태에 대한 반응입니다. 혹은 그 자극 때문에 나타나는 여러 가지 생리적 변화, 즉 혈압, 맥박, 호흡의 변화 등과 같은 것이나 행동적 반응을 말한다고 학자들은 개념 정의를 하고 있습니다(정옥분, 2006). 그러므로 감정이란 뭔가에 대해 그 자극을 받은 그 사람의 반응하는 상태를 나타내는 심리학적 용어라고 정리할 수 있습니다(김재은, 1984). 그렇다면 엄밀하게 말해서 감정이란 실체가 아니라 반응 상태입니다.

18세기 후반까지, 즉 이성주의(rationalism)가 철학적 토대를 이루고 있을 때까지만 해도 '감정'이나 '정서'란 것은 형이하학적인 것으로서 무시되는 경향이 있었다고 합니다. 왜냐하면 이성은 고등한 것이고 감정은 저차원적이라고 생각했기 때문입니다. 여러분도 이 영향을 받고 살아왔습니다. 예를 들어, 누군가 여러분에게 "당신은 참 감정적이네요."라고 한다면 여러분은 괜히 불끈 화를 낼지도 모릅니다. 혹은 누군가를 소개받을 때 그 사람이 감정적인 사람이라고 소개를 받으면 그 사람에 대해 쉽게 편견이 생길 수도 있습니다. 쉽게 삐치는 사람 같아서 뭔가 조심스러워집니다. 그러나 이것은 이성주의의 영향에 불과합니다.

그러다 보니 전통적인 철학적 사유에서 간단히 취급한 것이 감정에 대한 것입니다. 인간 이해의 중요한 요소 중의 하나인 정서란 것은 심리학의 한 영역에 불과한 것으로 치부되었습니다. 그러다가 개인의 경험을 중시하고 행동을 중요시하는 사조, 주관적 경험주의, 인지주의와 행동주의 그리고 실존주의가 발달하면서 개인의 경험과 그에 따른 감정이 중요한 화두로 등장하게 되었습니다. 물론 여기에는 Freud와 그의 추종자들의 공도 조금은 있습니다. 다만 너무 병리적으로 접근했다는 것이 문제지만 말이지요. 아무튼 그 결과 우리는 인간의 본질적 요소 중의 하나가 정서라는 것을 알게 되었고, 그 정서는 특정한 자극에 대한 현상이라는 결론에 도달하게 되었답니다.

감정이라는 실체

그럼 반응하는 상태가 감정입니까? 아니지요, 그건 나타난 현상이지요. 반응하는 상태란 표현된 상태를 말하는 것일 뿐 감정의 실체는 아니지요. 그렇다면 그 반응을 끌어내는 실체가 무엇이고, 만약 실체가 있다면 어디에 존재하며 어디에서부터 오는 것인지 의문이 생깁니다. 예를 들어, 슬픔, 기쁨, 두려움, 불안이라는 감정은 실체가 있는 것입니까? 아니면 어떤 사물이나 현상, 사건 그 자체가 그것들을 이미 태곳적부터 품고 있다가 푹 하고 나타내는 겁니까? 즉, 외부적인 것이 인간을 자극하여 감정을 집어넣어 주는 걸까요? 다시 말해서, 어떤 사건이나 현상 그 자체로 고유한 감정을 가지고 있는 걸까요? 아니면 생물학적으로 나의 내면 어디엔가 깊숙한 곳에 자리 잡고 있다가(biological states) 밖으로 드러나는 걸까요? 이제까지의 논의는 감정이란 어떤 개인(a person)의 내면(그것이 뇌에 있든, 심장에 있든, 신경계와 호르몬의 활동이든) 어딘가에 자리하면서 그 개인이 조정할 수 있고 밖으로 드러낼 수도 있는 '그 어떤 것(something)'이라고 생각했습니다(Riikonen & Smith, 1997). 그러나 심장은 가슴 왼쪽 위에 있고, 뇌는 단단한 뼈에 둘러싸인 것을 확인할 수 있지만 감정이라는 실체는 아무리 뇌를 연구하고 호르몬 체계와 우리의 혈관을 뒤져봐도 찾을 수 없습니다. 즉, 처음의 논의로 돌아와서 어떤 상태에 처하거나 자극을 받을 때 내가 '동요'되는 것일까요? 아니면 그러한 감정이 인간 밖의 외부에 존재하는 것일까요?

이 오랜 논의와 탐구에 한마디로 답한다면, "감정이라는 실체는 없다." 입니다. 감정이란 우리 인간의 이해의 한 형태(a form of understanding)일 뿐입니다(Rosaldo, 1984). 문화인류학자들의 도움을 통해 우리는 감정이란 것이 그 문화와 긴밀한 관련성을 가지고 있고, 같은 현상을 서로 다르게 이해하고 있음을 알게 되었습니다. 그 사물이나 사건 혹은 현상에 대한 우리의 '이해'는 사회문화적인 거대한 이야기와 떼려야 뗄 수 없는 관계입니다. 그 문화 공동체, 담론 공동체가 어떻게 그 이야기를 느끼고 행동하는지에 따라 우리의 이해도 달라지는 것이지요(Dallos, 1997).

해석의 결과

'이해'는 감정 공장입니다. 우리가 이해한 사건은 슬픔과 기쁨이라는 감정으로 나타날 뿐입니다. 그렇다고 해서 심리학에서 이야기하는 것처럼 개인의 이해가 전적으로 개인의 인식적 틀에서 형성되는 것은 아님을 앞에서 살폈습니다. 그렇다고 무의식이란 세계가 있어서 그 속에 저장해 두었다가(내면화) 어느 사건을 만나 툭 터지는 것도 아닙니다.[7] 개인의 이해는 사회문화적 이해로부터 왔다는 것은 이미 앞에서 언급했습니다. 그러면서 사회문화적 이해는 또다시 개인의 구체적 상황에서 이해된 결과물에 의해 만들어진다는 것도 주지한 사실입니다. 곧 이해란 개인과 그 사람의 사회와 문화 그리고 그 사람의 독특한 경험 사이의 변증법적 과정 속에서 만들어진 것이라고 결론을 내릴 수 있습니다.

언어의 생산물

문화와 밀접한 연관이 있다는 것의 또 다른 이유가 언어입니다. '이해'는 '언어(linguistic)'라는 도구로 표출되지요. 슬픔, 기쁨, 안타까움, 고통 등은 단어와 같은 것이지요. 접두사로 사용되어 '슬픈' 사건, '아픈' 기억이라고 하면서 그 사건이나 사물의 이해를 명확하게 합니다. 현상에 대한 해석을 하고 그 해석에 이름 짓기를 합니다. 그 이름에 따라 우리는 감정이라고 하는 슬픔, 기쁨, 쾌, 불쾌, 두려움, 화남 등과 같은 표현을 '행동'하고 '이야기'할 뿐입니다. 이해하기 쉽게 말하면, 감정이란 어떤 사건에 대한 이해의 표현이고 행동이며, 문화적으로 연결된 언어이고, 경험한 사건에 대한 해석입니다. 이러한 것들은 지금 이 순간의 자아에 대한 개념이자 현재의 행동이 되는 거지요(Stevens, 1996).

---

7) 정신분석에서는 이것을 key & rock 모델이라고 합니다. 다시 말해서 잠재해 있는 그 어떤 상처들이 자물쇠에 잠겨 있다가 특정한 사건이 열쇠 역할을 하여 그 자물쇠를 열게 된다는 것입니다.

상처 입으셨습니까? 상처 입었다고 지금 이야기하고 있는 것입니까? 답하시기 전에 상처의 실체가 뭡니까? '상처'라고 표현하신 것입니까? 아니면 상처라고 하는 어떤 개체가 있다고 생각하시는 겁니까? 결국 어떤 사건에 대한 이해이지요. 거기에 언어로서 하나의 이름을 만들어 준 것이지요.

예를 들어, 농부가 추수하고 있는 그림이 벽에 걸려 있는 것을 상상해 보십시오. 벽에 그냥 그림이 있는 것입니다. '좋다, 나쁘다' '의미가 있다, 없다'라는 표현의 주체는 그림 그 자체가 아닙니다. 그것을 결정하는 것은 그 그림을 보는 해석자에게 달려 있습니다. '좋은 그림'이라고 이름 붙였다고 해서 벽에 붙어 있는 그림의 실체가 변한 것은 아무것도 없습니다. 그림 그 자체는 변하지 않고 그림으로 그냥 벽에 있습니다. 그러나 이름 붙인 이후 그 그림은 새로운 실체를 부여받게 됩니다. 가치가 창출되고 그 그림의 의미가 더욱 명확하게 됩니다. 그런데 그 농부 그림이 밀레의 〈만종〉이라고 합니다. 그렇다면 우리 곁에 있는 밀레의 만종은 이미 그 가치를 부여받고 지금 이 순간 우리에게 와 있는 겁니다. 누가 밀레의 〈만종〉을 단돈 만 원의 값어치도 안 된다고 하겠습니까? 그럼 밀레의 〈만종〉은 그려질 때부터, 혹은 어떤 사회에서든, 아니면 어떤 사람에게든 수천, 수억 원의 가치를 가지고 있었을까요?

아픔이라는 감정도 이와 같습니다. 어떤 사람이 사랑하는 사람과 헤어졌다고 생각해 보세요. 그럴 때 '사랑하는 사람과 헤어진' 것은 하나의 사건입니다. 사랑하는 사람과 헤어진 사건은 벽에 걸린 그림과 같습니다. 사건은 사건 그 자체나 다름이 없습니다. 그러나 그 사건이 독자에 의해 '아픔'이라고 해석됩니다. 그리고 해석되는 순간 가치가 창출됩니다. 그 가치에 따라 얼굴이 노래지고 숨이 가쁘며 고통스러워집니다. 문제는 벽에 걸린 그림이 이미 예전에 값어치가 매겨져 있었던 것처럼 '사랑하는 사람과의 헤어짐＝아픔'이라는 등식 역시 우리 곁에 이미 있어 왔습니다. '사랑하는 사람과의 헤어짐'은 그 사람의 오늘의 세계 속에서 과거의 실체가 아니라 오늘의 실체로 존재하고, 그 실체의 이름은 사랑하는 사람과 헤어진 '아픈' 사건으로 실체화합니다.

'사랑하는 사람과의 헤어짐=아픔'이라는 등식이 일반 사회 속에 널리 퍼져 있고, 우리는 의식하든 의식하지 않든 간에 이러한 등식을 질문 없이 받아들이고 있습니다. 바로 이와 같은 우리의 해석은 사회문화적 틀에 의해서 지대한 영향을 받고 있다는 증거이지요. 물론 사회문화적 해석과 관계없이 자신만의 공간 속에서 자신만의 해석을 내릴 수도 있습니다. 따라서 구성주의자(constructivists)[8]의 말은 일면 타당합니다. 그러나 해 아래 새것이 없습니다. 우리의 삶에서 자신만의 공간, 이 세상 어디서도 찾아볼 수 없는 자신만의 창조물인 유일무이한 해석이란 없습니다. 우리는 다만 기존 것에 더하기, 나누기, 빼기, 곱하기를 할 뿐입니다.

모방된 감정

문제는 여기에 있습니다. 정말로 인간이 어떠한 영향도 없이 개인적이고 창의적이며 독창적인 해석을 하고, 그 해석에 따라 행동하고 표현할 수 있을까요? 불가능합니다. 그럼에도 불구하고 그럴 수 있다고 한다면 그 개인은 아주 독한 마음을 가져야 합니다. 왜냐하면 사회문화적 틀 속에서 해석을 하면 그 생각은 옳은 것으로 간주하고, 만약 다르게 생각하면 그 사람은 문제가 있거나 이상한 사람으로 치부해 버리는 이 현실에서 한 명의 개인이 과감히 해석을 해내려면 무한한 희생을 감수해야 합니다. 즉, 우리의 경험에 대한 개인적 해석은 우리의 사회문화적인 이야기와 해석에서 자유롭지 못할 뿐만 아니라 개인의 해석적 틀에 엄청난 영향을 미치고 있는 형국입니다.

결론적으로 말하면, 이야기란 근원에 대한 현존 인류가 내놓은 답이자 삶의 해설서입니다. 인간의 난제들, 마음, 정서, 시간 등 실체 없는 실체에 대한 답, 인

---

8) 구성주의자가 간과한 가장 큰 문제가 이것입니다. 정서가 개인의 내면 어디에선가 구성되고 표출되어 나오는 것이 아니듯이 인지나 해석 역시 개인의 순수 작품은 될 수 없습니다. 인간이기에 말이지요.

류가 질문하던 진리, 본질, 실재, 사실, 근원의 문제에 대해 묻고 또 묻다가 '이야기'까지 온 겁니다. 그 이야기 안에 여러 구성 요소가 있고, 그것을 가지고 우리는 실재(reality)라고 하고 있었다는 것이지요. 그것을 우리가 감정이라고 부르든 정서라고 부르든, 느낌으로 이야기하든 그 모든 것은 결국 그 어떤 이야기를 전승받은 것이고 모방한 것이지요. 그럼 그 모방의 원조를 물어야지요. 그 원조는 '구전' 뿐이 없기에 더 이상 원전을 찾을 수 없습니다. 그렇다면 구전, 즉 이야기 이전에는 무엇이 있었을까요? 아직은 모릅니다. 다만 알고 있는 분명한 한 가지는 이야기 이전에는 '시간'이 있었다는 것이지요. 그래서 요즘 모든 학문이 '시간'이란 무엇인가를 가지고 씨름하고 있는 것입니다.

시간과 이야기

'시간', 이놈이 참으로 묘하고 신기한 것입니다. 인간 안에 있는 듯하지만 인간 밖에 있습니다. 인간이 계획하는 듯하지만 통제 밖에 있고, 도리어 시간 안에서 인간이 살고 있습니다. 무실체란 무존재란 말이지요. 그렇다고 해서 무존재라고 할 수도 없는 것이 시간이지요. 무실체를 실체가 있다고 하는 것 자체가 아이러니이자 말이 안 되기도 하고 말이 되기도 하는 웃기는 진실입니다. Ricoeur(1983)는 이것을 시간의 영원성 앞의 인간의 유한성, 즉 존재적 결핍이라고 합니다.

우리는 어떻게 관계하나요? 우리는 우주와 어떤 관련이 있나요? 다양한 문화 체험과 생각과 경험을 한마디로 묶을 수 있는 것이 무엇인가요? 우리의 정신적 활동을 한마디로 표현하면 무엇이라고 할 수 있나요? 그것은 바로 '시간'이라고, 천문학자이자 문화인류학자인 A. Aveni는 주장합니다(최광열 역, 2009). Aveni에 따르면, 시간은 바로 음악이고, 리듬이며, 길이고, 면으로 나누어지는 끈이며, 과거를 회상하고 미래를 예상하는 데 사용하는 틀이라고 규정합니다(Talbot, 1995). 이 분절된 시간, 지금 이 순간에 존재하지 않는 무실체가 서로 연결되어 인간에게 영향을 미친다는 것이 신비한 거지요. 이 교량 역할을 하는 것이 '이야기'입니다.

우리는 지금 이 순간에도 시간이 흐른다고 표현합니다.[9] 그러나 어디에 흐르고 있습니까? 우리가 알 수 있는 것은 '시간'이란 단어뿐이지요. 그것을 숫자로 만든 기계에 넣고 우리는 시간을 봅니다. 즉, 무색·무취·무형의 시간이 언어로 분절되면 시간이란 존재가 됩니다. 흐르는 시간에 분절을 줍니다. 과거, 현재, 미래. 그럼 어디서부터가 과거고 어느 시점부터가 현재입니까? 그냥 언어만이 과거, 현재지요. 그렇다면 그 시계가 가리키는 눈금, 언어의 분절이 그 시간이라고 할 수도 없지요. 아무튼 시간도 결국 언어로 표현될 때만 시간을 이야기할 수 있습니다. 이야기되는 그 시간은 상징이자 은유일 뿐입니다.

과거란

과거란 무엇입니까? 연대기적(chronical)으로 보면 현상이 없는 관념뿐인 것입니다. 그럼에도 불구하고 그 관념은 과거의 잔상, 즉 이미지들을 다시 수집해서 특정한 순서대로 일어난 사건의 연속선상으로 보려는 '의지'입니다. 언제요? 지금 이 순간입니다. 다시 말해, 과거란 사라진 시간이 아니라 '현재' 의지적으로 '이야기하는' 시간 개념입니다. 현재 의지적으로 이야기하는 그 '과거에 대한 이야기'는 또 다시 미래를 예측하게 하고 상상하게 하고 의지를 줍니다. 그것이 미래입니다. 언제요? 지금 이 순간이지요. 즉, 현재 안에 과거, 현재, 미래가 모두 있는 것입니다. 과거와 미래 사이에는 엄청난 결핍이 있는데 그 결핍을 현재라는 시간이 메우는 것이 아니라 이야기가 메우고 있는 겁니다. 즉, 과거란 '이야기'입니다.

---

9) 『시간의 문화사: 달력, 시계 그리고 문명 이야기』(최광열 역, 2007)에 따르면, 시간이 흐른다는 말은 로마인들이 시간을 날씨와 같은 개념으로 보았기 때문에 만들어진 표현입니다. 연대기적인 이해도 동양적인 전통이라기보다는 고대 메소포타미아를 위시한 그리스·로마에 그 근원을 둔다고 합니다.

언어로 표현된 그 시간(과거, 현재, 미래), 즉 시간 체험과 우리 마음에서 나누는 과거와의 대화, 즉 언어 체험은 다르지요. 그런데 재미난 것은 그 언어를 가지고 우리는 마치 과거가 자신을 괴롭게, 또는 기쁘게, 또 미래가 자신을 흥분하게, 또는 불안하게 하는 것처럼 느낍니다. 왜 그럴까요? 언어의 능력과도 같은 이치입니다. 언어 자체가 능력이 있는 것이 아니라 그 언어에 내포된 은유가 우리의 감성을 자극하듯이, 시간의 은유, 즉 의미론적인 시간이 우리를 이랬다저랬다 하게 합니다. "아휴, 너무 지루했어." "그래? 난 언제 시간이 갔는지 모르겠던데?" 이는 같은 시간이라는 공간에 있던 두 사람일지라도 같은 시간을 경험하지 못한 것을 보여 주지요. 해석된 시간이지요. 인식론에서 언급한 그 맥락과 같은 이치입니다.

언어와 이야기의 관계가 운명적인 것처럼 시간과 이야기의 관계 역시 불가분의 관계입니다. 우리의 모든 삶은 시간 속에서 발생하는 사건이지요. 이야기가 삶을 구성하는 것이라면, 이야기 안에 이미 시간을 내포해야 한다는 것입니다(고미영, 2004). 그러므로 이야기는 시간의 도움 없이는 이야기답지 못합니다. 시간 개념이 들어가야만 이야기를 이해할 수 있습니다. 다른 한편, 시간은 언어의 도움 없이는 '시간화'할 수 없고, 이야기 없이 시간을 체험할 수도 없습니다. 즉, 시간은 현재 이 순간만 시간인데 '흘렀다' '온다' '갔다'라고 구성할 수 있는 이야기가 있을 때만 시간이 된다는 아이러니입니다.

예를 하나 들어 보지요. 이 문장을 한번 읽어 보세요. "속이 많이 쓰 요. 화가 일이 있 요. 그래서 술을 마 요. 그런데 아내가 저의 행동 때문에 화가 도 안 차 요." 어디 말 같습니까? 이해는 되시고요? 되시는 분 어떻게 해야 할까요? 이 문장에서는 시간과 관련된 문구와 동사의 시제를 다 뺐습니다. 그러니 말이 말 같지 않지요.

"속이 (지금) 많이 쓰(려)요. (어제) 화가 (나는) 일이 있(었거든)요. 그래서 (밤 늦도록) 술을 마(셨어)요. 그런데 (오늘 아침에) 아내가 (어제) 저의 행동 때문에 화가 (나서) (아침)도 안 차(려 줬어)요." 이제 말이 말 같지요? 이해가 좀 되시지요? 왜냐하면 시간과 동적인 움직임은 같이 가는 것이고 그 동적인 행동을 표현하는 것이 언어이기 때문입니다. 그 언어를 매개로 완성된 이야기에 시간이 들어가니 이야기다워지지요. 즉, 질서와 의미가 부여된 겁니다. 마치 악보의 음표와 같은 역할을 하는 것입니다. 아다지오, 안단테, 알레그로 등에 따라 그 맛이 달라지듯이 시간은 이야기의 맛을 살리지요. 왜냐하면 시간 개념에는 그 시간에 맞는 의미가 내포되어 있기 때문입니다.

시간은 세계관

시간은 화자의 역사관과 세계관을 드러내 주기도 한답니다. 그 이유는 첫째, 시간의 근원에 대한 물음 때문입니다. 앞에서도 살폈듯이, 세계의 근원, 실재의 본질을 묻고 묻다 보니 신화가 그 근원인 것과 같은 맥락입니다. 고대 메소포타미아 헬라의 신화, 그 주변인의 삶을 살아야 했던 히브리인들의 신화(소위 말하는 성경의 창조 이야기), 고대 중국의 요순 신화 등 여러 신화에 시간의 원조 이야기가 나온다는 겁니다. 그것은 곧 시간에 대한 그 문화와 그 민족의 세계관을 보여 주는 거지요. 신화학자들에 따르면, 신화마다 시간에 대한 강조점이 조금씩 다름을 알 수 있습니다. 그런데 지금 우리의 시간 개념은 고대 그리스 · 로마 신화와 고대 이집트의 수(數)적 개념의 발달이라고 합니다.

둘째, 시간은 이야기와 뗄 수 없는 관계라는 이야기의 특성과 같이 의도와 목적이 있는 것이지요. 이야기를 이야기답게 하는 이 시간의 역할은 이야기 속 화자의 사상과 의도, 목적을 드러내 준다고 합니다. 시간은 순서, 빈도, 지속성 등으로 대체되면서 이야기를 유연하게 만들어 준다는 것이지요(고미영, 2004). 즉, 시간은 이야기의 속성을 다양하게 만들어 준다는 의미지요. 마치 애니메이션을 상영하는 영사장치에서 그림의 장 수에 의해 주인공의 액션 스타일이 달리 보이는 것과 같은 이치입니다. 같은 장면이지만 빈도, 한 장면의 지속성에 따라 엄청난 차이를 느끼게 하지요. 그렇다면 시간은 화자의 시대 문화, 즉 세계관을 드러내 주는 역할도 한다는 것이 이해가 됩니다.

결론적으로 말하면, 이야기는 세계를 구성하고 이야기의 구성 요소를 통해 우리 자신을 만들어 간다고 할 수 있습니다. 결국 이야기는 우리라는 공동체와 개인의 자아실현을 이루어 갈 수 있도록 돕습니다(Bruner, 2002). 이야기가 모호하거나 모순될 때 인간은 혼돈스럽습니다. 혹은 이야기와 이야기가 충돌하면 당황스럽거나 자기 자신을 의심하기도 합니다. 이때 우리는 다른 이야기를 찾으려는 경향을 보이기도 합니다. 또한 모순된 이야기 안에서 또 다른 의미나 행동을 찾으려고 합니다. 왜냐하면 이야기 안에 행동양식이 지정되어 있기 때문입니다. 이야기가 경험을 이해시켜 주기 때문입니다. 그 이야기 속에는 그 시대의 사회 문화가 요구하는 인간상이 있기 때문입니다. 그 이야기를 벗어나서 행동하기가 두렵기도 합니다. 이렇게 이야기가 우리를 만듭니다. 그렇지만 또한 우리가 이야기를 만들기도 하는 거지요.

세계관으로서 이야기

앞서와 같은 이야기의 특성을 세계관이라고 정리할 수 있을 것 같습니다 (Freedman, Epston, & Lobovits, 1997). 세계관은 존재론과 인식론 그리고 방법론을 내포하고 있습니다. 세계관이란 거시적으로 보면 실재, 사실, 본질, 근원, 원인, 진리에 대한 가설과도 같은 것입니다. 그것을 설명하고 규정하며 답을 제시합니다. 미시적으로 보면 삶의 방식에 대입하는 것입니다. 즉, 세계관은 구체적인 상황에서 그 가설을 구현하고 발현시키도록 합니다. 예를 들어, 관념주의는 관념을 통해 세계를 인식하고 방법론을 제시하며, 이와는 정반대로 유물론자들은 세계의 기초를 물질에 두고 세계를 해석하며 인식합니다. 이야기도 같은 맥락입니다. 이야기가 인식의 출발점입니다. 그래서 이야기접근법(narrative approach)이라고 부르지요. 즉, 이미 살폈듯이 이야기를 중심축으로 세계를 인식하고 존재의 근원을 물으며 방법론을 제시하는 겁니다.

어떤 사회에서나 개인에게는 그만의 이야기가 있습니다. 그것이 신화이든 동화이든 논리를 갖춘 학문이든 '이야기'로 전승되어 옵니다. 그 이야기를 통해 그들의 세계관을 엿볼 수 있습니다(Morgan, 2000). 세계관은 인식론(epistemology)의 틀(paradigm)이며 방법론과 행동양식을 지시합니다(Bruner, 1986). 진리의 문제, 현실에 대한 인식, 인간의 정체성 등의 명제를 어떻게 이해할 것인가에 대한 해법 제시가 이야기에 있다는 거지요. 그렇지만 이야기를 통해 진리와 실체를 온전하고 완벽하게 말할 수는 없습니다. 다만 인류가 지금까지 사유했던 그 틀 속에서 진행되어 온 논의의 가장 최전선에 서 있는 것이 이야기라는 것일 뿐입니다.

개인의 이야기든 가족의 이야기든, 공동체의 이야기나 역사적 이야기 혹은 과학 이야기든, 어떤 이야기라 할지라도 그들 나름의 진리와 실체에 대한 이야기를 내포하고 전수할 뿐입니다. 그렇기 때문에 이야기접근법도 고정된 진리와 실체(fixed truth and reality)를 주장하지 않습니다. 이야기의 성격상 모더니즘을 기반으로 한 인식론과는 거리를 두는 반면, 포스트모더니즘과는 철학적 궤를 같이합니다. 특히 해석학적 관점에서는 사회구성론(social construction)의 사유를 동의합니다. 왜냐하면 이야기에는 이미 화자의 해석이 담겨 있기 때문에 주관적인 성향이 강하고, 역사적이며, 상황과 조건에 맞게 구성되어 있기 때문입니다. 또한 이야기는 생성과 소멸의 과정을 거치며 그 자체로 확장되거나 발전하기 때문에 그 속에 담겨 있는 진리와 실체 문제도 유동적이라고 이야기접근에서는 생각합니다(Linstead, 2004).

그러다 보니 이야기접근법의 진리와 실체 또한 사회구성주의자들의 도움을 받아 사회화 과정을 거치면서 만들어진 것이며, 사회문화적 영향 속에서 성장하고 유지된다고 생각하고 있습니다(Gergen, 2001). 그렇기 때문에 진리와 실체는 구체적 배경(a specific context)을 가지고 있는 것이지 '그 어떤 무엇'이 근간을 이루는 것이 아닌 거지요. 즉, 보편적 진리가 구체적 배경을 가르치는 것이 아니란 뜻입니다. 구체적으로 존재하는 담론 공동체 혹은 특정한 공동체(a particular community)

가 주장하는 것이 진리이고 실체가 된다는 겁니다(Grenz, 1996). 이야기접근법 또한 이들의 생각과 맥을 같이합니다.

이야기의 순환

이야기 역시 큰 이야기가 작은 이야기에 실로 엄청난 영향을 미칩니다. 그러나 그 큰 이야기가 인류 보편은 아닙니다. 그것 역시 어느 특정한 공동체의 이야기이지요. 보편적인 이야기가 원래부터 있었던 것이 아니라 어느 특정한 이야기, 지역적이고 구체적인 공동체의 이야기가 다른 지역이나 공동체 혹은 개인의 이야기들과 만나면서 또 다른 이야기로 발전하기도 합니다. 혹은 유사한 형태의 이야기들끼리 서로 묶이게 되지요. 그러므로 지역적이고 구체적인 이야기 속에 있던 진리와 실체도 다른 진리와 실체를 만나면서 새로운 혹은 유사한, 아니면 전혀 다른 진리와 실체를 만들 수도 있는 것이지요. 이것을 이야기의 순환이라고 합니다.

그러므로 이야기접근법은 모더니스트나 포스트모더니스트가 주장하는 오리지널 논쟁에 대해서도 다르게 생각합니다. 이야기접근법은 오리지널이 있었다는 주장을 거부하지도 않고 부정하지도 않습니다. 그렇다고 인정할 수도 없습니다. 그러나 최소한 '지금 이 세상'에는 존재하지 않거나 증명 불가능하다고 믿고 있습니다. 우리는 다만 오리지널에 대해 이러저러한 '이야기'가 있다는 그 자체에 관심을 집중합니다. 누군가가 "나는 오리지널을 믿는다."라고 주장한다면, 누군가는 이와 같은 믿음의 이야기에 동조하여 함께 그 이야기를 따르거나 웃어 넘기며 부정할 것입니다. 다시 말하자면, '이야기 속에' 오리지널의 존재에 대한 믿음도 부정도 포함되어 있다는 것이지요. 즉, 인간은 '이야기'라는 매개체를 통해서만 진리의 실체를 접할 수 있는 것입니다.

그래서 이야기접근법은 오리지널 논쟁에 참여하며 또 다른 새로운 사조에 귀를 기울입니다. 바로 후기 근본주의(postfoundationalism)[10]입니다. 이 철학적 틀

(paradigm)은 진리와 실체 문제, 그리고 오리지널 문제에 있어 모더니즘이나 포스트모더니즘보다 한층 유연한 입장을 취하고 실천합니다. 이들의 입장은 자신의 해석된 경험(interpreted experience)에서 형성된 자신의 신념, 방법, 체계와 다른 사회문화적 네트워크 사이에서 균형을 찾으려는 시도라고 주장합니다(van Huyssteen, 2006; Müller, 2012). 이들 역시 다른 학문들과의 대화를 중요시합니다. 이들은 모더니스트와 포스트모더니스트가 다른 학문이나 신념에 대해 취하는 자세나 입장에 대해 단호히 반대합니다(Müller, 2004b).

이들은 자신의 근원적인 신념(예를 들어, 근원적 오리지널 문제)을 가지고 있습니다. 다만 그 역시 자신의 지역적 세계 속에서 체계화된 것임을 스스로 인정합니다. 즉, 보편이 될 수 없음을 인정하는 거지요. 그러므로 다른 여타의 것들과 대화하고 그것의 도움을 받아 '실천적 지혜(praxis)'를 이끌어 내려고 노력합니다. 이들의 노력은 이야기접근법과 떼려야 뗄 수 없는 관계를 가지고 있습니다. 한 가지 덧붙일 것은, 어떤 패러다임에 기초한 것일지라도 그러한 진리와 실체는 이야기에 의해 전승되고 구성되는 과정을 거치면서 '의미'와 '힘'(Freedman

---

10) 아직은 크게 반향이 없는 패러다임이지만 모던·포스트모던 패러다임의 극단적인 양태에 대한 거부입니다. 극단적 배제에서 벗어나 '대화'와 각 사회 주체의 '상호작용'을 모색하면서 발생한 것입니다. 이것은 프린스턴 대학의 문화인류학자 Huyssteen(2004)이 주장한 것으로 어느 한쪽 극단에 빠지는 것을 거부하는 입장입니다. 이것은 특히 대화를 중시하는 것으로서 학문 간에는 상호 교류적(interdisciplinary) 자세를, 사회·문화 간에는 타 문화와의 교류의 필요성을 강조하면서도 개별적이고 특수한 부분에 가치를 둡니다. 개별과 특수의 가치는 보편의 가치보다 우선하고, 그러한 가치들의 대화와 교류가 새로운 관점과 미래를 열어 간다는 것이 포스트 파운데이셔널리즘입니다. 그렇기에 포스트 파운데이셔널리즘은 개인이나 한 사회의 신념, 문화, 가치 체계를 존중하고 배우려는 자세를 견지합니다. 여기에서는 종교적 신념, 역사적이고 시대적인 가치, 상황적 논리 등 모든 것을 가치 있게 다룰 수 있습니다. 상대의 것을 거부하거나 자신의 것을 부정하지 않아도 대화와 교류가 가능한 틀을 제공합니다. 대화와 교류의 시공간적 지점은 항상 '지금 이 순간(here and now)'입니다. 그러나 그 대상으로는 수천 년 전의 시공도 가능하며, 바로 어제의 사건과 내일에 대한 상상도 가능합니다. Huyssteen은 포스트 파운데이셔널리즘을 묘사하기를, 마치 분수 쇼를 하는데 각각의 물 구멍에서 자기만의 색상의 물을 뿜어 내면 공중에서 다른 색상의 물을 만나게 되고, 그 만난 지점의 색상은 자기의 색상 어느 한쪽과도 닮지 않은 또 다른 색상을 만들어 내는 것과도 같다고 했습니다(2004년 9월 남아프리카공화국 프레토리아 대학교에서 개최한 세미나 내용을 일부 발췌함).

& Combs, 2002)을 얻게 된다는 겁니다. 이런 과정을 거치면서 이야기는 거대한 이야기(meta-narrative)로 사회 문화에 스며들고, 그 사회를 지지하는 기초로 자리 잡으며, 사회 문화를 전승하게 됩니다. 따라서 우리는 이야기가 개인의 삶에 내 재화되는 것을 간과해서는 안 될 겁니다.

이야기의 종류

우리 주위에는 여러 가지 이야기가 다양한 모양으로 우리에게 영향을 주고 있습니다. 신화, 민담, 동화, 심리학 이야기, 과학적이고 실증적인 결과물을 풀어낸 이야기, 개인의 사연 등 많은 것이 있습니다. 현대에는 상담 분야에서뿐만 아니라 많은 분야에서 학문적으로 이야기의 중요성을 인식하면서 이야기접근법을 발전시켜 오고 있습니다. 학문적으로 추구하는 분야마다, 그리고 그 분야가 적용되는 실천 영역마다 이야기의 틀을 여러 가지로 세분화할 수 있습니다. 저는 여기에서 실제 상담을 할 때 필요한 부분을 소개하겠습니다. 그리고 간단하게 그 특성만 소개하고 이야기치료를 소개하는 장에서 좀 더 구체적으로 설명드리겠습니다.

이야기를 분류한다는 것은 특정한 규범(criteria)에 의해 이야기에 범주(category)를 정하려는 것은 아님을 먼저 말씀드립니다. 이 분류는 단순히 이야기치료에 적용할 수 있는 범위에서 이루어지는 것임을 미리 밝혀 둡니다. 다만 이야기치료가 진행될 때 상담사가 내담자의 이야기를 이해하도록 하는 데 도움이 되고자 분류한 것일 뿐입니다. 그리고 또 기억하셔야 할 것 중의 하나는 이러한 분류에 따라 어느 한 이야기가 다른 이야기와 분명한 경계를 갖는 것 또한 아니라는 것입니다. 아주 애매모호합니다. 물고 물리는 순환관계로 구성되어 있다는 것입니다. 예를 들어, 지배이야기이지만 결핍된 이야기이고 대안이야기이지만 그 속에 문제이야기가 있습니다.

그러므로 기억해 두셔야 할 것은 이야기 분류에 따라 순차적·단계적으로 이야기치료가 이루어져야 하는 것이 아니라는 것입니다. 혹자의 이야기치료에 관한 책을 보면 이야기치료를 단계적·순차적으로 설명한 것이 있는데 그건 아닙니다. 이야기는 어디로 튈지 모르는 특성을 가지고 있습니다. 그러므로 단계적으로 이루어질 수 없습니다. 다만 여기서 분류를 한 것은 이론을 설명하기 위한 것에 불과한 것이지 실천 현장에서는 그렇게 분류대로 이루어지지 않습니다. 또한 가지 언급하고 넘어가야 할 것은, 저는 이 책에 나오는 이야기에 대한 용어들을 호주의 이야기치료 선구자 White가 사용한 용어를 위주로 하면서 저의 은사이신 Müller의 용어를 병행하고자 합니다.

이야기치료를 위해 이야기를 분류함에 있어 이야기에 대한 인식론을 기억하셔야 합니다. 이야기는 순환되고 모방되며 영향을 준 이야기가 있고 영향을 받은 이야기가 있고, 그 영향 때문에 밀려나거나 잊히는 이야기가 있습니다. 생성과 소멸 과정을 거치기도 합니다. 왜냐하면 이야기는 화자(story teller)에 의해 선택되기 때문입니다. 그리고 그 선택된 이야기가 이야기될 때 또 누군가에게는 채택될 것입니다. 이런 과정을 순환하는 것이 이야기의 특성이지요.

이야기의 순환은 선택과 거부의 끊임없는 반복입니다. 시공간상 사건이나 경험 혹은 주위 환경이 외형적으로는 똑같아 보이지만, 사람들이 그것을 묘사하고 설명할 때 어떤 분위기 속에서 어떤 언어를 선택하고 어떻게 이해시키는지에 따라 이야기 구성은 달라집니다. 사건이나 상황, 경험과 같은 것, 즉 맥락에 따라 이야기의 성격이 달라집니다(Shotter, 1993). 다시 말해, 이야기는 단지 경험이나 사건 그대로를 묘사하는 것만이 아니라 그 경험이나 사건을 재구성하기도 하고 창조하기도 합니다.

우성과 열성

이야기를 구성하는 데 있어서도 마찬가지입니다. 선택된 요소들은 지금 하고

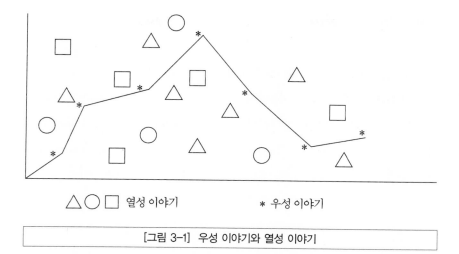

△ ○ □ 열성 이야기 　　　　* 우성 이야기

[그림 3-1] 우성 이야기와 열성 이야기

자 하는 이야기와 비슷한 성향들로만 구성되었습니다. 그리고 그 이야기와 이질적인 사건들은 채택되지 않습니다. 지금 하고자 하는 이야기와 이질적인 사건들은 잠시 혹은 오랜 시간 기억되지 않을 운명에 처하기도 하고 영구히 제외되기도 합니다. Morgan(2000)은 이러한 이야기의 특징을 그림으로 잘 설명하고 있습니다([그림 3-1] 참조).

　[그림 3-1]에서 보시듯이 *표와 연관된 부분만 연결하여 한 이야기가 탄생합니다. 다른 요소들은 열성이 되고 우성 이야기와 상관없는 것들로 버려집니다. 한편, 선과 연관된 별표(*)들은 우성이 되어 우성 이야기의 역할을 하게 되는 거지요. 이 우성 이야기를 위해 저 구석에 있는 것까지 끄집어냅니다. 반면에 가장 최근의 것이라도 우성 이야기와 연관이 없는 것은 일점도 허락하지 않는 속성을 보입니다. 다시 말해, 드러난 이야기, 즉 telling된 이야기는 우성이라 할 수 있으며 그렇지 않은 것은 열성 이야기라고 할 수 있습니다. 문제는 단 한 줄의 이야기이니 빈약해도 너무 빈약한 거지요. 풍부한 이야기가 아닌 거지요. 이런 빈약한 우성 이야기가 우리의 삶을 지시하고 영향을 준다고 생각하면 될 듯 싶습니다.

지배이야기

이와 같은 과정에서 태어난 것이 첫째, '지배이야기'입니다. 우성 중의 우성 이야기이지요. 우리 사회와 문화 안에서 지배적이고 보편적인 의미와 가치로 신봉되고 있는 이야기이지요. 일반적이고 객관적이라는 지위를 가지고 있는 이야기입니다. 지배이야기란 거대담론(meta-discourse), 거대이야기(meta-narrative)라고 할 수 있습니다. 당위성을 가지고 있고 변할 수 없는 신념처럼 굳어 있습니다. 교육적으로 중요한 것처럼 되어 있습니다. 이런 이야기가 우리의 행동양식을 지시하고 조정 · 통제합니다. 그것도 '의심의 여지가 없는' '당연한' 것으로 여기게 합니다. 일방통행인 거지요. 그러니 얼마나 협소하겠습니까? 그래서 지배이야기를 다른 면에서 보면 빈약한 이야기(thin descriptive story, 결핍된 이야기[the need of the story])일 수도 있지요.

이 부분에서 오해가 있어서는 안 됩니다. 자칫 잘못하면 지배이야기를 마녀사냥으로 몰아가는 우를 범할 수도 있습니다. 마치 모든 문제의 근원처럼, 타도의 대상처럼, 우리 삶의 자유를 앗아 가는 주류사회의 전차부대로만 치부해서는 안 됩니다. 시대에 따라, 세대 간 문화에 따라 서로 다른 시각과 관점의 차이가 있음은 당연합니다. 그렇다고 해서 이전 세대의 가치는 없어져야 할 것이고 새로운 시대의 가치는 우월성을 갖는 듯한 구도나 그 역의 구도는 이야기치료가 지향하는 바가 아닙니다.

다만 문제시하는 것은 어느 한 이야기가 어느 또 다른 이야기를 틀리다, 맞다하며 규정하는 것을 거부하는 것입니다. 우성이든 열성이든 나름의 가치와 의미가 있는 것임을 역설할 뿐입니다. 지배이야기가 설파하는 대부분의 의미와 가치도 인류의 유산이자 우리가 지켜야 할 것들이지요. 다만 그 지배이야기가 개인의 선택과 개인의 삶을 규정하고 옭아매는 것에 문제를 제기할 뿐입니다. 오직하나의 이야기로만 모든 것을 설명하려고 하는 것이 문제임을 각인하는 거지요. 그래서 문제이야기와 내통하기도 합니다. '왜 꼭 그래야만 하지?' '왜 이게 당연하지?' '다른 삶은 틀린 것인가?' 이런 질문을 할 뿐입니다.

문제이야기

두 번째 이야기 종류 중 하나는 '문제이야기(the problem saturated story)'입니다. 이 역시 우성 이야기입니다. 드러난 이야기이니까요. 다만 내담자를 괴롭히는 우성이지요. 문제이야기의 다른 의미는 지배이야기와 마찬가지로 결핍된 이야기 (빈약한 이야기)입니다. 문제이야기는 내담자를 지배하는 이야기입니다. 그러므로 거대담론도 지배이야기이지만 지금 현재 내담자가 아파하고 고통스러워 하는 그 (the) 이야기도 한 개인을 지배하는 지배이야기라고 할 수 있습니다. 이 이야기를 내담자의 '필요의 이야기(the story of the need)'라고 부르기도 합니다(Müller, 1990). 내담자가 상담실의 문을 두드릴 때는 이유 없이 두드리는 것이 아니라 뭔가 필요하다는 뜻일 테니까요.

필요(need)란 단어 자체가 의미하듯 뭔가 부족한, 단선적인 이야기를 뜻합니다. 즉, 내담자가 자신의 문제를 해결하고자 하는 욕구, 필요가 들어 있는 이야기이지요. 필요의 이야기란 자신이 지금 일상에서 문제와 싸우고 있으며, 현재진행형의 경험을 하고 있는 이야기입니다. 그리고 그 경험에 자신이 의미를 부여한 것들은 종종 문제 전체를 볼 수 있는 이야기가 아니라 아주 좁고 얕은 개울과 같은 이야기가 대부분입니다. 이런 이야기는 내담자의 삶을 충분히 묘사하지 못하고 문제에 지배된 부분만 나타낸 것입니다. 이것을 이야기치료에서는 '결핍성' 이야기, 빈약하게 서술된 이야기라고 합니다.

인간은 마치 동시다발적으로 한 총구에서 수백 발을 한꺼번에 쏟아내는 다연발 기관총처럼 한 입으로 한 번에 여러 가지 이야기를 동시에 말할 수 없습니다. 어느 한 주제의 이야기를 한다고 할 때, 그 순간에 선택된 사건들과 연관된 요소로만 이야기할 수 있습니다(Bruner, 1986). 그 사건들은 지금 하고자 하는 이야기와 비슷한 성향을 지니고, 그 이야기와 이질적인 사건은 채택되지 않습니다. 지금 하고자 하는 이야기와 이질적인 사건은 잠시 혹은 오랜 시간 기억되지 않을 운명에 처하기도 하고 영구히 제외되기도 합니다.

그렇기 때문에 '이야기'의 속성과 같이 이 문제(결핍, 필요, 빈약)이야기는 틈새(gap)가 매우 많은 이야기입니다. 그리고 한 줄거리로만 구성되어 단선적이고 선택적인 요소로만 구성된 이야기입니다. 그렇게 때문에 이와 대항(counter story)되는 경험, 맞섬, 행위들은 쏙 빼고 묘사되는 이야기에 불과합니다. 인간이 이렇게 단선적이고 빈약하게 이야기할 수밖에 없는 것은 그것이 인간의 한계이기 때문입니다. 왜냐하면 이야기는 언어의 사용이 필수적이기 때문이지요. 그런 언어를 통해 인간이 단선적인 이야기로만 충분하게 표현하기에는 한계가 있지요(Graham, 1996). 그렇지만 문제이야기는(후에 다시 논의하겠지만) 다른 면에서 보면 대안이야기(alternative story)를 품고 있기도 합니다. 왜 문제이야기이겠습니까? 원하는 (대안)이야기가 있으니까 문제이야기가 있겠지요.

풍부한 이야기

세 번째, 빈약한 이야기가 있다면 '풍부한 이야기(thick descriptive sotry)'도 있겠지요. 풍부한 이야기는 또 다른 종류의 이야기입니다. 풍부한 이야기에 대해 오해가 있는 부분이 있습니다. 어떤 이야기치료를 소개하는 책을 보면 풍부한 이야기가 내담자의 긍정적인 지배적 구상(plot)을 중심으로 구성된 이야기라고 합니다만, 그렇지 않습니다. 긍정적이든 부정적이든 그것이 문제가 아닙니다. 개방이냐 폐쇄인가가 문제인 겁니다. 풍부한 이야기는 말 그 자체로 '풍부'입니다. 아픔도 슬픔도 다 싸안고 있는 이야기, 바보 같고 못난 자기 자신의 이야기까지 품고 있는 이야기가 풍부한 이야기입니다. 다만 풍부한 이야기가 빈약한 이야기와 결정적으로 다른 점은 열려 있고 개방적이며 시적 감각으로 재해석이 가능하다는 겁니다.

쉽게 말해, 열성으로 숨어 있던 것들을 햇빛으로 드러내면 이와 같이 풍부한 이야기가 됩니다. 대안이야기가 풍부한 이야기가 될 수도 있습니다. 아주 간단하게 말하면, 빈약하게 서술되던 이야기를 좀 더 풍부하게 서술하면 그것이 풍부한 이야기가 됩니다. 즉, 단순한 줄거리로만 선택되었던 이야기의 요소들을 좀 더 다양한 요소를 첨가해서 서술한 것입니다. 내담자의 강점이랄까, 내담자가 해 봤던 노하우 등으로 재배치해 보는 겁니다. 혹은 지배이야기를 해체하고 다른 관점에서 서술해 보는 것이 풍부한 이야기를 만들어 내기도 합니다.

삶의 이야기에는 또한 무수히 많은 기대하지 않았던 예외적인 사건(unexpected events), 의외의 일, 일탈적인 것이 도처에 깔려 있습니다. 이야기접근법 입장에서 보면 모든 이야기에는 무수히 많은 공간이 있습니다(White & Epston, 1990). 틈새이자, 사소하게 여기거나 무시하여 눈길을 주지 않았던 요소들이지요. 이런 무수한 공간 속에 예외적 사건과 기대하지 않았던 이야기가 숨어 있을 수 있습니다. 그것을 재구성하면 풍부한 이야기가 됩니다.

삶은 질서 있게 흐르지 않습니다. 인과관계(cause and effect)로 규명되고 규정되지 않습니다. 그러기 때문에 이야기는 필연성에 기인하지 않고 우연성에 놓여 있습니다. 우발적인 것이 결과가 되어 오늘 이 순간을 만들어 내기도 합니다. 삶은 그렇게 모순되며 애매모호한 것으로 가득 차 있습니다. 혹은 이해되지 않는 경험이 도처에 포진해 있습니다. 이런 아이러니가 의외로 풍부한 자원이 될 수도 있습니다. 이런 풍부한 서술 속에서 우리는 또 다른 대안을 찾을 수 있을지도 모릅니다.

대안이야기

마지막으로 '대안이야기(alternative story)'입니다. 대안이야기를 할 수 있다는 사실은 대안이 아닌 문제를 알고 있다는 말로도 바꿀 수 있지요. 즉, 문제이야기를 한다는 것 자체는 이미 대안을 원하고 있다는, 혹은 대안을 알고 있다는 말로도 등치시킬 수 있는 것입니다. 앞으로 한 발짝도 나갈 수 없을 때 그 앞에 징검다리 돌 하나 놓는 것이 대안이야기입니다. 그렇다고 해서 대안이야기가 반드시 '현실적이고 실현 가능한' 것에 초점을 맞추는 것도 아닙니다. 그 대안이야기의 '의미' '값어치' 입니다. 이야기치료가 중요시하는 이야기 중 하나이자 다른 그 어떤 상담과도 차별이 있는 것이 이 대안이야기입니다.

"내가 변하면 세상이 변한다."와 같은 내담자의 책임성을 강조하는 개인주의적인 것이나 낭만적 상상을 통해 발전적 미래를 가꿔 보려고 하는 성장 상담과는 다른 접근법이라고 말할 수 있는 이유 중의 하나가 바로 이 대안이야기 때문이라고 해도 과언이 아닐 듯 싶습니다. 나중에 좀 더 깊이 소개하겠지만, 이 대안이야기를 이야기치료에서 중요시하게 된 배경은 내담자의 회기 현상(relapse)을 가능한 한 막아 보기 위함이었습니다. 이야기를 재구성하고 미래의 이야기로 발전시키는 것을 또 다른 이야기 혹은 대안이야기라고 합니다(White & Epston, 1990; White, 2000).

대안이야기는 여러 면에서 비춰 볼 수 있습니다. 대항되는 이야기(counter story), 상상된 이야기(imaginative story), 선호하는 이야기(preferred story), 다시 쓰는 이야기(재저작, re-authored story)라고 학자마다 다르게 부르기도 합니다. 이 대안이야기는 미래를 열기 위한 이야기(future oriented story)입니다. '미래'라고 해서 과거의 것을 지우거나 잊어버리고 앞으로의 것에 대해서 이야기하는 것이 아닙니다.

대항되는 이야기란 '문제의 이야기'에 가려진 다른 이야기의 요소들입니다. 문제이야기 안에 이미 그 문제와 싸웠거나 그 문제에 대항했거나, 또 다른 문제를 해결한 경험 등이 숨어 있을 수 있습니다. 혹은 다른 어려움에서 그것을 극복했던 이야기가 있을 것입니다. 이런 것을 독특한 수확물(unique outcome)[11]이라고 합니다. 그럼에도 불구하고 수많은 사건과 이야기를 구성하는 요소들이 한 줄거리로 선택되면서 또 다른 많은 이야기의 요소가 무시되거나 소외되었을 것

---

11) White와 Epston이 이 개념을 이야기치료에 접목했다고 합니다(고미영, 2004).

이라는 전제가 이야기치료의 생각입니다.

　이런 것을 대항되는 이야기(counter story)라고 불러도 좋습니다. 인간이라면 문제를 만났을 때 어떤 방식으로라도 이 문제에서 벗어나고자 몸부림을 칠 것입니다. 그 몸부림 자체가 대항적인 이야기입니다. 보통은 똑같은 사건 혹은 비슷한 시간과 공간에서 발생한 경험 내의 또 다른 이야기 줄거리나 요소입니다. 어떤 요소는 이야기의 줄거리를 만드는 데 선택되고 다른 요소는 포함되지 않고 사장되었다고 할 때, 이 사장되었던 것을 발굴하여 구성할 수 있는 것이지요. 이런 것이 재발견되어 기저를 이루면서 새로운 이야기로 다시 쓰는 것이라고 할 수 있습니다(re-authored story; Epston & White, 1994). 이 또한 현실적이고 실현 가능한 것에 초점이 있는 것이 아닙니다. 생각해 보십시오. 제가 20대로 돌아가서 다시 써 본들 그것이 현실적이겠습니까?

　대안이야기의 다른 한 가지는 '상상된 이야기'입니다. '미래를 향한 상상된 이야기'라고도 할 수 있고(imaginative future oriented story), 내담자가 '선호하는 미래의 이야기(preferred future story)'라고도 할 수 있습니다(Roberts, 1994). 이와 같은 미래의 대안이야기 역시 전자의 대안이야기의 연장선상에서 추출되는 경우가 대부분입니다. 대안이야기 만들기란 내담자와는 전혀 상관없는 소설을 쓰는 것이 아닙니다. 내담자의 삶과 동떨어진 전혀 새로운 이야기가 아니라는 것입니다. 마치 소설이 현실을 반영하여 쓰이고, 현실을 떠나서는 태어날 수 없듯이 내담자의 대안이야기 역시 자신의 과거 혹은 현재 어디에선가 자신의 삶의 요소였던 것들 속에서 만들어집니다. 그렇기 때문에 내담자가 '선호하는 미래의 이야기'는 소설 같으나 현실의 반영이요, 미래적 허구가 아닌 실제적 현실이며, 현재에 이야기되는 미래입니다.

제**4**장

이야기치료란

🐦 이야기치료의 가설

이야기치료란 '이야기'라는 '가설'을 세계관으로 가지고 있습니다. 앞에서 논의한 포스트모더니즘 및 포스트 파운데이셔널리즘과 사회구성론, 그리고 해체론자들의 주장에 동의한 상담학 분야입니다. 인접 학문으로는, 모든 학문과 대화가 가능하지만 특히 민속심리학(고미영, 2004)과 문화인류학, 여성학의 도움을 많이 받습니다. 심리학을 기본 바탕으로 하는 기존의 상담이론과는 다르다고 할 수 있습니다. 이야기의 특성, 사회적으로 구성된 담론의 해체, 지식에 대한 주관성, 인과관계에 있는 필연론이 아닌 우연론을 가설로 채택한 것을 상담학에 접목한 것이 이야기치료입니다.

Aristoteles 이후 '이야기'는 인문학의 화두 중 하나였는데, 포스트모더니즘이 발흥하면서 특히 주목받게 되었고, 그것을 상담에 적용한 것이 이야기치료라고 할 수 있습니다. 누가 먼저 주창했다기보다는 학문적인 흐름이라고 해도 과언은 아닐듯합니다. 여러 나라에서 나름의 이론적 배경으로, 그리고 실천적 방법론으로 각자의 위치에서 발전되어 온 것이 이야기치료입니다. 다만 전 세계적으로 M. White나 D. Epston 같은 분을 위시해서 몇 명의 선도자 및 선구자가 계실 뿐입니다.

특수로부터

그래서 이야기치료를 영어로 표기할 때는 'a' narrative therapy라고 하는 것이 옳은 표기입니다. 이야기치료에 부정관사 'a'를 붙인 이유가 있습니다. 이야기치료는 구체적인 현장(특수)을 일차적으로 강조합니다. 이 구체적인 현장을 강조한다는 말에 방점을 찍어 두시기 바랍니다. 이 책 뒤에서 제시한 이야기치료 논문 작성의 예를 보실 때 매우 중요한 부분입니다. 아무튼 따라서 '이야기치료의 이론들' 혹은 하나의 특정한 이야기치료로 표현해야 옳은 표현입니다. 그렇다면 이 책 역시 전 세계의 이야기치료이론과 맥은 같이하지만 우리 사회의 특정한 상황에서 특정한 개인이 실천하고 있는 이야기치료를 다루고 있습니다.

다시 말씀드리면, 현장이 이론보다 우선한다는 것입니다. 우리나라나 세계 이야기치료의 경향은 기존 상담과는 다른 형국입니다. 즉, 이야기치료는 현장에 있는 실천가들이 발전시키고 이론가들이 뒷받침해 주는 기존과 다른 모습을 보여 줍니다. 이론이 곧 권력이 되던 구조가 해체되고 새로운 관계를 정립한 것이지요. 또한 세계적 추세로 볼 때 이야기치료사는 상당히 많은 분이 사회복지 쪽이나 소외계층 쪽에서 복무하십니다. 이제까지 전문가 및 상담사가 (의도적이든 의도적이지 않든) 자연적으로 누리던 사회경제적 지위를 마다한 모습이지요. 물론 이야기치료사 중 천박한 자본주의 구조에 편승한 일부도 있고, 전통이론에 입각한 상담사 중에도 소외계층과 함께하시는 분도 있음은 부인할 수 없지요. 현장은 변하고 있습니다.

그리고 현장은 유동적이고 변화무쌍합니다. 예측대로 흐르지 않습니다. 현장은 일방적으로 구체적인 것을 우리에게 말해 줍니다. 그 말을 숫자로 측정하거나 범주화해서 독자가 보기 쉽게 사례들을 문서화하여 관리할 수는 있어도 현장의 역동성, 변화무쌍한 것을 모두 담아낼 수는 없습니다. 즉, 이야기치료는 구체적인 상황, 현장, 개인이 없으면 가능하지 않은 것입니다. 이야기치료로 논문을 쓸 때도 마찬가지입니다. 구체적인 상황이 있을 때만 이야기치료의 구체적인 연구와 논의, 실천과 방법이 있을 뿐입니다. 그 구체적인 상황에 접근하는 상담사의 실천과 방법은 상담사의 특성과 문화에 따라 차이가 있을 수 있습니다.

그렇다면 절대로 보편적인 잣대나 잘 짜인 매뉴얼에 따라 모든 것을 해결할 수 없음은 누구나 아는 것입니다. 그렇기 때문에 이야기치료를 실천하시려면 '기법'이나 이야기치료식 질문(이야기치료는 질문이 아주 중요합니다) 혹은 매뉴얼을 숙지하는 것보다는 인식론에 충실하시기 바랍니다. 또한 이야기치료는 여타 상담이론에서 실천되고 있는 수퍼비전이 없습니다. 수퍼비전이란 '그(the)' 상황을 만나지 않은 '더' 전문가가 구체적인 현장을 만난 '덜' 된 전문가를 가르치는 것이지요. 그러나 상담은 추측으로 하는 것이 아니라고 사료됩니다. 어떤 상담이라도 상담은 유일무이한 특정한 상황입니다. 그렇기 때문에 한국이야기치료학회에서도 수퍼비전 구조를 용인하지 않는 것으로 알고 있습니다.

관계로부터

현재 이야기치료사들이 가장 난감해하는 부분 중 하나가 치료라는 단어입니다. 이 'therapy(치료)', counseling(상담)이란 단어가 이야기치료의 인식론과 맞지 않는 거지요. 왜냐하면 문제에 대한 전제가 기존 상담과 다르기 때문입니다. '치료'란 '상처'가 전제되어야 합니다. 그러나 엄밀히 말해서 우리는 그 어떤 것을 상처라고 '이야기하는' 것이지요. 그 상처 이야기는 개인의 독창적인 해석이 아니라 모방된 것이고요. 또한 뒤에서 문제에 대해 좀 더 구체적으로 다루겠습니다만, 이야기치료는 문제를 개인적이고 내면화된 것으로 보지 않습니다.

그래서 M. White 같은 분은 이야기치료에 다른 이름을 붙인다면 "사람들을 연결하는 요법(connecting people therapy)"(Cattanch, 2002)이라고 하고 싶다고 하셨답니다. 또는 그분의 저작에서나 외국의 많은 이야기치료 선구자는 consulting이라는 단어를 주로 쓰거나 내담자란 단어 대신 'people who want to consult with me'란 식으로 전체를 풀어쓰는 경향이 있습니다. 어떤 언어를 쓰느냐는 그 학문의 세계관과 특징을 보여 주는 것입니다. 정신역동 측은 client로, 체계론(가족치료)자들은 identified person으로 표현하는 것과 같은 이치입니다. 즉, 이야기치료사들이 치료에 대한 단어에 갖는 고민은 패러다임의 변화를 대변하고 있으며, 상담이 내담자와 상담사만의 문제가 아니라는 것을 보여 줍니다. 또한 '문제(problem)'라는 것도 내담자 개인의 문제가 아니라 공동체적 관점에서 봐야 한다는 것과 일맥상통합니다. 그럼에도 불구하고 상담 및 치료란 말을 굳이 쓰고 있는 것은 소통상 어쩔 수 없어서 쓴다고 해도 과언이 아닙니다.

결론적으로 말씀 드리면 이야기치료의 전제는 유동적일 수 있는 것으로 절대가 될 수 없습니다. 그렇다면 이야기치료의 전제 역시 상담 상황에 들어가면 절대화할 수 없는 것이지요. 그럼에도 불구하고 이야기치료를 실천하는 혹자는 "그건 이야기치료가 아니에요."라고 하면서 타박하는 사람도 있습니다. 혹은 수퍼비전 없는 상담사의 길이 가능하냐고 하면서 상업주의에 빠진 일부 상담판의 수퍼비전 구조를 유지하려는 경향도 있습니다. 그리고 일부는 상담판의 고질적인 병폐인 자격증을 매개로 한 상업화에 편승하려는 시도도 없지 않습니다. 물론 이론적으로는 그분들의 말이 틀린 건 아닙니다. 그러나 저는 이야기치료사로서의 '자세'는 아니라고 생각합니다. 이야기치료를 실천하는 데 가장 중요한 것은 자세라고 생각합니다.

이야기치료의 목표

　이 부분이 애매모호합니다. 이야기치료의 목표는 있다 할 수도 없고, 없다 할 수도 없습니다. 전통적인 상담이론의 입장에서 보면 이야기치료에는 상담의 목표, 즉 주 호소문제의 해결 등과 같은 용어 자체가 없습니다. 이야기치료에서는 문제가 있는 것이 아니라 '문제라고 이야기하고 있는' 것이 있습니다. 문제란 어느 관점, 어떤 맥락, 누구와의 관계성, 개인의 정체성과 관련하여 문제일 수도 있고, 아닐 수도 있습니다. 다만 우리 내담자는 지금 상담사인 저와 만날 때 자신이 경험한 것을 문제라고 이야기하고 있고, 그 문제이야기가 삶의 지배이야기라고 하고 있다는 인식이지요.

　이런 인식적 맥락에서 보면 문제가 없으니 해결도 없지요. 이 부분이 기존의 가족치료 모델 중 하나인 해결중심과 다른 전제를 가지고 있습니다. 해결중심 모델과 이야기치료는 인식론적인 궤를 같이하는 것이 많습니다. 그러나 결정적인 차이가 바로 문제와 해결에 관한 전제가 다르다는 것입니다. 문제가 전제되는 것과 문제라고 이야기하는 '이야기'가 전제되는 것은 다르지요. 그 문제를 해결하는 것과 그 문제이야기를 대안이야기로 바꾸는 것은 엄연하게 다릅니다.

파편화된 것을 긁어모으기

　이야기치료의 세계관으로 보면 삶이란 우연의 연속이라고 생각합니다. 그렇다면 해결 역시 해결이 아니라 어떻게 될지 모르는 거지요. 다가오는 시간의 결정은 지금 여기라는 시간과 공간에 있는 사람의 몫이 아니라 신의 손에 달려 있는 것이지요. 그래서 이야기치료는 대안이야기를 만들어 보는 겁니다. 다만 그 대안이야기가 어떻게 결론이 나는지, 또한 어떤 문제를 품고 있는지는 아무도 모르는 거지요. 그러므로 굳이 이야기치료의 목표라고 한다면 우연과 예외적인 것의 모음을 통해 파편화된 이야기를 모으고, 무질서한 이야기에 질서를 부여하며, 새로운 가치와 의미를 창출하는 것이라고 할 수 있겠습니다.

공간 열기

이야기하고 보니 이야기치료의 목표가 또 하나 떠올랐습니다. 그것은 곧 '공간 열기'입니다. 내담자는 자신의 이야기에 관한 한 누구보다도 전문가입니다. 그런데 이제까지 지배이야기에 눌려 자신의 이야기만을 해 볼 수 있는 기회를 제공받지 못했습니다. 상담을 하건 병원에 가건 늘 문제이야기, 문제와 얽힌 사연, 문제해결 방법, 문제와 결별하는 방법 등에 관해서만 듣고 말했습니다. 또한 내담자가 여유 있게, 또 자신의 이야기에 대해 자신 있게 이야기할 수 있는 공간을 부여받은 경험이 없었습니다.

이런 현상은 상담 현장에서 무수히 경험할 수 있습니다. 내담자는 자신의 문제를 여러 경로를 통해 여러 가지 지식으로 가득 채우고 있습니다. 그러다 보니 자신만이 아니라 그 주위와의 관계도 그 문제에 관한 정보를 통해 자신을 규정하고 살아가고 있습니다. 그래서 그 문제를 해결하려는 데 초점이 맞춰져야 후련해합니다. 심지어 이야기치료사조차도 직접적으로 문제를 다루지 않거나 주호소문제란 것을 '후벼 파지' 않으면 상담을 하는 것 같지도 않고 엉뚱한 것만 하는 것 같은 걱정이 앞선다고 고민을 이야기하는 경우가 많습니다.

그러나 이야기할 수 있는 공간을 넓히게 되면 내담자 이야기가 풍부해짐을 경험합니다. 그러다 보면 사소하게 취급하거나 무시했던 자신의 것들이 눈에 들어오기 시작합니다. 공간을 제공받으면 이전까지 무시되었던 혹은 초점에서 빗나갔던 사건들을 재구성해 보고 재해석하며 새롭게 의미를 부여할 기회를 열 수 있다는 것을 전제로 합니다. 그 속에서 문제에 가려 있던 자신의 강점, 누렸던 삶 그리고 자신이 원하는 구체적인 것을 찾아 나갈 수 있다는 전제를 이야기치료는 가지고 있습니다. 그리고 어느덧 문제이야기에서 벗어나 다른 이야기에 초점을 두는 것을 경험하게 됩니다.

이야기 공동체 세우기

이야기치료의 또 다른 목표는 '공동체 세움'입니다. 인간에 대해 병리적으로 접근하는 것이 아닌 다른 이야기, 특수 이야기끼리 공동체로서의 건설을 이루고, 내담자와 전문가의 계급구조가 아닌 평면적 관계로 구성하며, 새로운 의미, 가치를 창출하고 퍼뜨리는(spread the news; Epston, 1998) 관계공동체입니다. Müller(1999)의 용어로 하면 '여행길의 동반자'이고, Freedman과 Combs(2002)의 표현에 따르면 관계공동체를 세워 가는 것입니다. 즉, 보편이 특수를 규정해 가는 것이 아니라 특수가 모여 또 다른 의미 공동체를 만들어 가는 것입니다.

🐦 이야기 공동체: 탈중심적 상담

상담학에서는 포지셔닝(positioning)이란 것이 있습니다. 즉, 내담자를 돕기 위한 상담사의 역할에 관한 것이라고 할 수 있을 것 같습니다. 역할이란 기능을 말합니다. 그 기능은 상담사와 내담자의 상호 관련성 속에서 살펴볼 수 있습니다. 그래서 정신역동 중심으로 발전한 전문가 중심(expert-centred)과, Rogers를 위시한 내담자가 전문가라는 내담자 중심(client-centred), 그리고 이 둘을 통합한 통합 중심이 있었습니다. 그러나 이야기치료의 전제는 탈(해체)중심(de-centred)입니다. 탈중심은 역으로 이야기 공동체 건설이라고 봐도 될 것입니다. 왜냐하면 인식론에서도 말씀드린 것이지만 해체의 핵심은 새로운 관점 찾기입니다.

이야기치료에서는 상담과 치료라는 패러다임 전환(paradigm shift)을 경험합니다. '누가 누구를…'이라는 전제부터 벗어나야 합니다. 가장 먼저 전제해야 하는 것은 '누가 누구를'이 아니라 '우리가' '무엇을'로부터 시작해야 한다는 것입니다. 이야기치료에서는 이야기를 하는 화자(storyteller), 이야기를 듣는 자(story-listener) 그리고 만드는 자(story-maker)가 있습니다(Cattanach, 1997). 이 만드는 자가 '우리'입니다. 내담자 중심도 아니고 전문가 중심도 아니며 내담자와 상담사 둘이 만들어 갑니다. 이것을 용이하게 하는 것이 탈중심적(de-centered) 상담이라고 생각합니다.

그런 면에서 이야기치료는 우리의 삶을 서로 '나누는' 데서부터 출발합니다. 그렇기에 치료(therapy), 상담(counseling)이라는 단어에 원초적으로 알레르기를 가지고 있는 것입니다. 굳이 말을 만들자면 '상호 협의(consulting with)'라 함이 좋을 듯합니다. 그래서 이야기치료의 특성을 협력상담(collaborative; Clandinin & Connelly, 1991) 혹은 참여상담(participatory; Kotzé et al., 2002)이라고 합니다. 이야기를 만들어 가는 과정에서는 모두가 협력적이고 참여적인 주체입니다. 이것을 이야기 공동체라고 부릅니다.

탈중심을 다르게 표현하면 상담 구조를 해체하는 것이라고 할 수 있습니다. 이는 공동체의 복원을 위한 것입니다. 누군가가 중심이 되면 누군가는 반드시 주변, 즉 대상이 될 수밖에 없습니다. '중심'의 다른 모습은 권력이기도 합니다. 그렇기 때문에 중심을 해체해야 합니다. 그러나 주체란 상호관계에서 그 누구도 '중심'이 되지 않습니다. 누군가 주변, 즉 대상화하지도 않습니다. 내담자나 상담사 모두가 중심은 아니나 서로가 주체로서 서로에게 영향을 줄 수 있는 관계라는 것입니다. 상호 연관성을 강조하는 거지요. 상호 영향을 주는 관계 정립을 위해 중심을 해체한 겁니다.

그러므로 탈중심이란 이야기치료사의 윤리적 자세이기도 합니다. 여기서 우리는 전문성에 대한 발상의 전환이 필요합니다. 앞에서도 언급했듯이, 누가 누구를 가르칠 수 있다는 것 자체가 전문성을 말할 수 없습니다. 둘 사이에는 나름의 문화와 경계 그리고 경험에 대한 이야기가 있습니다. 다만 내담자는 자신의 이야기에 관하여는 누구보다도 전문가입니다(Parry & Doan, 1994). 내담자는 자신의 이야기에 대해 '원저자의 위상'(White, 2007)을 당연히 부여받아야 합니다.

그러면서도 이야기치료사 역시 자신의 이야기에 관한 전문가이자 상담 현장에서는 질문과 내담자 이야기에 대한 독자, 즉 반영(reflection)에 관한 전문가여야 합니다.

　문제는 그 이야기가 어디로 흐를지, 어떤 결과를 만들지는 둘 다 '아무도 모른다.'는 것입니다. 그런데 우리 사회는 상담사는 전문가요, 내담자는 그에게 배워야 한다는 선입견을 가지고 있습니다. 이때 아무리 상담사가 자기 위치에 대해 겸손하게, 그리고 조심성을 가질지라도 내담자는 상담사에게 배우려는 자세로 임합니다. 그러므로 상담사의 언어는 권위로 내담자에게 다가갑니다. 왜냐하면 상담사란 것 자체가 내담자에겐 권위이기 때문입니다. 그 권위를 해체하는 것이 이야기치료사에게는 중요한 과제입니다.

　탈중심은 상담 내용면에서도 이루어집니다. 이 부분에서 상당히 세심한 설명이 필요한 듯합니다. 상담 내용의 중심과 주체의 부분입니다. 상담 이야기의 중심은 분명 내담자의 '이야기'여야 합니다. 그 이야기가 분석되거나 지시받아서는 안 됩니다. 또한 이야기 내용의 중심이 다릅니다. 이제껏 내담자의 문제이야기, 즉 내담자의 주 호소 문제가 중심이 아닙니다. 아프고 상처된 것, 갈등, 트라우마라고 하는 전제 등을 중점적으로 파고드는 것이 아니란 겁니다. 그보다 내담자가 호소하는 주 문제는 해체하고 그 외의 다른 이야기를 마음껏 할 수 있도록 장을 열어 주는 것이 탈중심입니다.

　상담 과정에서 상담사의 역할이 듣고 질문하는 것으로만 있을 이유도 없습니다. 이 부분이 기존 상담과 판이하게 다른 부분 중 하나지요. 기존 상담에서는 상담사 자신의 이야기는 가능한 한 줄이거나 하지 말아야 한다고 저는 배웠습니다. 그러나 이야기치료에서는 이야기참여자로서 기꺼이 상담사 자신의 이야기도 나눌 준비가 되어 있어야 합니다. 주체 대 주체는 다른 말로 하면 이야기 대 이야기가 만나는 장입니다.

　무엇을 위해? 어떤 이야기를 하는 공동체이기에? 문제에 눌린 이야기가 아니라 다른 이야기를 만들어 보기 위해서입니다. 상담사와 내담자가 대화를 시작하는 순간부터 '의미 만들기'는 시작됩니다(Vay, 2002; Wood, 1991). 상담을 할 때 상담사의 이야기를 내담자와 나누는 것은 그 자체가 상담사뿐만 아니라 내담자의 미래이야기를 가꾸고 발전시키는 하나의 밑거름이 될 수도 있습니다. 이 과정 속에서 우리는 서로에게 배우고, 서로를 격려하며, 서로의 이야기를 발전시켜 나아가게 될지도 모릅니다. 이런 과정을 통해 개인의 이야기가 우리의 이야기가 되고, 우리의 이야기가 미래를 여는 밑거름이 되기를 바라는 것이 이야기치료사의 마음입니다.

상담사인 자신의 이야기를 나눈다는 것의 의미는 상담 과정 중 상호 신뢰 관계를 구축한다는 것과도 일맥상통합니다. 그 관계 속에서 공동체적이고 상호 보완적인 주체적 관계가 형성될 수 있다는 것(Cattanach, 2002)을 저의 스승, 선배님들에게 배웠으며, 그리고 저의 실천 현장에서 무수히 경험했습니다. 상담사는 일방적으로 내담자의 이야기를 듣는 것만이 아니라 상담 과정 속에서 주체적인 자세로 자신의 이야기를 나눌 수 있어야 합니다. 그로 인해 내담자의 문제를 개인적인 것으로 사장시키는 것이 아니라 그것이 공동체의 문제였음을 밝힐 수 있습니다. 그리고 그것을 우리 모두의 공동체를 위한 지혜로 승화시킬 수 있도록 도울 수도 있습니다.

그뿐 아니라 탈중심 상담의 자세는 상담사와 내담자의 벽을 허무는 데 있어서도 기회를 제공합니다. 상담사의 이야기를 나누는 것은 내담자에게 동질감과 동류의식을 느끼게 하며 편안함을 제공하여 내담자의 수치심을 줄여 주는 역할을 기대할 수도 있습니다. 이야기치료사인 Roberts(1994)는 상담사가 자신의 이야기를 나눔으로써 내담자와 상담사 사이의 정서적·위치적 차이를 줄이는 것뿐만 아니라 서로 협력적인 관계 구축을 용이하게 할 수도 있다고 자신의 경험을 이야기합니다.

상담사의 이야기 나눔은 또한 내담자의 '이야기하기'에 윤활유가 되기도 하지요. 상담을 하다 보면 종종 내담자의 이야기가 어디에서부터인가 막혀서 더이상 뚫고 나가지 못하는 경우를 보게 됩니다. 혹은 내담자가 어디에서부터 이야기를 시작해야 할지 모를 때도 있습니다. 특히 아픔이 더하면 더할수록, 혹은 어떤 부분은 자신의 치부로 여기며 더 이상 말하고 싶어 하지 않을 때, 그리고 갈등의 구조가 깊어졌을 때 이러한 현상은 더욱 두드러집니다. 이런 시점에서 상담사 자신의 이야기를 나누는 것은 마치 물이 흐르다 웅덩이를 만나 맴돌고 있을 때 물꼬를 터 주는 것과 같은 역할을 하기도 합니다. 이럴 때 종종 내담자들은 더욱 진지하고 편안하게 상담 과정에 임할 수 있다고 고백합니다.

한 가정의 가장으로서 겪는 무게감, 그러나 가족 누구도 그 마음을 몰라주고 압박만 가하는 상황, 잘 커 주기를 바라서 최선을 다했지만 도리어 원망만 드러내고 갈등을 야기하는 자식, 그런가 하면 원망스러운 부모 때문에 더 이상 아버지라고 부르기도 싫은 자식의 마음, 성폭력을 당한 후 그 수치심과 분함이 너무 커 계속 대화가 겉돌 때가 있습니다. 그러던 어느 날 저는 저의 이야기를 들려 주었습니다. 그 이야기는 내담자의 상황과 조금도 비슷하지 않았습니다. 그럼에도 불구하고 내담자의 이야기가 그 이후 여러 갈래의 물꼬를 터 가면서 흐르는 경험을 했습니다.

이처럼 상담 과정은 상호 대화가 이루어지는 것이어야 합니다. 단지 내담자 자신만 이야기를 하다 보면 자신의 이야기가 소용돌이에 휘말려 있음에도 불구하고 그 상황을 인식하지 못하거나, 빠져 나올 기력을 잃어버릴 때가 종종 있습니다. 그럴 때 상담사의 이야기는 좋은 윤활유가 될 수도 있습니다. 상담사의 이야기는 내담자에게 또 다른 관점을 제시하는 역할을 할 수도 있습니다. 왜냐하면 이야기는 의도와 목적을 가지고 있으며 모방과 전이의 성질을 띠기 때문입니다.

상담사의 이야기를 내담자라는 독자가 읽도록 기회를 제공합니다. 그러면 그 독자는 상담사라는 작가의 의도와는 상관없이 내담자 입장에서 그 이야기를 접하고 있을 것입니다. 무엇인가는 영향을 받을 것이고, 무엇인가는 취할 것이며, 또 무엇인가에는 거부 반응을 일으킬 것입니다. 어떤 경우가 될지라도 분명한 것은, 상담사의 이야기 나눔을 통해 상담사 개인의 것을 넘어 공동체화되었다는 것입니다. 그리고 그것이 시공을 떠돌며 전이 현상을 일으킨다는 것입니다. 그 속에서 작가인 상담사가 경험하지 못한 다른 의미들이 독자인 내담자에게서 창조될 수도 있습니다. 내담자 이야기의 물꼬를 터 주는 것만이 아니라 새로운 관점을 가지도록 하는 역할도 상담사에게 기대해 볼 수 있습니다.

정신분석적 입장에서 보면 전이란 내담자의 인생 초기에 내담자 자신의 초기 대상과 의미 형성이 무의식 속에 잠재해 있다가 상담사에게 자신도 모르게 표출하게 되는 것을 말합니다. 그러나 이야기치료에서 말하는 전이는 그런 개인화 그리고 무의식의 상태를 말하는 것이 아닙니다. 이야기는 모방됩니다. 이야기의 모방과 전이란 이야기의 사회화 과정입니다. 마찬가지로 상담사의 경험 나누기는 내담자의 이야기가 모방과 전이 현상을 일으키게 하기도 합니다. 새로운 의미를 함께 만들어 갈 수도 있다는 것이지요. 이런 성향 때문에 이야기치료를 '함께 창조하는(co-creating)' 혹은 의미를 '함께 구축해 가는(co-construction)'이라고도 합니다(Dallos, 1997).

그런데 문제는 문화적 영향입니다. 상담사는 물론이고 내담자 역시 이미 자신의 문화 속에서 배우고 익힌 것이 있습니다. 그것을 신념으로 믿고 살아왔고 당연시했습니다. 이것은 단순하게 고정관념 정도로 치부할 수 없는 엄중한 당위성입니다. '인간이라면 반드시…' '인간이 어떻게 그럴 수가…' '반드시', '꼭' 이란 의무감의 학대에 우리는 들어가 있습니다. 그러다 보니 그 문화공동체 안에서 인간 대접을 받기 위해 그 문화가 지시하는 것, 그 문화에서 통용되는 담론, 그 사회가 요구하는 가치와 의미로부터 자유롭지 못할뿐더러 순종하여야만 합니다. 이것을 지배이야기라고 합니다. 이 지배이야기는 내담자의 생각, 행동, 심지어 말하기까지 모든 것을 지시하는 내면의 권력으로 자리 잡고 있지요.

그래서 탈중심적인 상담은 어쩔 수 없이 지배이야기, 지배담론, 거대한 이야기라고 부르는 것에 대해 대항도 하고 새로운 관점도 찾아보며 다른 방향에서 이야기해 보도록 노력하는 것입니다. 그러기 위해 기본적으로 요구되는 것이 해체적(de-construction) 경청, 해체적 대화입니다. 이야기의 특성 부분에서 말씀드렸다시피, 이야기에는 수없이 많은 틈새가 있습니다. 그리고 우열이 존재합니다. 마찬가지로 어떤 지배이야기든 틈새, 즉 한계나 이해되지 않는 뭔가를 지니고 있습니다. 혹은 반대로 내담자 이야기가 사소하게 취급되거나 크게 주목받지 못하는 부분도 있습니다. 이런 것들을 놓치지 않고 듣고 질문하는 과정이 필요합니다. 나중에 다시 말씀드리겠지만, 이런 과정 속에서 발견해 내는 것이 독특한 수확물입니다.

'상담'은 누구나 할 수 있고, 누구든지 일상에서 상담을 받으며 살아갑니다. 우리의 모든 일상 속에 이미 '상담하기'와 '상담 받기'가 녹아 있지요. 직장에서, 가정에서, 선후배 간에, 부모 자녀 간에 우리는 대화라는 채널을 통해 상담하고 받기를 이루어 나가고 있습니다. 상담은 특정한 전문가의 전유물이 아닙니다. 상담에 주체와 객체란 있을 수 없습니다. 상담에 임한 상담사나 내담자 모두가 주체인 것입니다. 상담을 통해 모두가 서로로부터 그리고 서로에게 배우며, 앞으로 그 이야기가 어떻게 전개될지 호기심을 가지고 함께해 주어야 합니다.

많은 상담이론가나 실천가가 이러한 말에 동의하고 또 실천하고 있을 것임은 자명합니다. 그리고 자신들의 내담자를 대상화시키지 않았다고 주장할 것입니다. 그러나 분명히 해야 할 것이 있습니다. 아무리 여러분이 내담자를 공감하고 격려하며, 지지하고 수용한다고 할지라도 내담자를 분석하거나 그 어떤 전제로 규정하거나, 추측하거나 예단한다면 그 인식 자체가 이미 내담자를 대상화하는 것입니다. 왜곡된 신념을 바로 잡는다거나 수정할 행동이 있다거나, 가족의 체계 자체가 문제라고 판단하는 것 자체가 내담자를 대상화하는 것입니다. '대상'이 있다는 것은 주체와 객체가 이미 존재한다는 것입니다. 그러므로 내담자(혹은 인간 이해)에 대한 패러다임의 전환 없이는 주체와 객체 문제에서 자유로울 수 없습니다.

이야기치료는 더 많이 배우고 더 높은 학벌을 지녔다고 해서 더 잘 습득되는 것이 아닙니다. 또한 상담이론을 더 많이 배우고 연구했다고 전문적(과학)이고 효과적이며 옳은 상담을 한다고 할 수는 없습니다. 이야기치료사는 도리어 이런 상담계의 구조에 반기를 들어야 합니다. 왜냐하면 전문화를 요구하면 할수록 그 혜택은 결국 전문가와 '더' 전문가를 위해 존재할 뿐임을 우리는 현실 속에서 경험하고 살고 있습니다. 오죽하면 상담계에 이런 농담도 있습니다. "○○에 투자하면 한 번에 망하고 상담학 공부에 투자하면 서서히 망한다." 이 무슨 해괴한 일입니까? 아프고 소외된 자를 위해 나섰다는 세계에서 이런 천박한 자본주의적 상업화 상담은 이야기치료엔 발을 붙이지 못하게 해야 합니다.

　신학자 Grenz(1996)는 포스트모더니즘을 지식의 혁명이라고까지 말하고 있습니다. 이것은 객관에서 주관으로, 보편에서 특수로, 타당성에서 주관적 강직성으로, 개인주의에서 공동체 중심으로, 조정 통제에서 참여로, 양적 강조점에서 질적 관심으로, 수치화된 정보에서 주관적인 경험으로, 연구의 대상에서 주체적 참여로 나아가는 다양성과 서로 다른 특수성에 대한 가치 체계로서, 개방적이고 복합적이며 상호적이지만 독립성이 보장되는 실천이라고 합니다. 어느 한 방향에서만 고집되는 결정주의를 원하지 않는 실천이라고 합니다. 이야기치료사로서 저는 Grenz의 포스트모더니즘에 대한 정리로 탈중심 상담의 특징을 정리하고 싶습니다.

제 5 장
이야기치료 과정의 전제

이야기치료사의 역할과 자세

　이야기치료의 과정을 소개하기 전에 이야기치료사의 역할과 전제들을 먼저 공유하는 것이 좋을 듯합니다. 저는 상담사의 역할이나 상담사가 가져야 할 전제들은 이야기치료의 과정을 좀 더 명확하게 볼 수 있는 통로라고 생각합니다. 이 장에서 소개하는 이야기치료사의 역할이나 전제는 이야기치료의 선진들께서 정리해 주신 것도 있지만 제 나름으로 규정한 것도 있습니다. 다만 제가 그 분들이 언급한 윤리적 자세나 특징을 고려하여 이제까지 실천하며 정리한 것에 불과합니다. 또한 여기에서 언급한 역할과 전제는 포스트모더니즘의 윤리적 전제와 그 배경이 맞닿아 있습니다. 이야기치료는 이론이나 기법보다는 윤리와 자세가 더욱 중요합니다.

　이야기치료사를 한마디로 말한다면 이야기를 읽는 '독자(reader)'라고 할 수 있습니다. 이 말을 꼭 기억하십시오. 이야기치료는 질문법을 모두 숙지한다거나 기법에 익숙하다고 해서 잘할 수 있는 것이 아니라고 생각합니다. 그보다 우선하는 것은 소설을 읽는 독자로서의 위치입니다. 독자는 소설의 저자에게 지적하지 못합니다. 이래라 저래라 하지도 못합니다. 다만 흥미 있게 읽거나 다음 장을 궁금해합니다. 혹은 재미없을 때는 책을 덮습니다. 그리고 비평을 합니다. 감상문을 씁니다. 누군가에게 권하기도 하고 읽은 이야기를 자신의 삶에 채택(taking)하기도 합니다. 독자는 이야기를 따라갑니다. 제가 굳이 '독자'라고 표현하는 이유는 이야기치료를 실천하고자 '질문'을 외우려 하지 마시라고 강조하려는 것입니다.

최적의 대상으로서

이야기치료의 '공명(resonating)'과 연관된 것으로서 이야기치료사는 내담자에게 최적의 대상입니다. '최적의 대상'이란 용어는 대상관계(object relational theory)의 우산 아래에서 자기심리학을 주창한 H. Kohut이 처음 사용한 것으로 알고 있습니다. 물론 대상관계와 이야기치료의 입장은 매우 상반됩니다. 그러나 저는 그가 말한 상담사는 내담자에게 '최적의 대상'이 되어야 한다는 말에는 전적으로 공감합니다. 그래서 차용한 것입니다.

상담사는 내담자에게 일단 최적의 대상이 되어야 합니다. 푸근한 엄마와 대화하기를 원하면 상담사는 푸근한 엄마로서, 잘 들어주는 친한 형을 원하면 상담사는 친한 형으로서 역할을 해야 합니다. '그런 척'하는 것이 아니라 진정으로 그런 마음으로 임해야 합니다. 흔히 이것을 라포 형성을 위한 것이라고 생각합니다만, 그보다 더 중요한 것이 있습니다. 내담자의 철학과 문화에 더욱 깊이 들어가기 위해서는 문제를 문제로 보지 말아야 합니다. 내담자를 병리로 보지 않아야 합니다. 내담자는 상담 대상이 아닙니다. 연구 대상이나 임상 대상은 더욱더 아닙니다. 저는 최적의 대상이 되기 위해 이야기치료에서 강조하는 내담자와의 '공명'을 강조합니다.

　Rogers의 인본주의 상담에서 처음 주창된 '일단' '무조건' '공감'하고 '수용'하고 '격려'하고 '지지'하는 자세가 중요하다고 합니다. 지금은 대부분의 상담사가 실천하는 덕목과도 같지요. 그런데 이 자세가 이해가 가지 않습니다. 내담자와 이야기할 때 상담사는 최대한 객관적인 자세를 유지해야 한다고 가르쳐 왔습니다. 너무 무심한 듯해서도 안 되지만 또 너무 감정에 치우쳐서도 안 된다고 말입니다. 이게 인간으로서 가능하다고 생각하십니까? 감정에 깊이 개입되지도 않고 떨어지지도 않으면서 공감(共感)은 하면서 객관적 자세는 유지가 가능한가 싶습니다. 내담자라고 해서 무조건적으로 수용과 격려, 지지하는 것이 과연 내담자를 위해 바람직할까요? 이 부분이 이야기치료에 대한 오해 중의 하나입니다. White는 이야기치료가 내담자의 긍정성을 부각시키거나 특정한 칭찬 또는 축하를 해 주는 치료가 아님을 강조했다고 합니다(고미영, 2004).

감정이입

　내담자에게 최적의 대상이 되기 위해서는 화자의 이야기에 충실하게 감정이입을 하여야 합니다. 그래야만 공명이 되겠지요. 철저히 감정이입이 되어 들어야(listening) 합니다. 생각해 보십시오. 타인의 이야기를 공명하려고 노력하는 것이 어떻게 철저한 감정이입 없이 가능하겠습니까? 슬픈 드라마를 보면 눈물이 나오는 모습이 당연한 것이고, 웃기는 것이 나오면 깔깔거리는 게 정상입니다. 로봇이 아닌 이상 감정이입 없이 타인을 공감하고 수용한다는 것은 연출된 연기 혹은 훈련된 병사나 마찬가지입니다.

　감정이입을 위해 '마치 ~처럼(as if)' '만약 ~나라면'의 입장을 취해 보면 더욱 깊은 감정을 느낄 수 있을지도 모릅니다. 만약이라는 것을 통해 자신이 만나는 내담자의 감정에 가까이 가 보는 것입니다. 예를 들어, 자녀가 거짓말을 했습니다. 누군들 거짓말하고 싶겠습니까? 자녀는 변명하지 않고 당당하고 싶지 않겠습니까? 그런데 만약에 저라면 그 후폭풍이 두려울 것 같습니다. 저도 뭘 잘못했는지 알거든요. 다만 지금 이 순간이 두려운 겁니다. 여러분이 회사에 막대한 손해를 끼치고 상사 앞에 불려 갔다고 가정해 보지요. 여러분은 무엇을 잘못했는지 모르고 그 자리에 서 있겠습니까? 제가 추측하기로 여러분은 알면서도 일단 거짓말, 변명 혹은 그 무엇으로 이 상황을 회피하고 싶을 것입니다. 그 기분이 무엇인지 이해되지 않겠습니까? 마찬가지입니다. 자녀가 지금 그 순간입니다. 그 감정에 들어가 보는 것이지요.

닻의 역할

상담사는 닻(anchor)이라고 저는 생각합니다. Müller의 여행길의 동반자 개념과 White의 사람이 연결되는 상담이라는 표현과 유사한 것으로 보셔도 무방하겠습니다. 저는 강의 때 이런 말을 자주 합니다. "누가 누구를 치유한단 말인가요?" 상담이란 이름하에 무수히 많은 사례의 가족, 부부, 청소년을 만났습니다. 그런데 만나면 만날수록 저의 상담 능력에 대한 회의와 좌절이 들었습니다. 이 회의는 상담 결과가 나빠서 들은 것이 아닙니다. 그 상담의 결과가 인생 전반을 전인적으로 가꿔 내는 데 도움되지 않는다는 회의였습니다. 그럼에도 불구하고 저에게 한 가지 자신 있는 것이 있었습니다. 아직 준비되지 않은 내담자가 저 거친 망망대해에 단단한 준비도 없이 더 멀리 밀려나가지 않도록 그 가슴에 닻을 내려 주는 것이었습니다. 상담사가 아닌, 진정 그 내담자를 걱정하고 안타까워하는 한 사람을 그 내담자가 만날 수 있도록 하는 것입니다.

예를 들어, 제가 청소년 상담을 하거나 상담사를 훈련시킬 때 되뇌는 것이 있습니다. '믿지 말자, 청소년. 자는 놈도 다시 보자!'입니다. 그런 녀석들이 또 사고를 치거나 또 가출해서 집에 잡혀 들어갔을 때, 그 부모에게 전해들은 바에 의하면 저에게 미안해하면서 제일 먼저 하는 말이 저에게 말하지 말라고 신신당부한다는 것입니다. 혹은 아주 드물지만 몇 년 후 번듯하게 커서 제 앞에 나타나는 경우도 있습니다. 마치 담임선생님이 골칫덩이에게 쏟은 정성을 만나듯 말이지요. 가슴에 닻을 내렸을 때 그 내담자는 인생 풍랑에 흔들릴 수는 있으나 더 멀리 가지는 못합니다.

발견자

이 자세는 이야기치료의 독특한 수확물(unique outcome)과 연관된 것입니다. 이야기치료의 중요한 부분 중 하나는 내담자가 사소하게 여기는 것, 흘리고 지나간 것, 자기와 무관하게 생각한 것, 예외적인 사건조차 놓치지 않아야 한다는 것입니다. 그리고 그 이야기를 다시 재구성해 보는 것이 주요한 과제입니다. 즉, 상담사는 발견자입니다. 상담사는 검사도 아니고 형사도 아닙니다. 옳고 그름, 참과 거짓을 가름하는 과학도 아닙니다. 그렇다고 정답을 가르치는 교사도 아닙니다. 제가 상담사들을 훈련하면서 누누이 강조하는 것이 있습니다. 상담사는 내담자의 강점이나 노하우, 문제에 대처해 봤던 그 어떤 대처 방법, '그럼에도 불구하고' 등을 발견해야 한다는 것입니다. 이것은 대안이야기의 대항적 이야기와도 같은 것이지요.

과거가 내담자에게 영향을 준다는 것은 부정할 수 없지만, 그렇다고 이 순간의 '나'를 규정하지는 못합니다. 내담자의 현재의 삶과 정체성이 과거를 규정합니다. 내담자는 오늘의 정체성을 가지고 지나간 자신의 행동이나 사건에서 슬픔, 고통, 상처 같은 원인을 찾을 수도 있습니다. 그러나 다른 한편, 새로운 관점에서 사소하게 여길 수 있는 것을 사소하지 않은 보물로 찾을 수도 있습니다. 그것을 발견하는 자로서의 상담사의 역할이 교사나 과학자의 역할보다 우선해야 한다고 생각합니다.

생각해 보십시오. 여러분은 자녀를 키울 때 체벌하지 않고 모든 것을 수용하고 지지하고 공감하며 키웠던가요? 아이가 어렸을 때 분리불안을 겪을 만한 어려운 시기가 없었나요? 만약 있었다면 그들은 체벌이나 분리불안으로 인해 성인

이 되어서도 그 불안에 휩싸여 살거나 병적 행동을 할 거라고 생각하시나요? 어떤 이유로든 부부가 맞벌이를 했다면 모든 맞벌이 부부의 자녀는 상처 많은 아이일까요? 편모슬하에서 자란 아이는 무조건 문제아가 되는 것일까요? 우리의 내담자는 '그럼에도 불구하고' 오늘 이 순간 우리 앞에 서 있습니다. 그렇다면 그 순간, '그럼에도 불구하고' 어떤 일, 어떤 행동, 어떤 독특한 노하우와 강점이 있었기에 지금 같이 대화를 할 수 있는지 궁금하지 않습니까?

낫노잉포지션

낫노잉포지션(Not-knowing position), 직역하면 '모른다는 입장'입니다. 혹은 알아가고자 하는, 혹은 알지 못한다는 의미, 즉 부지(不知)의 자세로도 쓰일 수 있습니다. 쉽게 말해서 이 자세는 발견자로서의 이야기치료사에게는 탐구하는 자세로 매우 중요한 자세이며 윤리입니다. 제가 가장 강조하는 부분이기도 합니다만, 저에게 훈련받는 분들이나 제 자신도 자주 잊어버리는 자세입니다. 아주 쉬운 것인데 가장 실천되지 않는 부분입니다. 상담을 하다 보면 저도 모르게 발견자의 역할은 어디로 가고 '아는 체'하거나 내담자를 '가르치고' '고치려고' 하고 있더군요.

이 자세는 내담자가 이제껏 경험하고 일구어 왔던 삶의 이야기, 실천적 지식과 생활과학을 알아가고 배우려는 자세입니다. 그 이야기를 발견하고자 하는 진지한 자세이며 경의의 표현입니다. 그들이 속한 문화 속에서 때론 같은 방법이지만 다양하게, 때론 다른 방법이지만 역동적으로 형성되어 온 독특하고 실천적인 것들입니다. 낫노잉포지션을 다른 식으로 표현한다면 내담자의 이야기를 '이해하기(understanding)'위해 'under-standing'하는 것이지 'above-standing' 혹은 'beside-standing'하는 것이 아닙니다(Anderson & Goolishian, 1990). 내담자의 눈높이(beside)나 그 위(above)가 아니라 그 아래(under)에서 이해한다는 것, 즉 상담사의 권력을 내려놓는다는 의미와도 같습니다. 누가 누구를 '이해'한다는 것, 한 인간의 삶과 이야기를 단 며칠, 몇 시간으로 이해하겠다는 것은 어쩌면 어불성설입니다. 즉, 상담사 자신의 이해를 과신하지 않겠다는 자세입니다.

그렇다고 내담자는 알고 상담사는 모른다는 자세도 아닙니다. 내담자는 모르고 상담사는 안다는 것은 더욱더 아닙니다. 지금 이 순간 우리(내담자와 상담사)가 무엇을 하고 있다는 것은 알지만 그 이야기가 어디로 흐를지, 어떤 결론에 도달할지, 어떤 독특한 수확물이 나올지, 어떤 치유책이 결정될지는 아무도 모른다는 자세입니다. 상담사가 아는 한 가지는 자신의 선이해, 선경험, 선지식 등이 상담에 지대한 영향을 줄 수도 있다는 것을 인식하고 있는 것입니다(Müller, 1999).

이야기치료는 상담사와 내담자의 이야기가 만나면서 시작됩니다. 즉, 누가 누구의 것을 만들어 가는 과정이 아니라 이야기가 이야기를 창조해 가는 과정입니다. 상담사와 내담자가 모르고 있는 것은 단지 자신이 이야기하고 있는 것이 어떻게, 그리고 어떤 모습으로 새로운 국면을 창출할 것이냐는 것입니다. 왜냐하면 그건 인간 능력의 밖에 있는 시간의 영역이기 때문입니다. 그러나 분명하게 인식하고 있는 것은 지금 이 순간 상담사와 내담자는 둘의 삶에 '새로운 의미 있는 이야기를 창조'하는 데 열중하고 있다는 것입니다(Kotzé et al., 2002).

또한 낫노잉포지션이란 내담자의 단어나 개념 혹은 느낌을 간단하게 지나쳐 버리지 않는 자세입니다. 일반적으로 상담사와 내담자는 같은 언어를 쓰고, 사물에 대한 묘사 방법이 같은 문화적 배경을 가지고 있지요. 상담사는 단어의 사전적 의미를 알고 있고, 문화적으로 보편적인 정서를 공유하고 있습니다. 그러다 보니 내담자의 단어나 개념을 아는 것처럼 쉽게 지나칠 수 있습니다. 또한 내담자의 특수하고 국지적인 인식과 문화를 간과하는 경향이 있습니다. 그러면 상담사는 쉽게 예단하고 추측하는 우를 범할 수 있습니다.

예를 들어, 내담자가 '희망'이라고 했습니다. 그러면 상담사는 그 뜻과 느낌을 당연시하며 넘기지 말고 내담자가 말하는 희망의 뜻은 뭔지, 어떤 희망을 희망이라고 하는지 그 개념을 분명하게 물어봐야 합니다. 또한 많은 사람이 자신의 뜻을 언어로 전할 때 내용과 느낌을 구분하지 않고 말할 때가 있습니다. 표현하기가 애매모호할 때면 은유적으로 표현하는 것이 우리의 언어 습관이지요. 이때 상담사는 "선생님께서 희망이라고 하셨는데, 다시 말하면 가족 간에 상호 신뢰를 바탕으로 소통하는 것을 말씀하시는 듯한데 제가 잘 이해했습니까?"라고 물어보는 것이 좋습니다.

시인 같은 재해석가

해체적 관점과 실재, 사실, 진리의 문제와 연관된 것으로서 사물은 그 자체가 드러나는 것이 아니라 발견되는 것입니다. 즉, 자체 발광하는 것이 아니라 누가 어디서, 어떤 목적으로 어떻게 보느냐에 따라 사물은 달라지는 것입니다. 시인은 사물의 여러 면이 발견되도록 도와줍니다. 시인의 사명은 같은 상황, 같은 사물에 자신의 영혼을 불어 넣어 발견되도록 하는 것이라고 합니다. 시인은 우리 일반인에게 또 다른 영혼의 울림을 허락합니다. 무색무취의 바람에서 색을 보는 시인. 하늘의 별을 따서 느끼게 해 주는 시인의 눈. 다른 말로 하면 재해석해 가는 것이지요. 마찬가지로 내담자는 발견되어야 합니다. 내담자의 모든 것을 의도적이고 목적적으로 보는 눈이 필요합니다. 유연한 눈. 또 다른 각도에서 보는 눈. 다른 감정을 느끼려고 하는 눈. 고정된 해석이 아닌 재해석된 내담자를 보려는 눈이 필요합니다.

재해석을 다른 말로 하면 의도된 해석이라고 할 수 있을 것 같습니다. 이야기치료에서 '재(re-)' 자가 들어가면 좀 더 의도적으로 접근하는 것이라고 생각하시면 될 듯합니다. 오해가 없었으면 합니다. 의도가 있다는 것은 과장을 한다는 것이 아닙니다. 의도적이라고 해서 내담자에게 없는 것을 있다고 우기는 것이 아닙니다. 의도적이라는 것은 다른 방향에서, 사용하지 않던 감각을 가지고, 낯선 곳에서 서 보고, 익숙지 않은 관점에서 내담자를 보려는 시도입니다. 고정관념, 사회 문화적 틀, 모더니즘적 기준을 의도적으로 벗어나 새로운 다양한 각도에서 보려는 부모 심정의 노력 아니겠습니까? 의도라는 것은 '유도'하는 것도 아닙니다. 의도된 해석이란 내담자가 원하는 것, 선호하는 것으로 유도하려는 것 또한 아닙니다. 시인은 사물과 상황을 의도적으로 보고자 노력하지만 자신의 목적으로 유도하려고 하지는 않습니다. 우리가 얼마나 넓고 풍부하게 내담자를 해석 또는 재해석해 가느냐에 따라 그들 세상의 넓이는 달라집니다.

호기심

시인의 눈에는 모든 것이 경이롭게 보일 수도 있습니다. 시인은 호기심(curiosity) 가득한 눈으로 사물을 들여다본다고 들었습니다. 이 호기심이 낫노잉포지션과 함께 이야기치료사의 질문을 풍요롭게 합니다. 독자 여러분이 이 '호기심'이란 단어의 뜻을 오해하지 않기를 바랍니다. 앞서도 말씀드렸지만, 우리 문화에서 호기심이란 단어는 관음증과 같은 부정적 의미로도 사용됩니다. 그러나 여기서 말하는 호기심이란 내담자에 대한 상담사의 깊은 관심 속에서 '이야기가 어디로 흐를지 궁금해하는 자세'입니다. White는 규정되고 당연시하던 삶의 영역을 좀 더 폭넓게 열어 주는 '호기심의 정치술(politics of curiosity)'이라고 합니다.

어떤 호기심일까요? 크게 두 가지 영역에서 '의구심을 가져 보는 것'입니다. 즉, 익숙한 것을 낯설게 여기는 것입니다. 첫째는 기존까지 내려오던 사회문화적으로 당연시(taken for granted)되었던 담론에 대해 건강하고 건전하며 발전 지향적으로 던지는 질문입니다. 당연한 의미, 당연시하던 행위, 당연시하던 기준, 당연한 해석에 대해 그 외의 다른 뜻, 다른 길, 다른 방법은 없는지를 질문해 보는 것입니다. 이러한 질문은 '건전한 의심(healthy suspicious)'(Lyotard, 1984)이지요. 이는 사회 문화적 담론 뒤에 숨어 있는 의미들, 내재하고 있는 힘의 역학 관계, 시스템 등을 당연시하지 않고 다른 각도에서도 확인해 보려는 시도나 다름이 없습니다.

물론 사회 문화적 담론에 대한 질문을 효과적으로 하기 위해서는 상담사의 전문적 지식도 필요합니다. 상담사는 내담자 및 그의 가족이 알고 있거나 믿고 있는 담론만이 아니라 사회에 떠돌아다니는 내담자를 괴롭히는 문제에 관련된 담론들을 가능한 한 광범위하게 조사해야 할 의무가 있습니다. 어떻게 그 담론이 내담자와 그의 가족 그리고 공동체 주위에 도사리고 있는지를 광범위하게 파악하고 있는 것은 중요합니다. 특히 정신병리라고 하면서 무슨 무슨 '증'으로 명명한 것의 이면을 파악해 두는 것도 내담자를 돕는 데 매우 효과적입니다. 광범위하고 단단하게 자리하고 있는 내담자 이야기의 기저를 파헤쳐 보는 작업을 돕는 것이 건강한 호기심입니다. 이런 자세가 내담자의 특수한 시공간에서, 내담자의 관점에서 좀 더 유용하고 효과적일 수 있는 방법을 의논해 보는 것이 이야기치료입니다(Zimmerman & Dickerson, 1996).

두 번째 영역은 화자(내담자)의 구체적인 이야기입니다. 구체적이어야 합니다. '그 어떤' '누군가가' '예를 들어'라고 하며 일반화된 듣기를 하기보다는 구체적으로 '언제 어디서 누구와 무엇을 왜'에 호기심과 질문을 가져야 합니다. 왜냐하면 내담자는 너무도 깊이 상처를 받았고, 자신의 문제를 당연시하며 살아왔기 때문에 자존감은 떨어져 있고, 자신이 했던 또 다른 것들에 대해서는 사소하게 여기고 무시하는 경향이 있기 때문입니다. 그렇기 때문에 구체적으로 다시 자신의 입으로 이야기하도록 하여 자기성찰과 자기확신 그리고 자기확장을 도모하는 것입니다. 건강한 호기심 어린 질문은 내담자의 이야기를 풍부하게 합니다.

시적 표현=작명가

언어란 내재화하는 힘이 있다고 생각합니다. 교육심리학에서 자주 사용하는 낙인이론(labeling theory) 역시 여기에 근간을 둔 것이지요. 언어 자체는 의미덩이입니다. 의미는 경험을 경험답게 합니다. 같은 경험이라도 어떤 의미를 부여하느냐에 따라 그 경험은 전혀 다른 경험이 될 수 있습니다. 언어는 생각을 만들고, 생각은 언어로 표현되지요. 그러므로 우리가 어떤 언어적 표현을 하느냐에 따라 스스로 그 언어에 규정되는 경향이 있습니다. 니체의 말을 빌리면, 인간은 언어의 구속에서 벗어날 수 없다고 합니다. 따라서 인간은 언어의 테두리 안에서 움직인다고 생각했습니다. 물론 니체의 말이 다 옳은 것은 아니겠지요. 그러나 일정 부분 언어의 역할에 대한 정확한 통찰이라고 생각합니다.

그렇다면 내담자의 행동양식에 대한 사실, 내담자에 대한 상담사의 판단은 그 자체로서 옳다, 혹은 그르다고 할 수 있는 것이 아닙니다. 단지 우리가 부여한 의미이고 그것을 언어로 표현한 것입니다. 내담자의 행동, 습관 혹은 경험 그 자체가 의미를 내포한 것이 아니라 우리가 쓰는 언어가 의미를 부여해 주는 것입니다. 좋은 습관, 좋은 경험, 고쳐야 할 행동 등과 같이 '좋은, 나쁜, 부족한' 것으로 의미를 부여한 언어적 습관에 불과한 것입니다. 그렇다면 그들의 행동이 바뀌어야 할 것일 수도 있지만, 다른 면으로 생각해 보면 우리의 언어 습관을 바꿔서 표현 할 수도 있는 것입니다. 우리가 해석 및 재해석한 것에 대해 새로운 언어를 옷입혀 보는 거지요.

언어가 의미덩이라는 것을 다른 말로 하면 언어는 그렇기 때문에 편견덩이라고 할 수도 있지요. 즉, 니체가 말한 대로 우리가 사용하는 언어 그 자체가 우리 사고의 편견이라 할 수 있습니다. 우리의 생각을 언어로 표현하는데, 그 언어가 우리의 편견의 일부를 보여 주는 것입니다. 편견이란 다른 면도 있다는 의미를 지닙니다. 다른 면이 있다는 것은 우리의 사고나 언어 자체는 완벽할 수도 없고, 촘촘하지 않은 허점투성이라는 것을 말해 줍니다.

문제는 이런 우리의 편견은 개인적 편견이 아니라 사회적 편견이라는 것입니다. 사회적으로 구축된 의미들과 언어로 구축된 표현들을 우리는 자신의 것처럼 사용하고 있는 것입니다. 이것은 우리의 고정관념을 형성하고 있습니다. 이 고정관념을 우리 개인의 것으로만 여긴다면 그래도 벗어나기가 쉬운데, 사회 문화적으로 검증된 것이거나 대부분의 사람이 '그렇게' 생각하고 있는 것이기 때문에 우리는 쉽게 그 굴레에서 벗어나기 어려운 면이 있습니다. 사회 문화적으로 대부분 '그렇게' 생각하고 말하는데 '나(주체적인 나)'만 '그렇지 않게' 생각하고 말하면 '이상한' '아웃사이더', 심지어 '변태'라고 불릴 여지가 크지요. 그렇기 때문에 '그렇지 않게' 생각하고 말하기 위해서는 굉장히 큰 용기가 필요합니다.

그렇다면 상담 상황이 우리의 대화 속에 이미 많은 편견, 그것도 우리의 주체적 사고가 아닌 사회 문화적 편견이 존재하고, 우리는 그것을 중심으로 이야기하고 규정하고 있다고 볼 수도 있지요. 만약 이 말에 동의한다면 우리 자신이 사용하는 표현 자체는 많은 허점이 있는 일편적 사고와 언어 습관임도 인정해야 합니다. 이 허점을 메울 수 있는 언어적 표현, '더' 많은 의미를 포괄할 수 있는 언어를 찾아야 합니다. 그것이 은유적 표현입니다. 시적 언어입니다. 과학적이고 합리적인 언어는 실험실에서, 연구 성과를 정리하는 연구실에서, 직장 상사에게 내밀어야 하는 서류에서 필요한 언어일지는 모르겠습니다. 그러나 내담자와의 대화, 내담자의 가슴에 닻을 내리고, 내담자의 인생을 더 넓은 각도에서 표현하기에는 너무도 협소하고 허점투성이 언어입니다. 그러므로 그 허점을 메우기 위해 우리는 은유적 표현을 훈련해야 합니다. 우리의 언어가 내담자의 행동양식을 내면화시킨다는 것을 항상 각인하는 것이 이야기치료사의 자세여야 합니다.

🐦 이야기치료와 언어적 전환

식상한 말이지만 상담은 대화 없이 불가능하지요. 제가 지금 말씀드리는 대화란 언어적 · 비언어적인 모든 것을 말합니다. 비언어적인 대화 역시 언어적 구성 없이는 불가능한 것이니까요. 그러므로 포스트모더니즘적 상담이나 이야기치료에서는 전통상담과는 판이하게 다른 언어적 전환이 필요합니다. 왜냐하면 인식의 차이는 언어의 차이, 언어적 변환도 동반하기 때문입니다. 그 언어 자체에 의미, 정보, 이미지 그리고 그에 따른 이해가 내포되어 있습니다.

그렇기 때문에 상담만이 아니라 대부분의 학문이 어떤 언어를 사용하느냐는 그 학문과 상담의 성격을 드러낸다고 할 수 있습니다. 이야기치료는 해체론자와 포스트모더니스트의 언어 개념에 동의합니다. 아주 단순하게 말하면, 이야기치료의 언어는 경계나 범주가 애매모호하거나 두루뭉술합니다. 좋게 말하면, 은유적이고 시적인 표현을 선호하며 여러 가능성을 열어 놓는 대화를 합니다. 반면에 이야기치료를 실천할 때 '인지적인 문제' '역기능적인 부분' '행동수정을 요하는' '주 호소 문제' '상담목표' '수퍼비전' '병리적 증상' 등의 언어는 사용하지 않습니다.

외형적으로는 같은 문제로 보이는 같은 시공간에서 벌어진 일일지라도 어떤 언어로 묘사하느냐에 따라 이야기의 성격이나 맥락은 달라집니다(Shotter, 1996). 왜냐하면 언어는 단지 경험이나 사건 그대로를 묘사하는 것만이 아니라 그 경험이나 사건을 재구성하기도 하고 창조하기도 하기 때문입니다. 사용된 언어, 문법적인 맥락의 변환에 따라 특정한 정황을 바라보는 이해의 폭은 달라지지요. 예를 하나 들어 보지요.

A의 이야기: 여학생 한 명이 밤에 술집 접대부로 일을 합니다.
B의 이야기: 술집 접대부로 일하는 젊은 여성이 낮에는 학교를 다닙니다.

일반적인 편견으로 보면 A나 B는 같은 상황이지만 각 여성에 대해 전혀 다른 느낌으로 다가오지는 않으신지요?

그러므로 언어와 그 문법, 구성이 모든 것을 대변하거나 온전히 설명하는 도구가 될 수는 없습니다. 언어는 단지 화자의 이해의 폭, 생각, 철학과 그 자신의 선지식 및 경험 그리고 화자의 느낌만을 전달할 뿐입니다. 언어를 사용하는 것은 다른 말로 하면 대화의 목적을 드러내는 것이고, 그 목적에 대한 선택을 드러내는 것이지요. 그리고 그 목적은 대화 상대방에게 자신의 생각과 느낌을 전달하는 데서 그치는 것이 아니라 그에게 '영향을 주고자 하는 것'이지요. 또한 어떤 말을 들었느냐에 따라 당연하게 거기에 대해 반응하게 되어 있지요. 예를 들어, "밥 먹었어요?"라고 물어보는데 "애국가는 4절까지 있어요."라고 답할 사람은 아마도 없을 듯합니다. 왜냐하면 언어 사용은 이미 그 자체로 상호 관계적이며 생산적이기 때문입니다. 앞에서도 언급했지만, 언어는 대화 상대방과의 관계성 속에서 대화자들이 어떻게 자신의 생각과 느낌을 개념화할 것인가에 영향을 미치는 것이지요. 즉, 대화 안에서 언어는 힘의 역학관계를 만들어 냅니다. 그러므로 탈중심적 자세가 매우 중요하지요.

M. Foucault는 언어의 한 측면을 사회 문화적 관계 속에서 특정한 권력을 유지하는 도구라고 보고 있습니다. 한 사회 안에서 누가 사회 담론에 얽힌 언어를 조정 통제하고 유지하느냐에 따라서 힘의 역학관계가 형성되고 다른 사람에게 영향을 끼칠 수 있는 힘을 보유한다는 것입니다(Gordon, 1980). 과학의 결과물, 조사나 통계로 이루어진 것에 대한 정리를 언어로 합니다. 그 언어는 그 학자의 지식, 또는 그 통계자의 분석과 표현의 언어지요. 그럼에도 불구하고 그들의 언어는 우리 공동체 안에서 옳고 그름의 잣대가 되거나 심지어 사회 문화적인 파워 관계를 유지해 주지요.

그렇지만 이런 힘을 가진 언어를 우리 내담자를 위해 사용할 수도 있습니다. 내담자에게 용기를 북돋아 주고 새로운 관계를 모색해 나갈 수 있습니다(Müller, 2004b). 그렇습니다. 이야기치료는 언어가 가지고 있는 힘의 역학 관계를 간과하는 매우 중요한 것입니다. 이야기치료를 할 때는 대화의 주체와 주도권에 대한 관계 설정에 매우 민감해야 합니다. 그 관계에서는, 탈중심적 상담에서도 말씀드렸듯이 대화의 주체와 주도권이 상호 보완적이며 참여적이어야 합니다. 상호 일정한 정보나 지식을 주고받는 것이 아니라 서로의 발전과 성장을 위해 탐구하는 관계적이고 묘사적 언어를 사용해야 합니다.

그런데 지금까지의 전통적인 상담의 언어는 설명적(explanatory)이며 판단이 스며들어 있었습니다. 설명적인 언어는 문제를 개념화하고, 그 문제를 설명하는 언어적 특징을 가지고 있습니다. 이 언어는 사회문화적 힘을 가지고 우리의 삶에 지대한 영향을 미치는 언어이기도 합니다. 우리의 삶을 규정해 주고, 옳고 그름, 좋고 나쁨, 이성적이고 비이성적임을 구분해 주는 잣대로 자리하고 있습니다. 이런 종류의 언어는 특정한 권위가 주어진 듯한 느낌을 가지게 하고, 전문적인 인상을 주기도 합니다.

예를 들면, 건강한 가정과 병든 가정, 순기능과 역기능 같은 이분법적이고 판단적인 언어의 사용입니다. 문제는 이러한 언어는 전문가 우위의 언어로서 내담자에게는 패배의식을, 상담사에게는 우월의식을 느끼게 하지요. 게다가 그 언어는 내담자를 내재화시켜 그 사람의 행동양식을 지시합니다. 그 결과, 문제에 고착된 자아를 당연시하게 만들 여지가 충분합니다. 그로 인해서 내담자를 전문가가 '하사'하는 특정한 처방에 의존적이도록 만들 수 있게 되지요. 교조적으로 말하면, 이야기치료는 내담자의 상황이나 문제를 전문가의 언어로 설명하는 것을 원치 않습니다. 그리고 내담자를 어떤 틀로 규정하는 것을 싫어합니다.

그러므로 이야기치료는 탐구적(exploratory)인 언어를 즐겨 사용합니다. 탐구적 언어란 묘사적이며 내재화한 것을 외적으로 드러내는 언어(externalizing language)입니다. 상상적이고 그 상상을 드러낼 수 있는 질문을 실천합니다(내용의 중복을 피하기 위해 다음 장에서 질문의 구체적인 예를 소개하기로 하겠습니다). 다시 말씀드리지만, 한 개인이 대화에서 사용하는 언어는 그 개인의 정체성과 문화, 그리고 사고 구조를 반영합니다. 그렇기 때문에 내담자의 언어를 상담사의 전문적 지식의 언어로 가두려고 하는 것은 결국 내담자의 세계를 가두는 것과 진배없습니다.

🦄 이야기가 흐르게 하라: 질문의 기본

이야기치료에는 진단도 처방도, 특별히 기법이라고 할 것도 없다고 해도 과언이 아닙니다. 그렇지만 이야기치료도 여타 상담이 사용하는 도구, 즉 미술, 독서, 드라마, 놀이 등을 사용합니다. 다만 중요한 것은 어떤 인식론을 가지고 어떻게 질문하고 접근할 것인가가 결정적이라고 할 수 있습니다. 이런 면에서 보면, 이야기치료의 기법이 굳이 있다고 볼 경우 바로 이 질문에 그 기법의 성패가 있다 해도 과언은 아닐 겁니다.

이야기치료에서 질문은 핵심입니다. 그런데 훈련받는 분들이 이 질문을 배우기 위해 종종 예문이나 발문을 요구할 때가 많습니다. 물론 처음에는 그런 예문, 발문 등이 도움이 되는 것 같습니다. 그런데 막상 실천 현장에서 사용해 보려고 하면 내담자는 그렇게 움직여 주지 않습니다. 그러면 당황스러울 때가 많습니다. 그래서 저는 권하기를, 이야기치료 인식론을 늘 염두에 두면서 '이야기가 흐르게' '이야기가 확장되게' 하는 그 느낌을 익히라고 합니다. 그리고 소설을 읽으며 감상문을 쓰고, 질문하듯 하라고 요청합니다. 그러면 더욱더 답답해하시며 뜬구름 잡는 것 같다고 합니다. 그러나 처음부터 이런 감각을 키우다 보면 훨씬 수월함을 경험할 것입니다.

비구조화 대화

이야기치료의 질문은 구조화되거나 순서가 정해져 있지 않습니다. 이것을 비구조화 대화(unstructured interview)라고 하지요. 이야기치료사는 항상 저자인 내담자의 이야기에 대한 독자의 위치를 고수합니다. 이야기치료에는 준비된 질문지나 공통적이고 보편적인 질문 목록은 없습니다. 매번 말씀드리지만, 상담은 보편(universal)에서 출발하는 것이 아니라 상황, 즉 맥락(context) 안에서 출발합니다. 그러므로 질문도 상황에 따라, 주 저자인 내담자의 이야기의 흐름에 따라 정해집니다. 그 이야기가 어디서 어떻게 전개될지 독자는 모릅니다. 즉, 내담자와 상담사의 특별하고 구체적인 사고방식에 따라 질문은 구성됩니다(Kotzé et al., 2002; Morgan, 1999).

그러므로 이야기치료의 질문은 준비된 인터뷰(structured interview)가 아닌 느슨한 구조의 인터뷰(semi-structured-interview)나 자유로운 형식의 인터뷰(unstructured-interview), 이렇게 두 가지 인터뷰 형식을 선호합니다. 느슨한 구조는 개인

상담을 할 때는 거의 사용되지 않습니다. 왜냐하면 이야기치료 자체가 단계적 상담은 의미가 없기 때문입니다. 그렇지만 느슨한 구조는 대부분 집단상담을 할 때 종종 사용됩니다. 왜냐하면 우리나라의 집단상담은 회기가 이미 정해져 있는 경우가 대부분이기 때문입니다.

자유로운 형식의 인터뷰는 내담자의 이야기를 광범위하게 끌어내고 총체적인 접근을 시도해 보는 것입니다. 그러다 보니 이야기가 들쭉날쭉하듯이 연관성이 없을 수도 있고 파편적일 수도 있습니다. 그렇지만 이야기와 대화 도중 무수히 많은 예상 외(unexpected)의 것을 만나기도 하고, 깊이 있는 지류들(detail and in-depth)로 빠질 수도 있습니다. 이런 '기대하지 않았던' '의외'의 사건이나 결과에 따라 질문해야 합니다. '혹시' 거기에서 의외의 건강하고 효과적인 방책(solution)이 나올지도 모르니까요.

그렇다고 해서 상담사가 단지 빈손으로 아무 준비 없이 내담자를 만난다는 것도 아닙니다. 엉뚱하게 들리실지 모르겠습니다만, 상담사의 준비는 상담사 자신의 주관성과 자신이 가지고 있는 선입견 등을 내담자와의 대화에 끌어들여 함께 논의할 수 있는 기회를 열어 갈 수 있어야 합니다. 그리고 어떻게 하면 내담자가 사용한 언어의 가치를 이해할 수 있을지 준비해야 합니다(Bellah et al., 1985).

또한 이야기치료 질문의 특징은 해체적인 질문입니다. 즉, 앞에서 언급한 '당연시하던' 것, 익숙한 것에 대한 건강한 호기심과 의구심을 가지는 것이 중요합니다. 그리고 사용된 단어나 개념으로 드러나지 않은 정서적인 이중 구조적 언어에 대해서도 다시 확인해 봅니다. 이런 모든 과정은 독자의 어쩔 수 없는 자기 선입견과 이해 혹은 상상을 기반으로 한 질문으로 이루어지기 때문에 반드시 확인 과정을 거쳐야 합니다. 그때그때 자신의 이해가 주 저자의 의도와 목적에 따라 이해되었는지도 항상 물어서 확인해야 합니다. 또한 이야기치료 구조상 중복된 질문이 자주 등장할 수도 있습니다. 그 이유는 과거, 현재, 미래를 수시로 넘나들며 대화를 진행하기 때문입니다. 그렇기 때문에 질문을 할 때는 앞으로 갔다 뒤로 갔다(back and forth) 하는 유연성이 필요합니다.

비계 대화

White(2007)가 문제의 실제적 거리와 심리적이고 주관적인 거리를 좁히기 위해 제시한 질문법으로, 비계(혹은 거푸집 짓기) 대화라고 합니다. 비계(scaffolding) 란 건축물 골조를 세울 때 높은 곳까지 작업할 수 있도록 골조 주위로 사람이 걷거나 작업 도구를 올려 놓을 수 있게 만든 가설물입니다. 따라서 비계 대화란 은유적 표현으로서 만약 건물에 불이 나서 다시 재건축한다고 할 때 굳이 위험을 무릅쓰고 1층부터 불을 끄며 들어갈 필요 없이 비계를 통해 어떤 때는 위층부터, 또 어떤 때는 아래층부터 유연하게 대처하며 불을 끄고 재건축해 가는 과정이라고 할 수 있습니다.

이 비계(혹은 거푸집 짓기) 대화는 행동·교육심리의 대가 Vygotsky가 교육학에서 주창한 근접발달지대(ZPD) 이론에서 아이디어를 가져오셨다고 합니다. 쉽게 말하면, 사람의 실제적 거리와 심리적 거리에 차이가 있듯이 문제해결에 대한 실제적인 수준과 잠재적인 수준 사이에도 역시 간격이 있다는 것입니다. 이 간격을 좁힘으로써 개인이 선호하는 삶의 행동양식, 가치와 의미, 주체적인 의도성과 목적성을 가지고 자신의 인생을 다시 써 보도록 하는 방법이 비계 대화입니다.

내담자는 자신의 상황을 반전시키기 위해서 자신에게 익숙한 것부터 해결하려는 경향을 띱니다. 문제해결을 위해 문제에 대한 이야기 '만' 합니다. 문제 개념, 문제 영향, 문제 계기나 시작점, 문제 해결의 이런저런 방법 등에 대한 이야기는 무수하게 많이 합니다. 그럼에도 불구하고 자신의 문제가 그리 쉽고 간단하게 조정·통제되지 않음을 발견합니다. 그럼 좌절하여 1층 문 앞에서 앉아 먼 산만 바라보게 되지요. 이럴 때 내담자가 자신의 영역 안에 있는 것부터 다시 재구성하면서 차근히 대처할 수 있도록 돕는 질문이 비계 대화입니다. 이때 상담사는 협력적 탐색을 같이 하기도 하고, 때론 내담자 주위의 관계를 이용하여 그 비계를 세워 가기도 합니다.

질문의 목적

　이야기치료 질문의 특성은 그 목적성에서도 확연히 드러납니다. 기존의 상담은 내담자를 돕기 위해서 내담자의 정보를 수집하는 데 초점이 맞춰져 있었습니다. 그러나 이야기치료의 가장 큰 목적은 내담자의 '이야기가 흐르게 하는 것'을 돕는 것입니다. 우리는 왜 질문을 할까요? 뭔가 알고자 하기 위함이고, 이해가 되지 않기에 좀 더 이해하기 위해 질문하겠지요. 알면서도 질문하는 것은 질문하는 것이 아니라 사람을 '떠보는' 것이지요. 아니면 목표를 정해 놓고 '유도'하는 것일 수도 있지요. 입장 바꿔서 생각해 보세요. 만약 독자 여러분에게 누군가가 떠보는 질문을 하거나 유도하는 질문을 한다면 기분 좋겠습니까? 순수한 마음으로 대화에 응하겠습니까? 자기 속을 보여 줄 것 같습니까?

　'도움이 되는' 질문은 내담자의 이야기를 열린 공간으로 초대해야 합니다. 다시 말해, '이야기가 흐르게 하는 것'입니다. 사고의 폭을 넓힐 수 있도록, 또 이야기가 규정되는 것이 아니라 상상의 나래로 한없이 흐를 수 있도록 도와야 합니다. 그러므로 질문자는 ① 건전한 호기심(curiosity)을 가지고, ② 내담자로부터 실천적 지혜(local wisdom)를 탐구하기 위해, ③ 이해와 해석의 폭을 넓히기 위해, ④ 문제와 내담자의 전체 이야기의 틈을 벌리기 위해, ⑤ 문제를 둘러싸고 있는 사회 담론을 폭로하기 위해, ⑥ 결국 이야기를 풍부화하기 위해 이루어져야 합니다.

질문자의 자세

　일에 대한 열정이 있는 사람이 보통은 상담도 잘하더군요. 특히 이런 사람은 집단상담 프로그램을 개발한다든지 추진하는 데 아주 적합하지 않을까 싶습니다. 그러나 이런 사람이 사람에 대한 열정이 없다면 삶의 주체인 내담자를 객체화, 그리고 대상화할 염려가 있다고 저는 생각합니다. 심하게 말하면 일 중심, 프로그램 지상주의에 빠져 흥미와 감성 건드리기 같이 말초적인 프로그램 진행에 집착할 수도 있다는 거지요. 이러면 아프고 쓰린 가슴을 안고 참여한 많은 사람은 상담 프로그램 중독에 빠질 우려가 있습니다. 그렇기에 제가 강조하고 싶은 것은 일이 아닌 사람에 대한 열정이 강조된 상담사의 자세입니다.

이와 같은 동기와 목적을 바탕으로 이야기치료사는 ① 자신의 문화적 · 언어적 한계를 인정하고, ② 낫노잉포지션(알고자 하는 자세)를 견지하고, ③ 추측하거나 예단하지 않고, ④ 존중과 또 다른 배움의 자세를 가지고, ⑤ 그러면서도 참여적 자세(이야기의 중심은 아니나 영향력과 책임이 있는 자리)를 가지고, ⑥ 충분한 감정 이입, 즉 공명하는 자세를 취하고, ⑦ 투명성을 가지고, ⑧ 자신을 열 수 있는 자세를 가지며, ⑨ 사람에 대한 열정을 가지고 있어야 한다고 저는 정리하고 싶습니다.

투명성

다른 부분은 이미 언급했기 때문에 투명성에 대한 조금의 설명을 덧붙이겠습니다. 여기서 말하는 투명성이란 선지식 혹은 종교적 성향을 내담자에게 강요하거나 암시하지 않을 수 있어야 한다는 것입니다. 상담사는 그 대상인 내담자에게 교육자와 비슷한 영향력과 위치를 의도하든 의도하지 않았든 이미 선점하고 있습니다. 그렇기 때문에 상담사는 자신의 선지식이나 종교적 신념이 내담자에게 암시 혹은 강요되지 않도록 최대한 주의를 기울여야 합니다. 이 문제는 상당히 중요합니다. 지금 이 사회에서 상당히 민감한 문제 중의 하나를 예로 든다면, 동성 커플 혹은 성전환자, 이혼 및 황혼 재혼 등의 화두입니다.

자신을 열 수 있는가

기존 상담에서는 상담사의 개인사를 가급적 언급하지 않도록 훈련한다고 알고 있습니다. 그러나 앞에서도 언급했듯이, 내담자나 상담사는 이야기공동체로서 참여적 자세를 가져야 합니다. 참여 과정에서 특히 내담자의 이야기 흐름에 도움이 될 수 있다면 상담사의 이야기를 여는 것도 마다하지 않는 자세를 갖는 것이 이야기치료사에게 필요로 하는 덕목이라 할 수 있습니다. 저는 지금 덕목이란 단어를 썼습니다. 왜냐하면 어느 누군가의 이야기가 이야기되었을 때 그 이야기는 더 이상 한 개인이 소유한 이야기가 아니며, 개인의 소유가 되어서도 안 된다고 생각하기 때문입니다. 즉, 사회화 과정을 거치는 것이지요.

이야기치료를 실천하는 상담사로서 저 자신을 연다는 것은 무척이나 힘든 과정이었습니다. 그럼에도 불구하고 이 작업은 저를 연다는 것 이상이었습니다. 아픈 상처를 이야기하고 또 해야 한다는 것은 그리 녹록한 작업은 아니었습니다. 그런데 희한한 것은 그 상처를 계속해서 밖으로 퍼내는 것은 내담자 개인에게만이 아니라 저 자신에게도 유익했다는 것입니다. 이야기가 회를 거듭할수록 저의 상처에 대한 이해와 해석은 진화했으며 또 다른 의미와 가치가 부여되는 경험을 했습니다. 이것이 이야기의 특징이고, 이야기가 이야기를 만나는 과정이고, 서로에게 영향을 주는 탈중심적 상담의 강점이며, 내담자에게 배울 수 있는 기회를 부여받는 겁니다.

이야기는 반드시 긍정적으로든 부정적으로든 사회화 과정을 거칩니다. 마찬가지로 상담사로서 자신의 과거 아픔이나 현재 직면한 문제, 더 나아가서 미래에 원하는 이야기는—최소한 상담사의 길을 가겠다고 한다면—자기만의 것이 되어서는 안 됩니다. 상담사 자신이 내담자에게 무엇인가 도움이 될 수 있다면 기꺼이 나누고 거기에서 보람을 느낄 수 있어야 한다고 생각합니다. 이러한 참여 속에서 내담자의 이야기는 더욱 풍부화될 수도 있고, 막힌 이야기 줄기가 터지는 경험을 할 수도 있습니다. 즉, 내담자의 기억과 상상을 더욱 극대화할 수 있다는 것이지요.

사람에 대한 열정

상담사의 길에 관심을 가지고 있는 사람들이 상당히 많이 하는 질문 중 하나가 자신에게 상담사로서의 재능있는지, 있다면 어떻게 확인할 수 있는지 궁금하다는 것입니다. 이러한 질문에는 상담사라고 하면 말을 잘 한다든지 누군가의 고민을 들어줄 때 아주 지혜로운 말을 해 주거나 명쾌하게 분석하여 화자도 인식하지 못했던 것을 시원하게 풀어 주는 사람이라는 인식이 있는 경우가 많습니다. 분명 이것 역시 재능임이 확실합니다. 그러나 그보다 더 강조되어야 할 것은 '사람에 대한 열정'입니다. 이야기치료는 이야기를 만나는 것입니다. 그 이야기의 주체는 사람입니다. 따라서 상담사에게는 사람에 대한 순수한 열정이 우선되어야 한다고 저는 믿습니다.

사람에 대한 열정이 있는 사람은 일 중심으로 내담자를 만나는 것이 아니라 사람 중심으로, 가슴으로 만납니다. 그렇기 때문에 감정 이입이 가능한 것입니다. 사람에 대한 열정이 있다 함은 내담자를 상담 과정에서 한 주체로 여기며, 앞서도 언급했듯이 삶의 한 전문가이자 인생의 동반자로 보는 것입니다. 지금 이 순간 상담실에 앉아 있다는 것은 자신의 그 무엇인가를 찾는 데 도움을 줄 수 있는 인생의 어느 한 동반자를 만나고 있다는 것입니다.

'왜'와 맥락적 질문

앞서와 같은 이야기치료 질문의 특징을 모아서 구체적으로 접근한다면, '왜(why)'와 맥락적인 질문을 찾아볼 수 있습니다. '왜'라는 질문을 하는 경우에는 두 가지가 있습니다. 하나는 철학적인 문제로서 당연시되어 왔던 것에 대한 건전한 의구심을 품고 하는 질문입니다. 이런 경우는 사회 문화 담론 해체에 매우 중요한 질문입니다. '왜'라는 질문은 또한 내담자 자신의 값진 깨달음을 구체적이고 중요한 것으로 받아들이도록 추동해 줄 수도 있고, 자신의 문제 중심적인 정체성에 의문을 품고 더욱 확장된 자기를 보도록 도울 수도 있습니다(White, 2007).

그러나 다른 한편, '왜'라는 질문이 문제의 원인이나 이유를 묻는 질문으로 사용되는 것은 지양함이 좋습니다. 이럴 때의 '왜'라는 질문은 지금 행동의 결과와 문제에는 반드시 원인과 이유가 있다는 전제가 있을 때 사용됩니다. '왜'라는 질문은 지금의 결과를 설명하거나 설득하기 위해 쓰입니다. 이때 '왜'라는 질문이 틀린 것은 아닙니다. 그러나 지금 이 순간의 행동에 대해 설명하기 위해 과거 원인을 끌어들이는 것은 그리 권할 만한 방법은 아닐 듯합니다. 왜냐하면 지금 이 순간 행동의 원인은 과거, 즉 이미 지나가 버려서 손쓸 수 없는 상황입니다. 반면, 지금 이 순간 행동은 지금 이 순간에 좌지우지 됩니다. 그러므로 '왜'라는 질문보다는 사건에 대한 상황적 질문이 중요합니다.

맥락적인 것은 상황(context)과의 상호관계를 말합니다. 상황적 질문이란 '묘사'를 전제로 합니다. 즉, 상황 묘사입니다. 좀 더 구체적으로, 질문은 '이해하기' 위해 사용하는 것이 우선이 되어야 합니다. 설명이나 설득은 그 차후 문제입니다. 어쩌면 우리의 영역이 아닐 수도 있습니다. 예를 들어, 자녀가 거짓말을 했다 합시다. 이때 아무리 부드럽게 한다고 해도 "왜 그랬어?"라는 질문을 받는다면 아이의 반응이나 심적 상태가 어떨 것 같은지요? '왜'라는 질문을 받으면 아이는 추궁당하거나 잘잘못을 가름하려 한다는 느낌을 받을 수도 있습니다. 입장을 바꿔서 생각하면 좀 더 쉽게 그들의 마음을 이해할 것 같습니다. 만약 여러분이 외도를 했다고 하지요. 이때 남편(아내)이 부드러운 말투로 "왜 그랬어, 여보."라고 한다면 어떻겠습니까? 그때 우리의 반응이나 심적 상태가 회개하는 마음, 혹은 순순히 잘못을 인정하는 마음일 것 같은지요? 아니면 일단 버틸 때까지 버텨 보기 위해 갖은 이유를 붙일 것 같은가요? 저의 경우에는 후자일 것 같습니다. 전자의 모습은 우리가 바라는 성숙한 모습이지 필부의 자연스럽고 당연한 모습은 아닙니다. 우리는 이 당연함을 당연함으로 받아들여야 합니다. 단지 우리는 성숙함을 원할 뿐입니다. 그러므로 우리는 내담자가 상황을 묘사할 수 있도록 질문하여야 합니다. 그러기 위해 우리는 문제를 객관화시킵니다.

객관화시켜서 하는 질문(externalizing)으로서 '외재화' '외연화' 질문이라고 번역되기도 하며, '밖으로 드러내기' 질문이라고도 합니다. 이 부분은 이야기치료의 모든 책에서 다루기 때문에 뒤에 '이야기치료 과정'에서 좀 더 구체적으로 다루겠습니다. 상황 묘사를 하는 질문은 다음과 같은 특징을 지닙니다.

- 방법과 가능성을 찾는 질문
  - 왜라는 문제 규명이(원인이나 동기) 아닌 → 어떤 일이 있었는가(묘사)?
  - 무엇이 문제인가가 아닌 → 사건이 무엇인가?
  - 어떤 결과인가가 아닌 → 무엇을 했으면 하는가?
  - 어떤 해결책이 있는가보다는 그냥 하고 싶은 대로 한다면?
- 유도하려 하지 마십시오. 유도하는 것은 결론을 이미 내려놓은 것입니다. 결론이 난 상태를 가지고 질문을 하면 감정적으로 불편해질뿐만 아니라 그것은 더 이상 질문이 아닙니다. 우리는 대화를 할 때 항상 열린 가능성을 위해 질문해야 합니다.
- 답하려 하지 말고 질문에 되질문을 해 보십시오. 내담자가 종종 질문을 하는 경우가 있을 것입니다. 그 질문은 때로 상담사의 평가나 판단을 받고 싶어 하는 경우이기도 하고, 탐색일 수도 있고, 자신의 생각을 확인받고 싶은 것일 수도 있습니다. 혹은 진정 몰라서 질문할 수도 있겠지요. 중요한 것은 이 세상에 정답이라 할 수 있는 것이 그리 많지가 않다는 것입니다. 그러므로 스스로 자신의 질문에 결론을 내릴 수 있도록 공간을 열어 주는 것이 좋다고 저는 생각합니다. 그 대처 방법이 되질문하는 것입니다.

  "왜 그런 질문을 하시는데요?" "무엇을 찾고 싶은 것인데요?" "넌 어떤 결과가 올 것 같니?" "너라면 어떻게 조언해 줄 것 같니?"
- 여러 가지 가능성을 나열해 보십시오. 가끔은 내담자가 답답해하기만 하고

어떤 이야기를 할지 몰라 하며 방향을 잡지 못할 때도 있습니다. 청소년 같은 경우는 "몰라요." "그냥요."로 이야기를 대신하는 경우가 흔합니다. 이런 상황일 때, 여러 가능성을 나열해 보십시오. 예를 들면 다음과 같습니다.

　－너무 상황이 복잡해서 어디서부터 말해야 할지 몰라 모른다고 하는 거니?

　－느낌은 있는데 부끄럽거나 혼날까 봐 모른다고 그러는 거니?

　－정말 멍한 상태이기에 그렇게 말하는 거니?

　－묘사하기가 어려워서 그러는 거니?

　－아니면 다른 것이 있니?

　　　이렇게 물으면 십중팔구 고르거나, 혹은 적당한 답이 없으면 그때야 "그건 아니구요…" 하며 자신의 입장을 말하는 경우를 자주 봤습니다.

• '만약 ~라면'을 이용해 보십시오. 직접적으로 자신의 기분이나 행동, 상황을 말하는 것보다 만약이라는 가정을 하고 다른 사람처럼 말할 때 내담자는 좀 더 안전함을 느낄 수도 있습니다.

　다시 한 번 강조하지만, 이야기치료에서는 기법보다는 '자세'와 세계관적 '입장(world-view)'이 선행됩니다. 패러다임이 바뀌면 행동양식도 바뀝니다. 인식론이 다르면 실천 방법도 달라집니다. 그렇기 때문에 상담사의 역할 규정도 달라질 수 있습니다. 이야기치료사는 이야기접근법이 요구하는 상담사의 역할, 윤리, 삶의 자세를 가져야 합니다. 제가 상담사를 훈련하면서 중점을 둔 부분은 '책임' '능력' '내공' 이런 것이 아니었습니다. 그보다 더 중요한 것은 '인격' '윤리' '겸손' '뜨거운 가슴' 이런 것입니다. 이건 저의 개인적 선호가 아니라 상담사라면 누구나 가져야 할 기본 중의 기본이라고 생각합니다. 누가 누구를 치료한다는 것을 내려놓고 우리의 뜨거운 가슴으로, 최선은 다하나 겸손과 청지기의 자세로 기다림의 시간을 가져야 한다고 생각합니다.

제 **2** 부

이야기치료의 과정

제**6**장

풍부한 이야기하기

이야기치료에서 과정을 논한다는 것이 사실 이야기치료의 특성상 어울리는 것은 아닙니다. 그러나 이야기치료도 이론이라는 틀을 쓰고 있고, 이 책이 입문하시는 분들을 위한 책이고 보니 과정과 기법(사실 기법이라고까지 할 수도 없고 기법이라는 말 자체도 어울리지 않습니다만)을 정리할 수밖에 없는 듯합니다. 다시 한번 언급하지만, 과정이라고 해서 순차적이거나 단계적으로 이야기치료가 진행되는 것은 아님을 밝혀 둡니다.

풍부한 이야기로부터

이야기치료의 과정은 순서가 특별히 정해져 있지 않습니다. 저는 저의 이야기꾼, 내담자와 그의 풍부한 이야기부터 시작합니다. 대부분의 상담은 문제를 중심으로 시작하지만, 저는 여러분께 풍부한 이야기부터 상담을 여시라고 권하고 싶습니다. 수술이 필요한 환자라고 하여도 의사는 무턱대고 수술하지 않는다고 합니다. 환자의 기력이 떨어져 있으면 기력을 보충한 후에, 그리고 경미한 감기일지라도 감기 증상이 호전된 후에 수술을 한다고 합니다. 상담도 어쩌면 이와 같다고 생각합니다. 지치고 쓰린 가슴으로 내방한 이야기꾼인 내담자가 또 그 이야기를 하게 한다는 것이 그리 좋은 방법이라고 생각하지 않습니다.

이야기에도 우성과 열성이 있다고 말씀드렸습니다. 어느 이야기든 창조적인 것은 없습니다. 또한 어느 이야기도 단일한 의미와 가치로 구성되어 있지 않습니다. 이야기는 복잡하고 무수한 은유로 구성되어 있습니다. 러시아 인형 마트료시카처럼 이야기 속에 또 다른 이야기가 포개지고 또 포개져 있습니다. 그렇다면 이야기꾼인 내담자의 이야기보따리에도 문제이야기만이 아니라 '내가 왕년에'로 시작하는 이야기, 만족스럽진 않지만 실패라고 여기지 않는 이야기, 나름 최선을 다했지만 조금은 아쉬운 이야기, 자기도 모르게 사소하게 여기던 자기만의 다른 이야기들이 얼마든지 있을 것입니다.[1] 이러한 내담자만의 풍부한 이야기를 먼저 함으로써 이야기꾼인 내담자에게는 이제 어떤 이야기도 할 수 있는 근력이 붙을 것입니다.

그런데 일반 상담사 중에는 풍부한 이야기를 먼저 하는 과정을 의아해하거나 걱정스러워하는 경우도 있습니다. 왜냐하면 전통적인 상담 방법은 내담자의 주 호소문제를 듣고 그 주 호소문제에 따라 내담자의 정보를 수집한 후, 문제에 대한 진단을 내리고, 그 진단에 따라 문제에 대한 개념화를 하고, 개념화에 따라 상담 협상을 하여 치료 및 상담에 들어가기 때문입니다. 이 과정은 문제를 해결하고 상처를 치유하는 데 주 목적을 가지고 있습니다. 그렇기 때문에 문제를 심층적으로 만지고 가지 않으면 뭔가 찜찜한 느낌을 받는 것입니다. 그래서 이렇게 훈련받고 실천하던 상담사들이 제가 권하는 것처럼 풍부한 이야기를 먼저 하다

---

1) 다시 언급하겠습니다만, 이런 작업을 통해 독특한 수확물(unique outcomes)를 발견해 가는 것입니다.

보면 '이야기가 산으로 갈까 봐' 걱정들을 하십니다. 혹은 내담자가 허풍을 떠는 것 같아 진실되지 않게 보기도 한답니다. 때론 내담자가 자신의 문제는 자각하지 않고 착각하게 만들지나 않을까 걱정을 하시는 분도 계십니다.

이것이 바로 인식론적인 차이입니다. 첫 번째는 '문제다'라는 전제와 '문제라고 이야기하는'의 전제입니다. 문제라고 하는 이야기이면 이야기는 모방이니 그 이야기는 모방된 이야기일 뿐입니다. 두 번째는 문제인가 관점인가의 화두지요. 풍부한 이야기는 말 그대로 풍부 그 자체입니다. 문제도, 아픔도 다 포함해야 풍부한 겁니다. 아픔도 자신의 일부입니다. 그래야만 재해석의 이야깃 '거리'가 있는 것이지요. 마지막으로 상담 결과나 결론에 대한 인식론의 차이입니다. 문제가 있으니 해결 및 치유를 해야 하는 것과, 문제라고 이야기하는 것이니 다른 이야기를 만들어 보는 것의 차이지요.

그러나 이야기치료의 관점으로 보면, 이야기를 풍부하게 하다 보면 문제이야기가 저절로 소멸되기도 합니다. 앞서 Morgan의 그림에서 보셨듯이, 열성 이야기가 많이 밖으로 드러나면 자연스럽게 우성이었던 문제이야기는 사그라지게 됩니다. 혹은 또 다른 이야기로 재해석되거나 열성 이야기로 사소하게 취급되기도 하지요. 때론 문제이야기가 어느 과정에선가 특별히 의도하지도 않았는데 재해석되어 내담자가 한 발 더 나갈 수 있는 그 무엇을 선사하는 보물이야기가 되기도 합니다. 그것이 무엇이 될지는 아무도 모릅니다.

이와 같은 연유로 해서 저는 여러분에게 풍부한 이야기부터 상담을 여시라고 권하고 싶습니다. 그러다 보면 일단 내담자에게 기계적으로 공감, 격려, 지지, 수용하지 않더라도 내담자 스스로 자신의 내적 강고함, 즉 정체성을 강화하여 문제이야기로 전환하고, 문제이야기에 대한 심층적인 접근도 무리 없이 진행할 수 있게 되는 것을 저는 경험했습니다. 특히 사회적 지탄을 받거나 선입견이 강한 문제일수록 이 풍부한 이야기로부터 상담을 시작하는 것은 매우 효과가 있습니다.

정신과적 진단에 의해 고생하시는 분들, 아동·청소년의 무기력이라고 하는 이야기, 알코올로 고생하시는 분들의 특징 중 하나가 상담과 치료를 오랜 기간

해 왔다는 것입니다. 그런데 그 오랜 기간 동안 줄곧 문제와 관련된 이야기, 즉 문제의 원인, 그에 따른 폐해, 해결 방법, 극복의 예 등 문제 중심의 이야기만 했습니다. 그러다 보니 상담무용론을 주장하시는 분, 실패에 대한 자책을 하시는 분, "결국 다 제가 할 나름이지요."라고 말씀하시는 분 중 상당히 많은 분이 각종 상담을 오래 받아서 상담사가 할 다음 질문이 무엇일지, 어떤 그림을 그리라고 할지, 어떤 작업을 시킬지조차 예측합니다. 그만큼 상담이라면 질려 하는 경우가 되겠지요. 혹은 아동재학대 방지를 위한 프로그램에 참여할 때, 성폭력 가해자 또는 관찰보호 대상에 있는 청소년 같은 경우가 상담받기가 의무화되어 억지로 상담에 오기는 하지만 상담에 대해 강한 반감을 가지고 있는 경우입니다. 항변이지요. "억울해!" 별의별 상담을 다 받아 봐서 처음 대하는 자세부터 반감을 넘어 삐딱하게 앉아서 적대시하는 경우도 있습니다. 그러나 자신의 "내가 왕년에 말이야…."로 먼저 시작하게 되면 내담자나 상담사나 그다음 회기가 기다려집니다. 왜냐하면 재미있는 한 편의 소설이니까요.

풍부한 이야기 쓰기의 실제

인식의 변환을 위해서는 끊임없는 노력이 있어야 합니다. 항상 당연하게 생각했던 것들을 당연하지 않은 다른 관점에서 본다는 것. 사소하게만 흘려 보냈던 것을 사소하지 않게 바라보고 또 다른 인생의 자원으로 보는 것. 이것이 그리 쉽게 되지만은 않습니다. 이런 우리의 인식 전환 훈련을 돕기 위해 이 장에서는 자녀와 함께 할 수 있는 활동을 몇 가지 소개하겠습니다. 오해가 없기를 바랍니다. 이 장에서 소개하는 프로그램들 역시 세계 이야기치료자들이 사용하고 있는 것들은 아닙니다. 단순히 제가 우리나라에서 이야기치료를 실천하면서 내담자들에게 효과적으로 다가가기 위해 만들어 사용해 본 것에 불과하며, 어떤 것은 이미 다른 상담에서 사용하고 있는 것(예: 라이프 선 그리기)을 좀 더 확장시킨 것에 불과합니다. 중요한 점은 여기서 소개하는 프로그램을 굳이 그대로 모방하기보다 자신의 상황과 특수에 맞게 창조해 가는 것입니다.

정서적 라이프 선 그리기

정서적 라이프 선(emotional life graph)[2]은 말 그대로 정서적으로 느끼는 자신의 이야기를 총체적으로 그려 보는 것입니다. 그 목적은 파편화된 이야기를 모아 보기 위함이고, 좀 더 이야기를 풍부하게 만들기 위한 전초 작업이라고 이해하시면 될 듯합니다. 일단 문제이야기는 옆으로 밀어 놓고 그 주변부를 훑어가는 것입니다. 이러한 활동을 통해 잊혔던 사건들, 사소하게 여겼던 자원들, 관계 등을 발견하도록 하는 겁니다. 그 결과는 의욕을 고취하고, 자존감을 높여 자신의 영역을 넓힐 수 있게 되는 것이라고 가정합니다.

이야기치료 대화 및 질문은 구조화되어 있지 않습니다. 그러다 보니 회기에 대한 고려를 할 수밖에 없습니다. 특히 사회복지기관이나 학교 센터 같은 곳, 집단상담의 경우에는 더욱더 그렇습니다. 이때 이 정서적인 라이프 선 그리기를 통해 내담자 이야기의 사건, 터닝포인트, 이야기의 매핑(mapping) 등을 원활히 진행할 수 있고, 회기에 대한 시간적 제약도 극복할 수 있습니다. 이것은 내담자의 지금 이 순간의 자리에서 이 자리의 눈으로 과거의 이야기와 미래의 이야기, 어려웠던 사건들, 기뻤던 사건들을 다시 보도록 하는 것입니다. 그리고 상담사는 그래프 선상에 나오는 사건들을 중심으로 질문을 하면서 내담자의 이야기를 다시 매핑해 봅니다. 이 그래프는 이야기 재해석하기와 과거 이야기 재방문하기에도 유용하게 사용될 수 있습니다.

[2] 정서적 라이프 선 그리기나 뒤에 나오는 돌 분리 같은 상담 과정의 실제는 www.storycip.kr에서 보실 수 있습니다.

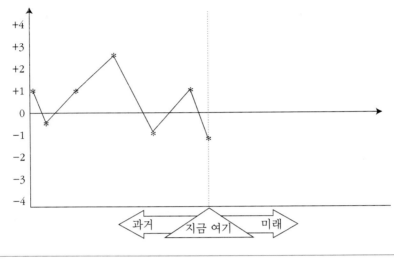

[그림 6-1] 라이프 선 그리기

이 활동의 주 목적은 세 가지입니다. 하나는 주 저자인 화자 자신이 자신의 이야기를 한 방향에서 이야기하고 있는지 보게 하는 것입니다. 이 활동을 하고 나면 자신도 모르게 다양하고 풍성한 이야기를 하는 것이 아니라 어느 한 방향에서 이야기하고 있음을 깨닫게 됩니다. 사람이 이야기를 할 때는 항상 중심적으로 이야기하는 구상(plot)과 줄거리가 있습니다. 그렇게 되면 자신의 다른 이야기들은 주변부가 되는 것입니다. 보통 주변부 이야기는 별로 중요하지 않은 이야기로 처리하는 경향이 있습니다. 그러므로 이러한 작업을 통해 자신에게 더 많은 이야기 줄거리가 있음을 상기시키는 것입니다. 문제이야기보다 자신이 살아온 다른 이야기들도 얼마든지 있다는 것을 상기시켜 주는 것입니다. 이 활동에서 가장 중요한 점이 이것입니다.

두 번째는 중심적인 이야기 외에 또 다른 이야기들을 풍부하게 할 수 있도록 돕는 것입니다. 그 속에서 자신이 사소하게 생각했거나 당연히 여겼던 스스로를 새롭게 보고 구성할 수 있도록 지원하는 것입니다. 세 번째는 라이프 선을 통해 자신이 자신의 과거를 해석하는 주체임을 자각하게 하는 것입니다. 즉, 과거의 내가 현재의 나를 만들었다는 원인과 결과론적인 시각을 뒤집고 현재의 내가 과거의 나를 재해석하고 있음을 상기시키는 것입니다.

정서적 라이프 선의 개요

- 숫자: 좌측 숫자는 감정의 기복임: 중앙 '0'은 무감정, 그 아래로 내려갈수록 힘들고 아픈 순간이거나 기억하기 싫은 것을 나타내며, 올라갈수록 기쁘고 좋은 기억을 나타냅니다.
- 점선: 위아래로 꺾인 부분이 매우 중요한 포인트입니다. 점선의 꼭짓점에 중요 사건을 써 놓고 그 꼭짓점을 이어서 그래프를 그립니다.
- 이야기의 시점: 반드시 출생부터 그릴 필요는 없습니다. 미래 역시 반드시 그릴 필요는 없으며, 어느 시점부터 시작하든 내담자의 결정에 따릅니다. 단, 출생부터 하기를 권장합니다.

활동 절차

① 이야기를 하는 화자는 자신의 생애 전체를 그래프로 함께 그려 보도록 합니다.

② 화자가 그래프를 다 그린 후에는 상담사가 화자의 이야기를 듣고 그 이야기의 특성을 설명해 줍니다.

- 관계지향: 주의 깊게 듣다 보면 '이야기의 대부분이 어떤 사람을 만나서 기뻤다, 누구에게 상처를 받았다, 누구와 함께해서 즐거웠다, 헤어져서 슬펐다' 등의 형태를 보입니다. 관계지향적인 사람들은 대부분 자신의 공동체에서 사람들과 잘 지냅니다. 그럼에도 불구하고 단 한두 사람이 자신을 싫어하거나 대립각을 세우면 그 상황을 못 견디며 공동체 자체를 힘들어하는 경향을 보입니다.
- 성취지향: 관계지향 이야기는 성취지향과 비슷할 때가 있습니다. 성취지향은 뭔가 이룬 것, 뭔가 성취한 것 중심으로 이야기가 흐릅니다. 즉, 결

과에 좌지우지되는 경향을 보입니다. 관계지향과 성취지향이 혼재되어 있는 듯할 때도 있습니다. 그런데 관계지향 같은데 사람 그 자체라기보다는 그 사람들의 중심에 섰기 때문에, 칭찬을 받았기 때문이라는 이유로 성취지향이라고 보는 경우도 있습니다. 예를 들어, 대학 시절 여자 친구를 만나서 기뻤다고 했는데 그다음 이야기가 그 친구가 킹카였다고 합니다. 즉, 관계 그 자체보다는 그가 타인의 집중을 받는 특정한 사람을 만나서 기쁜 것입니다. 이런 사람 중 많은 경우가 자신의 성취를 오래 즐기기보다는 다른 목표를 빨리 세워 또 그 목표를 향해 일로매진해야 인생의 의미와 가치를 느끼는 경향을 보입니다. 만약 목표가 없으면 아무리 자신이 뭔가를 성취했어도 허전해하는 모습을 보일 때가 종종 있습니다.

- 목적지향: 성취지향은 또 목적지향성과 구분하기 어려울 때가 있습니다. 성취지향은 결과 중심이거나, 이루고 못 이룬 것이 핵심이 되는 반면, 목적지향은 이루고 못 이룬 것보다는 그 과정을 누리는 것 자체에 더 의미를 둡니다. 예를 들어, 대학에 들어가서 기뻤다는 것은 성취지향이나 목적지향이나 같은데 성취지향은 어느 대학을 갔다, 왜 그 대학을 갔다는 '결과'에 초점이 있다면, 목적지향은 자신이 대학을 갈 수 있게 되었다는 것, 자신은 가지 못할 줄 알았는데, 대학을 가려고 공부를 할 수 있었다는 그 '과정'에 의미를 둡니다. 이런 경향의 사람을 성취지향의 사람이 볼 때는 효율적이지 못하고 비생산적인 것에 투자하는 것 같다는 느낌을 받을 때가 많습니다. 이들의 관점에서 보면 목적지향적인 사람은 마치 이것저것 건드리기만 하는 사람처럼 보일 때도 있습니다.

- 의미 및 가치 지향: 목적지향은 의미 및 가치 지향과 또 약간의 차이를 보입니다. 목적지향의 이야기를 들어보면 가치나 의미에 중점을 두는 듯합니다. 그러나 이것은 자신이 바라는 목적이 일차적인 것이었고, 그 일차적인 부분을 자신이 이루어 가는 과정이 기쁜 것입니다. 반면에 의미 및 가치 지향은 삶의 전반에 대한 질문이 앞섭니다. 어떤 일에서나 사건에서

주의점

- 정서적 라이프 선 그리기는 말 그대로 정서적이기 때문에 주관적이고 유동적임을 명심하셔야 합니다. 또한 더 중요한 것은 상담사나 화자가 이야기의 중심 찾기에 골몰할 필요가 전혀 없다는 것입니다. 이야기의 특징 찾기는 이 활동의 진정한 목적이 아닙니다. 유형을 찾는 것은 사실 별 의미가 없습니다. 더 중요한 것은 이야기를 하는 화자가 다른 이야기는 하지 않고 있다는 것을 깨닫게 하는 것입니다. 예를 들어, 관계지향이라고 해서 성취한 즐거움이 없을 수 없습니다. 성취지향이라고 해서 과정에서 얻는 기쁨이 없을 수 없습니다. 이렇게 사소하게 넘어 갔던 부분들을 다시 이야기할 수 있는 기회를 열어 주는 것에 이 활동의 주 목적이 있는 것입니다.

- 이야기를 듣다 보면 화자가 자주 쓰는 단어나 용어 혹은 이야기에서 특정한 패턴을 발견할 수도 있습니다. 이런 것을 발견했을 때는 그에 대한 의미나 가치를 물어봅니다. 예를 들어, 화자가 재미라는 단어를 많이 사용했다면 화자에게 재미란 무엇이고 어떤 의미 및 가치인지 물어봅니다.

- 그래프 위쪽(행복하고 긍정적인 부분)의 꼭짓점들을 좀 더 구체적으로 듣고, 그 삶에 대한 의미 및 가치를 물어봅니다. 그리고 만약 그 꼭짓점에 부여한 의미나 가치를 현재의 삶에서 발현시킨다면 어떤 자세, 방법, 의지와 신념 등을 취할 수 있는지, 누가 도움이 될 것 같은지 물어봅니다.

- **예 1:** 화자가 그림 중 중학교 3학년 시기를 +3으로 그려 놓고 당시를 묘사하고 있습니다.

  화   자: 이때는 애들과 즐겁게 지내고 별 고민 없이 지냈던 것 같아요.

  상담사: '즐거움'이라는 구체적인 사건을 이야기해 주실 수 있으세요? 기억나는 친구는요? 그 친구는 특별히 어떤 친구 같으세요? 왜 그 친구가 그리 기억이 나세요? 그리고… '고민 없음'이란 무엇을 말씀하시는 것인지요?

- **예 2:** 어느 한 꼭짓점을 선택하게 합니다.

  상담사: 중학교 3학년 때에 이름을 지어 보신다면 뭐라고 지으시겠어요?

> 은유적으로도 좋고 상징도 좋습니다.
>
> 화　자: 똘똘이?
>
> 상담사: 아하~ 똘똘이… 그 똘똘이는 어떤 아이였어요?
>
> 화　자: (이야기함)
>
> 상담사: 그 똘똘이가 지금 여기에 계신 선생님에게 뭔가를 말해 준다면 뭐라고 말해 줄 것 같으세요?
>
> * 이때 중학교 3학년 때 사진을 가져오게 해서 그 사진을 똘똘이로 대체하여 이야기를 풀어도 좋습니다.

의미와 가치를 중시합니다. 이런 유형의 사람은 보통 종교적 물음이 앞서는 경향을 보입니다. 인생이 무엇인가와 같은 큰 틀에서의 의미와 가치를 추구하는 경향이 있습니다.

③ 상담사가 다음으로 할 일은 이야기의 곡선에서 화자가 가장 힘들어했던 부분과 높게 올라간 부분을 잘라내어 좀 더 구체적으로 그려 보게 하는 것입니다. 마치 카메라로 클로즈업하는 것처럼 어떤 특정한 부분을 넓게 펼쳐서 구체적으로 그려 보게 합니다. 예를 들어, 화자가 중학교 1학년에 들어갔을 때의 곡선이 바닥을 쳤고, 중학교 3학년 때의 곡선이 +3에 있다면, 이 부분만 다시 떼어 내어 다시 그려 보게 합니다. 그리고 그 그림에 대한 질문을 합니다. 어떻게 해서 그 어려운 상황에서 치고 올라갔는지, 누가 도움이 되었는지, 당시 어떤 생각을 하고 살았는지, 어떤 의지를 다졌는지, 특별한 사건이 있었는지 등에 대해 물어봅니다.

④ 이런 과정을 거친 후 상담사가 전체 이야기를 정리해 줍니다.

- 과정 속에서 상담사는 독특한 수확물들을 발견해 정리하는 것, 재해석하고 재작명하거나 다른 단어로 바꾸는 작업을 하는 것이 중요한데, 이것은 내담자의 동의하에 이루어 가야 합니다.

• 초기 상담 시 이 정서적 라이프 선 그리기를 할 때는 아래 점, 즉 아프고 상처된 부분은 가능한 한 질문하지 않는 것도 화자에게 도움이 될 수 있습니다. 물론 해석 및 재해석 과정을 모두 마치고 나서 내담자가 단단해진 것 같다고 생각할 때 아래 점을 다시 들춰 보면 정서적으로 힘들어하지 않고도 독특한 수확물을 찾을 수 있습니다.

정서적 라이프 선 그리기의 실제 예: 미래우먼 이야기

• 상황: 약 3년간 공황장애라고 생각하고 꾸준히 약을 복용하고 있었음. 중학교, 고등학교를 다니는 두 아이의 엄마로서 현재 작은 가게를 운영하며, 남편과는 헤어진 상태임. 장사는 무리는 없으나 경제적으로 조금 힘든 상황이고, 전 남편은 전혀 경제적으로 도움을 주지 않음. 늦게 대학을 졸업하였고, 앞으로 어떻게 해야 할지 모르겠다고 함.

상담사: 안녕하세요. 오시는 데 어려움은 없으셨고요?

화　자: (자유롭게 이야기함)

상담사: 이 분(반영자)[3]은 제가 선생님의 이야기에서 소소한 것을 놓치거나, 혹은 저도 모르게 저의 선입견이나 편견으로 상담을 진행하게 될 경우 그걸 걸러 주는 거름망이나 다름없는 역할을 하세요. 그리고 선생님의 이야기를 같이 듣고 어떤 느낌을 받았는지 우리와 나눌 것입니다. 마치 이야기를 읽은 독자가 독후감을 쓰듯이 말이지요. 같이 참여해도 괜찮으시겠어요?

화　자: 글쎄요… 모르겠어요. 사실 한 3년 동안 공황장애 약을 먹고 있어요.

---

3) 이야기치료에는 반영(reflection)이란 것이 있습니다. 이 반영을 매 회기마다 할 수만 있다면 더 없이 좋은 효과를 볼 수 있습니다. 보통 이 반영은 일방경(one way mirror)이 있는 곳에서 진행되지만 일방경이 없어도 이렇게 상담에 직접 참여하여 실천할 수 있습니다. 제 경우에는 단 한 번도 내담자가 불편해하거나 거부하지 않았습니다. 반영에 대해서는 나중에 다시 설명 드리겠습니다.

갑자기 숨이 막히고… 곧 죽을 것 같기도 하다가… 특히 앞길이 막막하기도 하고… 뭐부터 말씀드려야 하나요?

상담사: (웃음) 제가 상담을 받아야겠네요. 선생님, 그거 아세요? 여기 오신 그 자체만으로도 이미 문제를 넘어서고 계신 겁니다. 이제부터는 혼자가 아니에요… 저희 식구가 같이 해 드릴게요… 천천히 차분히, 이 시간은 내 시간이라고 생각하시고 즐기시길 바라요. 아무튼… 혹시 ① 너무 복잡해서 어디서부터 이야기해야 할지 몰라서 모른다고 하시는건가요? 아니면 ② 너무 힘들어서 말문이 막혀서 그러시는 건가요? ③ 아니면 좀 민망해서 그러시는 건가요? ④ 그것도 아니면 오실 때는 답답해서 오셨지만 막상 저를 보시고 마음에 안 들어서 상담에 대해 회의감이 들어 별로 이야기하고 싶지 않으실 때도 있더군요(웃음).

화 자: 그건 아니고요… 그냥 어디서부터 말을 해야 할지 답답하네요. 이것저것 복잡해서요. 돈 문제도 있고, 아파트 이사도 해야 하는데… 아이들, 특히 큰애는 대학을 군이 가야 하는지 모르겠다고 하고, 그런 아들에게 잘 가르치지는 못할망정 자기에게 기술 배워서 자기 하는 일을 하라고 하는 애 아빠도 이해가 가지 않고, 그걸 또 귀담아 듣는 애도 밉고, 저도 졸업은 했는데 그다음에는 어떻게 해야 할지도 모르겠고….

* 이런 때 부재하지만 암시하는 원리로서 처음부터 대안이야기를 먼저 해도 무방합니다.

상담사: 아~ 그럼 이렇게 해 보지요. 이것저것 다 신경 쓰지 않아도 되는 상황이라고 가정하시고, '난 이렇게 살고 싶다.' 그런다면…?

화 자: 음~ (잠깐 생각하고) 제 할 일을 하면서 아이들과 그냥 행복하게 살고 싶어요.

상담사: 아하~ 선생님이 하고 싶은 일은 무엇이고, 아이들과 행복하게 산다면

어떤 모습을 말씀하시는 건가요? 선생님께서 말씀하시는 행복이란?

화　자: 앞으로 지금 하고 있는 가게 말고 저만의 전문적인 일도 하고, 아이들
　　　도 자기 삶을 잘 찾아가고… 저는 돈에 대해 그리 큰 욕심은 없어도,
　　　다만 아이들 가르치고 제 할 일 하는 데 어려움만 없으면 돼요. (잠시
　　　시간을 가지고) 아~ 아이들 아빠와 엮이지 않았으면 좋겠어요. 다만
　　　아이들 양육비 정도는 좀 같이 해결했으면 해요.

상담사: 그런 삶에 이름을 지어 보신다면?

화　자: 커리어우먼 ○○○의 행복한 미래!

상담사: 미래우먼이네… 미래우먼이라고 바꿔 불러도 될까요?

화　자: 네~ 그래요.

정서적 라이프 선 그리기

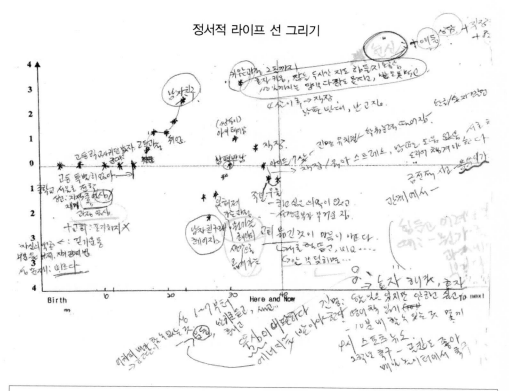

[그림 6-2] 라이프 선 예시

상담사: 미래우먼이는 선생님의 삶에 어떤 의미이고, 어떤 위치이면 좋겠어요?

화　자: 음~ (시간을 가지고) 저 자신? 자신감? 특별한 나? 꿈?…글쎄요….

상담사: 그럼 그 미래우먼이 어디서 어떻게 왔는지 한번 알아봅시다. 선생님 이걸(라이프 선) 한번 그려 봐 주실래요?(시연)

화　자: (그리기 활동을 함)

＊ 이 그래프 안에서 화자 자신을 긍정적으로 설명하거나 강점, 노하우 등에 대해 설명한 부분은 파란색 펜으로 적었으며 부정적인 면, 약한 부분 등은 빨간색 펜으로 표시하였습니다. 그리고 화자의 이야기 중 서로 비슷한 패턴을 보이는 단어나 성향은 검은색 펜으로 연결하였습니다.

상담사: 선생님은 이야기의 전체 흐름을 성취했을 때와 그 성취에 어려움이 있을 때 힘들어하거나 기뻐하시는 경향을 보이는군요? 간단히 말해 '성취지향' 적으로 이야기를 전개하셨네요. 제 이해가 맞나요?

화　자: 네~ 그러고 보니 그러네요.

상담사: 그럼 사람을 만나고 헤어지고, 어떤 일에서 의미나 가치를 찾고, 혹은 삶의 과정 과정에서 기쁨을 얻어 보신 적은 전혀 없는 겁니까?

화　자: 그건 아니겠지요?

상담사: 그렇지요. 그럼 좀 더 구체적으로 이야기 좀 해 주세요.

화　자: (이야기함)

＊ 터닝포인트에서 질문거리가 생각나지 않으실 때는 간편하게 생각하시면 됩니다. 그 사람이 어떤 사람이었는지, 어떤 사건이 재미있고 왜 재미있었는지 등 이야기를 따라가는 것, 즉 언제, 어디서, 누가, 무엇을, 왜 했는지 등을 떠올리는 겁니다.

상담사: 선생님은 이야기를 하실 때 '관계와 공유'에 대해서 많이 말씀하시네 요? 그리고 '나 자신, 의지'라는 단어를 자주 쓰시네요? 포인트마다 대 화, 관계, 물어주는 상대, 나 자신… 이런 것들과 맥을 같이하네요… 제가 잘 들었나요?

화 자: 의도한 건 아닌데… 그러고 보니 그렇네요.

상담사: (터닝포인트를 하나 골라서) 선생님 인생에서 이때에 가치를 부여한 다면? 수치로 표현하셔도 좋고… 은유적으로 하셔도 좋고요.

화 자: 초록?…푸르고, 건강하고, 여름의 우거진 숲처럼….

상담사: 음~ 초록… 좋네요. 이때의 선생님을 초록이라고 해도 되겠습니까?

화 자: 네~ 예쁘네요.

상담사: 초록이…초록이라… 초록이 같은 이때의 선생님은 어떤 사람인 것 같 아요?

화 자: 나 자신? 육체적으로나 경제적으로 피곤하고 힘들지만… 충만했던 나?

상담사: 충만한 나라… 죄송해요. 충만이라 하시면?

화 자: 물건 고르러 갈 때… 다른 사람 보기에도 활기차고, 물건도 물건이지 만 물건을 고르다 보면 마치 나 자신을 고르는 것 같고… 나를 돌아보 고… 바쁘게 학교를 가지만 갈 때마다 설레고, 기대감으로 다녔어요. 그렇게 사는 엄마를 도와주려고 하는 초록 같은 우리 애들도 예쁘고 고맙고 미안하기도 하고….

상담사: 아~ 오늘 말씀에서 (이야기를 정리해 준다.) 제가 잘 이해했습니까? 혹시 더 하시고 싶거나 오늘 상담에서 불편했다거나 하는 건 없으신 가요? 어떤 것이라도 좋습니다….

화 자: 아뇨… 뭐랄까… 아무튼 잘 정리… 마른 빨래를 개서 정리한 느낌?

상담사: 그럼 우리 반영 선생님은 어떤 이야기를 들으셨는지 들어보지요.

반 영: 라이프 선 그리기에서 부모님에 대해 말씀하실 때 울컥했어요. 저도 아버지 없이 자랐거든요.

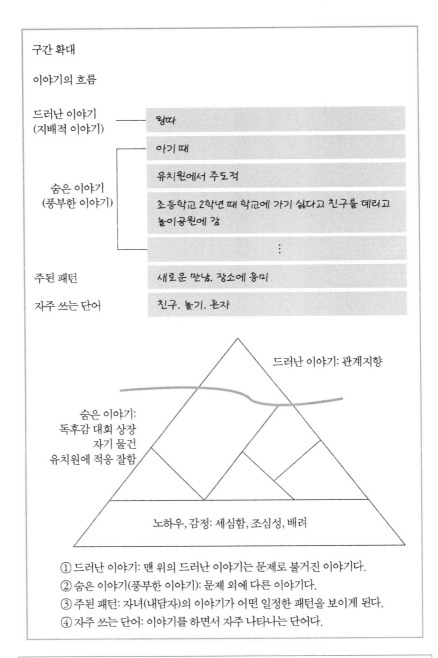

구간 확대

이야기의 흐름

드러난 이야기
(지배적 이야기) ──── 왕따

숨은 이야기
(풍부한 이야기)
아기 때
유치원에서 주도적
초등학교 2학년 때 학교에 가기 싫다고 친구를 데리고 놀이공원에 감
⋮

주된 패턴 새로운 만남, 장소에 흥미

자주 쓰는 단어 친구, 놀기, 혼자

드러난 이야기: 관계지향

숨은 이야기:
독후감 대회 상장
자기 물건
유치원에 적응 잘함

노하우, 감정: 세심함, 조심성, 배려

① 드러난 이야기: 맨 위의 드러난 이야기는 문제로 불거진 이야기다.
② 숨은 이야기(풍부한 이야기): 문제 외에 다른 이야기다.
③ 주된 패턴: 자녀(내담자)의 이야기가 어떤 일정한 패턴을 보이게 된다.
④ 자주 쓰는 단어: 이야기를 하면서 자주 나타나는 단어이다.

[그림 6-3] 풍부한 이야기

상담사: 이 분 이야기를 들으니 어떤 느낌이세요?

화   자: (반영에 대해 다시 이야기함)

상담사: 그래요… 선생님! 선생님의 뛰는 심장이 아이들의 원동력인 거 아시지
　　　요? 다음 주 이 시간도 선생님과 자녀들 거예요!

(다 같이 손잡고 포옹한다.)

구간 확대의 개요

앞서와 같은 이야기를 [그림 6-3]과 같은 도식에 분류해 넣어서 다음 회기에
내담자와 정리된 자료를 나눠도 좋습니다. 혹은 정서적 라이프 선 그리기 대신
에 이것으로 이야기를 풀어 보고 엮어 보는 것도 효과적입니다.

- 드러난 이야기(지배적인 이야기): 맨 위의 드러난 이야기는 문제이야기로서
  내담자가 말하는 힘든 문제임(예: 공황이와 미래 불안이가 지배한 이야기)
- 숨은 이야기(풍부한 이야기): 문제 외에 다른 이야기들, 예외적인 것들, 사소
  하게 여겼던 것들을 정리하는 구간(예: 아이들이 유아 때 학습지 교사를 했는데,
  그때 학부모들이 너무 좋아했던 기억, 피곤하지만 활기차게 남대문으로 물건을 떼
  러 다녔던 기억, 예상치 못했던 디자인과 색에 대한 센스, 아이들의 단단함)
- 주된 패턴: 내담자의 이야기가 어떤 일정한 패턴을 보이는 것(예: 관계, 공유,
  소통이 있는 곳에서 삶의 의미를 느끼고 기쁘게 일함, 자신의 존재감을 느낌)
- 자주 사용되는 단어: 이야기를 하면서 자주 나타나는 단어(예: 나 자신, 의지)

독특한 수확물

풍부한 이야기를 만드는 초석이 독특한 수확물(unique outcomes)입니다. 발견
자로서, 또 재해석가로서 빛을 발하는 순간이 이 독특한 수확물을 발견해 나가

는 과정입니다. 영어로는 outcomes, 번역하면 '결과'라고 합니다. 그래서 직역하면 '독특한 결과'입니다. 그런데 제가 outcomes를 '수확물'이라고 소개하는 이유는 outcomes의 느낌이 어떤 연구 후의 결과물이나 성과라기보다는 상담 과정 중에 문득문득, 순간순간 건져 내는 그 어떤 것에 더 가깝기 때문입니다. 즉, 이야기의 줄거리와는 조금 다른 색깔의 예외적인(exceptional) 것들이 수확되는 느낌입니다.

이 독특한 수확물이라는 개념은 White(2007)가 Goffman의 개념을 차용해 이야기치료에 처음 도입했습니다. 이 분에 의하면 독특한 수확물은 '이야기 과정 중에 드러나는' 것입니다. 또한 예외적인 것, 기대하지 않은 사건들(unexpected events)로 언급하고 있습니다(White, 1988; White & Epston, 1990). 즉, 그 느낌은 어떤 사건의 결론이나 결과가 아니라 이야기 중 떨어지는 수확입니다. 그래서 저는 수확물이라고 번역했습니다.

이야기를 어떻게 풍부하게 할 것인가? 어떻게 하면 이 지긋지긋한 문제이야기의 속박에서 벗어날 수 있을 것인가? 무엇으로 풍부한 이야기의 얼개를 만들 것인가? 누구의 것을 중심으로 이 얼개를 짜 갈 것인가? 어떻게 해야 대안이야기는 단단하고 촘촘해질 것인가? 대안이야기의 원전은 어느 것이 우선되어야 할 것인가? 이런 질문에 대한 답이 바로 독특한 수확물입니다. 이것은 내담자 이야기를 풍부하게 하는 데 결정적인 역할을 합니다. 또한 내담자 자신의 대안이야기를 만들기 위해 자신의 이야기 속에서 무엇을 숙고하고 찾아낼 수 있는지에 대한 길을 열어 주기도 합니다. 다만 조심하셔야 할 것은 독특한 수확물이란 것이 긍정적인 이야기를 바탕으로 한다든지 칭찬이나 축하를 하는 것이 아니라는 점을 각인하셔야 한다는 것입니다.

사소한 것 긁어모으기

이야기의 구조를 그림으로 그려 본다면 [그림 6-4]와 같습니다.

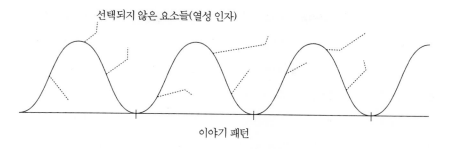

선택되지 않은 요소들(열성 인자)

이야기 패턴

[그림 6-4] 이야기의 구조

[그림 6-4]와 같이 이야기는 하나의 줄거리를 가지고 진행됩니다. 그렇지만 그 진행되는 과정 속에서 때때로 줄거리와는 별 상관이 없을 것 같은 것들, 즉 사족이 생성되었다 없어지곤 합니다. 혹은 전혀 관계가 없는 다른 사건이나 경험들이 언급되기도 합니다. 왜냐하면 이야기를 하는 화자가 논평이나 강의 혹은 발표문이 아닌 이상에야 면밀하게 준비하여 원고를 써서 이야기를 하지는 않기 때문입니다. 저의 내담자 중에서도 자기 이야기를 원고로 가져온 분은 단 한 분도 없었습니다. 그저 자유롭게 이야기할 뿐입니다. 그러다 보니 한 이야기 또 하고, 다시 하곤 하면서 그 사연이 얼마나 정서적으로 소용돌이 노릇을 하고 있는지 보여 주기도 합니다. 혹은 사족이 많이 붙습니다. 즉, 줄거리를 벗어난 사건들이 드러나기 쉬운 구조를 가지고 있는 것이지요. 그런데 이러한 줄거리와 관계없을 것 같은 사족들(a fraction of experience; Epston & White, 1994) 속에서 내담자의 대안이야기를 도와줄 특정한 수확물들을 만날 수 있습니다.

독특한 수확물은 또한 내담자의 문제와는 또 다른 스토리라인을 가지고 있는 대항적 이야기(counter story)로 인해 드러나기도 합니다. 가만 생각해 보시면 뭔가는 있었기에 아무리 고통스럽더라도 지금 이 자리에 와 있잖아요. 그러므로 아무도 관심을 가져 주지 않았던 이 열성 이야기를 발견해야 합니다. 문제가 내담자를 옭아맨 사건만 듣지 말고 내담자가 단 한 번이라도 문제를 극복했던 사건이나 그 상황을 성공적으로 조정 · 통제한 사건 또는 사실, 혹은 문제와는 전혀 상관없는 일화를 이야기해 보도록 질문하거나 상담사 자신의 경험된 이야기 등과 같은 것을 통해 도와줄 때도 나타납니다. 예상치 못한 곳에서, 혹은 이야기 중에 느닷없이(pop out) 생각하지도 못했던 것들이 나타나는 경우가 많습니다. White는 독특한 수확물을 시제적(time)으로 과거적 · 현재적 · 미래적 수확물로 나누었습니다(White & Epston, 1990). 모든 시제는 과거나 미래 그 자체가 아니라 모두 현재에 이야기된다는 것을 잊지 않으셨지요? 즉, 모든 수확물의 시제는 현재를 기반으로 한다는 것이지요. 그렇기에 현재 의도적으로 재해석하는 역할이 중요합니다.

과거로부터

이야기치료에는 '과거 재방문(revisiting the past)'이라는 것이 있습니다. '과거 이야기로부터'라는 표현은 과거 사건 그 자체를 의미하는 것이 아닙니다. 다시 말하면, 현재에 보는 그 과거 이야기입니다. 즉, 독특한 수확물은 더 이상 과거의 사건 꾸러미와 그 자체에서 나오는 것이 아닙니다. 과거의 사건은 지금 이 순간 상담실에서 재방문해 보고, 재해석하고, 다시 이야기하면서 의도적 · 의식적으로 찾아내야 하는 것들입니다. 그래서 '과거 이야기로부터'입니다.

과거로부터의 독특한 수확물이란 이제껏 잊었던 것들 혹은 관심과 조명을 받지 못했던 것들, 불특정한 것들, 즉 이야기되지 않았던 것들이 세상에 나오는 순간입니다. 내담자의 과거 이야기로부터 '드러내는(externalizing)' 독특한 수확물은 과거 사건이 현재 재경험되는 것입니다. 그것은 인지의 과정(cognitive process)과 인과적 결과물(cause and effect)이 아닙니다. 즉, 독특한 수확물은 인지주의에서 말하는 인지 과정의 산물이라거나 개인적인 인지 구조의 틀에서 나오는 것이 아닙니다. 지금 현재 대화하는 중에 재경험되는 것입니다. 내담자는 자신의 과거의 독특한 수확물을 통해 자신의 경험을 새롭게 재구성하고, 새로운 의미를 부여하는 작업을 하는 것입니다.

또한 자신에게 스스로 경험한 것들에 대해 자신만의 독특한 설명을 하고 새롭게 다시 해석하고 질문할 수 있도록 가능성을 열어 줍니다. 더불어서 당연시했던 신념, 담론을 해체하고 다른 각도에서 자신만의 해석을 해 보도록 합니다. 이러한 독특한 수확물들은 굳이 상담사가 개입하여 대화를 이끈다거나 가르치거나 설명하지 않더라도 이야기 과정에서 공동적인 노력 속에 끊임없이 나타날 수 있습니다. 이러한 과정이 내담자에게 자신의 이야기를 다시 쓸 수 있도록(re-authoring) 기회를 제공하기도 합니다. 즉, 독특한 수확물은 미래의 이야기를 여는 초석이 될 수도 있습니다.

White의 사례를 보시지요(White & Epston, 1990). 26세의 캐서린은 열세 살 때 허리를 크게 다쳤는데, 그때부터 육체적 고통도 고통이지만 정신적인 고통이 더 심했다고 합니다. 캐서린을 특히 힘들게 하던 한 가지는, 처음 보는 사람이나 새로운 사람을 만날 때였다고 합니다. 그럴 때마다 자신은 그 자리에서 도망가고 싶고, 항상 숨으려고만 하고, 자신을 고립시켰다고 합니다.

그래서 캐서린에게 기억을 떠올려 보게 했답니다. 혹시 이러한 상황임에도 불구하고 그녀가 다른 때보다는 좀 더 자신감을 가지고 어떤 사람을 만난 적이 있는지, 그러한 고통을 자신이 의도적으로 거부한 상황이나 경험이 있는지 말입니다. 그랬더니 캐서린은 약 20분간을 생각하다가 3년 전에 있었던 한 사건을 이야기했답니다. 어느 날 산책을 하고 있는데 앞에 누군가가 오는 것을 느꼈답니다. 그런데 얼핏 보기에 그 남자가 친절하게 웃어 주면서 가볍게 인사를 하는 것 같았고, 자신도 모르게 고개를 끄덕하면서 가볍게 인사를 하며 그 남자를 지나쳤다고 합니다. 캐서린에게 이 사건은 아주 짧은, 순간의 시간이었답니다. 그녀 자신도 가볍게 넘겼던 사건이고, 자신이 누군가의 앞에서 자신의 장애를 의식치 않고 행동한 예상치 못했던 사건이었던 거지요. 이 사건은 캐서린과 그의 어머니에게는 그리 중요하거나 관심의 표적이 되지 않았던 것이었습니다.

그래서 상담사는 캐서린과 그녀의 어머니에게 그 사건을 중심으로 의미를 부여해 보도록 권하고 이런 질문을 했다고 합니다. 처음 본 그 남자가 가까이 다가

올 때 캐서린은 어떻게 자신의 두려움에 대처했는가? 그와 같은 두려움이 캐서린에게 몰려올 때 어떻게 그 두려움을 뒤로하고 그것을 멈추게 했는가? 이러한 상황에 대처할 수 있도록 자기 자신에게 뭔가를 준비하게 한 적이 있는가? 만약 그 당시에 자신이 대처한 행동이 중요한 것이었음을 인식했다면, 그 상황이 (사람과 같이 생각하고 말할 수 있다면) 그녀의 발전적인 모습에 어떤 반응을 했을까? 그리고 그 상황은 캐서린에 대해 뭐라고 말할까? 만약 이런 발전적인 상황을 계속해서 그녀의 삶으로 끌어들이고 그와 같이 행동을 취했다면 지금 이 순간에 어떤 차이들이 나타날까? 이와 같은 과정을 통해 캐서린과 그녀의 어머니는 새로운 시각으로 과거의 사건을 재경험하게 되었다고 합니다. 그리고 여러 가지 다른 독특한 수확물을 발견하고 재경험하며, 재해석해 가면서 몇 달 후에는 둘 다 자신의 새로운 지식을 생활에 적용하고 친구 관계를 넓혀 갔다고 합니다.

독특한 수확물은 내담자의 이야기를 풍부화시키고 대안이야기를 강화시키는 데 톡톡히 효자 노릇을 할 수 있을 겁니다. 상담을 하시다 보면 이야기가 모이거나 한 줄기로 엮여 통일적으로 이야기되지 않는 경우가 많습니다. 그렇다고 산만하다는 의미도 아닙니다. 한 줄기로 이야기가 구상되어 있기는 한데 또 다른 무엇이 불쑥불쑥 들어올 때가 있습니다. 그러다 보니 여기저기 흩어져서 제 구실을 제대로 못하고 있는 것들이 발견될 것입니다. 아니면 앞의 것과 뒤의 것이 서로 의미가 충돌되기도 합니다. 이런 것들을 내담자와 같이 잘 모아보고 엮어 주고 질문해 보시기를 바랍니다.

문제는 내담자가 자신의 수확물을 자기 것으로 받아들이지 못하는 경우가 상당히 많이 발생합니다. 자신의 것임에도 불구하고 자신의 것으로 여기지 않는 경향이 있습니다. 제가 추측하기에는 내담자가 너무 힘들거나 오랫동안 문제 이야기의 영향을 받고 살다 보면 무기력한 자기정체성이 형성되어 있는 경우가 많기 때문인 것 같습니다. 이럴 때는 상담사가 찾은 수확물들이 왜 수확물인지 다른 관점을 제시해 보고, 수확물과 연관된 구체적인 사연을 접목해서 그 수확물이 왜 독특한 것인지 다시 들려줘야 합니다. 즉, 자신의 이야기로 자신의 것을 검증받아야 한다는 것입니다.

　더 난감할 때는 내담자가 캐서린과 같이 기억을 떠올려 주면 좋은데, 그런 기억이 전혀 없고 그런 경우도 전무할 때입니다. 이럴 때는 상담하던 이야기와 상관없는 이야기, 즉 내담자가 경험했던 또 다른 어려웠던 사건을 기억하게 해 봅니다. 그것을 다시 구성해 보게 해도 제 경우에는 좋은 수확물을 건질 수 있더군요. 그러면 거기서 내담자만의 노하우, 강점, 자신의 방법 등이 나타나기도 합니다. 또는 엉뚱하게 상담사 자신의 이야기를 들려주는 것입니다. 그러면 내담자가 자신의 이야기를 풀어낼 실마리를 찾는 경우를 보기도 했습니다. 즉, 이야기가 이야기를 만나게 하는 것이지요.

　독특한 수확물은 내담자의 이야기가 흐르는 곳으로 함께 따라가다 보면 뭔가 '우연'이 도처에 자리하고 있을 겁니다. 이야기의 흐름은 그때마다 필요한 방향키를 잡아가면 될 것입니다. 그러므로 특정한 단계에 매이지 않는 유연성을 견지하심이 좋을 듯합니다. 마치 금광에서 금맥(alternative story)을 찾아 가면서 주위에 흩어진 알갱이들을 주워 모으는 것과 같다고 할 수 있습니다. 그 금맥을 찾아가기 위해 제일 먼저 해결해야 할 일은 금맥과 다른 물질을 분리하는 것입니다. 그리고 금광 안에 널려 있는 장애물들(내담자의 문제들)을 밖으로 드러내는 작업이 선행되어야 합니다. 이야기치료에서는 이것을 '드러내기(externalizing)'라고 합니다.

제 **7** 장

상처는 미래를 여는 보물창고:
문제 밖으로 드러내기

'문제가 문제이지, 사람이 문제는 아니다(The problem is the problem, the person is not the problem).'라는 것이 이야기치료의 중요한 인식입니다. 그래서 이야기치료에서는 문제와 사람을 분리해서 대화를 진행합니다. 심리내적이고 개인적으로 여기던 문제를 심리 외적인 것, 즉 사회 문화적인 맥락 안에서 풀어 보려 합니다. 그리고 해체적 대화로서 어떻게 그것이 문제라고 규정되었는지 역사적·문화적 과정을 파악해 봅니다. 이런 과정을 효과적으로 하기 위해 문제를 객관화·개체화시켜서 대화를 시도합니다. 이것을 'externalizing the problem'이라고 하며, 국내 학자에 따라 외재화·외현화 혹은 표출대화라고 번역합니다. 저는 단순하게 '문제 밖으로 드러내기(externalizing)'라고 풀어 쓸 것입니다.

문제를 개인적이고 내재적으로 대하는 것은 심각한 오류를 범할 수 있습니다. 나쁘게 말하면 개인의 유약성입니다. 그 개인이 문제의 근원인 겁니다. 그 대표적인 음모적 표현이 "내가 변하면 세상이 변한다."는 것입니다. 이 표현은 사람들이 흔히 생각하는 '관점'의 변화에 대한 것이 아닙니다. 여성학 시각에서 말하는 것입니다. 이 표현은 특히 기혼 여성에게 많이 사용되었지요. 그러나 내가 변해도 세상은 그대로 있습니다. 왜 꼭 나부터 변해야 합니까? 그 세상을 나 혼자다 감당하라는 또 다른 음모, 또 다른 차별이지요. 같은 상황과 같은 조건에서 왜하필이면 '그 개인'만이 이런 문제에 빠지냐는 거지요. 이런 사고가 그 사회의 성차별, 계층차별을 용납되게 합니다. 이런 사고는 심지어 인종차별에 대한 이론적 배경으로 이용될 수도 있습니다. 간단하게 말하면, 지배담론의 막강한 힘이지요. 이것이 남성 중심으로 이루어져 온 학문, 과학과 서양 중심의 전문 지식이라는 이름으로 자행되는 오류입니다.

문제란 놈의 특징

부재하지만 암시된 이야기

우리는 어떤 근거로 자신이 경험한 것을 문제라고 이야기하고 있는 걸까요? 그 근거의 잣대는 무엇일까요? 어떻게 그 상황이 문제, 상처, 아픔이란 것을 알았을까요? 뭔가를 알기 때문에 문제를 아는 거지요. 그 뭔가가 문제인지 아닌지를 가늠하게 해 주는 잣대이고, 그 잣대를 알고 있다는 것이지요. 그 잣대가 사회 문화적인 기준이건 무엇이건 간에 내담자 자신에게는 가치와 의미입니다. 즉, 문제 자체가 자신만의 가치와 의미를 암시하고 있다는 것입니다. 언제? 지금 이 순간에 부여한 가치와 의미를 현재에 적용하거나, 아니면 현재 그것을 평가할 때입니다.

내담자는 문제를 통해 자신의 대안 이야기를 암시하고 있습니다. 자신이 가치와 의미를 부여한 것을 문제 이야기를 통해 폭로하고 있는 것입니다. 그 대안 이야기, 그 의미 및 가치와 비슷한 상황을 경험했거나 혹은 반대로 이 상황이 낯선 것이지요. 그렇다면 문제가 아닌 것을 이미 알고 있거나 경험했기에 지금 이 순간을 문제라고 여기는 것이지요. 마치 빛을, 아니 어둠의 정도를 가늠하는 것과 마찬가지입니다.

해체론자들의 주장처럼 모든 언어와 이야기 안에는 그와 대척(counter)되는 것이 있습니다. 그렇다면 문제 안에 이미 그 해결이야기나 대안이야기가 내포되어 있다는 것이지요. 문제가 있다는 것은 대안이 있다는 것이고, 문제가 없다는 것은 대안도 없다는 의미이지요. 문제는 아프고 힘듭니다. 그 이야기를 하다 보면 자연스럽게 선호하는 이야기도 드러나게 되지요. 그렇다면 굳이 아픈 문제이야기를 중심으로 상담을 열 필요가 있을까요?

문제이야기는 모방이다

인식론에서도 말씀드렸듯이, 이야기에는 모방된 이야기만 있을 뿐 근원적인 이야기가 있다거나 태초적인 창작품이 있다고 말하기는 어렵습니다. 해 아래 새 것이 없듯이, 모든 이야기는 모방된 이야기입니다. 해석도, 의미나 가치도, 우리의 욕망도, 그에 따른 행동양식도, 입맛도 취향도 모방됩니다. 심지어 우리의 감정이란 것, 사물이나 사건에 대한 것도 모방된 감정이라고 할 수 있습니다.

문제이야기가 모방된다 함은 역사성과 유사성을 가지고 있다는 것입니다. 그렇다면 본질도 영원성도 없는 것이지요. 그 시대, 그 공동체의 문제에 불과하다는 것은 얼마든지 새롭게 재구성할 수 있다는 반증이기도 하지요. 근사한 예가 있습니다. Wright 형제가 하늘을 날고 싶다고 한 그 상상은 당대에는 망상, 즉 병리나 마찬가지입니다. 그러나 이 시대에 하늘을 날 수 있는 기구를 만든다면 그 누가 망상적 수준으로 몰아가겠습니까?

그 무엇인가와의 비교, 역사적 비교, 다른 대상과의 비교 없이 인간의 인식은 발달하지도, 형성되지도 않습니다. 결국 우리는 익숙하지 않은 낯선 상황을 문제라고 이야기한다는 것입니다. 인류는 낯선 상황이 오면 탐구했고, 거기에 '언어'로 질서를 부여했습니다. 질서가 부여되고 학습이 진행되면 익숙한 상황을 누릴 수 있는 것이지요. 만약 이 가설이 적확하다면 내담자의 문제이야기는 결국 이야기가 파편화되어 질서가 부여되지 않았다는 것을 의미하며, 문제와 관련된 언어로 구성되었다는 것을 암시하는 것이지요.

결핍성 이야기

문제는 결핍된 이야기일 뿐입니다. 결핍된 것은 채워져야 합니다. 사건이나 상황 혹은 가족의 영향이나 개인사에 의해 문제가 된 것이 아닙니다. 문제의 실체 그 자체가 아니라는 것이지요. 엄밀하게 말해서 '문제라고 이야기하는 것'이지요. 지금 이 순간 문제라고 이야기하는 것이 지금의 삶을 지배하는 지배적인 이야기일 뿐입니다. 그렇다면 현재 우성으로 나타난 것뿐이고, 열성으로 가려져 있으며 숨어 있는 또 다른 많은 이야기가 드러나야 한다는 것이지요. 그 외에 더 채워져야 할 부분이 많이 있다는 암시와도 같습니다.

아무리 힘들다고 해도 은행에 대출받으러 가서 공황장애 이야기를 하지는 않을 것입니다. 바로 앞에 공황장애와 관련된 이야기를 할 수 있는 상담사가 있기에 공황장애와 관련된 이야기를 하는 것입니다. 이야기 안에는 해석이 있고 그 해석은 의도와 목적에 따라 구성된 것입니다. 또한 이야기는 시공간과 관계성에 따라 여러 형태로 구성·재구성됩니다. 그렇다면 문제라고 이야기하는 것도 결국은 아프다, 상처다라고 해석한 이야기입니다. 그런데 이렇게 해석하는 내담자의 문제는 당연한 것입니다. 사회 문화에서 이미 문제라고 규정하고 있기 때문에 우리 역시 당연하게 그렇게 받아들이고 살고 있는 것입니다.

누구의 잣대인가

그 규정은 어디서 왔을까요? 어떤 과정을 거쳐서 우리 앞에 문제라는 이름으로 나타났을까요? 누가 공황장애라고 합니까? 누가 그 이름을 붙였습니까? 규정, 기준, 표준, 범주 등을 다른 말로 하면 잣대겠지요. 누가 그 잣대를 만들었을까요? 오이디푸스 신화가 어떻게 인간의 본질을 규정합니까? 태어나기도 전에 아버지가 돌아가셨는데 왜 그것이 개인을 규정합니까? 남자가 평생 세 번 이상을 울면 남자가 아닙니까? 부잡하다고 야단맞던 아이가 언제부터 ADHD 아동이 되었습니까?

우리가 문제라고 규정하는 것들은 결국 특정한 집단이나 사회, 문화에 따라 변천을 거듭했습니다. 다른 말로 하면, 시공간적인 것에 따라 신념과 행동양식은 달라집니다. 이 시대에 문제가 안 되는 것이 다른 시대에서는 문제가 될 수도 있습니다. 그렇기에 문제란 어느 역사적 시점의 관점인가 하는 것이고, 또한 그 역사적 시점에 존재하던 표준(norms, standards)이 생산해 낸 가공품입니다. 그 가늠자(표준)는 신념이라는 내적이고 가치적인 의미를 지니게 되고, 어떤 '론'이나 '설(theory)' 혹은 과학적이라는 이름으로 포장된 '연구 결과'로 그 지위를 부여받았습니다. 이 표준에 맞으면 합리적인 것이고, 당연한 것이며, 옳은 것입니다.

상담사도 예외가 될 수 없었습니다. 전문가라는 위치로, 이론이라는 잣대로 내담자를 어떤 규정된 자아(fixed self)로 만들어 버리는 우를 범할 수도 있고, 보편이라는 이름의 틀로 내담자를 '다루게' 될 수도 있습니다. 그 결과로서 내담자의 이야기를 통한 문제의 출구를 찾기보다는 상담사의 전문 지식을 통하여 문제에 대한 특징, 내담자가 지금 해야 할 일 등을 설명하는 데 주력하게 되었지요. 상담사는 의도했든 하지 않았든 간에 사회적 통념을 강화하는 데 일조하였을 뿐만 아니라 내담자의 구체적인 상황과 주체를 사장하는 역할을 수행했던 것입니다. 상담사 역시 누군가의 잣대를 모방하여 유사한 모방이야기를 생산하고 있을 뿐입니다.

트라우마에 대하여

결론부터 말씀드리면, 정신적 외상(trauma)이라고 번역되는 상처라는 것은 '신비'라고 Müller 교수께서는 정의하시더군요. 전통상담은 상처를 숫자(number)로 관리했습니다. 어느 선상이면 위기이고, 어느 선상이면 보통, 이런 식으로 관리하는 대상이었습니다. 기능적인 접근이지요. 더욱 큰 문제는 상처를 당위성(certitude)에 근거하여 취급한다는 것입니다. 즉, 인과관계지요. 어떤 것에 '의해' 나타난 '결과' 혹은 현상인 거지요. 그렇기 때문에 마침내 '해결(problem solving)' 되어야 할 그 무엇으로 취급됩니다.

그러나 이야기치료는 트라우마를 달리 해석합니다. 위기이론에서 말하듯이 객관적 위기란 존재하지 않습니다. 수적인 것으로 범위가 결정될 수 있는 것이 아닙니다. 문제의 단초가 있다고 할지라도 그 결과나 현상은 누구도 예측 할 수 없는 시간과 공간의 영역이요 신의 영역입니다. 즉, 질적(quality)인 신비 안에 있다는 것이지요. 앞에서 살펴 본 복잡계 이론의 가정과도 같습니다. 그렇다면 트라우마는 해결하고 안 하고의 문제가 아니라 삶의 일부이자 옆에 끼고 사는 것이라고도 할 수 있습니다.

문제는 이 트라우마가 일상에서 나타나는 현상은 그 어느 것보다도 막강한 힘을 가지고 있다는 것입니다. 일반적인 기억은 자신이 통제·조정할 수 있습니다. 그런데 이놈은 기억하기 싫다고 의지적으로 밀어낼 수 있는 것이 아닙니다. 시간적인 영역도 없습니다. 아무 때나 의지와 상관없이 불쑥불쑥 밀고 들어옵니다. 즉, 기억의 영역도 아닌 신비의 영역이라는 것입니다. 이 신비가 우리에게 여러 가지 다른 방식으로 접촉하고 있습니다. 무질서하고 의외의 상황, 그리고 예상치 못한 관계와 기대하지 않은 결과로 다가올 수도 있습니다. 중국 고사로 치면 이것을 '새옹지마'라고 할 수 있겠지요.

상처는 미래를 여는 보물창고

식상한 말씀을 드리는 것이 아닙니다. 아픕니다. 고통입니다. 그럼에도 불구하고 상처는 미래를 여는 보물창고입니다. '상처' '아픔' '고통'은 지워지거나 잊혀지거나 해결되는 과제가 아니라는 전제가 이야기치료의 인식입니다. 다만 어차피 아프고 상처된 것, 그냥 흘러버리기도 억울하고, 흘러버리겠다고 의지를 다져도 가능한 것도 아닙니다. 그렇다면 그 안에도 분명 또 다른 뭔가가 있을 것이라는 전제입니다. 앞에서 말씀드린 대안이가 숨어 있을 것이라는 가정입니다.

폐 컴퓨터도 그냥 버리지 않고 그 속에서 금을 추출한답니다. 하물며 우리의 삶이 그리 함부로 취급될 것이라고 저는 생각하지 않습니다. 지금 상담을 필요로 한다는 것은 문제에 눌려 있다는 상황을 말해 주기도 하지만, 상담소까지 온 그 자체, 힘들고 어려웠을지라도 지금 여기까지 삶을 유지했다는 것은 그 안에 우리가 발견하지 못한 그 어떤 힘이 있다는 반증이기도 합니다. 우리는 이야기로 된 존재입니다. 우리의 이야기는 신화에서 비롯되었습니다. 그렇다면 삶 자체는 특정한 무엇으로 규정할 수 있는 것이 아닌 신비입니다. 신비는 경험되는, 경험해 가는 과정이자 기대로 가득한 그 무엇입니다. 그런 의미에서 상처는 미래를 여는 보물창고입니다.

문제란 놈의 전략

문제란 놈은 우리의 내담자를 괴롭히기 위한 특별한 전략을 지니고 있습니다. 그중 하나, 굉장히 강력한 힘이 우리의 정체성에 이름을 붙여 줍니다. 이름 붙이는 것을 통해 우리를 조정·통제하려고 합니다. 이놈은 자신의 전략을 강화하기 위해 교육, 신념, 과학, 학문적 위업 같은 것 등을 이용하기도 합니다. 우리 현대인이 약한 부분이 뭔지를 압니다. 숫자와 통계, 정보를 들이밀기도 합니다. 우울증, 공황장애, 소심증 등이 그것입니다. 이런 이름을 우리에게 덧씌우면 우리가 선택할 수 있는 이야기의 폭이 좁아지지요. 문제 전략 아래서만 이야기하는 우를 범합니다. 이런 전략에 말리지 않기 위해 우리는 역으로 문제에 이름을 붙여 줍니다. 그리고 역으로 조정·통제합니다.

문제 이름을 통해 문제란 놈은 우리를 분리합니다. 이것이 문제의 궁극적인 목표이자 목적입니다. 우리 가족과의 관계, 우리 주위와의 관계와 분리를 시도합니다. 궁극에는 내가 나 자신과 분리될 때까지 진행됩니다. 생각해 보십시오. 내담자가 어떤 어려움에 처했을 때, 그 주위 관계가 피폐해집니다. 그리고 결국 자신을 받아들이지 못하는 지경까지 가게 되지요. 그래서 우리는 역분리를 하기 시작합니다. 문제와 사람을 일단 분리하고 봅니다. 그렇게 해서 우리의 선택의 폭을 넓히고 '우리의 이야기는 모으고, 문제이야기는 소외시킵니다.'

문제 분리

이야기치료 과정에서 가장 선행되는 작업이 바로 문제와 내담자의 사이를 분리(externalizing)하는 작업입니다. 문제와 내담자를 분리하게 되면 문제는 하나의 볼 수 있는 실체, 만질 수도 있고, 느낄 수도 있는 객체로 만들어집니다. 이 객체는 하나가 될 수도 있고 두 개, 세 개 등으로 복수가 될 수도 있습니다. 우리는 문제를 객체화해서 문제와 대화를 시도하게 됩니다. 즉, 문제를 의인화하여 문제 자체를 심층적으로 해부해 보는 것입니다. 수술대 위에 문제를 놓고 내담자와 상담사가 담당 집도자가 되어 협력하여 문제를 조정·통제·해부하는 것입니다. 놀이치료나 미술치료, 진흙치료 등이 이와 같은 원리지요.

이제까지는 문제와 관련하여 문제의 정보, 문제의 개념, 문제의 내력, 해결 방법 등에 대해서만 이야기했습니다. 즉, 문제라는 프레임 안에서 내담자(인간)를 다루었습니다. 어려움을 호소하며 찾아오는 사람들과 그들의 가족, 심지어는 많은 상담사까지도 문제와 내담자를 동일시함으로써 자신을 아주 작은 문제라는 상자 속에 가두어 놓고 문제를 해결하려고 합니다. 그러나 내담자를 문제로 보는 인식부터 바꾸지 않고는 발전된 이야기를 기대한다는 것은 상상할 수 없습니다. 그러므로 이야기치료는 내담자가 자신에게 다가오는 문제를 자신의 것, 즉 '내면화(internalizing)' 했던 것을 밖으로 드러냄으로써 자신과 문제를 분리하도록 돕습니다. 이때 문제를 실체화 · 객체화 · 의인화하게 됩니다.

혹자는 이런 대화에 대해 효과를 의심하기도 합니다. 혹은 최면의 한 기법으로 오해하는 경우도 있습니다. 실례로, 이야기치료의 한 축을 담당하던 Epston의 방법론을 가지고 사람들은 최면술이라고 의심했다고 합니다. 그러나 막상 현장에서 이런 대화를 진행하다 보면 내담자들이 어렵지 않게 문제의 함정에서 자유로워지는 것을 볼 수 있을 것입니다.

이름 짓기

이름을 아무 의미 없이 짓지는 않습니다. 그것에 어울리는 의미와 가치를 부여해서 '의도적'으로 이름을 짓게 되는 거지요. 이름을 짓게 되면 두루뭉술한 것, 실체가 불분명한 것, 무질서적인 것에 질서가 잡힙니다. 그래서 이름을 짓게 되면 문제를 분류하고 조정 · 통제하기가 쉬워집니다. 이름을 부여받으면 '실체'가 됩니다. 그 실체가 행위를 할 수 있는 것이고, 움직이고, 생각하며, 대화할 수 있는 것입니다. 즉, 문제가 이름을 부여받으면 느낌이든 감정이든 상관없이 하나의 인격체가 되는 것이지요. 그 인격체가 지금 내담자와 대면하는 상황을 연출해 내어 내담자 속에 숨어 있는 문제를 밖으로 드러낼 때 드러내기가 수월해 집니다. 이때 내담자는 일인이역을 하게 됩니다.

문제를 드러내기할 때 내담자와 상담사는 '상상 요법'이나 '상징' '그림' '도구' 혹은 '이름 짓기' 등과 같은 여러 가지 방법을 동원할 수 있습니다. 여기서 중요한 포인트는 느낌이나 감정, 인간관계 등 극히 추상적인 것일지라도 실제로 보이고 만질 수 있도록 실체화해야 한다는 것입니다. 작명을 할 때는 특정한 틀이 있는 것은 아닙니다. 부르기 편한 것이면 됩니다. 작명에는 구어체인 현재진행형의 동사를 활용할 수도 있습니다. 예를 들면, 대인기피증이라는 단어보다는 '사람 피하기' '숨어 지내기'라고 할 수도 있고, 그냥 대인기피증이라고 해도 무방할 것입니다. 내담자가 자신의 문제를 가장 적절히 표현할 수 있는 것이면 그

것으로 족합니다.

그런데 제가 이름 짓기와 문제 분리를 실천하면서 보니 내담자의 나이에 따라 이 작업을 받아들이는 것이 다르더군요. 어른들은 특히 이 이름 짓기가 건조합니다. 은유적 표현을 매우 어려워합니다. 그리고 얼마쯤 하다 보면 또 다시 사람과 문제를 동일시하며 이야기하곤 합니다. 아마도 제가 실력이 부족하거나 이름 짓기가 우리 어른들에게는 참으로 낯설고 생소하기 때문이 아닐까 생각합니다. 혹자는 애들 장난하는 것 같다고 불편해하기도 하며 현실적이지 않다고 하면서 작업 자체에 시큰둥해하기도 합니다.

그래서 저는 문제를 분리하고 이름 짓기의 목적을 설명한 후 시작하기도 하고, 주 호소문제라고 내담자가 말한 것에 이름을 짓게 되면 의도적으로 문제 이름을 불러가며 질문을 합니다. 예를 들어, "문제란 놈에게 이름을 짓는다면 어떻게 지으시겠어요?" "우울이가 언제, 우울이 이놈은…" " '화' 란 놈이 선생님의 삶에 언제부터 개입한 것 같습니까?" "그 녀석이 어떤 경우에 폭력을 쓰게 합니까?" 혹은 "폭력이 어떻게 선생님인 척합니까?"라고 물어봅니다. 그러면 내담자도 자연스럽게 문제 이름을 불러 가며 대화에 참여하기도 합니다. 혹은 아예 이름 짓기를 하지 않고 공깃돌 같이 작은 돌을 이용하거나 그림을 이용하거나 모래놀이에서 사용하는 피겨(figure)를 이용하여 문제 분리에 초점을 맞춥니다.

반면, 어린이나 청소년은 문제 이름 짓기나 분리하기를 재미있어하기도 하고 자연스럽게 잘합니다. 그러나 아이들은 의미나 가치를 부여하고 생각해 보는 것을 어려워합니다. 이럴 때는 의미나 가치라는 것이 무엇인지 설명해 주고, 아이들이 생각하고 고민할 수 있도록 시간을 두고 기다리기도 합니다. 어린아이에게는 색깔로 표현해 보라고 하거나 좋아하는 것으로 표현해 보라고 하면 은유적으로 잘 표현하고 자기가 표현한 것에 대해 어렵지 않게 설명하기도 합니다.

문제 실체 폭로와 매핑

문제가 내담자와 별개라면, 문제란 놈이 내담자의 삶에 개입하게 된 계기와 때가 있을 것입니다. 내담자의 삶을 이제껏 어떻게 지배해 왔고, 그 지배 영역은 어느 정도이며, 그 영역을 확장했거나 아니면 다른 영역으로 이전했을 수도 있을 것입니다. 또한 다른 부수적인 것들을 불러들여 자신의 아성을 쌓고 있었을 수도 있습니다. 다른 성질의 문제들을 불러 모읍니다.

그러므로 문제란 놈은 무엇에 의해 더욱 기승을 부리게 되는지, 누구에 의해 그리고 무엇에 의해 지원되는지, 어떤 상황을 좋아하는지, 내담자의 삶에서 원하는 것이 무엇인지, 그것이 내담자를 파괴하고자 하는 전략과 전술이 무엇인지, 약점과 강점 같은 다양한 면을 확인하여 봅니다. 그리고 목록을 만들거나 그림으로 한눈에 들어오게 해 보거나, 아니면 비슷한 줄거리들을 모아 이야기 군을 형성해 보는 것도 효과적입니다. 이런 활동을 White와 Epston은 매핑(mapping)이라고 합니다.

매핑

이야기치료에서 지도(map)라는 것은 은유적 표현입니다. 등반을 할 때 그 산행은 여러 갈래일 수 있다는 것이지요. 정해진 길이 아닌 다양한 길을 제시하기도 합니다. 일반적으로 지도를 그리는 이유가 무엇입니까? 왜 사람들은 지도를 필요로 하나요? 그 이유 중 하나는 전체적인 지형과 특성이 한눈에 들어올 수 있도록 하기 위함이라고 생각합니다. 지도를 통해 우리는 자신이 서 있는 땅의 전체적인 윤곽을 알 수 있지요. 무엇을 '안다(knowing)'는 것은 우리가 최소한 모르기 때문에 겪어야 하는 막연한 두려움이나 혼란은 피할 수 있게 해 주지요.

또한 어떤 지형이 자신에게 유리하고 어떤 지형이 자신에게 불리할 것이라는 예측과 더불어 최소한의 의식적인 대처가 가능할 수도 있습니다. 그러므로 지도의 유용성 두 번째는 전체적인 윤곽과 구체적인 지형 지류에 따라 우리의 행동 반경을 결정할 수도 있고 예상 경로를 잡을 수도 있다는 것입니다. 방향(규정)을 잡고, 지형을 탐색하며, 전체 경로를 평가하고, 그 타당성을 조망할 수 있는 것이 지도입니다.

이야기치료 과정에서도 이와 비슷한 '매핑'을 합니다. 매핑의 개념은 기존의 여타 상담이론에서 여러 형태로 다양한 필요에 따라 사용됩니다. Freud에 의해 처음 시작되었고 Richardson(2001)이 발전시킨 가계도(family genogram, family of origin)로 이어집니다. 여기서 가계도는 내담자의 문제를 '병리'로 보는 개념을 가지고 그의 가족 체계를 추적하여 문제의 '근원'과 '원인'을 매핑할 수 있게 합니다. 그러나 이야기치료에서 실천하는 방향은 다릅니다. White가 말하는 매핑은 Bateson의 아이디어와 많은 연관성(White & Epston, 1990)이 있는 것으로서 내담자를 문제와 분리하여 문제와 내담자의 역학 관계(power relation) 그리고 문제와 내담자가 서 있는 곳의 전체적인 윤곽을 확인하고 '문서화(document)'하는 데 주 목적을 둡니다. 매핑은 크게 문제의 영향에 대한 것과 내담자가 문제에 영향을 끼친 것 두 가지 영역으로 나눌 수 있습니다.

문제란 놈의 영향 매핑

문제가 내담자의 삶에 영향을 준 전반적인 부분을 탐색하는 것입니다. 이때 목록이나 그림으로 문제 주위의 생태계를 만들 수도 있습니다. 문제 드러내기 과정에서 계속적으로 언급했고 강조했듯이 내담자와 상담사가 문제 그 자체(in itself)를 이야기하는 것이지 '내담자 문제(client's problem)'를 이야기하는 것이 아닙니다. 그렇다고 오해하지 마십시오. 물론 문제에 대하여 이야기한다는 것이 내담자의 책임성이나 역할 그리고 문제에 대한 주체적 접근을 무시하는 것은 아닙니다.

매핑은 내담자의 전체 삶의 생태적인 지형을 놓고 문제라는 포인트를 자신의 지도에 그려 보는 것입니다. 문제가 출발한 지점, 거쳐 간 경로, 예상 종착 지점 등을 말해 보는 거지요. 구체적으로 말한다면, 과거의 사건 속에서 문제가 내담자에게 영향을 주었던 사건들의 중심부와 주변부를 세밀하게 그려 내는 것을 말합니다. 시간적인 것과 공간적인 것 그리고 관계적인 것을 종이에 그려 보거나 목록을 만들어 보기도 합니다. 후에 논의할 행동 조망(lands cafe of action), 정체성 조망(lands cafe of identity)까지 조망해 볼 수 있는 작업을 합니다.

내담자가 문제에 영향을 미친 매핑

문제의 영향에 대한 매핑과는 반대로, 이번에는 내담자가 문제와 관계없었던 이야기, 문제에서 벗어났던 것들, 문제를 통제해 봤던 것들을 탐구하는 것입니다. 또한 내담자 주위의 어떤 사람들이 도움이 되는지를 확인해 보는 것입니다. 이 과정은 내담자 자신에게 새로운 정보를 제공할 뿐만 아니라 내담자 주위에서 잊혔던 사건들—특히 대안이야기에 도움이 될 만한 요소들—이 드러날 수 있도록 하는 계기가 됩니다. 매핑은 광범위하게 이루어져야 합니다. 그리고 이렇게 광범위하게 탐구된 것들은 또다시 구체적이고 세밀한 부분까지 그려질 경우 더욱 효과적입니다.

광범위하면서도 세밀하게 탐구하려면 전문가의 진단보다는 내담자에 의해 계속되는 해석, 재해석되는 이야기에 충실해야 합니다. 그렇다고 해서 상담사의 역할이 없다는 것이 아닙니다. 상담사의 질문은 내담자의 이야기를 풍부화하는 데 중요한 요소가 될 수 있을 것입니다. 내담자가 잊고 있는 것들을 활성화시키는 것이 상담사가 해야 할 것 중의 하나라는 것도 잊지 말아야 할 것입니다. 이때 내담자는 문제가 자신에게 공격해 오기 전의 생활을 정리해 볼 수 있는 기회를 가지게 되고, 이야기할 수 있는 공간을 넓게 되며, 그 속에서 문제에 가려 있던 자신의 강점, 누렸던 삶 그리고 자신이 원하는 구체적인 것을 찾아 나갈 수 있습니다.

이때 문제 영향력의 강도(degree)를 측정해 보는 것도 권해 드릴 만합니다. 예를 들어, 3년 전에는 80% 정도의 영향력이 있었고 1년 전에는 30%였는데 현재는 90%라고 한다면, 시공간에 따라 문제의 영향력이 재평가될 수 있음을 시각적으로 볼 수 있는 기회를 제공합니다. 또한 문제와 연관된 사건, 상황, 사람 등과 어떤 강도로 연관되어 있는지 측정해 보는 것입니다.

이때 내담자는 문제의 영향력이 사건마다 다름을 발견하고 스스로 문제의 강도를 측정할 수 있는 기회를 가질 수도 있습니다. 또한 강도가 다르게 되는 그 어떤 요소들을 찾아낼 수도 있습니다. 문제의 강도가 측정 가능해질 때 그만큼 내담자가 자신의 힘을 배분하는 데 효과가 있습니다. 때론 문제가 어떤 면에서는 긍정적인 역할을 할 때도 있습니다. 그렇다면 상담사는 이 문제에서 도움이 될 만한 것만을 추출해서 내담자의 대안이야기와 연결시킬 수 있는지를 고민해야 할 것입니다.

이런 대화를 하다 보면 내담자들은 일반적으로 시간적 배열인 '처음에는' 이라는 표현을 많이 합니다. 즉, 사건을 재구성해 간다는 의미를 내포하지요. 혹은 "별건 아닌데…" "특별한 것은 없어요."라고 하면서 사소한 것으로 치부했던 것들을 들춰 내기 시작합니다. 이때 상담사는 조급해하지 마시고 기다려 주는 습관을 가지셨으면 합니다. 내담자의 침묵이 길어질수록 상담사가 자꾸 다른 질문을 통해 이야기를 끌어내려는 경향을 보이기도 하기 때문입니다.

문제 드러내기(외재화) 대화의 실습

여기서 소개하는 예는 말 그대로 예일 뿐입니다. 예를 외워서 사용하려고 하시면 자꾸 이 질문에 매여 내담자 이야기를 토막내는 경우가 많습니다. 그러므로 참고만 하시고 실천 현장에서는 이야기를 따라가셔야 합니다. 여기서 소개하는 예는 제가 호주 덜위치 센터(Dulwhich Centre) 홈페이지에 있는 것을 의역한 것이고, 강의 때 수강생들이 이해하기 편하게 재구성한 것임을 밝힙니다.

문제 드러내기 대화 1

> **확장을 위한 포인트**
>
> 문제를 인터뷰하는 리포터는 문제를 해결하려고 하거나 재조정하려 하거나 회복시키는 데 중점을 두는 것이 아니라 단순하게 문제의 정체성, 문제의 특징, 모습 등만을 드러내면 됩니다. 이는 어떻게 성공적으로 문제에 휘둘리는 사람을 조정하고 있는지를 확인하는 작업입니다.

실제 상담 현장에서는 이렇게 해 보십시오. 내담자에게 문제 이름을 짓게 합니다. 그리고 내담자에게 앞으로 진행할 대화의 의도를 설명해 줍니다[예: "선생님, 지금부터 문제란 놈의 이름을 짓고, (그림이나 상징물을 만든 후) 이놈이 선생님이 되어 실제 선생님… 그러니까 놈이 어떻게 '김개똥(상징 및 그림화된 내담자)' 이에게 접근하고, 못살게 굴고 영향을 미쳤는지 말해 주시는 것입니다]. 문제를 종이에 그리고 자기 자신도 그리든지, 아니면 물건을 이용하여 문제와 자신을 배치시켜 놓고 상담사가 문제에게 말을 걸면 문제가 내담자 상징물(그림)을 보면서 대답하게 합니다(즉, 내담자가 문제가 되어 그림(상징물)화 된 것에 대해 말하는 방식) 마치 모노드라마 하듯 한다고 할까요?

구체적으로 질문에 들어가야 할 것은 다음과 같습니다.

- 문제가 어떻게 내담자의 인간관계에 영향을 미쳤는가, 내담자의 정서에 어떤 영향을 줬는가, 어떻게 내담자의 생각에 간섭하고, 어떤 방식으로 생각하도록 하고, 자신에 대해서는 어떻게 생각하도록 노력했는가, 내담자 자신이 스스로의 인생을 어떻게 평가하고 생각하도록 유도했는가?
- 문제가 사용한 전략(strategies, techniques), 속이기, 기만(deceits, tricks) 등 내담자의 생활을 쥐고 흔들기 위한 노력들에는 무엇이 있는가?
- 내담자의 생각이나 가치, 자신의 정체성 등에 대해 내담자 자신이 스스로를 어떻게 무시하게(disqualify) 하고, 자신의 지식이나 지혜, 능력 등에 대해 어

떻게 함부로 여기게 했는가?

- 문제가 내담자에게 그렇게 한 구체적인 '목적' '목표'가 무엇인가?
- 문제가 내담자의 삶이 망가지는 것을 통해 얻는 희망과 꿈은 무엇인가(문제의 꿈)?
- 어느 것 혹은 누가 문제를 지지하고 찬성하는가(who stand with the problem), 그리고 어떤 여러 가지 강제력(forces)이 동맹하고 있는가?

그리고 주체적으로 평가하도록 다음과 같이 질문합니다. "선생님! 문제가 선생님을 이렇게 규정(평가, 취급, 행동)하게 하는 것이 선생님 생각에는 정당하다고 생각하세요?"

문제 드러내기 대화 2

> **회장을 위한 포인트**
>
> 이번 대화는 내담자의 가능성들을 보다 넓게 확인할 수 있는 기회를 만드는 것입니다. 앞에서는 문제가 내담자를 어떻게 괴롭히고, 지배하고, 자신의 영향력 안에 가두고 있는가를 봤다면, 이번 문제 드러내기 대화 2에서는 문제가 실패한 부분을 중점적으로 대화를 진행합니다. 문제는 철저히 의인화합니다. 문제 드러내기 대화 1에서 질문한 것과 양식과 틀은 같습니다. 다만 질문의 방향이 다를 뿐입니다.

어떤 이야기(인생)라도 절대적으로 온전한 성공은 없듯이, 어떤 문제라도 문제가 절대적으로 성공한 예는 없습니다. 반드시 문제에도 구멍이 있게 마련입니다. 그놈의 전략이나 목표가 실패한 부분이 있을 것입니다. 단지 처음에 잘 드러나지 않았을 뿐입니다. 그러므로 상담사는 반드시 각종 문제에 대한 사전 지식들을 보유하고 있어야 합니다. 특히 문제의 약점, 부족한 점, 구멍들을 숙지하고 있어야 합니다.

아무리 문제가 내담자를 거의 죽음으로 몰고 간 것 '같을지라도', 그래도 문제의 영향이 미치지 못한 내담자 자신만의 삶의 영역이 있을 것입니다. 예를 들어, 어느 내담자가 강박장애(내담자의 표현인데, 요즘은 워낙 정보가 넘쳐서 자신에게 이상한 증상이 나타나면 이미 자신의 증상과 해결 방법 등을 잘 알고 있는 경우가 대부분입니다)를 호소하고 있습니다. 그런데 의외로 직장생활에서는 다른 양상을 보입니다. 강박적인 성향 때문에 직장의 일을 소홀히하거나 직장 업무에 지장을 초래하지 않았다고 합니다.

쥐가 마냥 고양이에게 쫓겨만 다니지는 않습니다. 애니메이션 〈톰과 제리〉의 '제리'를 보십시오. 얼마나 통쾌한 복수를 하는지요. 마찬가지입니다. 내담자의 일상이 '항상' '언제든지' 문제에만 얽매여 있지는 않습니다. 가끔 내담자도 문제에 반항합니다. 그러다 보면 어떤 때, 어떤 방법, 어떤 습관, 어떤 행동 및 생각 등은 문제를 이겨 먹은 경우도 가끔은 나타납니다. 예를 들어, 한 가장은 남의 앞에만 서면 한없이 작아지는데(예: 인간관계 빵점, 특히 직장 상사에게 인사하기 빵점), 어느 날 자식 앞날을 생각하니 캄캄하더랍니다. 자기도 모르게 상사에게 가서 사정 이야기를 하고, 하소연을 했더랍니다. 상사의 방을 나오는 그때서야 자기 자신을 인식하고 앞이 몽롱해지더랍니다.

문제는 내담자의 어떤 부분에 대해서는 쉽게 영향력을 행사하지 못하거나 특별히 약한 모습을 보입니다. 예를 들면, 내담자 고유의 성격, 특징, 지식, 특별한 경험 등이 있을 것입니다. 내담자 자신이 문제 이야기 이외의 자신의 인생을 살고자 한 경험 등입니다. 이것은 내담자의 결의(purpose)나 내담자가 문제를 이겨 내고자 노력한 헌신성 등을 말합니다. 문제는 '내담자의 그 어떤 결의나 전념 등을 특히 무서워하고, 자신(문제)의 의지나 희망을 꺾는가?' '내담자에게 〈문제 드러내기 1〉과 같은 경우가 있었을 때 내담자는 누구—아는 사람들, 친구들, 선생님들, 상담사들 등—와 같이 있었는가?'

이번에는 역으로 내담자가 문제의 어떤 영역들을 이용한 적이 있는가를 살펴봅니다. 예를 들어, 어떤 사람은 오랜 기간 일상이 우울하다고 합니다. 그런데 그 우울이 문제의 핵심이 아니고, 도리어 자기는 그로 인해 혼자 하는 작업에 몰두

할 수 있었다고 고백합니다.

상담사는 내담자가 주체적으로 평가할 수 있도록 다음과 같이 질문합니다. "선생님! 선생님께서 문제에 이런 대응과 대처를 한 것에 대해 어떻게 자신을 평가하고 싶습니까?" "선생님께서 자신을 그렇게 평가한 것이 왜 정당하다고 생각하십니까?"

🐟 문제 분리의 실제: 외재화(표출대화)

문제 분리를 위해 초기 열기를 할 때는 대화를 통해 시도하는 것보다 공깃돌 같은 것, 모래놀이치료에 사용하는 모형 혹은 그림을 가지고 처음을 열게 되면 내담자가 좀 더 쉽게 작업을 진행하는 경향이 있었습니다. 사람과 문제를 분리하여 생각한다는 것이 저의 경험에 비춰 보면 그리 쉽지 않습니다. 예를 들어, 자녀가 게으름을 피운다고 생각한다면 '게으른 자녀', 즉 그 아이가 게으른 것으로 생각한다는 거지요. 그러나 문제를 분리하여 생각한다는 것은 게으름과 자녀가 따로 있음을 아는 것입니다. 게으름이라는 실체가 자녀를 이용하여 어떤 특정한 상황이나 활동을 자녀가 하지 않도록 조정·통제하는 것을 탐험하는 겁니다.

돌 사용하기

돌 사용하기의 주 목적은, 우선 사람과 문제 사이의 거리를 만드는 것입니다. 또한 문제를 객관화·객체화하는 작업을 해 보는 것입니다. 이렇게 해서 문제 중심으로 이야기하던 내담자의 상황을 일단 해체하는 것을 시도합니다. 마지막으로 내담자의 새로운 면, 주체적인 면에서 문제에 대처하는 것이 주 목적입니다. 이렇게 되면 어느덧 문제의 영역이나 영향이 좁아져 가는 것을 체험할 수 있을 것입니다.

이때 준비해야 할 돌은 공깃돌 같은 크기이면 되고, 여러 종류의 크고 작은 것, 다양한 모양과 색깔이 있으면 좋습니다. 활동의 진행 절차는 다음과 같습니다.

① 내담자에게 걱정거리, 어려움, 아픔 등 자신이 문제라고 여기는 것에 대해 이름을 붙이라고 합니다. 이름이란 분류표이자 규정하는 속성을 가지고 있기 때문입니다. 예를 들어, 김 과장이라고 부르면 과장의 역할을 당연히 기대하고, 김 교수하면 우리는 자연스럽게 이 사람의 테두리를 정하게 됩니다. 마찬가지입니다. 문제에 이름을 붙이게 되면 애매모호했던 문제란 놈이 하나의 실체처럼 느껴집니다. 그리고 실체화함으로써 이놈을 규정하고, 어떤 부류인지 분류해 둘 수 있습니다. 이름을 지을 때는 어떤 이름도 좋습니다. 형용사, 명사, 사물 혹은 동물 이름이나 인터넷 게임의 주인공도 됩니다.

② 내담자 앞에 돌을 펼쳐 놓고 이름 붙인 문제란 놈을 하나 고르게 합니다. 그리고 다른 돌 중에는 주위 사람들, 자기 자신, 부모와 가족 등의 돌을 골라서 문제란 놈의 돌 주위에 배치를 시켜 봅니다. 그런 후에 이야기 과정 중 이놈의 이름을 부르며 대화를 하고, 다른 돌들도 여기저기 이동시키며 대화를 하는 겁니다. 예를 들어, 문제란 놈에 '공황이'라고 이름을 지었다면 그 돌을 가리키면서 "공황이가 선생님 주위에서 누구에게, 또 어떤 식으로 영향을 끼치게 합니까?" "이놈이 선생님 옆으로 오면 부인(다른 돌을 가리키면서)과 선생님 사이에 이 정도(거리를 만들면서)로 거리가 생깁니까?" "이렇게 되면 공황이 이놈이 어떤 기분을 갖고, 어떤 모습을 보이며, 어떤 생각을 하는 것 같습니까?"와 같이 질문합니다.

③ 다음으로, 문제가 내담자의 정체성, 일상, 시간과 공간의 차이, 미래 등에 미치는 영향력에 대해 질문합니다. "공황이가 선생님 자신을 어떻게 평가하도록, 또 어떤 사람으로 생각하도록 합니까?"(정체성에 미치는 영향력), "공황이가 선생님이 하는 일에는 어떻게, 또 무엇으로 영향을 끼칩니까?"

(일상에 미치는 영향력), "공황이가 처음 시작되었을 때와 지금의 차이는요?"
(시간과 공간의 차이에 미치는 영향력), "공황이가 선생님의 미래를 어떻게 생
각하도록 만듭니까?"(미래에 미치는 영향력)

④ 문제의 영향력을 평가합니다. 이것은 자신이나 가족이 어떻게 느끼고 받아
들이고 있는지를 물음으로써 자기 자신이 삶의 일차 책임자임을 확인시키
는 것입니다. "공황이의 이러한 영향력이 선생님의 주위에서 어떤 역할을
하나요? 긍정적인 부분이 있다면 어느 정도죠? 부정적인 면이 있다면 어느
정도입니까?" "공황이가 선생님의 자신감을 떨어뜨렸다면 어느 정도로 표
시할 수 있나요?"

⑤ 문제의 영향력에 대해 내담자가 주체적으로 자신의 평가와 그 타당성을 확
인하도록 합니다. "왜 공황이의 영향력을 그렇게 평가합니까? 그 근거는 무
엇입니까?" "선생님 자신이 스스로를 평가할 때, 공황이에게 그런 영향을
받는 것이 타당하다고 생각합니까? 타당하다면, 혹은 타당하지 않다면 그
이유는 무엇인가요?"

⑥ 앞서 ③~⑤번에서는 문제가 내담자를 괴롭히고, 지배하고, 영향력을 미치
는 부분에 대해 집중적으로 질문했다면, 이번에는 문제가 실패한 부분에
대해 중점적으로 질문합니다. 이 과정에서 앞서 진행한 질문의 구조를 잘
기억하십시오. 질문의 구조는 비슷합니다. 단, 질문의 방향이 다를 뿐입니
다. 우선, 직장에서, 가정에서, 휴식을 취할 때, 또는 운동을 할 때 등의 상
황에 대해 물어봅니다. "혹시 공황이가 선생님에게 영향력을 행사하지 못
했거나 그 영향이 아주 작았다면 어디에서, 또 어떤 때였습니까?"

⑦ 문제의 영향력을 넘어선 경우도 있을 것입니다. 내담자가 항상 문제에 얽
매여서 살지는 않습니다. 특정한 장소, 특정한 방법, 특정한 습관, 특정한
행동이나 생각 등이 문제를 이긴 경험이 있을 것입니다 천천히 기억해 보
도록 합시다. 그리고 다음과 같이 질문해 봅니다. "예를 들어, 선생님께서
공황이를 이긴 선생님만의 특징, 지식, 경험 등이 있을 것입니다. 선생님 자

신만의 생활을 하고 싶었던 경험이 있을 텐데요?" "선생님이 어떤 결의를
했거나 인생의 목표를 정했을 때, 혹은 뭔가에 전념했을 때 공황이가 주위
에 얼씬도 못한 경험이 있다면 그것은 어떤 것일까요?" 도움되었던 관계에

주의 사항

가끔 성인 내담자들과 이 과정을 진행하다 보면 문제 분리가 잘 안 되는 경우가 있습니다. 다음과 같은 경우입니다.

- 우리는 이제껏 문제를 심리 내적인 것으로 취급하는 것에 익숙해 있습니다. 특히 '게으름' '소심' '거친 성격' '분노조절' 등과 같은 것들입니다. 이런 것에 대해 내담자 자신이 그 문제라고 여기며 소심이 돌을 고르고, 그 소심이 돌이 자신이라고 표현합니다. 이런 경우 상담사가 따로 내담자의 돌을 준비하여 문제로 지정된 돌 위에 포개 주면서 내담자 자신으로 지정된 돌을 붙였다 떨어뜨렸다 합니다. 문제의 돌을 버렸다가 앞으로 가져왔다가 하면서 실체적으로 보이게 만들면 효과가 있을 것입니다.

- 역으로, 타인이 문제의 핵심인 경우에도 그 사람과 문제를 분리하지 못하고 타인이 그 문제라고 동일시합니다. 이 경우에도 역시 문제의 돌과 그 사람을 붙였다 떨어뜨렸다 하면서 문제가 문제이지 그 사람이 문제가 아님을 실체적으로 보게 합니다. 그리고 문제가 그 사람의 행동, 언어, 환경 어느 것을 이용하는지 묻고, 그 행동도 구체적으로 어떤 행동이나 말을 이용하는지 묻습니다.

- 어떤 경우에는 자신이 원하는 것을 문제로 생각하고 돌을 고르는 경우가 있습니다. 이럴 때는 분리를 할 필요가 없지요. 분리도 안 될 것입니다. 왜냐하면 자신이 그것을 하고 싶은 것이고, 안 하는 것이기 때문에 버리고 싶지도 않고, 가까이 두고 싶어 하니까요. 예를 들어, 내담자가 문제의 이름을 '독함'이라 지었습니다. 그때 "독함이가 어떻게 괴롭힙니까?"라고 물으면, "괴롭히지 않아요. 도리어 독하게 되고 싶거든요"라고 답하는 경우가 있습니다. 즉, 자신이 독하지 못해서 그렇다고 생각하기 때문에 문제는 '자신이 독하지 못하기 때문에 독해져야 한다.'라는 인식이지요. 이때는 굳이 문제 분리에 매이지 마시고 독함이가 필요한 상황이 어느 것인지, 독함이는 무엇을 자신에게 원하는지 등을 물으며 앞서의 문제 분리하기 질문 내용처럼 질문하면 될 것입니다.

대해 "누구와 같이 있을 때 공황이는 힘을 못 씁니까? 관계했던 친구들, 선생님들, 상담사들 중 누구인가요?"와 같이 물어봅니다.

⑧ 이번에는 역으로 내담자가 문제의 어떤 영역들을 이용한 적이 있는지 확인해 봅니다. "혹시 선생님의 목적을 위해 공황이 자체를 이용해 본 적은 있었는지 기억해 볼까요? 혹시 선생님의 목적에 공황이가 도움이 된 경우는요?"

그림으로 문제 분리하기

모든 절차는 '돌 사용하기'와 같습니다.

생각(인식적)으로 문제 분리하기

앞에서도 말씀드렸듯이, 문제를 분리해서 생각한다는 것, 그리고 문제를 의인화·객관화시켜서 생각한다는 것이 그리 쉽지는 않을 것입니다. 그러므로 이번에는 문제를 의인화·객관화하지 않고 인식적인 분리 연습을 할 수 있는지 소개하겠습니다. 문제를 돌로 분리하고 의인화·객관화시키는 가장 큰 이유가 문제를 실물 및 실체로 볼 수 있도록 하는 데 있다면, 인식적(생각) 분리란 말 그대로 문제를 보는 관점을 훈련하는 것입니다. 인식적 분리의 핵심은, 우선 ① 문제를 구체화합니다. 즉, 분리할 수 있을 때까지 분리하는 것입니다. 그리고 구체화하기 위해 문제를 규정하는데, 이때 ② '기준'이 무엇인가를 고민합니다. '기준', 즉 문제를 보는 '잣대'는 ③ 다시 상담사의 '역할'이 무엇이어야 하는지 지시합니다. 즉, 상담사는 무엇을 해야 하는가이지요.

예: 거짓말한 아이

거짓말한 아이는 거짓말쟁이라는 등식으로 보는 것이 일반적입니다. 이런 아이를 전통상담에서 상담할 때는 이 아이가 어디까지 사실(진실)을 말하는가, 왜

이 아이가 거짓말을 했는가, 그렇게 된 과거의 원인은 무엇인가 등을 잘 파악하고 대응해야 합니다. 그러나 새로운 인식적 방법은 거짓말과 아이를 분리하는 것입니다. 그 방법은 다음과 같습니다.

① 거짓/말/아이로 일단 분리하여 글씨를 써 놓습니다.
② 그다음 '말하는 아이'는 문제가 되지 않음을 논합니다.
③ 문제는 '거짓'입니다. 그러면…
④ 그 거짓의 기준은 어느 면을 볼 때의 기준인가요? (예: 윤리, 법, 교육, 상담, 문학 등)
⑤ 그 기준에 맞는 역할은 어떤 직업에서 요구하는 것인가요? (예: 검사, 교사, 소설가, 상담사 등)

상담사의 경우 거짓말한 아이는 도움을 청한 아이입니다. 윤리적·법적·교육적 잣대로는 거짓으로 여길 수 있는 것이 상담사의 귀에는 상상된 자기, 그 상황이 아니었으면 좋겠기에 다른 상황으로 말하며 도움을 요청한 것으로 들릴 수도 있는 것입니다. 이것을 이중경청(double listening)이라고 하며, 부재하지만 암시된 내담자의 욕구라고 합니다.

질문 시 숙지 사항

• 어떤 이야기(인생)라도 절대적으로 온전한 성공은 없듯이, 어떤 문제라도 문제가 절대적으로 성공한 예는 없습니다. 반드시 문제에도 구멍이 있기 마련입니다. 문제의 전략이나 목표가 실패한 부분이 있을 것입니다. 단지 처음에 잘 드러나지 않았을 뿐입니다. 따라서 고정관념을 탈피하려고 노력해야 합니다. 당연시되는 가정들에 대해 건강한 호기심을 갖습니다. 그 역사적 배경도 탐구하고, 역할에 대한 문화적 배경도 염두에 둡니다.
• 이야기가 흐를 수 있는 질문이 되도록 노력해야 합니다. 자신의 경험을 기

억할 수 있고, 새로운 이야기로 확장시킬 수 있도록 도와야 합니다. 쉽지 않은 것이니 상담사는 조급해하지 마시고 기다리는 습관도 가지셔야 합니다.

• 가능한 한 모든 것의 의미와 가치에 대한 질문을 하면 좋습니다.

• 질문마다 구체적인 사례를 하나 이상으로 증명하는 작업을 하면 더욱 효과가 있습니다. 이 부분은 매우 중요한 부분이니 무엇이든 구체적인 사례로 내담자 자신이 검증받도록 해야 합니다.

• 사례를 들으면서 내담자의 독특한 면을 보려고 노력하고 다른 시각으로 해석해 보려고 시도해야 합니다.

• 사례나 설명을 들으면서 내담자 자신의 개념과 해석을 다시 물어야 합니다.

질문의 예

① 문제 분리

• 그것이 선생님의 일상이나 자신에게 어떤 영향을 끼치나요?

• 그 일이(그것이) 선생님 자신을 어떤 사람으로 느끼게 하나요?

• 그 일이 선생님의 주위 관계, 이를테면 부인이나 직장 상사 등과 같은 사람과의 관계에 어떻게 영향을 미쳤나요?

• 그것과 관련해서 가장 최근이면서 가장 힘들었던 경험이 무엇인가요?

• 만약 그것에 대해 종합적으로 표현 가능한 '이름'을 짓는다면 뭐라고 부르고 싶나요?

• 왜 '분노'라고 이름 지으셨나요?

• '분노'를 특정한 사람으로 여기고 한번 그 이름을 불러 보시겠어요?

• '분노'가 사람이라면 지금 어디에 있습니까? (보통 이럴 때 이해하지 못한 내담자는 자신의 몸 속 어딘가를 말한다. 그럴 때 다시 한 번 분노는 개별적인 개체라는 것을 환기시켜 줘도 무방하다.)

② 외재화, 외연화, 표출대화

- '분노'가 선생님 자신을 어떻게 생각하도록 하는지 말해 주실래요? 특히 남편으로서?

- 혹시 '분노'가 어떤 방식으로 선생님에게 선생님 자신을 그렇게 생각하게 만들었는지 말해 주실 수 있겠어요?

- '분노'가 선생님에게 무엇을 하도록 강요하던가요? 특히 아내에게?

- '분노'가 선생님과 부인 사이에 개입할 때, 그리고 선생님에게 (예를 들면) 욕을 하게 하든가 하면 부인은 뭐라고 하시던가요?

- 부인의 그 말은 사실 선생님이 들어야 한다고 생각하세요? 아니면 '분노'가 들어야 한다고 생각하세요?

- 선생님이 부인에게 대답하거나 따질 때 '분노'가 어떻게, 그리고 어떤 느낌 (죄의식, 폭력, 일탈의 충동 등)과 연합하여 선생님의 언어나 행동에 영향을 주나요?

- 한번 제 앞에서 '분노'가 하자는 대로 모든 언어를 다 써 보시겠어요?

- 아, '분노'가 그런 엄청난 단어까지 선생님이 쓰시도록 속삭이고 있군요.

- '분노'는 어떻게 생각할까요? 만약 지금 여기에서 그런 단어를 부인이 듣고 화를 내거나 슬퍼하시면, '분노'는 부인에 대해 어떤 기분이 들 것 같습니까? '분노'가 그렇게 하는 모습을 보면 선생님은 '분노'에게 어떤 마음이 드십니까?

- 만약 지금 여기에 부인이 계신다면 선생님도 '분노'와 똑같은 방법과 언어로 부인께 공격하기를 원하세요? 아니면 다른 방법을 택하고 싶으세요? '분노'는 부인에게 어떤 방법을 쓰기를 원하는 것 같습니까?

- '분노'가 선생님 주위에서 무언가를 빼앗아 간 것 같습니까? 혹시 취미나 특별히 즐기시던 것 중에는 무엇이 있나요?

- '분노'가 다른 사람들과 선생님의 관계를 어떻게 만들고 있습니까? '분노'는 그들 사이를 뭐라고 이간질하던가요?

- 혹시 '분노'가 선생님을 조정 · 통제하기 위해 어떤 속임수나 거짓된 것들을 이용하는지 보이거나 느끼세요? 한번 목록을 만들어 봐 주실래요?
- '분노'가 그러는 목적이 무엇이라고 생각하십니까?
- '분노'가 선생님과 팀워크를 이루고 싶어 하나요? 아니면 그 이상을 요구하기도 하나요?

③ 문제의 내력

- 언제부터(어떤 계기로) '분노'가 선생님의 삶에 개입하기 시작한 것 같습니까? 부인이나 여타 다른 관계에서부터입니까? 아니면 선생님 자신에게 직접 개입하기 시작한 것 같습니까? 아니면 선생님의 가계사(family history)로 거슬러 올라가는 것 같습니까?
- 언제부터 '분노'가 개입하고 있다는 것을 인식한 것 같습니까?
- 그때 느낌이 어땠나요? 그 느낌을 상징으로 표현한다면?
- 다른 가족이나 주위 사람들도 '분노'가 선생님을 공격하고 있다는 것을 알았습니까? 그들의 반응은 어땠나요?
- 선생님이 기억하고 있는 '분노'가 개입한 시점을 좀 더 구체적으로 묘사해 보시겠습니까? 예를 들면, 주위 사람이나 사건 혹은 선생님의 상황 같은 것을요.
- 그런 현상들이 일어난 것을 백분율(%)로 표시해 본다면 가장 수치가 높을 때와 낮을 때를 구분해 주실 수 있겠습니까? (이때 그림표를 만들어 봐도 좋습니다.)

④ 독특한 수확물

- '분노'가 선생님의 가족이나 주위 사람들에게 환영받았던 기억이 있습니까? 아니면 반대로 '분노'가 선생님을 그들로부터 배척하게 한 적이 있습니까?

- 가정이나 직장에서는 '분노'를 보면 뭐라고들 합니까? 그럼 분노가 선생님 직장까지 찾아오면 선생님은 어떤 기분이 드세요?

- 그 말에 동의하십니까? 아니면 분노에 대해 개인적으로 다른 개념이나 의미가 있습니까?

- '분노'가 가정이나 직장에서 선생님을 어떤 사람으로 어떻게 자리매김해 주려고 합니까?

- 여느 때 같으면 '분노'가 선생님에게 하자는 대로 했을 텐데, 그렇게 하지 않고 선생님이 '분노'를 좌지우지했던 경험이나 사건 혹은 상황에 대해 말씀해 주실래요?

- 그 순간에 어떻게 대처하셨기에 '분노'를 그 상황에서 개입하지 못하게 했습니까?

- 지금 말씀하신 것들을 목록으로 한번 작성해 보시겠어요?

- 한번 선생님 자신에게 자신 있게 말씀해 보세요. '분노가 ○○를 컨트롤하는 것이 아니라 ○○가 '분노'를 다스린다.'라고요. 제 표현이 마음에 드십니까?

- 목록에 나온 경험들이나 지금 말씀하신 그 표현이 선생님(혹은 '분노', 문제)의 희망이나 품성에 뭐라고 말할 것 같은가요?

- 혹시 다른 경우도 있었는지 우리 한번 기억해 볼까요? 예를 들면, 연애 시절, 첫 직장의 면접 시험에 임할 때라든지…. 아주 어렸을 때도 좋습니다. 어렸을 때 친척 집에 세배 갔을 때….

- 그런 경험들을 한마디로 표현해 보신다면(혹은 이름)?

- 그 표현(이름)과 관련된 사건들이나 경험들을 좀 더 말해 주실 수 있겠어요?

- 그 사건들 속으로 우리 다시 한 번 가 봅시다. 그리고 좀 더 구체적으로 그 상황을 재연해 보실 수 있겠어요?

- 선생님 자신의 역사가 어떻게 문제, 즉 '분노'가 선생님 삶에 개입하도록 기여했는지 되돌아보실 수 있겠습니까?

- 일반적으로 사람들은 분노(여기서 분노는 내담자가 이름 지은 개체로서의 '분

노'가 아니라 개념으로서의 분노)를 무엇이라고 여긴다고 생각하십니까?

- 이제까지는 거의 분노로 인한 피해, 어려움 등만을 이야기했는데, 혹시 분노의 의미를 다른 각도에서 생각해 보신 적이 있나요? 아니면 지금 어떤 다른 생각이 드시나요?
- 선생님의 경험 속에서 분노가 긍정적이고 바람직한 방향으로 영향을 미친 적은 없습니까? 혹시 있다면 어떤 것들이 있을까요?
- 다시 한 번 선생님이 말씀하신 분노의 개념이나 그것이 삶에서 차지하는 의미를 정리해 주시겠습니까?

문제 분리의 실제 예: 미래우먼 이야기

이것은 앞서의 정서적 라이프 선 그리기의 실제 예에 연이은 것입니다.

상담사: 현재 점을 다른 것에 비해 상당히 낮게 찍었는데 조금 더 구체적으로 이야기해 주실 수 있어요?

화 자: (이야기함)

상담사: 섭섭이와 답답이, 막막이가 지금 선생님만을 힘들게 하는 게 아니라 아들도, 전 남편도 모두 속상하게 만드는 사람으로 구분 짓게 하는군요? 간단히 말해 이놈들이 선생님의 관계를 어그러뜨리려는 수작? 제 이해가 맞습니까?

화 자: …네?

상담사: 아~ 이해가 잘 안 가시지요? 제가 지금 선생님이 힘들어하는 상황을 쉽고 간편하게 조정·통제하고, 문제 상황과 사람을 떼어 놓고 생각해 보기 위해 의인화해서 말씀드린 거예요. 이를테면 선생님이 아들에게 섭섭한 마음이 있는 게 아니라 섭섭이란 놈이 선생님과 자녀 사이를 갈라놓고, 선생님을 힘들게 하려고 전략을 쓴다는 식으로 생각해 보는 겁니다.

화　자: 네~ 좀 어색하긴 한데… 좀 가벼워지는 느낌이네요. 우리 셉이가 시험 때문에 깨워 달라고 했을 때 저는 잠도 안 자고 기다렸다가 깨웠는데 안 일어나서 소리를 꽥 질러 버렸어요.

상담사: 지금 그 이야기도 이렇게 생각해 보시는 거예요. "셉이가 시험 때문에 깨워 달라고 했을 때, 저는 잠도 안 자고 기다렸다가 깨웠는데, 안 일어나는 거예요. 그때 섭섭이란 놈이 그 상황을 이용해서 저를 소리 지르는 사람으로 만들어 버린 거예요." 이렇게 말이죠.

화　자: 아~

상담사: 지금 이야기 속에 선생님의 다른 두 모습이 느껴지네요. 하나는 사회가 요구하는, 그러니까… 시험이란 굴레를 씌우는 ① 사회에 잘 대처하게 하고 싶은 엄마와, ② 어미의 심정으로 잠도 안 주무시고 기다려 줬던 엄마, 둘을 저는 느꼈습니다. 그런데 섭섭이란 놈은 선생님을 소리나 지르는 엄마로 보이게 하고 있잖아요.

화　자: 네, 맞아요. 저도 우리 셉이가 시험에 매어서 힘들어하는 거 싫어요. 그러나 어쩔 수 없잖아요. 우리 사회가 그렇잖아요… 그런데 전 나쁜 엄마가 되는 거예요.

상담사: 섭섭이란 놈은 선생님을 어미 심정보다 나쁜 엄마로 느끼게만 하고, 아들도 자기처럼 섭섭이로 만들어 버리고… 이렇게 문제가 되는 상황을 지금 선생님과 분리해서 좀 더 객관화시켜서 생각해 보는 거예요. 그러려면 이 문제의 상황에 이름을 한번 붙여 보는 거예요. 섭섭이, 막막이, 답답이… 이런 것처럼, 선생님이 은유적인 단어를 사용하셔도 되고, 지금처럼 문제 그 자체로 이름을 붙이셔도 돼요… 천천히 생각해 보세요. 힘들어하시는 상황에 뭐라고 이름을 붙여 주고 싶으신지….

화　자: (시간을 두고 생각한다)

상담사: 그냥 답답이라고 하셔도 되고… 이를테면 어두운 밤의 별빛처럼… 희

미하긴 한데… 뭐 이런….

화　자: 음~ (더듬거리며) 칠흑 같은 밤?

상담사: 어떤 의미로요?

화　자: 저는 별처럼 예쁘게 살고 싶은데… 주위가 칠흑같이 어둡고… 뭐… 그런 느낌!

상담사: 좋습니다. 축약해서 제가 '칠흑'이라고 부르면 어떨까요?

화　자: 네~

상담사: 일단 칠흑의 영향이 무엇인지 알아보기 전에 한 가지만 여쭤요. 예쁘게 살고 싶다고 하셨는데… 예쁘게 산다는 것이 어떤 삶을 말씀하시는 건지?

화　자: 음~ 아이들 잘 커 주고, 저도 제 전문적인 일이 있고… 뭔가 좀 성취해 가는 발전적인 삶을 살면서도 다른 사람에게 영향을 줄 수 있는… 그렇다고 누군가에게 부담을 주는 일방적인 것이 아닌 서로를 위하고 배려하는 삶이면 예쁘다고 할 수 있을 것 같아요.

상담사: 아~ 예뻐요… 이 예쁜 별을 '칠흑'이가 빛이 나지 않도록 하려고 섭섭이도 사용하고, 답답이도 사용하고, 막막이도 사용하고… 그러고 있군요. … 아무튼 좀 더 구체적으로 칠흑이란 놈을 파 봅시다. 누구하고 있을 때 이놈이 제일 설치는 것 같아요?

화　자: (시간 두고) 아들이요… 참 착하고 마음결이 예쁜 아이인데…. 꼭 제 아빠를 보고 오면 게을러져요…

상담사: 매번요?

화　자: 아뇨… 그냥 밥먹고 오거나 그럴 때는 저도 마음이 놓이는데… 대학 가는 것이나 아이 미래에 대해 말할 때는 아이 아빠가 그리 도움이 안 돼요.

상담사: 그러니까 칠흑이는 선생님을 힘들게 하기 위해 아빠 그 자체라기보다는 아빠의 직업관이나 아이의 미래에 관해 말할 때를 이용하는군요?

정확히 말하면 칠흑이는 선생님의 직업관 및 미래 아빠의 직업관과 미래 사이의 충돌이군요. 즉, 관점의 차이? 제 이해가 맞습니까?

화　자: …

상담사: (상황에 따라) 그런데 칠흑이는 그걸 아이의 게으름으로 뒤집어씌우는 건가요? 아이의 직업관, 아이가 고민하는 것들, 그에 따른 공부의 필요성 등에 대해서는 상관없어요?

화　자: 아~ 얘기해 본 적은 없어도 단지 "왜 공부해야 하는지 모르겠다고…" 그런 생각해 본 적은 없는데… 생각해 보니 제가 아이 아빠의 인생관이 싫은 거였어요. 그걸 닮아 가는 것 같아서 더욱더 애에게 닦달한 것 같아요. (시간을 두고) 제가 그 사람과 헤어지게 된 것도 그거예요…. 돈만 벌면 됨, 남들 주는 것도 싫음, 일방적인 결정… 일찍 부모님이 돌아가시고 동생들과 살면서 이 사람과 결혼, 제가 33살이고 애들이 한두 살일 때 이혼 요구, 우울증으로 집에만 박혀 있다가… 큰애에게 이상징후, 이혼 후 경제적으로 힘이 들었지만 쓰는 데는 자유로웠고요. 공부도 계획하고, 사람들과 생각을 나누고, 초대도 하고….

상담사: 그러니까 선생님은 ① 서로 나누고, ② 소통하고, ③ 관계를 중시하신다고 라이프 선에서도 이야기하셨는데… 그게 달랐고요. 그리고 돈 벌어 발전하는 것보다 공부를 통해 발전하고 싶었다 이거지요? 그게 막히다 보니 우울증이 오고, 선생님의 상황으로 인해 아이가 그리 된 것 같고…. 이걸 틈타 칠흑이가 나타났고, 선생님과 아이, 아이 아빠와의 관계를 힘들게 하고 막막하게 하고 섭섭하게 여기도록 했다는 것인가요?

화　자: (시간을 두고) 글쎄요… 칠흑이 제 인생에 나타난 것은 그때부터가 아닌가 해요. 도리어 최근인 것 같아요. 지금 생각해 보면 그때… 대책 없이 이혼을 요구했어요. 그런데 저로서는 절박했어요. 죽을 것만 같았어요. 정말 아무것도 없었어요. 부모님이 일찍 돌아가셨을 때도

　　　　이만큼 답답하고 막막하지 않았어요. 도리어 지금이 밤이에요.

상담사: 그러니까 칠흑이란 놈은 최근에 나타났고, 지금 선생님의 ① 상황에 대해서는 답답하게도 하고, 섭섭하게도 하고, 막막하게도 한다는 거군요. 이놈은 ② 관계를 이용할 때는 큰애와 아빠가 함께 있을 때인 줄 알았는데, 그것보다는 아이는 빠지고 아빠와 선생님과의 인생을 보는 관점의 차이를 이용했군요. 반면에 칠흑이가 선생님을 막막하고 답답하게 하려고 여러 어려운 상황을 … 이를테면 경제적 압박, 외로움 같은 것을 이용하지만… 선생님께는 통하지 않았군요. 도리어 앞으로 진로를 걱정하게 하면… 이제까지 잘해 왔는데도, 또 성취해 왔는데도… 막막한 자기로 여기게 하는군요? 그러다 보면 경제적인 것도 막막해지게 하고, 그러다 보면 애들 아빠가 양육비를 안 주는 것도 서운하고, 안 줘도 인생에 개입만 안 하면 되었는데 말이죠. 칠흑이 이놈의 전략에 대한 제 이해가 맞습니까?

화　자: 와우~ 네, 그런 것 같네요….

상담사: 그럼 전 오늘 여기까지 하고, 반영을 좀 받아들여 볼까요?

반　영: (이야기함)

화　자: (반영에 대해 다시 이야기함)

함정 채우기

　　이 활동은 '그럼에도 불구하고'를 강조하는 것으로서 내담자의 약한 부분을 탐색하고, 그럼에도 불구하고 단 한 번이라도 넘어 본 경험에 대해 확인해 보는 작업입니다. 이 작업은 독특한 수확물과 정체성을 강화하는 데도 매우 유용합니다.

　　[그림 7-1]에 나오는 함정들은 내담자가 인생의 산을 오를 때 넘어지게 하는 함정으로서 자주 실수하거나 의외로 약한 부분을 말합니다. 그 함정을 넘었던

방법을 적어 보게 합니다. 아무리 함정이 있어도 어떤 경우에는 그 함정을 지나
치거나 쉽게 넘어간 적이 있을 것입니다. 그것을 찾아 써 넣는 것입니다.

나는 이 산을 넘어 본 적이 있다. 산을 넘어 여기까지 왔다.
그때 어떤 함정, 걸림돌이 있었는가?
그때 이 산을 넘기 위해 시도한 노력, 방법, 노하우는 무엇인가?

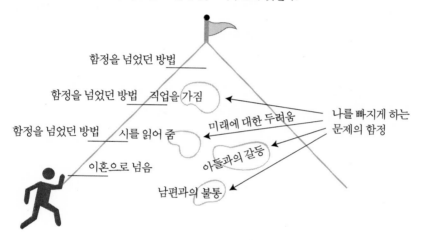

현재 나의 걸림돌은 무엇이며 문제의 이야기는 무엇인가?

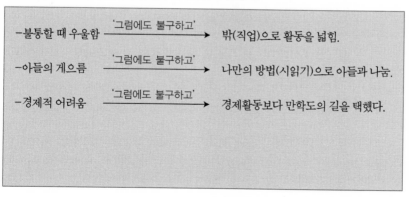

[그림 7-1] 산에 있는 함정을 넘었던 경험

함정 채우기의 실제 예: 미래우먼 이야기

함정 채우기 활동지를 설명하고 모두 완성된 후에는 정서적 라이프 선 그리기와 연결지어 생각해 봅니다.

* 실제 미래우먼 상담에서는 '함정 채우기'와 '자기 선언 문장'을 제8장의 '과거 재방문' 과정 중에 했으나 책의 내용상 여기에 맞췄습니다. 그러므로 내용 연결이 약간 맞지 않을 수도 있습니다.

상담사: 이제껏 살면서 선생님 자신을 넘어뜨렸던 것이나 많이 힘들게 했던 것이 있었다면 여기 함정에 써 넣어 보시지요.

화　자: ① 부모님 돌아가셨을 때(기댈 곳이 없다는 막막함) 결혼을 탈출구로 삼은 것 같아요.

상담사: 결혼으로 탈출했다고 표현하셨는데… 무슨 뜻이신지요?

화　자: 제가 중학교 때 어머니가 돌아가시고, 고등학교 때 아버지까지 돌아가시고 나서 내심 기댈 누군가가 필요했나 봐요. 그때 애들 아빠를 만났고, 성실한 사람이었기에 기대고 싶었지요.

상담사: 그러니까… 말씀은 안 하셨지만 결혼 전까지 동생들을 다 보살피시고, '만남'이란 것으로 이 산을 넘으려 했고, 그 만남의 중요한 관점은 '성실'이었군요. 제 이해가 맞습니까?

화　자: …네. 애들 아빠가 착해요. 지금도 합치기를 원하기는 해요. 제가 두 번 다시 그 생활을 하기 싫어해서 그렇지….

상담사: 음… 아무튼 '관계'를 통해 어려움을 극복하려 했고, 성실과 착함이 중요하군요. 그리고 이건 뭐지요?

화　자: ② 출산 후 우울증(혼자라는 외로움)이요. 이때는 책을 읽고 동네 언니를 만나서 많은 이야기와 생각을 나눴어요. 그때 만난 언니들은 제가 20대 후반에 만났으니 근 18년을 같이했네요.

상담사: 아~ 그거 좋아요… 책과 대화를 하고, 책꽂이에 책 냄새… 아무튼 자기 시간을 가지셨군요. 그리고 여기도 '만남'이 있네요. 이것도 설명을 좀….

화   자: 만남도 만남이지만 뭔가 의미 있는 수다가 좋았어요. 읽은 책 이야기도 하고… 남편과는 이런 것이 없었거든요. 항상 돈! 몇 년 후 뭘 사고… 뭐 이런 거…. ③ 우리 셉이 유치원 다닐 때 선생님이 아이 문제를 상의할 때 귀담아 들었어요.

상담사: 귀담아… 누군가의 말을 함부로 듣거나 하지 않고 귀담아…

화   자: 셉이에게 화를 낼 때(자기 조절 실패), 이건 요즘 저의 생활인데… 얼마 전에도 아이가 깨워 달라고 하고는 일어나질 않는 거예요. 그런데 선생님과 상담을 하면서 작전을 바꿨지요. 아침 먹을 때 제가 시를 한 편씩 읽어 줬어요. 그 시에 저를 대입해서 아이에게 말도 해 주고… 좋아해요… 저도 하루 시작이… 뭐랄까….

상담사: 으흠~ 그림이 그려져요. 바흐의 선율에 젖어 있는데… 첫 회기에서도 말씀하신 것이네요. 아이를 생각하는 어미의 심정과 시험도 잘 보게 해 주고 싶은 사회적 엄마… 그런데 그 엄마가 '시'라는 책과 '시'라는 정서로 어미와 사회적 엄마로 접근하셨군요. 선생님의 과거 재방문을 보니 선생님은 만남을 중시하고, 그 만남 중에서도 의미 있고 가치 있는 대화가 중요하다고 정리하셨는데… 그렇다면 큰 틀로 보면 선생님은 관계의 폭을 넓혀서 함정을 넘어 왔군요. 정서적인 면도 강하시고… 제 이해가 맞습니까?

화   자: …마치 정리되는 느낌이에요….

상담사: 지난 번 저희의 만남에서 그린 라이프 선과 연결해 보면… 선생님께서 라이프 선 그리기를 하실 때와 오늘 함정 넘기를 하실 때의 이야기를 들어보면 남편과 어려울 때 ① 결단을 하셨고, 그 결단에는 아이의 상황이 결정적인 영향을 끼쳤고, 그런데 그 아이 때문에 힘들어하셨

지만 ② 자신의 강점인 다른 방식의 소통으로 넘었어요. 또한 직장을 다닐 때 사귀었던 학부모와 지금도 관계하며 산다고 하셨어요. 즉, 선생님의 관계 맺음을 보여 주신 대목이죠. 그것이 오늘 이야기에도 나왔어요. 제가 지난 회기와 오늘 이야기를 잘 연결해서 들었습니까?(라이프 선과 연결하여 이해한 부분을 내담자에게 들려주고 다시 잘 이해했는지 묻는다.)

제 **8** 장
과거 재방문하기

과거 재방문(revisiting the past)은 기억에 의존하며 참여적이고 협력적인 것이 기본 틀입니다. 이 기본 틀 안에서 좀 더 의도적이고 주체적인 작업을 하겠다는 의지라고 생각하시면 될 듯합니다. 과거 재방문은 예전의 상황과 사건에 대해 재해석할 수 있는 공간을 엽니다. 또한 내담자는 많은 '독특한 수확물'을 찾았을 지라도 자신의 것을 자신의 것으로 여기지 못하거나 사소한 것으로 치부하는 경향이 있습니다. 이때 독특한 수확물이 자신의 것임을 확증하는 절차가 과거 재방문이라고 생각하셔도 됩니다. 이 과정에서 내담자는 자신의 정체성과 행동의 지평을 넓게 조망해 보는 작업도 병행하게 됩니다.

현재 다시 경험되는 과거

상담사와 내담자는 발견자, 재해석가, 작명가의 입장에서 함께 이야기를 만들어(storymaker) 가는 과정을 거칩니다. 과거의 경험을 단지 의식적인 것, 생물학적인 뇌의 기억 현상으로만 간주해서는 안 됩니다. 과거의 자원으로 머물게 하면 안 되고 재경험할 수 있어야 합니다. 과거의 경험은 시간이 지나도 현재와 대화할 수 있는 것임을 우리는 잘 알고 있습니다. 문제이야기, 즉 결핍이야기를 '있었던 사건'으로 '기억된 사건'으로 치부하는 것은 그 과거를 고정화하고 내담자의 사고의 폭을 좁게 하는 음모입니다.

과거 재방문은 이야기를 다시 써 보는(re-authored) 것으로서 대안이야기 만들기의 전초이기도 합니다. 지금 이 순간 과거를 다시 경험해 보는 것입니다. 과거를 물리적이고 공간적으로 다시 경험한다는 것은 불가능하겠지요. 그러나 맺히고 눌린 것을 가상으로나마 현재 이 자리에 다시 불러내어 다시 그 상황을 재연하며 경험해 보도록 하는 것도 나쁘진 않습니다. 물론 이런 작업을 통해 내담자의 감정을 건드려서 감성적으로 접근하자는 것은 아닙니다. 이런 방식은 말초적이고, 지금 당장 감정적 해소는 될 수는 있으나 내담자 강화에 그리 도움이 되지는 못합니다.

이미 인식론에서 밝혔듯이, 과거 재방문의 가장 중요한 목적은 현재가 과거를 해석 및 재해석하게 하는 거지요. 과거의 사건은 지금 이 순간에 없습니다. 그럼 없는 겁니다. 없는 것이 있는 존재를 어찌 할 수 있는 것이 아닙니다. 그러나 과거 사건은 얼마든지 재구성할 수 있습니다. 오늘 내가 누구인가에 따라 과거는 미래로 건너는 징검다리 역할을 해 주기도 하고 뒷덜미를 잡는 가슴 아픈 갈고리가 되기도 합니다. 즉, 현재의 내가 과거에 의미와 가치를 부여하고 규정하는 것이지요. 그렇게 부여하고 규정한 의미나 가치가 지금 나를 괴롭히거나 의지가 되어 주거나 하는 것입니다.

　　그렇기 때문에 현재 내가 누구인가가 중요합니다. 상담은 해석의 문제이고 해석은 정체성의 문제라고 했습니다. 앞에서 작업한 이야기 풍부하게 하기나 문제 분리, 독특한 수확물은 내담자의 정체성을 강화하는 데 도움주기 위한 일면이 있습니다. 또 한편, 과거 재방문을 통해 우리는 또 다른 독특한 수확물을 건져내고, 예전의 사건을 재해석함으로써 재경험해 보는 과정을 거칩니다. 오해는 마십시오. 이 과정은 인지 과정(cognitive process)이나 인과적(cause and effect) 확인 같은 것은 아닙니다.

　　과거를 재방문하면서 제일 먼저 확인해 보는 작업이 변환점(turning point)입니다. 이야기에는 터닝포인트가 있습니다. 그 터닝포인트에 가면 그 터닝포인트를 구성하고 있는 요소들과 인물들이 나오겠지요. 여기에 새롭게 의미와 가치를 부여하는 것도 중요하지만 같은 요소, 같은 인물일지라도 다른 이야기의 줄거리(storyline)를 찾아가 보는 것도 매우 중요합니다. 같은 터닝포인트일지라도 다르게 구성되기도 하거든요. 그렇다고 그때 그 상황에 '있는 그대로'의 이야기 중 다른 이야기를 찾아보겠다는 의미만은 아닙니다.

　　소설을 한번 상상해 보세요. 소설은 현실의 어느 한 시점을 모토로 삼아 그것을 상상으로 재구성하고 확장합니다. 마찬가지입니다. 내담자에게 재구성을 상상해 보게 합니다. 그것이 내담자의 터닝포인트를 중심으로 이루어집니다. 그리고 그 의미나 가치가 유지되는 상황, 시간적 확장을 도모해 봅니다. 캐서린의 예를 기억해 보시기 바랍니다. 상상으로 그 상황이 다르게 전개되었다면? 그 일을 두 번, 세 번 더 했다면? 이런 식으로 상상해 보고 확장해 보는 것입니다.

　　그런 후 상상으로 다시 쓴 이야기 혹은 발견한 다른 이야기를 가지고 재평가에 들어갑니다. 물론 이야기의 주 저자인 자기 자신에 대한 재평가도 병행하지요. 즉, 다시 찾은 이야기나 상상으로 재구성된 이야기를 현재에서 다시 맛보기합니다. 마치 다음과 같습니다.

　　현재에 그 과거(A라는 사건) 다시 보기 → 그 A 사건에 내담자와 상담사를 다시 배치하여 그 상황 경험하기 → 그 A에서 현재를 재구성해 보기(즉, 확장된 A로서

A+α가 된다는 것이지요) 다시 현재 입장에서 A+∝를 재평가하기

단, 염두에 두셔야 할 것은 이와 같은 단계와 절차를 반드시 밟아서 질문할 필요는 없다는 것입니다.

🐦 기억과 이야기의 재방문

결론부터 말씀드리면, 기억은 생존적·문화적·참여적인 것을 고려해야 합니다. 기억은 시간 여행이자 정신적인 자기 확장이라고 했습니다. 그것을 오롯이 담아낸 것이 이야기입니다. 이야기는 다시 시간과 공간적 배열 속의 기억에 많이 의존하는 상호관계에 있습니다. 다시 말해서 기억은 이야기로 인해 구조화되고 소멸된다는 뜻입니다. 그렇다면 기억 또한 이야기의 운명과 같이 문화적 속성과 사회학적이고 공동체적인 구성이 기본 전제라는 뜻이지요.

그러나 전통적인 상담의 뿌리이자 심리학의 원조 격인 정신역동 측면에서는 기억을 무의식 속에 잠재해 있는 그 무엇으로서 '그 어떤 곳'에 있는 '그 무엇'이라고 봅니다. 혹은 삶의 수면 위로 나타나지 않은 '잃어버린 세계'나 '잊어버린 흔적' 등으로 인식하지요. 즉, 기억이란 깊은 심리 내면과 연관되어 있다는 것입니다. 시간적으로는 현재가 아닌 과거의 것이며, 뇌와 같은 어떤 물질적인 것의 작동이라 생각했습니다. 그리고 이 기억은 일차 양육자와의 관계가 매우 중요하다는 가설입니다. 또한 기억을 유지하게 하는 동기 조건과 반응의 질과의 연관성으로 개념 짓는 것이지요.

혹은 뇌의 작용, 즉 우리 몸에 있는 물체의 활동 영역으로 간주하기도 합니다. 인간의 '기억'도 이 무의식의 한 영역으로 간주되어 '기억'이란 뇌의 작용이요, 뇌의 한 부분이 기억을 관장하는 것으로 이해합니다. 뇌의 화학작용으로 인해 기억의 극대화나 장애가 이루어진다고 생각합니다. 여기에 심리적 요소들이 추가된 것으로 간주합니다. 그러나 이 논리도 역시 하나의 관점에 불과합니다. 인

간을 자연 진화론과 심리적 진화론에 기초하여 보고 있는 하나의 관점이지 사실 그 자체라고는 할 수 없지요.

결국 이들의 관점은 기억을 개인화·내재화된 것으로서 관념적으로 신비한 그 무엇이거나 생물학적 관점으로 기계적인 속성을 지닌 것이라고만 탐구한 가설이지요. 쉽게 말하면 머리 좋은 부모를 만나거나 아니거나에 따라 그 개인의 기억 '력'은 차이가 난다는 것입니다. 혹은 신비한 것으로서 개인의 능력에 의해 얻어지는 것이라고 할 수 있지요. 한마디로 말하면, 기억은 극히 개인적인 것이자 생물학적인 우열에 의해 좌우된다는 논리와도 같은 것으로 19세기 제국주의 생물학적 관점을 내포하고 있습니다. 이러한 관점이 각종 인간 차별의 온상이 되기도 했지요.

그렇다고 해서 기억에 대한 전통적 접근과 연구를 폄하하지는 않습니다. 이야기접근법에서는 기억에 대해 다른 인식론을 가지고 있습니다. 저는 다만 또 다른 측면의 '기억'이란 것을 강조하고 싶을 뿐입니다. 사회구성론자 Sampson (1989)에 따르면, 기억이란 단지 개인의 영역이 아니라, ① 사회문화적으로 '구성'된 것이며, 사회문화적 담론 내에서 ② 서로 연결된 결과물입니다. 어느 한 사람의 기억은 그 자신이 사회 문화 속에서 배운 지식과 생각, 개념, 가치, 행동 양식에 대한 처리(manage)로서 반응(response)과 반사(reflection) 행동이라는 것이지요. 사회적으로 인정된 방법이나 요구에 부합하여 자신이 가지고 있는 정보를 시공간(time and space) 속에서 그 사회 문화의 배경에 맞도록 처리한 것이 기억입니다.

언어적 기억

기억이 먼저인가? 언어가 먼저인가? 인간은 태어나면서부터 기억이라는 생물학적 장치가 있어서 기억이 '구조(structure)'화된 것인가? 아니면 언어를 획득한 이후 기억이란 것을 '구성(construction)'한 것인가? 이 해묵은 논쟁은 언어를 획득한 후 기억이 구성되는 것으로 이미 정리되었다고 저는 알고 있습니다. 언어를 인체(뇌 같은) 어딘가에 저장하는지 아닌지는 현존 인류에 대해서는 아직은 모르겠으나, 분명한 한 가지는 '기억'이란 것은 사건의 요소들이 언어로 구성되어 형성된 하나의 줄거리인 겁니다. 즉, 파편화되고 이질적인 것들을 언어로 엮어 낸 것이 기억인 겁니다.

가만히 생각해 보세요. 기억이란 특정한 사건들이 질서 있게 배열되어야만 기억이라고 합니다. 질서를 세우려면 어떤 사물이나 사건에 대한 이름을 알아야만 가능하지요. 모든 것을 1, 2, 3, 4와 같이 숫자로 배열한다 할지라도 하나, 둘, 셋이란 단어쯤은 알아야 배열 가능하지 않겠습니까? 예를 들어, 유아가 움직이는 동체(양육자)를 봤다 해 보시지요. 그리고 다른 동체(강아지)를 봤습니다. 그렇다면 이 둘을 '흔적의 남음'이라고 하며 기억의 전초로 말하기도 합니다. 정신역동이나 과학적 인지행동주의자들의 주장이지요. 그러나 사회구성적 측면에서 보면 그것을 기억이라고 할 수 없습니다.

문화적 · 생존적 기억

만약 기억에 대한 사회구성론의 사유가 말이 된다고 간주된다면 기억과 이야기의 불가분의 관계도 인정되어야 합니다. 언어와 이야기가 태생적으로 문화적이듯, 기억 또한 문화적 고려가 필수인 것입니다. 즉, 기억은 생존 요소와 문화의 요구에 많이 좌우된다는 것입니다. 그 문화와 연관된 것, 그 문화에서 생존할 수 있는 '거리들'과 관계하여 기억의 편차는 좌우된다는 것입니다.

예를 들어, 우리 사회에서는 숫자를 기억하지 못한다면 대중교통을 타기도 어렵고, 하다 못해 집에도 못 들어가는 처지가 되어 버립니다. 반면에 아프리카 남단에서 채집생활을 하는 쿵퓨족(영화 〈부시맨〉에 나오는)은 숫자를 기억할 이유가 전혀 없습니다. 다만 우리가 그리 머리 아파하는 대수학과 관계가 있는 각도, 속도, 무게에 대비해서 창을 던지는 것을 익히면 될 일입니다. 제가 경험한 쿵퓨족은 정말로 숫자를 잘 세지 못하는 분이 많습니다. 그도 그럴 것이 굳이 숫자를 셀 이유가 없기 때문에 그쪽으로는 발달이 안 된 거지요.

공동체적 기억

기억의 '거리'에 당연히 빠지지 않는 것이 인간 상호 관계지요. 사회구성론자 들은 기억이란 것은 상호 관계 안에 '연합 행위(joint action)'(Smith & Nylund, 1997) 에 의해 구성된다고 생각합니다. 그래서 사회구성주의자들은 이러한 기억의 특 성을 '참여적 기억(participatory memory)' 혹은 '참여적 인식(Participatory cognition)' 이라고 부릅니다(Fogel, 1993).

재미있는 예화가 있습니다. 여섯 살 난 딸이 장난감을 잃어버렸답니다. 딸은 속이 상해서 아빠에게 투정을 부렸다지요. 그때 아빠가 딸에게 어디서 잃어버 렸는지 기억이 나지 않느냐고 물었겠지요. 그랬더니 딸은 "기억할 수 없어."라 고만 말했답니다. 아빠는 계속해서 딸에게 물었습니다. "네 방을 찾아봤니? 밖 에는? 혹시 토미네 집에 두고 온 건 아니야?" 딸의 반응은 "응, 아니."라고만 하 다가, 순간 아빠가 "차 안에 두고 내린 것 아니니?"라고 물어봤을 때, 딸의 얼굴 에는 화사한 미소가 돌면서 "아, 그렇다. 거기에 두고 온 것 같아."라고 말했습니 다(Tharp & Gallimore, 1988).

이 이야기 속에서 우리는 딸이 온전히 기억했다고 보기도 어렵고 그렇다고 아 빠가 기억했다고 볼 수도 없습니다. 잃어버린 장난감에 대한 기억을 끌어낸 것 은 '연합된 성취물(joint accomplishment)'이라고 할 수 있지요. 즉, 기억이란 사회 적이고 상호 공동체적으로 구축된 것이며, 구체적인 콘텍스트 안에서 재회생하 는 것이지요. 기억의 재생이 무엇과 연관되느냐, 어떤 것과 관계하느냐, 기억이 어떤 상황에서 요구되느냐에 따라 기억의 회생은 차이를 보입니다. 또한 어떤 동기와 목적 그리고 관점에 의해 처리되느냐에 따라 그 기억의 결과물 역시 차 이가 나지요.

그러므로 이야기치료에서는 사회구성론자들의 사유에 동의합니다. 기억을 개인의 능력이나 생리적인 것 혹은 인지주의나 뇌의 구성 물질 및 화학적인 반응만으로 규정하지 않습니다. 따라서 개인적 유능성이나 개인적 능력의 차이로만 판단하여 차별을 조장하는 우를 범하지 않습니다. 조금 더 확장하여, 사회적이고, 공동체적이며, 구체적인 콘텍스트를 통해서도 바라보려는 시도를 합니다. 그렇다면 내담자와 우리의 관계 및 질문이 어떤 자리매김, 어떤 화두인지에 따라 내담자의 기억의 재회생은 많은 차이를 보인다고 할 수 있습니다.

정체성에 관한 이야기

상담은 해석의 문제이고, 해석은 결국 정체성의 문제로 귀결됩니다. 그러므로 이야기치료에서 정체성 강화는 매우 중요한 화두입니다. 정체성이란 생존적 현상입니다. '나'를 중심으로 주위와 상호 교류하면서 여러 가지 유형으로 스스로 변신하기도 하고, 유지할 필요를 느낄 때는 유지하는 것이 정체성입니다. 때론 안 그런 척하기도 하고, 혹은 그런 척하기도 하며 상황과 조건에 맞게 변화시켜 나가는 것으로서 인간이 누리고 구사할 수 있는 정치적이고 사회 문화적인 현상입니다. 이제 심리학에서 규정해 주는 고정된 정체성이란 틀을 넘어서야 합니다.

'내가 보는 나도 나고, 네가 보는 나도 나고, 신이 보는 나도 나다.'라는 것이 우리의 생각입니다. 정체성은 고정된 그 어떤 본질적 요소가 있는 것이 아니라고 이야기치료사들은 주장합니다. 이 책을 쓰면서 같이 일하는 어느 한 선생님과 많은 논쟁을 했습니다. 저는 이 분과 '일'하면서 '까칠하고 강하다'는 느낌을 많이 받았습니다. 그런데 이상한 건 우리 센터의 다른 분들과 '관계'할 때는 너무도 '살갑고, 부드럽다'는 평을 듣는 분입니다. 그래서 언젠가 제가 이렇게 물었습니다. "선생님은 다른 사람들에게는 부드럽고 살갑게 굴면서 왜 저에게는 그렇게 까칠하게 굴어요? 저의 행위에 문제가 있나요?" 그랬더니 이 분이 진지하게, "교수님은 저보다 높은 위치서서 일을 같이 하다 보면 제 관점이 없어지는 듯한 느낌을 받기 때문에 제가 예민해졌나 봐요. 그런데 센터 선생님들은 동료이기에 편안한 느낌이거든요."라고 하더군요.

정체성이란 상호작용 속에서 생겨나는 정치적인 결과물(Dunn, 1998)이라고 합니다. 일할 때 자기 및 자기가 관계하는 사람에 따라, 자기 필요에 의해 우리는 그 상황에 맞춰 사는 겁니다. 상황에 맞춘 나는 가짜고, 언제 어디서건 자기 식대로 하면 본질입니까? 아무리 제가 아내와 부부싸움을 했다고 해도 장모님이 오시면 일단 환한 얼굴로 뵙는 것이 당연한 거지요. 싸운 모습 그대로 뵈면 그게 못 배워도 한참 못 배운 사람이지요. 그건 못된 놈이라고 하는 거지 정체성이라고 하는 게 아닙니다. 즉, 정체성은 순간순간 만들어 가고, 되어 가는(becoming) 것이지 이미 된(being) 존재(박선정, 2009)가 어느 구석에 처박혀 있는 것이 아니랍니다.

정체성은 심연 밑바닥에 있는 그 어떤 것이 아닙니다. 성격심리학에서 말하는 그 어떤 영향으로 형성되는 것도 아닙니다. 페르소나(persona)라고 해서 가면이니, 가짜니, 참 자아가 아니니 그런 관점으로 사람을 보지 않습니다(Neuger, 2001). 인간을 규정하는 본질도 아닙니다. 그렇기에 '정체성을 찾는다' '정체성 형성의 시기' '정체성 혼란' '자아개념이 서 있지 않은'이란 표현은 삼가야 한다고 이야기치료사는 강력하게 주장합니다. 그러므로 청소년에게 정체성 혼란의 시기, 반항기, 질풍노도라는 표현도 쓰지 않습니다. 이런 기계론적이고 진화론적인 구분은 문제에 초점을 맞춘 것에 불과합니다(Kelly, 2000). 포스트모더니스트 Madigan(1996)은 심지어 "문화적으로 찍어 내는(culturally manufactured)" 정체성이라고까지 합니다. 저 역시 이러한 논조에 동의합니다.

그런데 왜 정체성에 대해 모더니스트들은 이와 같이 주장했던 걸까요? 모더니즘 문화와 학문, 그리고 그들이 추구하던 가치는 지속성(continuity), 통합성(integration), 동일화(identification), 차별화(differentiation)에 있었기 때문입니다. 정체성이란 단어는 영어로 identity이고, 동일시라는 단어도 identification입니다. 그런데 포스트모던에 오면서 동일시로 인간의 정체성을 구분하려 너무 복잡해진 것입니다(박선정, 2009). 이야기접근법으로 보면 인간의 정체성이란 이야기된 정체성이라고도 할 수 있으며, 이야기가 신화이야기에서 출발했으니 신비한 존재라고 표현해도 될 듯합니다.

정체성 강화

이 정체성을 단단히 하는 것은 솔직히 잘 모릅니다. 구호를 제창하게 하는 것, 마인드컨트롤을 시도하는 것, 방에 구호를 써 놓고 자신을 끊임없이 되돌아보는 것, 인간관계 훈련 프로그램이나 해병대 체험 프로그램 같은 것에 참여케 하는 것도 나쁘지 않겠지요. 흔히 말하는 수용하고 지지하고, 칭찬과 격려로 일관해 보는 것도 괜찮은 방법일 수 있겠습니다. 그러나 저는 그런 방법이 단방약으로 끝나는 경우를 자주 봅니다. 이런 것들이 참고서 그 이상은 아니라고 봅니다. 정체성을 누가 훈련시키거나 가르쳐서 만들어 간다는 것은 단방처방약과도 같습니다.

그보다도 정체성은 오늘의 '나'를 중심으로 채워 가고 재배치해 갈 때부터 강화된다고 생각합니다. 흩어져 있는 자신의 이야기, 사소하게 여겼던 자신의 것들을 현재의 나를 중심으로 재구성합니다. 그리고 그 재구성된 것이 '당연한' 자신의 일부임을 승인하고, 선언해 주는 것입니다. 즉, 자신의 이야기를 중심으로 자신이 인정받는 인정 의식이라 할 수 있겠습니다. 자신이 자신을 통제하는 것, 자신이 자신을 조정하는 것, 자신이 자신에게 용기를 불어넣어 주고, 디디기 힘든 한 발을 뗄 수 있게 해 주는 것 등은 어디에선가 흘렸던 자기 자신의 일부입니다. 다른 말로 하면, 자기가 살아왔던 이야기 속에 있다는 것입니다. 이 속에 자신의 신화 쓰기도 포함이 됩니다. 태몽도 자신의 신화입니다. 지나간 일을 다시 쓰는 것도 신화 쓰기이고, 상상된 미래를 써 보는 것도 신화 쓰기입니다.

정체성 조망과 행동 조망

　정체성을 강화하는 방법, 발전을 도모하는 이야기의 단초를 만드는 독특한 수확물들은 내담자가 문제에 더욱 강고히 맞설 수 있도록 돕습니다. 이 작업은 다음 단계를 위해 매우 중요합니다. 이 과정이 없다면 '미래 이야기 찾아가기'란 추상적이고 낭만적인 성장 모델과 다를 바가 없습니다. 이런 작업 중의 하나가 정체성 조망(전망)과 행동 조망(landscape of identity and action)입니다(Smith & Nylund, 1997).

　조망(landscape)은 말 그대로 전망대 같은 것을 연상하시면 될 듯합니다. 마천루에서 산 아래 풍광을 두루 살펴보는 것과 같은 의미입니다. 사건 마디마디의 의식적인 것과 행동적인 것을 한눈에 두루 살펴보고 그것을 독특한 수확물과 연관지어 보는 것입니다. White의 초기 저작에서는 정체성 조망과 의식 조망(consciousness), 의미 조망(meaning)으로 나눠서 정리되었지만 후기 저작에서는 정체성으로 통일되었습니다.

　행동 조망과 정체성 조망은 내담자의 문제 이야기의 터닝포인트(turning point)입니다. 즉, 이제까지 내담자가 자신의 과거 속에서 과거를 봤다면, 이제는 현재에서 과거를 '다시' 보고, 또 '다시' 이야기합니다. 그렇게 '다시' 이야기된 그 과거이야기를 토대로 미래를 보는 것입니다. 즉, 다시 이야기하는 그 과거에는 이미 미래의 행동양식을 내포하고 있습니다. White(1995a)의 용어를 한마디로 묶어서 말한다면 과거 속에서 '문제와는 다른 이야기 찾기'라고 할 수 있습니다. 이러한 행동 조망과 정체성 조망은 내담자 자신도 잊고 있던 자신에 대한 새로운 관점을 제시해 주기도 합니다.

정체성 조망

행위적인 것이 아닌 의식적인 것, 의미적인 것으로서 '왜'를 말해 주는 것입니다. 사건이나 상황에 대해 어떤 의도로 반응했는지, 어떤 목적과 의미가 부여되었는지, 어떤 신념과 동기가 있었는지 조망해 보는 것입니다. 정체성 조망을 할 때는 형용사적 표현이 대부분을 차지합니다. 전체적으로 봐서 추상적인 것을 조망해 보는 것이기 때문입니다. 이 정체성을 구성해 주는 것은 삶 주위의 여러 요소에 따라 규정되고 변화됩니다.

- 과거의 사건들을 통해 자신의 다른 부분(정체성)을 인식하도록 하는 것
- 내담자의 의지, 행위에 대한 의미와 가치, 사건에 대한 해석과 반응으로 구성
- 사건의 의도와 목적에 대한 추론
- 과거 사건 이야기에 등장하는 다른 사람에 대한 자신의 해석
- 현재나 과거 삶을 구성해 주는 유무형적인 것들
- 의식, 의미, 정체성 같은 무형적인 것

정체성 조망 질문의 예

- 다시 한 번 여쭙고 싶은데, 상황 자체가 '분노'를 도와서 선생님을 화나게 합니까? 아니면 선생님이 이런저런 상황일 때 '화'가 날 수 있다고 이해(해석)하고 계십니까?
- '분노'가 상황을 만듭니까? 선생님이 '분노'가 개입하도록 하셨습니까?
- 선생님은 '분노'를 제압할 때마다 선생님 자신에 대해 어떤 감정이 드십니까? 그런 자신에게 어떤 상을 준다든지, 혹은 누구라고 말해 주고(이름 짓고) 싶습니까?
- '분노'는 그런 선생님에게 뭐라고 말하고, 또 선생님을 부르겠습니까?
- 선생님, '승리'라는 것이 보기도 하고 말도 할 줄 안다고 가정해 보죠. 선생

님이 '분노'라는 놈을 이겼을 때 승리는 그것을 보고 선생님께 뭐라고 말해
줄 것 같아요? 왜? 특히 무엇이 중요하다고 조언할 것 같습니까?

- 선생님 주위 사람들이나 부인이 그 승리를 어떻게 생각할 것 같습니까? 그
  리고 어떤 희망을 가질 것 같고, 어떤 행동 양식이 나타날 것 같습니까?
- 전에도 그런 경우가 있었다면 어떤 것들이 있었을까요?
- 선생님과 그분들의 행동에는 나름의 가치가 있었던 것 같은데 그게 무엇입
  니까?
- 선생님이 믿고 있는 가치와 그들이 믿고 있는 가치의 기준이 어디에서 왔다
  고 생각되십니까?
- 선생님이 상상하는 미래의 이야기와 그 가치는 어떻게 충돌합니까? 아니면
  어떻게 도움이 됩니까?
- 과거 사건에서 선생님의 가치와 상황이 충돌할 때 어떻게 대처하셨습니까?
  혹 그런 경험이 더 있다면 말씀해 주시겠습니까?
- 그런 경험들은 선생님이 말씀하신 앞으로의 행동 양식과 가치가 또 충돌할
  때 선생님이 어떤 식으로 조화를 이루도록 권고합니까?
- 그 경험들은 선생님에게 어떤 가치와 의미가 있다고 생각하십니까?
- 그 경험들이 선생님을 어떤 능력(기술, 지식)의 소유자라고 하는 것 같습니까?
- 그 경험들이 선생님을 누구라고 여기는 것 같습니까?
- 그 경험들은 선생님에게 그와 비슷한 상황이 전개된다면 어떻게 하기를 원
  하는 것 같습니까?
- 이제까지 '분노'에 대처했던 경험들, 승리했던 사건들 속에서 선생님의 많
  고 다양한 능력을 말씀해 주셨습니다. 지금 다시 회상해 보고 정리해 주실
  수 있겠습니까?
- 다시 회상해 보니 그때는 어떤 의지를 가지고 있으셨던 것 같습니까?
- 동기는 무엇이었습니까?
- 그 동기나 의지가 선생님이 행하셨던 계획에 대해 뭐라고 말하는 것 같습

니까?

- 그 동기나 의지가 선생님은 어떤 의지의 소유자라고 말하고 있습니까?
- 다시 선생님을 돌아보니 어떤 느낌이 드십니까?
- 그중에서 앞으로의 행동양식에 접목시킬 수 있는 것으로서 특히 이런 것은 선생님에게 가장 강점이고 잘할 수 있는 것이라고 생각하는 것이 있다면 어떤 것들이 있습니까?
- 한번 상상된 미래와 연관지어 이야기를 전개해 주실 수 있겠습니까?

행동 조망

말 그대로 행위로서 어느 시점, 일정 공간에서 실제적으로 일어난 것들을 말합니다. 이것들은 사건, 시간, 사건의 순서와 구상(plot)으로 구성되어 있습니다. 행동 조망이란 '어떻게'와 '무엇'이 주제와 연관을 가지고 질서 있게 서술된 것입니다. 그렇기 때문에 정체성 조망처럼 추상적 표현이 아닌 행위적이거나 구체적인 사례 혹은 구체적 사건 및 행동으로 표현됩니다.

- 그동안의 사건을 줄거리로 잡고 사건의 배경을 좀 더 구체적으로 묘사한 것
- 성취의 배경이나 행동, 관계, 시간 배열 등과 그것이 당시에 했던 역할 등
- 정체성과 직접적으로 연관된 행동
- 구체적 행위, 즉 유형적인 것

행동 조망 질문의 예

- 선생님이 '분노'에 휘둘렸던 어떤 사건이나 행위 이후 "이건 아닌데…." "이렇게 하고 싶었는데…." 하는 사례가 있었다면 어떤 것들입니까?
- 그때 선생님은 어디에 계셨고, 어떤 행동을 취하셨습니까?
- 지금 다시 그 일로 돌아간다면 어떤 행동을 취하시겠습니까?

- 그리고 무엇을 준비하시겠습니까?

- 그 뒤의 상황을 좀 더 구체적으로 말씀해 주시겠습니까?

- 얼마간 그런 일이 지속되었습니까?

- '분노' 때문에 흐트러진 사건이나 가족 혹은 주위 관계가 있었다면 어떻게 회복되기를 원하십니까?

- 예전에 혹 그런 사례가 있었는지 기억해 보시겠습니까?

- 그때 기분이 어땠습니까?

- 그때 구체적으로 특별히 준비한 것이나 준비한 행동양식이 있었다면 어떤 것이지요?

- '분노'의 전략, 전술에 대한 선생님의 공격 전략이 있다면 어떤 것을 예로 드실 수 있겠습니까?

- 전에도 그와 비슷한 전략을 사용해 보신 적이 있습니까? 아니면 오늘 처음 생각하신 것입니까? 꼭 분노와 관련된 것이 아니라도 좋습니다. 선생님이 힘들었던 상황에서 사용해 본 그 무엇이 있다면 가능한 대로 말씀해 주시겠습니까?

- 효과적인 전략의 수행을 위해 주위에서 도움이 될 만한 사람을 선택하신다면 누가 있겠습니까?

- 전략의 수행을 위해, 그리고 도움을 청하기 위해 가장 먼저 해야 할 일이 무엇이라고 생각하십니까?

- 선생님이 '분노'를 성공적으로 제압하고 선생님이 말씀하셨던 옛 모습을 회복하신다면 미래의 모습은 어떨지를 한번 상상해 보시겠습니까?

- 이제껏 말씀해 주신 이야기 속에 징검다리로 쓸 만한 돌이 많이 있는 것 같은데, 지금 이 순간부터 그 상상된 미래 쪽으로 건너가기 위해 어떤 징검다리를 이용하시겠습니까? 이야기와 상관은 없지만 또 다른 상상된 징검다리를 가지고 계십니까?

- 첫 번째 단계가 무엇이어야 한다고 생각하십니까?

- 지금 말씀하신 미래의 행동양식이 바로 내일과 석 달 후, 그리고 내년 및 삼 년 후에도 계속될 것 같습니까? 혹 그렇다면 어떤 장치가 있을까요? 혹 없다 면 무엇 때문일까요?
- 지금 말씀하신 상상된 미래가 현실화된다면 어떤 기분이 드실 것 같습니까? 구체적으로 말씀해 주시겠습니까?
- 선생님에게 그것이 어떤 가치가 있습니까? (이 질문은 다음의 정체성 조망 질 문에서도 더욱 확실하게 질문합니다.)

문장 채우기

이 작업은 '그럼에도 불구하고'를 강조한 것으로서 앞의 함정 채우기와 비슷 한 활동입니다. 독특한 수확물을 찾는 것과도 같고, 정체성 및 행동 조망과도 연 관되어 있습니다. 이 문장 채우기를 매 회기 혹은 상담 중에 자기 부정적인 면들 이 나올 때마다 과제로 내 줘도 효과가 있습니다.

- (평가된 나) 나는(사람들은 나를) _____이다(이라고 한다).
- (반전) '그럼에도 불구하고' 나는 _____해 본 적이 있다(하고 있다).
- (자기 선언) '그러므로' 나는 _____이다.

문장 채우기의 예
- (평가된 나) 나는 소심한 사람이다.
- (반전) '그럼에도 불구하고' 나는 강의 때는 상당히 여유롭게 강의를 한다.
- (자기 선언) '그러므로' 나는 세심한 준비자다.

자기 선언 문장 채우기의 실제 예: 미래우먼 이야기
상담사: 이걸 한번 작성해 보세요.

(평가된 나) 나는 _____라고 한다(했다/이다/였다).

(반전) '그럼에도 불구하고' 나는 _____한 적이 있다(했었다/하고 있다).

(자기 선언) '그러므로' 나는 _____이다(라고 선언한다).

화　자: 음… ① 나는 나만 아는 사람이라고 했다. ② 그러나 나는… 아니지참, 그럼에도… 이지요?

상담사: 아니요, 괜찮아요. '그러나'로 해도 돼요….

화　자: ② 그러나 나는 아이들을 위해 양육비도 받지 않고 이제까지 왔다.③ 그러므로 나는 이기적인 사람이 아니다. ① 나는… 음… 화를 내는사람이다…. ② 그러나 나는 시를 읽거나 책을 읽으며 나를 다독인다.③ 그러므로 나는 나를 분석할 시간을 가지는 사람으로 이성적인 사람이다.

정체성 나무 만들기[1)]

정체성 및 행동 나무 살펴보기의 목적과 원리

이 활동은 '내가 보는 나도 나고, 네가 보는 나도 나고, 신이 보는 나도 나다.'라는 인식을 통해 정체성을 강화하는 것입니다. 이 작업은 내담자의 삶의 영역을 자신의 주관으로 재편성해 보는 것입니다. 자신이 자신의 정체성과 행동 그리고 그 결과물에 대해 해석·재해석하도록 도와주는 것이 활동의 주요한 목적입니다. 이것은 내담자가 일상에서 주요하게 여기는 삶의 요소와 근간들을 구성하게 합니다. 이것을 하다 보면 내담자가 자신의 주위에서 누구를, 무엇을 중요시하고 어떤 영향하에 살고 있는지 알 수 있을 것입니다. 예를 들어, 가족, 친구,

---

1) 혹자는 이 정체성 나무 만들기를 호주의 덜위치 센터에서 사용하는 생명나무를 제 마음대로 도용한것이라고 오해하십니다. 그러나 그렇지 않음을 먼저 밝힙니다. 덜위치에서 만들기 이전인 2002년 제가 석사과정할 때 사용했던 것입니다.

직장, 취미, 꿈, TV 등을 나열하게 하는 것입니다.

다음으로 내담자는 직접 그 요소들이 자신을 어떻게 생각하는지 스스로 평가합니다. 마지막으로 그 결과나 열매 또한 자신이 직접 평가하게 합니다. 만약 요소들이 무생물일지라도 의인화·인격화해서 대화를 이끌어 가야 합니다. 그리고 정체성은 무형적이고 의식적인 면으로 '형용사'로 표현하는 것이 효과적이며, 동사로 표현하는 것은 조망입니다.

정체성 조망 활동 절차

① A4 용지 한 장에 크게 나무 하나를 그리게 합니다. 나무뿌리는 정체성 조망, 나무 기둥은 행동 조망, 가지와 잎은 열매, 결과 혹은 의미와 가치입니다.

- 나무뿌리를 덮고 있는 땅에는 다양한 흙의 요소가 있습니다. 그 요소가 삶의 일상을 덮고 있는 요소입니다.
- 이때 내담자들이 몇 가지 생각해 내지 못할 수도 있습니다.
- 그럴 때면 상담사가 여러 가지를 나열하며 물어보는 것도 좋습니다.

② 각 요소(뿌리 쪽 동그라미)가 자신을 어떤 사람(정체성)이라고 말하는지 묻습니다.

- 가족이 선생님을 어떤 사람이라고 하는 것 같아요?
- 직장은 선생님을 누구라고 규정할 것 같습니까?

주의점

이 부분에서 내담자들이 가끔 이해하지 못하는 부분이 있습니다. 자신이 각각의 요소를 보면서 자기가 하고 싶은 말을 하는 경우가 있습니다. 예를 들어, "'직장'이 선생님을 누구라고 규정할 것 같아요?"라고 물으면 내담자는 "직장아, 좀만 참아!" 이런 식으로 답할 때가 있습니다. 혹은 동사적으로 표현하기도 합니다. "과중하게 일하는…"이라는 식으로 표현하면 이것은 행동 조망이고, 정체성으로 하면 '열심인' '부지런한' '욕심 많은'이란 식으로 조정해야 합니다.

- 친구는? 취미는? 꿈은?
- 이때 한 요소로 몇 가지 정체성을 말할 수도 있습니다. 그러므로 "또 뭐라고 할 것 같아요?"라고 물어도 좋을 듯합니다.

③ 정체성의 뿌리가 되는 그 요소 밑에 내담자가 말한 내용을 적어 둔다.

- 가족이 뭐라고 할 것 같습니까? → 좋은 아빠
- 직장이는요? → 부지런한

④ 뿌리를 다 채웠으면 다음으로 그 뿌리 하나씩(정체성)과 연관된 삶에서 나타난 사건, 상황을 묻습니다. 이것은 그렇게 규정할 수 있는 근거가 구체적으로 무엇인지를 찾는 것입니다. 내담자의 모든 독특한 수확물, 선언 등은 구체적인 사건으로 검증해 내는 것이 좋습니다.

- 가족이 좋은 아빠라고 말하는 근거가 될 수 있는 구체적인 사건 및 상황을 말해 줄 수 있습니까?

⑤ 구체적인 사건이나 상황을 내담자가 말하면 그 내용을 나무 기둥에 씁니다. 그 위치는 그 상황과 사건이 나온 요소 위에 맞춰서 씁니다.

⑥ 구체적인 사건이나 상황을 확인한 후에 그 위에 같은 방법으로 열매, 즉 결과, 가치, 의미를 묻습니다.

- 그 사건 이후 어떤 결과가 있었습니까?
- 그 사건은 어떤 의미였습니까?
- 그 사건은 선생님의 삶에 어떤 가치를 주었습니까?

⑦ 앞과 동일하게 그 사건과 결과를 연결하여 열매에 써 넣습니다.

⑧ 모든 활동이 끝나면 상담사는 내용에서 긍정적인 면과 부정적인 면을 색연필로 구분해 보고, 연관되는 부분을 찾아 연결해 봅니다. 그리고 이렇게 물어봅니다.

- 선생님의 나무를 그려 보니 자신에 대해 어떤 느낌이 듭니까?
- 선생님에게 이 나무는 어떤 의미를 줍니까?

⑨ 나무 하나만 그리고 끝낼 수도 있고, 다른 시간의 나무를 그릴 수도 있습니

다. 현재 나무, 사건이 있었을 때의 나무, 사건 이전의 나무 등과 같이 그려 볼 수 있습니다. 다만 시간 구성만 달리 할 뿐입니다.

- 그럼 이번에는 문제가 선생님을 힘들게 하던 시기 이전의 나무를 한번 그려 볼까요?
- 언제 때 나무를 그려 보고 싶으십니까?

⑩ 마지막으로 완성된 나무에 이름을 지어 보게 하기도 합니다.

숙지 사항

① 나무 그리기 활동을 다 한 후 마무리를 하려고 할 필요는 없습니다. 상담사가 굳이 해석을 하거나 뭔가를 정리하려 하지 않으셔도 됩니다.

② 만약 여러 그루의 나무를 그렸다면 나무마다 구성 요소가 바뀐 것이 있는지 확인해 보고, 같은 요소지만 다른 표현이 있는지 찾아봅니다. 그리고 만약 있다면 단순하게 바뀐 것을 확인만 하고 마칩니다. 물론 내담자가 그것에 대해 또 다른 해석을 내놓는다면 그것은 나름 의미 있는 것입니다.

과거 재방문의 실제 예: 미래우먼 이야기

내담자가 그 어떤 문제나 상처일지라도 극복했던 강점, 노하우를 찾아 나섭니다. 활동을 통해 발견한 독특한 수확물로 얼개를 만들어 대안이야기의 기둥으로 삼습니다.

상담사: 한 주 동안 어떻게 지내셨어요?

화   자: (이야기함)

상담사: 지난 회기에 칠흑이 놈의 정체와 전략을 탐색했어요. 이놈은 과거에 나타난 것이 아니라 최근에 나타난 것이라고 하셨습니다. 특히 선생님의 힘든 상황보다는 앞으로의 진로에 대한 생각을 이용했고, 관계는 큰아이와 아빠라고 오해를 하게끔 했는데, 결국 관점의 문제라고 정

리했지요. …제가 혹시 잘못 이해한 것이 있나요?

화　자: 아니요. 너무 잘 정리되는 느낌이었어요.

상담사: 지난 회기 이후 특이한 사항이나 나누고 싶은 것은 없으신가요?

화　자: 아~ 제가 너무 좋은 느낌?

상담사: 오~ 자기애적 성격장애 같습니다요?(웃음)

화　자: (웃으며) 전에 아이가 늦잠 자거나 깨워 달라고 하면서 막상 깨우면 안
　　　　일어나면 화가 났는데… 이번에는 밥상을 차려 주고 그 앞에서 시를
　　　　한 편 읽어 줬어요. 그것도 매번… 어쩔 때는 시장 봐 오고 너무 피곤
　　　　해도 시를 읽어 주는 그 시간이 너무 좋았어요.

상담사: 와우… 그렇다면 오늘은 어떻게 이 시간을 쓰고 싶으세요?

화　자: 칠흑이 이야기보다는 저의 발전을 위해 쓰고 싶어요.

상담사: …칠흑이는 가고 발전이를 오게 하시겠다는 거군요…. 그럼 오늘은
　　　　첫 회기에 했던 라이프 선 그리기를 중점으로 과거를 재방문해 보지
　　　　요. 이 활동은요… (과거 재방문에 대해 설명하고 과거 재방문 활동지
　　　　['산에 있는 함정을 넘었던 경험']를 꺼낸다.)

＊ 실제 미래우먼 상담에서는 여기에서 '함정 채우기'와 '자기 선언 문장'을
했으나 책의 내용상 제7장 '함정 채우기'에서 소개했습니다. 그러므로 내용
연결이 약간 맞지 않을 수도 있습니다.

상담사: (과거 재방문의 의의를 설명해 준다.) 선생님, 오늘은 삶의 터닝포인
　　　　트마다 선생님이 주체적으로 다시 평가해 봤으면 좋겠어요. 일단 따라
　　　　해 보실래요! "나의 힘듦, 어려웠던 과정은 미래를 여는 보물창고다!"
　　　　선생님께서 늦깎이 대학생이 되고 물리적으로 힘든 상황을 잘 헤쳐 나
　　　　갔다는 것을 한번 상기해 보시지요. 자~ 지금부터 자신을 자신이라고
　　　　생각하지 마시고, 60세 되신 상담사라고 생각하고 한번 이야기해 보

세요. 선생님 앞에 40대 초반의 미래우먼이 있어요. 그 미래우먼은 물리적으로 쉽지 않은 상황에서 아이도 잘 키우고 있고, 학업도 잘 마치고, 다음 발걸음을 고민하고 있어요. 그런 미래우먼이 어떤 사람이라고 이야기해 주고 싶으세요?

화　자: 음~ 의지인? 아마 자신에 대해 평생 자랑스러워할 것 같아요….

상담사: 60세 되신 상담사께서 별이(내담자가 자신을 지칭할 때 주로 쓴 별칭으로, '칠흑'이라고 이름 지은 문제와 구분하기 위한 칠흑 같은 밤하늘에 떠 있는 '별'이라는 의미입니다. 대안이야기 이름인 '미래우먼'과는 또 다른 이름입니다.)에게 그렇게 말씀해 주실 때는 연유가 있으실 텐데?

화　자: 제가 아는 별이는 그때 경제적으로도 어려운 상황이었고, 아이들은 정서적으로 매우 불안정했던 모습을 보였어요. 그때 가게를 오픈했는데 모두 반대를 했지요. 아이들 키우랴, 학업 수행하랴, 가게 오픈하랴…. 그거 보통 어려운 게 아니거든요. 그런데도 우수한 성적으로 학업을 마쳤을 뿐만 아니라 늘 기쁘게 학교를 다녔고, 애들도 굉장히 많이 안정되었고, 가게도 품목에 비해 적당한 자리가 아니라고 했는데도 단골도 많고….

상담사: 60세 상담사께서 볼 때 별이를 그때 찬성해 주고 지지해 줬던 분이 단 한 명도 없었어요?

화　자: 있어요~ 목사님요. 서툰 저를 보실 때마다 항상 격려해 주시고, 저에게 물건 보는 센스가 있다고 항상 칭찬해 주셨어요. 아~ 제부가 가게를 오픈하는 것도, 학교 다니는 것도 유일하게 찬성하고 밀어 줬어요. 아~ 동생도 있어요. 동생은 의지가 강력한 걸 알고 해 보라고, 자기도 적극적으로 돕겠다고 했어요.

상담사: 그분들이 그렇게 인정하고 격려할 땐 그럴 만한 이유가 있었겠지요…. 그런 별이를 선생님은 어떤 사람이라고 말해 주고 싶으세요?

화　자: 음~ "넌 할 수 있어?"

상담사: 음, 그런 행동을 할 수 있는, 그러니까 "넌 할 수 있어."라고 누군가에게 들을 수 있는 그 별이의 다른 이름을 붙여 준다면?

화　자: 의지인?

상담사: 동생분이나 목사님이 의지인이란 이름에 동의하실 것 같으세요?

화　자: (망설임 없이) 네~

상담사: 헉, 망설임 없이… (장난기 섞인 말투로) 저 근거 없는 자신감은 어디서… 그렇다면 '의지'라는 것은 별이의 삶에 어떤 의미입니까?

화　자: 아이들… 별이의 미래에 없어선 안 될? 늘 열심히 살 수 있도록 격려한 격려자….

상담사: 그럼 선생님이 상담사로서 볼 때… 그런 의지의 별이가 앞으로 어떤 삶을 살 것 같다고…, 다시 말씀드려 어떤 삶을 예시할 수 있으세요?

화　자: 네… 앞으로… 아직은 모르지만 인생이란 게 또 힘들고 어려운 일이 있지 않겠어요? 그때마다 의지의 별이 이 모습 이대로 뚫고 나갈 것 같아요….

상담사: 아~ 그럼 이런 의지의 별이 같은 모습을 보여 준 때가 또 있었다면 언제 그런 비슷한 모습이?

화　자: 글쎄요… 아, 있다… 이혼 후 아이들을 다른 곳으로 옮기고 (약간 미동하며) 지금 생각하면 잘못된 결정이었다고 생각되는데요. 아무튼 그때 애들 학비도 보내야 하고, 저도 뭔가 해야겠기에…. 학습지를 했어요… 그때 정말 열심히 했고, 재미있게 했어요. 아, 그러고 보니까 제가 뭘 해도 항상 즐겁게 하는 경향이 있는 것 같아요. 그때 학부모들이 저를 많이 신뢰했고요. 잘 지냈어요.

상담사: 잘 지내고, 신뢰했다는 근거를 말씀하신다면…?

화　자: 지금도 연락 주고받고, 저희 가게 자주 오세요. 그럼 된 거 아닌가요?

상담사: 어휴, 그건 농담이었는데…. 아무튼 선생님! 즐겁게 일을 한다? 즐겁게

일한다는 것은 어떤 모습을 말하시는 건가요?

화　자: 이를테면… 아이들이 뭘 힘들어하는지… 왜 싫어하는지… 그런 것을 항상 고민하고 나름 방법을 연구했어요. 그리고 학부모와도 많은 시간을 가졌고요. …그럼 아이들도 향상되고, 엄마들도 저를 신뢰했어요… 그럼 저 또한 기분이 좋고요. 애들 발전을 보는 것도 즐겁고….

상담사: 아하… 즐겁게 일한다는 것은 선생님과 관계하는 사람이 아이건 어른이건 발전하고, 선생님을 신뢰하면 즐겁게 일하실 수 있군요? 다시 말해 '이타적'인 자기라고 제가 정리해 드려도 될까요?

화　자: 아~ 그렇게까지… 뭐, 아무튼 제가 이타적인 것도 있기는 해요… 저 때문에 누군가 행복해지면 저도 즐거우니까요….

상담사: 정리하자면 의지의 별이처럼 열심히 사는 또 다른 선생님의 모습은 ① 학습지를 할 때이고, 아이들을 다른 곳으로 보낸 것은 아쉬운 결정이지만…. 지금 말씀을 들어보면 어쩔 수 없는 상황이었을 거란 추측이 들고요…. 그 별이를 ② 증명해 주는 것이 지금도 그때 관계한 학부모와 좋은 관계를 유지하고 계신다는 것…. 또한 즐겁게 일할 수 있는 것은 ③ 뭔가 이타적이고, 신뢰를 받는 자기가 되는 것이군요? 제 이해가 맞습니까?

화　자: 아유… 좀 쑥스럽다….

상담사: 그렇다면 그런 의지의 별이와 지금도 상호작용하실 수 있다면… 삶에 어떤 도움이 되겠어요? 지금도 그 별이처럼 사신다면?

화　자: 선생님께서 정리해 주신 것처럼 누군가에게 도움되는 저 자신(말꼬리를 올리며)? 삶이 의미 있고, 항상 긍정적으로 살 것 같아요.

상담사: 그렇군요…자, 오늘은 과거 터닝포인트를 통해 선생님의 별이를 봤는데… 지난 회기 때 말씀하신 것과 연결해서 보면, ① 선생님은 성취하는 것에만 에너지가 강하게 쏟아지는 것이 아니라 지난 시간에 관계, 공유, 의지란 단어를 자주 쓰셨거든요…. 그러면서 ② 아이와 상황, 즉

문제를 분리하서서 생각하시더니 지금은 아이 아빠는 아빠고, 문제는 문제라고 분리해서 생각하시네요. 그러면서 지금을 초록이란 색으로 표현하셨고, 그 초록은 여름에 우거진 숲, 즉 시원한 그늘의 느낌과 풍성한 느낌을 주었거든요. 경제적으로 힘들지만 시장을 보고 나올 때 고단하고 바쁘기는 하지만⋯ 충만한 자기를 느낀다고 하셨어요⋯. 지난번 만남에서 이야기하면서 정리하신 것과 오늘 이야기하면서 확장하신 것들이 연관성을 갖는데 ⋯ 제가 잘 이해했나요?

화 자: ⋯항상 드는 생각이지만⋯ 선생님의 정리를 듣고 보니⋯ 그렇거든요⋯. 제가 맞게 말씀드린 건가요?

상담사: 아~ 선생님이 맞게 저에게 대답해 주실 이유가 전혀 없으시고요. 저는 단지 제가 선생님의 이야기를 빼 먹었거나 제 마음대로 정리했거나 한 것이 있는지 없는지 확인하는 거예요.

화 자: 네⋯에⋯ 고맙습니다. 잘 정리돼요⋯ 제 자신이요⋯.

상담사: 그래요. 감사하고요⋯.

반 영: (반영자가 이야기함)

상담사: (반영자를 보며) 우리 선생님이 하신 말씀에 대해 느끼신 점, 오늘 느끼신 것이나 가져가시는 것이 있다면?

화 자: 음⋯ 뭐랄까⋯ 제가 돌아보니 의지력이 생각보다 강한 것 같고요⋯.

상담사: (끼어들며) 같은 게 아니라 강하고요.

화 자: 네~ 강하고⋯ 지금 생각해 보면 어디서 그런 힘이 나왔나 싶네요. 음⋯ 그리고 지금 만나는 사람들이 고맙고 귀하기만 하네요. 애들 아빠도 나름 잘 살려고 했는데⋯ 저와 맞지 않았을 뿐인데⋯ 제가 미워할 것까지는 없었는데⋯ 아, 그리고 60세의 상담사가 되어 보는 것⋯ 저에게 많이 도움될 것 같아요⋯ 제 시야를 넓혀 주셔서 감사해요.

(상담사와 화자가 서로 인사로 마무리한다.)

행동 및 정체성 조망의 실제 예: 미래우먼 이야기

(상담사와 화자가 서로 형식적인 인사를 나눈다.)

상담사: (지난 만남의 내용을 정리한다.) 지난 만남에서의 대화에 대해 혹시 제
     가 곡해한 것이 있나요?

화　자: 아뇨… 한 주간 행복했어요. 지난번 만남에서 제가 한 이야기, 정리된
     이야기를 생각해 보니 …좀 신기한 마음도 들었고요.

상담사: 네… 고맙습니다…. 그럼 오늘은 제가 오늘 만남에서 해 봤으면 하는
     것을 제안하고 싶은데 그래도 되겠습니까?

화　자: 네….

상담사: 오늘은 말이지요, 선생님. "자신이 누구일까?" 하고 한번 생각해 보는
     거예요. 정체성이라고 하지요…. 선생님, 나무를 만들어 봐요.

화　자: 네….

상담사: (정체성 나무를 만드는 방법에 대해 간단히 설명한다.)

반　영: (반영자가 이야기함)

상담사: 미래우먼 님의 반영을 들은 후 선생님이 나누고 싶으신 것이 있다면?
     그리고 오늘 활동에서 느낀 점을 정리해 주셨으면 합니다.

화　자: (반영에 대해 화자가 다시 이야기함)

현재의 나무(상담 중)

문제 상황 때의 나무

문제 이전 나무

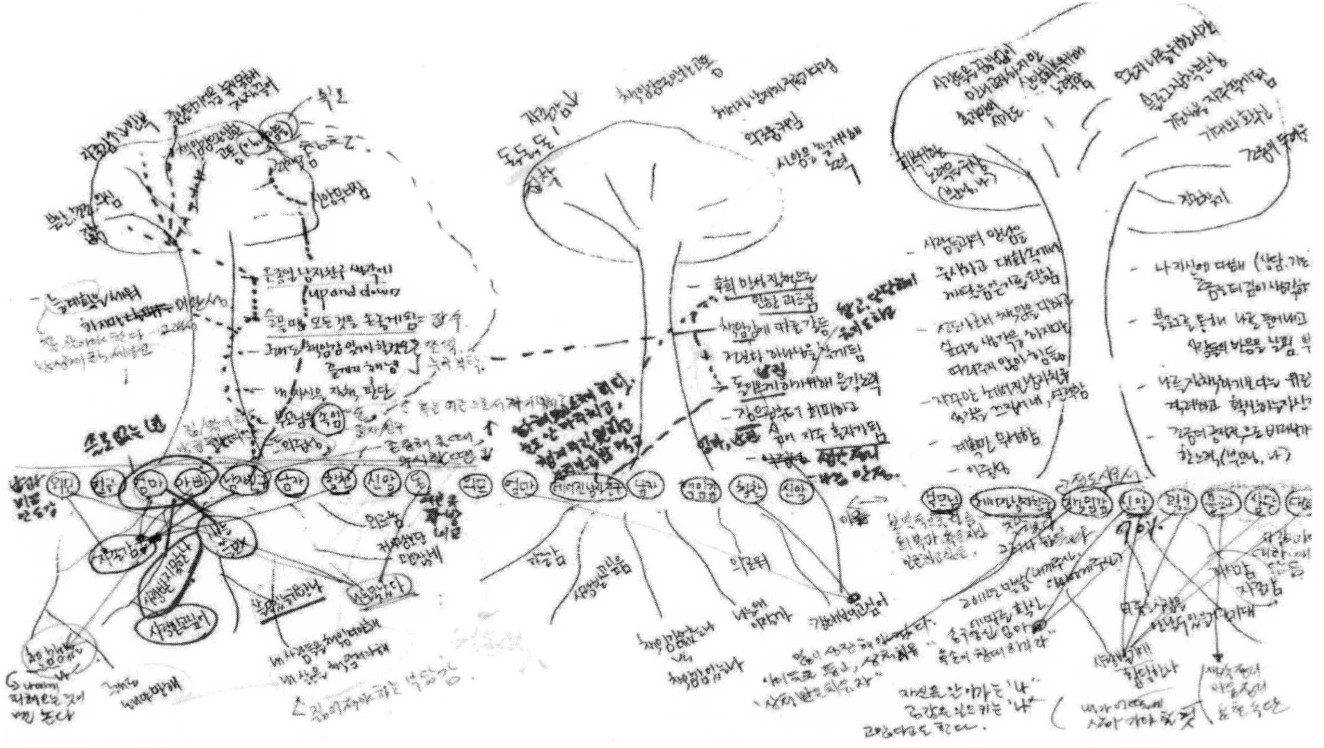

[그림 8-1] 정체성 나무 예

- 가운데 나무: 문제에 고통받던 시기의 나
- 왼쪽 나무: 문제 이전의 나
- 오른쪽 나무: 문제를 극복하고 있는 나(상담 마무리 시점)
- 굵은 글씨: 부정적 이미지와 행동(사랑받지 못한 나, 쓸모없는 X, 화폐 제스처 회피, …)
- 세 나무의 뿌리 부분: 긍정적 이미지와 행동(나에게 피해가 오는 것이면 좋 는다, 많이 성장해야겠다, 아이들을 품고 상처를 치유, 송구영신 엄마, 공감 을 일으키는 나, …)
- 점선: 연관성이 있는 부분

제**9**장
대안이야기 만들기

이야기치료가 중요하게 생각하는 것 중의 하나가 '회귀 현상(phenomenon of relapse)'을 막으려는 노력입니다. 문제란 놈은 내담자를 끊임없이 자신의 영토로 회귀하게 만들려고 시도합니다. 그 시도를 막고자 하는 노력 중 하나가 '대안이야기(alternative story) 만들기'입니다. 대안이야기는 문제이야기 외의 또 다른 이야기이며 결핍된 이야기를 풍부하게 하는 이야기입니다. 이것은 또한 감성 건드리기를 통해 상담 중독 같은 현상을 막아 보자는 취지입니다. 특히 집단을 인도하면서 카타르시스에 젖어 같이 울고 웃고 하다 보면 그 상황을 계속 유지하고 싶어 하는 경향이 있습니다. 집단 기획자는 이 현상을 조장하는 경향도 없지 않음을 솔직하게 고백합니다.

이러한 현상 중 하나가 소위 말하는 자조집단입니다. 자조집단이 내담자들에게 어느 정도 도움이 되는 것도 사실입니다. 그러나 일정 시간이 지나면 도리어 내담자의 발목을 잡는 역할도 합니다. 심정적으로 그 자조집단에 가면 편안하고, 때론 영웅으로, 대접받고 때론 동병상련을 느낄 수 있는 곳이기에 그 이상 확장되는 것에 걸림돌이 되기도 합니다. 물론 다 그렇다고는 할 수 없습니다만. 그러므로 이런 현상을 막고 내담자가 일상에서 스스로를 견인할 수 있도록 무언가를 무기로 들려 줘야 하는데 그것이 바로 대안이야기 만들기의 취지입니다.

대안이야기는 현재 지배적 이야기인 문제이야기의 영향에서 벗어난 이야기로서 문제의 대항마(counter story)입니다. 그리고 자신이 살고 '싶은' 이야기로서 의미와 가치에 초점을 둔 새로운 가능성입니다. 또한 삶을 다시 써 보는 것(re-authored)으로서 미래뿐만 아니라 과거까지도 다시 그려 보는 것입니다. 혹은 재구성된 정체성으로 모든 삶을 재구성해 보는 이야기이기도 합니다. 이런 모든 것은 자신이 선호하는 것(preferred)이며, 현재, 과거, 미래 어느 시점이든 내담자 자신이 선택하고 싶은 이야기입니다. 이런 모든 이야기는 결국 상상된(imaginative) 이야기로서 내담자의 이야기를 풍부하게 하며 내담자의 삶을 확장시키는 이야기입니다. 다만, 전제는 이야기가 언제 소멸될지, 어떻게 생성되어 갈지 아무도 모른다는 것입니다.

프로젝트

우리가 무덤에 들어가기 전까지 문제 없는 인생은 없지요. 즉, 대안이야기라고 해서 문제이야기가 없다는 것은 아니라는 전제입니다. 다만, 지금 이 순간 고통스러워하고 힘들어하는 그 문제와는 다르게 어떤 문제이야기가 또 있을지는 아무도 모릅니다. 이때 발전을 '도모'하는 이야기를 통해 얻어진 수확물들은 실제적인 백신으로 사용하기 위해 새로운 시도를 하는 프로젝트(project)라고도 할 수 있습니다(Roberts, 1994).

이 프로젝트는 대안이야기를 창작하는 것입니다. 그러나 어떠한 것도 없는 무에서 유를 창작하는 것이 아닙니다. 그것은 이야기 속에서 모은 수확물을 기초로 해서 만들어집니다. 혹은 어떤 가상의 실체를 만들기도 하고, 상상된 이야기를 기초로 하기도 하지만, 그런 모든 것의 기본 배경은 내담자가 경험했던 이야기 속에서 유추하는 것입니다. 이러한 이야기는 내담자가 문제로부터 벗어나는 것만이 아니라 자신의 삶의 새로운 영역을 개척할 것이라는 믿음에 기반을 둡니다. 프로젝트를 추진하는 첫 단추는 개인에 따라 혹은 상황에 맞추어 다양한 방법을 취할 수 있습니다. 문제이야기부터 시작할 수도 있고, 상담 초기부터 대안이야기를 시작할 수도 있으며, 느닷없이 해체 과정부터 진행할 수도 있습니다.

　이야기 인식론에서 말씀드렸듯이, 대안이야기는 풍부한 이야기로 가는 과정으로서 그야말로 대안이지, 실제적이고 현실적이며 실현 가능한 것일 필요가 전혀 없습니다. 즉, 실현되어야 할 미래의 그 어떤 이야기일 수 없다는 것입니다. 이 이야기가 어떤 결론을 낼지는 시간 안에 있는 것으로서 신의 손에 달려 있는 것이지요. 그렇기 때문에 대안이야기는 미래를 위한 이야기이면서도 미래를 보장하는 것이 아닙니다. 이 프로젝트는 지금껏 이야기치료의 전제들인 부재하지만 암시된, 해체, 낫노잉포지션의 자세와 탈중심적 자세, 독특한 수확물, 정체성, 행동 조망 등을 모두 포함하는 것입니다.

🐛 내지르고 봐! 안 되면 말고!: 대안이야기 만들기

　앞의 구호가 막말 같은가요? 책의 내용으로 쓰기에는 조금 민망한가요? 그러나 저는 대안이야기 만들기에 이보다 적합한 것이 없다고 생각합니다. 이제껏 우리는 실현 가능한 계획과 구체적이고 현실적인 전제로 우리의 인생을 재단하고 상상해 왔습니다. 그러나 우리의 인생은 과학적이고 통계적인 수치처럼 이루어지는 것이 아니라 시공간 속에서 우연한 것들과 관계된 결과물입니다. 복잡계 이론에서 언급한 것과 같습니다. 그래서 저는 내담자들이 대안이야기를 만들 때 이것저것 생각하지 말고 일단 내지르고 보는 상상을 해 보도록 추동합니다.

그러나 상담이 재미난 상상이나 하며 노닥거리는 수다는 아니지요. 그렇다면 대안이야기를 만들 때 몇 가지 전제를 두셔야 합니다. 첫째, 내담자가 경험했던 이야기 속에서 유추해 내어 가는 것이 효과적입니다. 둘째, 상상을 기초로 해야 합니다. 상상은 현실과 쌍태아와 같습니다. 셋째, 대안이야기 역시 내담자의 선택권과 책임을 강조해야 합니다. 이런 전제를 통해 대안이야기의 의미와 가치가 내담자의 삶을 견인해 가도록 돕는 것이 상담사가 할 일입니다. 다시 말해, 아무리 현실적인 것을 염두에 두지 않고 대안이야기 만들기를 조장했더라도 그 삶 속에서는 실현 가능한 의미와 가치의 이야기가 되도록 하는 것입니다.

그럼 왜 처음부터 가능성, 현실적인 것을 중심으로 만들어 가지 않고 비현실적인 상상부터 시작했을까요? 바로 이야기의 확장성을 위해서입니다. 여러분도 한번 해 보십시오. 현실성과 실현 가능성을 중심으로 미래이야기를 만들어 보십시오. 아마도 선택할 가능성이 별로 없을 것입니다. 그러나 현실성과 실현 가능성을 전혀 염두에 두지 않고 이 프로젝트를 시도하다 보면 이야기가 무궁무진하게 확장될 것입니다. 그렇지만 계속 이야기하고 또 하고 또 하다 보면 결국 내담자는 자신의 대안이야기가 피부에 와 닿는 경험을 합니다. 왜냐하면 인간은 자기의 언어나 이야기와 전혀 동떨어진, 자신의 인식 밖의 그 어떤 것은 이야기할 수 없기 때문에 현실적이고 실현 가능한 것, 그 의미와 가치로 좁혀 들어가게 되어 있기 때문입니다.

만들기 과정

이름 짓기

내담자가 자신의 대안이야기를 만들었다면 이름을 짓습니다. 대안이야기 이름 짓기는 문제이야기에 이름 짓기 과정과 같습니다. 대항마를 만들었다면 대항마의 이름을 짓습니다. 만약 문제와의 전투에서 전략 세우기를 했다면 그 전략의 이름을 만드는 것입니다. 그렇게 해서 대안이야기를 의인화·객체화·실체화합니다. 그리고 대안이에게 묻습니다. 모든 결핍성 이야기와 비교 및 대조하고 대립을 부추깁니다.

상상을 통해

미래를 기대하고 설계할 수 있도록 상상합니다. 그리고 대안이가 현재의 내담자에게 조언을 한다면 어떤 조언을 할지에 대해서도 대안이에게 묻습니다. 어떤 정체성을 가지고 행동하며, 의식하지 않고 의미를 부여할 것인지 여부를 대안이에게 들어봅니다. 그리고 마지막으로 대안이야기를 상상을 통해 현재 경험해 보게 합니다. 이런 대화 속에서 내담자가 자신의 정체성을 다시 회상해 보고 재해석하며 미래, 현재, 과거를 재구성·재평가하도록 돕습니다. 즉, 대안이의 눈을 통해 과거와 현재의 내담자에게 그것이 어떤 영향을 미칠 것인지에 대한 탐구와 얼개 작업을 하는 것입니다.

해체 작업에 대한 확신 심기

이야기는 비교를 통해 강화 혹은 소멸됩니다. 마찬가지로 대안이야기는 사회 문화 담론을 통해서 강화될 수도 있고, 사회 문화 담론은 대안이야기라는 대항마로 인해 해체 작업을 원활하게 할 수 있습니다. 내담자가 가장 어려워하는 것 중의 하나가 사회담론과의 관계입니다. 의외로 많은 문제이야기가 담론과 관련이 있습니다. 그러므로 내담자 주위에 떠돌고 있는 사회 문화적 담론에 대한 새로운 관점을 제시하는 것입니다. 대안이야기 없이 사회적 담론을 다른 관점에서 파헤쳐 보기란 결코 쉽지 않습니다. 대안 없는 비판은 허구와 같기 때문이지요. 어떤 실체는 다른 어떤 실체가 있을 때 특정한 실체가 되듯이, 비판의 실체가 있다면 그 실체를 비출 수 있는 또 다른 실체가 있기에 그것이 가능한 것이겠지요.

이 작업을 할 때 전문가로서 상담사의 모습이 드러나기도 합니다. 일반적으로 상담사가 내담자보다 문화적 신념, 종교적 경향성, 학문적 담론, 사회적 담론의 내용과 양상, 종류 등에 대해 좀 더 폭넓게 정보를 가지고 있는 경우가 많습니다. 그러므로 상담사는 내담자에게 그런 종류를 소개해 줄 수 있고, 또한 여러 각도에서 볼 수 있는 질문을 제공할 수도 있습니다. '당연시되었던(taken for granted)' 인식과 해석을 탐구해 보고, 그것들이 어떻게 내담자 이야기와 연관되어 있는지 조사해 보도록 도울 수 있습니다.

말하고 다시 말하기

말하고 다시 말하고, 또 하는 과정이 기본 전제입니다. 유사한 사건을 재방문하고 그 이야기를 재해석해 봅니다. 재해석하면서 의미와 가치를 다시 부여합니다. 이 이야기를 다시 말해 봅니다. 또한 뒤에서 언급하겠지만, 리멤버링(remembering)이나 인정 예식(혹은 정의 예식, 축하 파티[definitional ceremony])에서 진행되기도 합니다. 그렇다고 해서 말하고 다시 말하기의 실천을 반드시 인정 예식에서만 해야 하는 것은 아닙니다. 인정 예식은 이야기의 주 저자인 내담자와 독자인 상담사가 상담 과정 중 언제든지 할 수 있는 작업입니다.

주의점

대안이야기 만들기 대화를 진행할 때 대안이와 독특한 수확물들의 관계성을 확인해 봅니다. 질문마다 내담자의 구체적인 사건이나 정체성, 행동 조망으로 자신이 직접 확인하고 검증받게 합니다. 왜냐하면 자신의 이야기로 자신을 검증받는 것이 가장 단단하기 때문입니다. 이 과정 속에서 내담자가 세부적이고 선명하게 지금 이 순간 경험되도록 하는 겁니다.

질문의 예

• 자원, 영향력과 조언, 의지와 계획, 미래의 이야기

  – 이제껏 말씀하신 대안이야기(문제와 대립각을 세운 이야기 및 정체성 조망 및 행동 조망에서 정리되었던 것들)를 실천해 보셨습니까? 부인이나 주위 분들이 어떤 반응을 보이던가요?

  – 그분들이 선생님의 예전의 모습('분노'가 지배하기 전)을 느끼시는 것 같은가요? 그랬다면 그것이 선생님께 어떤 의미가 있었습니까?

  – 쉽지 않은 실천이었을 텐데 어떻게 행동으로 옮기셨습니까?

  – 그 실천들을 사람이라고 가정해 본다면, 선생님의 바뀐 행동 양식에 대해 그들(실천들)이 뭐라고 말하는 것 같습니까?

  – 그 실천들이 선생님을 누구라고 규정하는 것 같습니까? 상징적으로 말씀하신다면?

  – 선생님은 선생님 자신에 대해 어떤 느낌이 드셨습니까?

  – 그 실천들이 선생님에게 어떤 의미를 부여하는 것 같습니까?

  – 그중에 가장 인상에 남는 것이 있다면 무엇입니까?

  – 지금 선생님은 '분노'를 선생님의 삶에서 쫓아내고 그 자리를 새로운 것으로 채우셨습니다. 그것에 혹 이름을 지어 주신다면?(여기서는 '이해'라고 하겠습니다.)

  – 선생님의 삶에서 '이해'는 아주 생소한 식구입니까? 아니면 오래 전부터 알고 지내던 것입니까?

  – '이해'와 얽힌 이야기가 있다면 해 주시겠습니까?

  – '이해'가 선생님께 바라는 것이 있다면 무엇입니까?

  – '이해'가 선생님의 동료나 식구에게 도움을 주는 것이 있다면 무엇입니까?

  – 이제껏 들은 이야기를 바탕으로 제가 이해한 선생님의 새로운 대안이야기는 이러이러한데 맞습니까? 혹시 더 추가하거나 수정할 부분이 있나요?

- **해체작업과 대안 이야기**

  - 선생님, '분노' 때문이라고 하셨는데 '거룩한 분노'라는 말을 들어보셨나요? 거룩한 분노라는 것은 어떤 상황에서 말할 수 있다고 생각하십니까?

  - 선생님은 관심의 표현이고 안타까운 마음이었는데 상대는 '간섭'이라고 받아들이는 듯한 분위기를 경험해 보셨습니까?

  - 부인이 선생님에게 '무시'하는 듯한 말을 할 때, 그 말이 선생님을 '무시'하는 것이 아니라 부인도 드러내고 싶은 또 다른 욕구의 표현이라고 생각해 보신 적은 있습니까? 선생님 주위에서 그런 경우를 보신 적이 있습니까?

  - 부부 관계는 형제자매 관계(인간관계)에 우선합니까? 아니면 단지 특수 관계입니까?

  - 이러이러한 가족관을 소개한 책이 있는데, 꼭 그렇다고 보십니까? 그런 것이 있다면 어떤 것이고, 안 그런 것이 있다면 어떤 것입니까?

  - 시부모와의 갈등? 혹은 시부모와의 사랑 경쟁?

  - 성격의 차이? 혹은 성격의 다양성?

  - 부부는 하나? 혹은 부부는 평행선?

제 **10** 장

대안이야기 지지 및 확장하기

"믿지 말자, 내담자. 자는 내담자도 다시 보자!" 대안이야기 강화를 위해 상담 훈련을 받는 분들께 저는 저런 우스갯소리를 하나 합니다. 제가 진정 내담자를 믿지 못한다는 것이 아닙니다. 상담실을 나가는 순간 내담자는 문제이야기를 만들어 대던 실제 상황에 다시 들어가야 합니다. 그 상황에서도 대안이야기가 작동을 하고 내담자가 좀 더 강고해질 수 있는 방법을 모색해야 한다는 강조일 뿐입니다. 문제라는 놈은 우리가 그리 쉽게 대안이야기처럼 살도록 놔두지 않습니다. 그러므로 내담자의 회귀 현상이 일어나지 않도록 자신의 미래지향적 대안이야기가 지속적인 발전을 하도록 도울 수 있는 방법을 찾는 것도 이야기치료의 과제입니다.

지지공동체 세우기(회원 재구성)

이야기가 이야기를 만나게 하라! 이야기가 집단적으로 경험될 때 그 이야기는 강화 · 유지 · 전승됩니다. 이야기는 공동체적이고 유대성을 띠고 있을 때 확장되기도 합니다. 그런 의미에서 내담자의 대안이야기에 대한 지지공동체를 만들어 가는 것은 매우 유익합니다. 내담자의 대안이야기는 상담사와 협력적으로 만들어 온 이야기이면서도 개인적인 창작물입니다. 동시에 공동체의 문화가 반영된 것이기도 하지요. 또한 어떤 이야기도 다른 이야기의 영향 없이 창작된 것은 없습니다. 그렇다면 이야기를 더욱 확장시키고 강화하기 위해서는 또 다른 지지공동체를 만들어야 합니다.

지지공동체 세우기에 필요한 중요한 관점이 있습니다. 인간의 관계는 물리적 관계가 아니라 이야기공동체입니다. 그 이야기공동체로서 이제까지 우리의 관계는 가족이 되었든 친구나 직장동료가 되었든 우리의 자발적인 선택으로 세워진 관계가 아닙니다. 우연히 획득된 공동체, 획득된 관계지요. 우리 중 누구도 한국인의 공동체, 자신의 부모님과 형제자매를 선택하지 않았습니다. 우연히 획득된 거지요. 그렇기 때문에 대안이야기를 위해 의도적이고 주체적으로 관계를 다시 세워 보는 것입니다.

회원 재구성(re-membering)이란 단어에는 두 가지 은유가 내포되어 있습니다. 첫째, re-membering은 '회상하기'입니다. 말 그대로 과거를 회상하는 것입니다. 그렇지만 말씀드렸듯이 이야기치료에서 're'가 들어가는 것은 좀 더 의도적이고 적극적으로 임하겠다는 자세입니다. 즉, 과거의 관계, 삶의 이야기에 영향을 끼친 관계에 대해 좀 더 적극적으로 삶의 회원 자격을 재정의하겠다는 의지입니다. 그 관계에 대해 새로운 의미를 부여하고 새로운 관계를 구축하겠다는 의지입니다.

그러면서도 다른 한편, 이야기치료에서 말하는 re-membering은 또 다른 의미가 있습니다. 여기서 중요한 단어의 합성을 눈여겨봐야 합니다. 영어의 re(재)와 member(구성원)라는 단어가 하이픈(-)에 의해 합성되었고, member라는 명사는 현재진행형 동사(ing)를 써서 사전에도 없는 멤버링(membering)이라는 단어로 재창조되었습니다. 리-멤버링이란 창조적 단어입니다. 그러므로 리-멤버링도 창조가 강조된 것입니다. 이것을 어떤 학자는 새로운 각도, 즉 해체적 멤버 구성(deconstructive memberig)이라고도 합니다. 다시 말하자면, 현존하는 멤버든 오래전의 멤버든, 지금 현재 관계를 형성한 새로운 멤버든 그들을 다른 각도에서 다른 의미를 부여하면서 재구성해 보자는 것입니다(White, 1999). 그리고 이러한 작업과 이렇게 창조된 단어가 주는 또 다른 여운이 있다면 영어 단어의 철자를 생각지 말고 소리 음가로만 발음할 경우 리멤버(remember)입니다. 즉, 내담자의 과거와 다른 어떤 것 또는 사람과의 관계들을 다시 엮어 보는 것으로서 기억을 되살리고, 풍부화하며, 발전시키는 것이라고 할 수 있습니다(Cattanach, 2002).

이 아이디어는 문화인류학자인 Myerhoff가 남태평양 부족을 연구하면서 죽음에 대한 그 지역의 특정한 담론을 소개한 것을 White(2007)가 차용한 것입니다. 죽음이 육체적으로는 갈라놓을지라도 의식적이고 의도적으로 그 관계를 생활에서 유지할 수 있다는 것입니다. 즉, 우리의 관계 형성은 물리적이기 보다는 의미적이고 가치적이라는 뜻입니다. 인간의 삶은 곧 공동체와 밀접한 연관이 있는 것이고 그것은 관계에 대한 가치 부여에 달려 있습니다. 그러므로 이런 작업을 한다는 것은 내담자의 대안이야기를 한 개인의 것으로 국한하는 것이 아니라 공동체적 관심의 표명임과 동시에 우리의 문제로 인식하겠다는 의지의 발로입니다.

회원 재구성원의 조건은 딱히 없습니다. 꼭 생존하는 분을 중심으로 할 필요가 없습니다. 현실적으로 반드시 만날 수 있는 분들로 구성할 이유 또한 없습니다. 작고하신 분도 좋고, 먼 선조 중 위인도 좋고, 현존하나 자신과 전혀 상관없는 분도 좋습니다. 비록 직접적인 인간관계는 없을지라도 지금 내담자가 겪고 있는 것과 비슷한 경험을 했던 사람과도 좋은 팀이 될 수 있습니다. 심지어는 사물이나 은유적인 그 무엇도 괜찮습니다. 다만 자신이 의미와 가치를 둔 분이면 족합니다. 그러나 경험상 가능한 한 내담자와 이해관계를 같이하면 더욱 좋을 것 같습니다.

그런데 실제로 이 작업을 해 나가면서 느낀 점은 우리가 실천하는 회원 재구성조차도 어찌 보면 수동적인 면이 있다는 것입니다. 그래서 좀 더 주체적이고 적극적인 방법으로 '유인'과 '유지' 정책을 시도해 보는 것도 좋을 듯합니다. 유인과 유지는 마케팅의 일환으로 고객을 유치하고 그 고객을 지속화하기 위한 전략이라고 들었습니다. 그렇다면 내담자와 상담사가 협력하여 만든 대안이야기를 어떻게 하면 관계 안에서 지속 가능하도록 만들까 하는 전략적 방법을 논해 보자는 것입니다.

다른 사람에게 듣기

우리는 내담자의 이야기에 또 다른 독자를 초청합니다. 이 그룹의 가장 큰 목적은 '다른 사람에게 듣기'를 통해 내담자 이야기를 확장시키는 것입니다. 또한 내담자는 거대한 지배담론과 어렵고 힘들게 싸워 왔습니다. 많은 편견 속에서 외롭게 버텨 왔습니다. 이러한 상황 속에서 내담자의 대안이야기를 지지해 주고, 도와줄 수 있는 그룹을 확인해 보고, 자신의 주위에 세운다는 것은 내담자에게 큰 자산이라 할 수 있습니다.

이것은 이야기치료 실천가에 따라 여러 형태로 실천되고 있습니다. 증언자 그룹(혹은 외부증인, witnesses group; Kotzé et al., 2002; White, 2007), '반영(reflection)' 그룹(Anderson, 1987)으로 명명되기도 합니다. 어떤 때는 정의 예식(혹은 인정 예식, definitional ceremony) 안에서 실천되기도 합니다. 그런가 하면 매 회기마다 운영되기도 하며, 혹은 반영 팀 같은 경우 현실적인 고려 때문에 상담사 자조모임 같은 곳에서 조직되기도 합니다.[1]

이러한 모든 그룹은 이야기의 말하기(telling), 다시 말하기(retelling)를 실천하기 위해서 조직됩니다. 이러한 '지지(support)' 그룹에게 듣기는 상담 과정 속에서 개별적으로 운영되기도 하지만 모두가 같은 목적에 의해 운영되는 것입니다. 어느 하나만을 독립적으로 운영하거나 특정 회기에만 진행된다고 말하기 어렵습니다(Cattanach, 2002). 그래서 저는 이 장에서 이 모든 실천 방식을 통칭하여 '다른 사람에게 듣기'의 과정으로 한 테두리 안에 정했습니다.

실천적 과제

말하고 듣기의 과정에서, ① 질문을 할 수도 있습니다. 내담자 이야기에의 '감정 이입(empathy)'과 '만약 나라면…(as if)'이라는 관심(curiosity)을 가지고 내담자가 서술한 이야기에 대해 궁금한 점들을 질문하는 겁니다. ② 자신의 경험을 나눌 수도 있습니다. 자신들의 경험이나 입장에서 경험한 것을 전해 줄 수도 있습니다. 자기 이야기 나눔을 통해 자신의 '의미 부여'를 이야기하거나 자신이 보는 관점에서 사건의 우선순위를 배열하고 제안할 수도 있습니다. ③ 만약이라는 전제로 상상적 대화를 할 수도 있습니다. 만약 자신이라면 어떤 대안이야기를 가질 것인가를 이야기해 볼 수도 있는 겁니다. 아니면 내담자의 대안이야기에 보완했으면 하는 점들을 상상해 볼 수도 있습니다.

또한 이 작업의 목적은 단지 대안이야기를 강화하기 위함만이 아니라, ④ 상담 과정에서 상담사의 독단적인 대화 운영이나 자의적 해석에 빠지는 것을 경계하고 피하기 위함입니다. 그러므로 탈중심적 상담(de-centred; Epston & White, 1994)의 필수적인 것이라고 할 수 있습니다. 더 나아가서, 상담사의 두 귀만으로는 신비하고 경이로운 한 인간이 만들어 왔던 삶의 그물에 걸려 있는 것들을 온

---

1) 한국이야기치료학회에서는 상담사 지역 모임에서의 상담 사례를 중심으로 반영을 실천해 가고 있습니다. 수퍼비전의 대안이라고 할 수 있지요.

전하게 걸러 내기 어렵습니다. 상담사는 자신도 모르게 뭔가를 놓치고 갈 여지도 있는 부족한 존재입니다. 그런데 그 '뭔가'가 내담자 이야기를 확장하는 데 중요한 열쇠가 될 수도 있습니다. 이런 혹시 모를 손실을 막는 것이 '다른 사람에게 듣기'의 중요한 핵심입니다.

증언자 그룹(외부 증인)

'다른 사람에게 듣기'의 일환인 '다른 사람 초청하기'는 내담자의 대안이야기에 초점을 맞춘다고 할 수 있습니다. '다른 사람 초청하기'는 '증언자들 찾기'라고도 할 수 있으며, 회원 재구성(remembering)이라고도 할 수 있습니다(inviting people in making witnesses or re-membering). 대부분의 이야기치료사가 '증언자들 찾기'와 회원 재구성을 통합적으로 사용합니다. 그리고 증언자 그룹의 구성원은 심리상담과 관련이 없는 비전문가, 내담자와의 일상을 공유하는 일반인으로 구성되는 것이 일반적입니다.

물론 어떤 책에서는 이 둘이 분리된 개념인 듯한 인상을 주기도 합니다. 그러나 저는 두 개념이 굳이 분리될 필요가 없다고 봅니다. 이 증언자 그룹은 원탁의 구조로서 상호 보완적이며 이야기를 확장하기 위한 모임입니다. 증언자 그룹의 목적은 상담 과정의 문제를 지적하거나 내담자에게 해결책 제시를 하는 게 아니라 대안이야기를 확장하고 이야기를 풍부하게 하는 것입니다. 또한 증언자들은 내담자가 기억하지 못하는 또 다른 파편화된 것들을 회상시켜 주는 역할도 합니다.

반영 팀

팀을 조직하고 운영하는 궁극적인 목적은 내담자를 돕는 것에 있습니다. 팀은 수퍼비전을 하는 모임도, 또 받는 곳도 아닙니다. 내담자의 이야기를 읽고 듣는 모임입니다. 그런데 이것이 실천이 잘 되지 않는 경우가 많습니다. 특히 상담사

자조모임 같은 형태로 실천되는 경우에 그렇습니다. 사례 소개자(상담을 진행했던 분)가 '내담자 이야기'를 전해 주는 것이 아니라 상담 진행 과정과 그 결과를 '보고'하는 경우가 많습니다. 이런 경우는 수퍼비전에는 필요할지 몰라도 이야기치료 반영 팀 운영의 목적과 의도에는 불필요합니다.

반영 팀 운영은 또한 상담사의 한계를 인식합니다. '상담사'란 단어에는 '전문'이라는 단어가 붙는 것과 동시에 이미 그 속에는 힘(power)의 불균형이 내재되어 있습니다. 그렇기 때문에 전문가의 한마디는 쉽게 내담자의 의향이나 처한 조건과 상관없이 내담자가 실천해야 할 명제로 받아들여지기 쉬운 약점을 가지고 있습니다. 이런 폐단을 피하기 위해 반영 팀 운영은 상담 초기부터 시스템화하는 것도 좋은 방법일 수 있습니다. 과정마다 대화를 반영해 볼 수 있는 팀을 운영하는 겁니다.

반영 팀은 사실 상담실의 일방경(one way mirror)이 있는 곳에서 실천되는 것입니다. 반영 팀이 상담 과정 중 일방경 밖에서 대기하며 상담 이야기를 듣고 난 후, 마지막으로 들어가서 반영 팀이 들은 이야기에 대해 다시 이야기하고, 내담자는 다시 듣고, 그 이야기를 또 다시 듣고, 다시 이야기하는 것을 반복하는 것입니다.[2] 이 반복 과정을 통해 이야기의 확장을 도모합니다.

그러나 우리나라에서는 일방경이 준비된 상담실이 그리 많지 않습니다. 그래서 그 대안으로 이야기치료사의 자조집단 형식으로 지역마다 반영 팀을 구성하여 때론 상담 종료 후 사례 발표 형식으로, 혹은 기회가 되면 상담 과정에 있는 사례를 가지고 반영 활동을 할 수도 있습니다. 이 아이디어는 이야기치료로 연구 논문을 쓰는 그룹들이 실천하는 곳에서 왔습니다. 이 팀은 연구 과정에서 연구자의 주관과 독단, 혹은 선입관, 편견 등과 같은 것을 피하기 위해 꾸려지는 그룹입니다. 연구자의 해석이 편견에 의한 것인지 평형을 잃은 것인지를 확인하

---

[2] White의 초기 저작을 보면 이 반영 활동 작업을 4단계, 즉 표현, 이미지, 공명, 이동으로 나눴으나 후기 저작에서는 부분화, 단계화하는 것을 고집하지 않고 있습니다. 그러나 유작이 된 『이야기치료의 지도』(2007)는 2007년에 쓰인 것이기에 이 책에서는 4단계를 소개하고 있습니다.

고, 다른 사람의 관점을 듣고자 하는 조직입니다. 이런 조직 운영을 한국이야기 치료사 모임에서 채택한 것입니다.

주의점

반영이나 증언자 그룹을 어떤 방식으로 운영할 것인지는 전적으로 내담자와 상담가의 상의하에 상호 최적이라고 여기는 방법을 택하면 됩니다. 예를 들면, 대화를 녹음하거나 비디오 촬영을 하여 반영 팀에서 다시 들을 수도 있고, 상담가가 대화 내용을 몇 가지로 요약해서 반영 팀의 의견을 물을 수도 있습니다. 혹은 상담소에 충분한 인적 자원과 시설이 허락될 때는 내담자와 상담가의 대화를 직접 듣고 볼 수 있는 시스템을 구축하여 실천할 수도 있습니다.

여기서도 빠지면 안 되는 것이, 어떤 형태의 실천이든 내담자에게 보고가 되어야 한다는 것입니다. 또한 내담자가 부끄러운 느낌을 가지지 않도록 세심히 배려하는 것은 당연하겠지요. 내담자가 '판단'의 대상이 되거나 '지적' 받는 느낌을 갖지 않도록 해야 되겠지요. 반영은 말 그대로 조력과 이야기 확장입니다. 비록 반영 팀의 의도가 그렇지 않을지라도, 이런 일에 익숙하지 않은 사람들로 구성되었다면 가끔 교육적인 것, 자신들의 희망적인 것을 전하는 경우도 있습니다. 이건 그리 권할 만한 자세가 아닙니다. 그럴 때 상담사는 오고 가는 언어와 단어의 선택을 세심하게 조절하는 센스를 발휘해야 합니다. 특히 전문가 중심의 반영 팀을 운영하다 보면 구성원이 사례 이야기를 전하는 상담사에게 수퍼비전에서 경험한 것처럼 지적하고 분석하며 조언을 하려는 성향을 지니는 경우도 있습니다. 이런 것은 그리 권장할 만한 것이 아니라 사료됩니다. 모든 상담은 특수합니다. 반영 팀에 모인 그 누구도 그때 그 상담을 재현할 수는 없습니다. 그렇다면 그 수고를 인정해 주지는 못할망정 지적하고 방향 제시를 한다는 것은 특수한 상황에 대한 몰이해에 기인한다고 할 수 있습니다.

비밀유지

여기서 여러분이 궁금한 부분 없으십니까? 바로 비밀유지입니다. 내담자의 비밀유지에 대한 문제는 전통상담과 인식론적인 전제가 다릅니다. 역사적으로 보면 심리학과 상담학은 병리를 전제로 시작을 한 것이기 때문에 비밀은 필수였습니다. 그렇기 때문에 상담 종료 후에는 내담자와 아는 체도 안 하는 것이 예의이지요. 그러나 이야기치료에는 병리가 없습니다. 엄밀하게 말해서 문제가 있는 것이 아니라 관점이며 문제이야기일 뿐입니다. 그러므로 비밀을 유지하고 말고도 없습니다. 그래서 상담 종료 후에 일상에서 만나도 인생 여정의 동반자가 되어 같이 갈 수 있는 것입니다(Müller, 1999). 그렇지만 반영 팀을 운영함에 있어 비밀 유지의 경계는 내담자의 의견과 내담자의 열린 마음에 전적으로 달려 있습니다. 이야기치료 실천가는 항상 어떤 과정, 어떤 상담사의 해석도 내담자에게 확인하는 절차를 반복 및 재반복해야 합니다. 그러므로 예외 없이 반영 팀 운영도 내담자의 선택의 문제입니다.

정의 예식(인정 예식)

우리의 프로젝트를 마무리할 때가 되었습니다. 내담자의 새로운 이야기가 시작됨을 알리는 이정표를 만드는 것입니다. 프로젝트의 마무리가 곧 내담자의 대안이야기를 강화하는 또 하나의 방법이 될 수도 있습니다. 앞에서 말씀드렸듯이, 대안이야기가 상담실에서 이루어지는 이야기하기의 마무리는 될지 몰라도, 내담자에게는 또 다른 이야기의 출발선상이고 그 이야기 속에 또 어떤 장애물이 있을지는 아무도 모릅니다. 이정표란 것이 길의 끝을 의미하지는 않겠지요. 단지 이제껏 걸어 온 길을 마치고 새로운 여정을 시작하는 것에 대한 축하이자 새로운 다짐이고 각오입니다. 그 순환과정의 한 이정표를 만드는 작업이 정의 예식(혹은 인정 예식, 축하 파티, definitional ceremony)이라고 할 수 있습니다.

삶의 이정표를 만드는 일이기 때문에 정의 예식 실천에서는 내담자와 상담사의 창조적인 아이디어를 개발하고 협력할 필요가 있습니다. 그 방법들은 각자의 성향과 상황 그리고 조건에 따라 개발할 수 있습니다. 축하 파티를 하면서 가족이나 그 외에 초대하고 싶은 분을 초대하여 telling, retelling, re-retelling 과정을 진행하기도 하고 증명서 수여식을 겸하기도 합니다. 혹은 상황이 여의치 않을 때는 상담가와 내담자가 '재방문하기(revisiting)'를 다시 해 보기(상담 프로젝트 요점 정리)를 통해 예식을 진행할 수도 있습니다. 그리고 마지막으로 상담사는 상담 이후 일정 기간만이라도 상담 후속 편지하기를 실천하기도 합니다.

축하 파티

이정표로서의 파티(party)는 어원 그대로 '나눈다(part)'는 의미가 있습니다. 즉, 문제이야기와 새로운 이야기의 분리입니다. 인생의 이정표를 세우는 것이지요. 내담자와 상담사의 '증언자들(witnesses)'을 초청하거나, 반영 팀이 움직여 주어서 파티를 겸해 정의 예식을 진행합니다. 아니면 상담사가 지지자들과 상의해서 깜짝 파티도 계획해 볼 수 있을 것입니다. 우리의 새로운 이야기와 '나의 새로 됨'을 나누고, 우리의 새로운 관계성을 나누면서 이야기 공동체를 만드는 것입니다.

저의 경험에 의하면 축하 파티를 열기 전에 몇 가지 준비를 하는 것이 좋을 듯합니다. 프로젝트를 만드는 것입니다. ① 파티를 위해 초대하고 싶은 지지층들을 초청합니다. 그리고 ② 내담자에게는 선언문을 작성하도록 부탁합니다. 그리고 ③ 상담사는 초청한 사람들에게 미리 상담 과정을 설명해 주고 편지 등 내담자에게 들려주고 싶은 '내담자에 대한 이야기'를 준비해 주기를 부탁합니다. ④ 이렇게 준비된 것을 파티 때 낭독하거나 자신이 상담에서 얻은 경험들을 나누는 순서를 가집니다. 만약 시간 및 장소의 문제가 있거나 초대받은 자들이 참여하기 곤란할 때는 전화, 이메일 등 여러 가지 수단을 동원할 수도 있을 것입니다.

초청장 만들기

시간과 장소만이 아니라 초대하게 된 이유를 함께 써서 초대장을 만듭니다.

이 시간은 내담자가 자신의 대안이야기에 대한 의지를 다지는 시간을 가지게 만들 수도 있습니다.

선언문 작성하기

선언문에는 내담자 자신이 미래의 계획이나 행동지침 등을 쓸 수도 있겠지만, 그보다는 자신이 이제까지 상담한 내용을 간단하게 정리하는 것을 권합니다. 그리고 이것을 파티에서 읽어 자신의 대안이야기를 공공화해 나갑니다. 그리고 선언문을 내담자 자신이 잘 볼 수 있는 곳에 붙여 놓고 일상의 삶에서 매일 재낭독하며 선언해 보는 것도 좋을 수 있습니다.

답장 받기

내담자가 구성한 새로운 지지그룹에게 편지를 받는 것입니다. 만약 그 지지그룹이 현실 속의 사람이 아니면 내담자 자신이 그 지지자로 분하여서 답장을 쓰게 하는 겁니다. 마치 역할극 같은 것이지요. 이렇게 쓰인 답장을 파티에서 낭독하게 합니다. 이 역시 공동체의 관심의 표현이며, 대안이야기 전파의 장이 되기도 하는 것입니다.

증명서 작성

앞서의 모든 것이 내담자와 지지그룹 사이에서 진행되는 것이라면, 이 증명서는 상담센터나 상담사의 이름으로 증명해 주는 것입니다. 그 내용은 역시 마찬가지로 상담사가 상담 과정에서 나온 내용을 요약한 것으로서 내담자의 강점과 노하우, 대안이야기의 희망, 그의 동력과 의지력 등을 확인시켜 주는 내용이 좋을 듯합니다.

증명서

　사랑하는 ○○○님은 "희망찬 미래"로서 자신의 삶을 검증해 냄과 동시에 자신의 미래와 공동체의 유익, 그리고 하나님의 자녀로서 아름다운 경주를 해나갈 사람임을 증명합니다.
　자매님의 삶의 중심에는 자유함과 가치, 그리고 의미를 지향하여 왔습니다. 결혼의 안정된 굴레에 젖어 있기 보다는 자신의 가치와 의미있는 삶을 향해 과감한 모험을 택하였습니다. 그러나 그 모험이 자녀를 희생시키거나, 자기 이기심이 아닌 쌍방의 자유와 발전을 도모하는 방향이었음을 믿어 의심치 않습니다. 또한 확고한 자기 의지를 가지고 사업의 어려움, 학업의 고단함, 자녀 양육의 가슴저림을 고통으로 여기지 않고 자유와 의미, 그리고 가치로운 삶을 일구는 하나의 자양분으로 삼는 공력을 가지고 있습니다.
　자매님은 쌍방 소통하는 대화와 배려가 있는 관계를 지향하는 삶을 살아왔다고 확신 합니다. 일례로서 자녀의 신음과 이웃의 아픔을 진심으로 듣는 귀를 소유하셨으며, 자녀를 위한 일이라면 누구에게나 항상 겸손한 마음으로 들었습니다. 혹시 자녀에게 감정적인 반응을 보였을지라도 곧 자신을 돌아 보고 분석하여 발전적인 자기를 형성해 왔습니다.
　이런 모든 일들을 가능케한 자매님의 동력은 또 있습니다. 일에 대한 열정, 사람을 좋아하는 심성, 자기분석을 통한 자아 돌아 보기, 자기 존재감을 지키려는 자아 존중감 등과 같은 것들이 자매님을 밀어주고 끌어주는 요인이었음을 본 상담사는 발견하였습니다. 단계를 거치면서 얻는 성취감에 감사하고, 함께 해 준 사람들에 대해 감사를 잊지 않으며, 어떤 어려운 상황에서도 다른 사람만이 아니라 자신 역시 특별한 존재감을 잃지 않았습니다.
　자매님은 지금 우리 공동체에 뭔가 영향력 있는 사람, 다른 사람이 가지지 않는 특별한 길, 비록 그 길이 좁은 길일지라도 자기 성취감과, 자존감을 세우는 일에 매진하려 합니다. 이제껏 일관되게 자신을 추동한 것처럼, 항상 자기 계획표를 만들고, 수정하면서 이루어 온 것처럼, 현실에 기반하여 목표를 세우고 차근하게 밟아 온 것처럼 자매님은 반드시 "희망찬 미래"가 되리라 확신합니다. 때론 무모한 것 같은 "닥치면 다 해!"라는 정신으로 "희망찬 미래"가 될 것입니다. 이제껏 흘린 눈물 이상으로 웃고 가치있는 눈물을 흘릴 것입니다. 잊지 마십시오 자매님은 하나님의 딸입니다. 놓치지 마십시오 자매님의 과거이야기가 자매님을 여기까지 오게한 산실임을, 늦추지 마십시오 자매님의 희망찬 미래를, 그리고 마지막으로 제발 예배 좀 늦지 마십시오.

2011년 7월 17일
한 국 이 야 기 치 료 심 리 상 담 연 구 소
NARRATIVE PSYCHOLOGICAL THERAPY INSTITUTION
사단법인 한국 가족상담 협회 수련감독의 김 번 영 (Ph.D)

[그림 10-1] 증명서 예시

수여식

수여식이란 마치 공인된 공증 기관을 통해 내담자를 공증(certification)해 주는 것과도 같습니다. 상담사가 내담자에게 모든 과정의 이수를 마쳤음을 증명해 주는 예식입니다. 수여식을 통해 공개적(public)으로 내담자의 신뢰 지수를 공인해 주는 것입니다. 삶의 이정표를 공식화하는 것이지요. 이야기치료의 철학과 윤리로 보면 누가 누구를 공인하고 말고 한다는 것이 어불성설입니다만, 이제껏 담론에 의해 규정된 내담자를 해방시키는 아주 중요한 예식이라고 할 수 있습니다. 이제부터는 내담자들을 '증'이나 '환자'로 취급하던 것을 거부하고 우리 공동체의 여행길의 동반자로 선언하는 것입니다.

또 하나의 이유는 이렇습니다. 내담자의 대안이야기가 아무리 강화되고 내담자 자신이 대안이야기를 영위하며 살아와서 능력이 배양되었을지라도, 그리고 지지자들이 그의 이야기를 지지하고 증언(witnessing)할지라도 내담자 주위와 일상의 삶에는 실제로 더 많은, 그리고 더 두껍게 쳐진 장막이 가로놓여 있습니다. 예를 들면, 어떤 사람에게 '우울증'이라는 낙인이 찍혔다고 해 봅시다. 그는 더 이상 그 문제 아래 있지 않음에도 불구하고, 그가 속한 공동체는 여전히 과거의 문제 속에 내담자가 있다고 여기는 경우가 대부분입니다.

대안이야기 전파하기

우리는 앞서와 같은 과정을 통해 이제부터 내담자의 이야기는 더 이상 부끄럽거나 감춰야 할 어떤 '증'이 아니라 도리어 자신의 공동체에 드러내고 그것을 통해 공동체에 기여할 수 있는 또 다른 삶의 실천적 지혜(praxis) 혹은 생활과학이라고 소개합니다. 이렇게 조성된 환경 속에 내담자가 적극적이고 실천적으로 뛰어들어 자신의 대안이야기로 살아가는 모습과, 이러한 모습을 지켜봐 주는 지지자들과 연합 전선을 형성하는 것, 이것이 '대안이야기 전파하기(spread the news)' 입니다.

대안이야기 전파하기는 우리 이야기 공동체를 풍부하게 하는 하나의 실천입니다. 이 과정 속에서 지지그룹이나 상담사, 그리고 내담자는 미처 생각지 못했던 것을 얻을 수도 있습니다. 내담자의 대안이야기에 동참함으로써 힘과 용기를 얻고, 지혜와 노하우를 배우며, 새로운 관점을 배우기도 합니다. 상호 긍정적인 영향을 끼치는 결과를 얻기도 합니다. 결국 개인의 특수 이야기가 또 다른 특수와 만나면서 공동체를 이루어 나가고 공동체에 기여하고 공동체의 대안적 이야기로 발전하는 데 도움을 주는 역할을 합니다.

질문의 예

- 선생님 주위에서 누가 '이해'와 함께하건 간에 선생님의 삶을 증언해 주실 수 있을까요?
- 선생님이 '분노'에게 승리한 이 소식을 누가 제일 먼저 좋아하겠습니까?
- 누가 선생님의 승리의 소식에 전혀 놀라지 않고 당연하게 받아들일까요?
- 선생님은 선생님의 이 새로운 대안이야기를 누구와 제일 먼저 나누고 싶습니까?
- 일전에 말씀하셨던 '분노'에게 승리했던 사건들을 혹 누가 기억하고 있을까요?
- 선생님의 '이해'를 가장 잘 표현해 주실 수 있는 분이 있다면 누구입니까?
- 그분들이 지금 이 자리에 있다면 선생님에게 뭐라고 말씀하시겠습니까?
- 그분들은 '분노'의 괴롭힘을 받던 시절의 선생님과 지금 '이해'와 함께하는 선생님, 이 두 모습을 보고 어떤 평가를 내리고 선생님의 정체성을 뭐라고 묘사할까요?
- 선생님에 대한 그분들의 묘사 중 어떤 사람의 것이 제일 마음에 들 것 같습니까? 왜 그렇지요?
- 만약 그분들에게 보여 주고 싶은 또 다른 선생님의 능력이나 대처법, 행동양식이 있다면 무엇입니까?
- 그분들은 선생님의 어떤 부분을 강점으로 꼽을까요? 그런 사례가 있습니까?

－그런 강점들을 선생님이 더 발견하고 싶으시다면 누가 도움을 줄 수 있을까요?

－그분들이 만약 선생님의 미래 이야기를 같이 써 내려간다면 뭐라고 쓸 것 같습니까?

－그분들에게 도움을 바라는 것이 있다면 무엇입니까?

－만약 선생님이 선생님과 비슷한 아픔을 겪은 사람을 만났다면 무엇을 해 주고(말하고) 싶으십니까?

－만약 선생님이 그런 분을 만났다면 선생님은 기꺼이 선생님 자신을 개방할 용기가 있습니까?

－만약 그런 분들의 모임이 있다면 선생님이 거기에서 일정 정도의 역할을 하거나 시간을 보낼 마음이 있으십니까? 왜 그렇지요?

생각나무 가지 뻗기

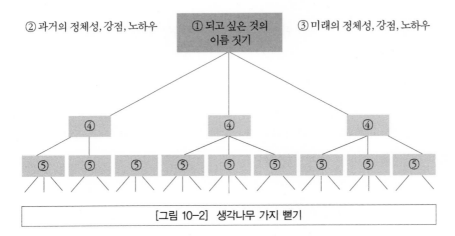

[그림 10-2] 생각나무 가지 뻗기

- 가운데 ① 칸에 내담자가 되고 싶은 것, 미래의 희망 등을 조건이나 가능성을 생각하지 않고 적도록 합니다. 그리고 그것에 이름을 지어 보게 합니다.

  －제가 뿅 망치로 땅~ 하고 때리면 선생님이 원하는 대로 된다고 한다면 뭘

말하고 싶어요? 거기에 이름을 붙인다면?

– 예: 네버랜드에 사는 피터팬이 되는 것이요.

(이때 가능성이 없는 대안이야기라고 해서 문제가 되지는 않습니다. 더욱 중요한 것은 이 대안이야기의 의미 및 가치입니다. 이때는 이렇게 질문해 봅시다.)

– 피터팬이 된다는 것의 의미는 뭡니까? 네버랜드의 삶은 어떤 건데요? 그런 삶을 통해 뭘 얻고 싶은 겁니까?

– 예: 자유롭고 늘 어린아이의 순수한 마음으로 사는 것이지요.

- 대안이야기의 의미나 가치를 확인한 후에는 아래 ④, ⑤ 칸을 채워 봅시다. ④, ⑤는 대안이야기의 의미나 가치를 추구하기 위해 할 수 있는 것, 하면 좋을 것, 필요한 것, 해야 할 것 등으로 조사해 봅니다.

 – "자유로운 피터팬의 생활을 위해 필요한 것이 있다면?"

 – "뭘 준비해야 피터팬의 자유롭고 순수한 삶을 살 수 있을까요?"

 – "지금 당장 할 수 있는 것이 있다면?"

 이와 같은 질문으로 이야기를 ④, ⑤, ⑥, ⑦, … 계속 확장해 나갑니다.

- 앞서의 과정을 마치면 이제 부모의 기억이 빛이 날 때입니다(상담사는 이때 이전 상담 회기를 통해 모아 두었던 내담자의 강점, 노하우, 정체성 등을 활용합니다). 과거 자녀에 대한 생각, 즉 정체성이나 어떤 사건 및 상황에서 본 강점 및 노하우를 좌측에 있는 ② 칸에 열거합니다.

- ②를 다 채웠으면 상담사의 관점(의도적)으로 각각의 내용을 ④, ⑤, ⑥, ⑦에 쓴 것과 연관 지어 설명합니다.

- 이번에는 우측에 있는 ③을 채워 봅니다. ③ 역시 부모가 써 줄 수도 있고, 자녀가 자신의 말로 만들어 갈 수도 있습니다. ③에 들어갈 단어는 ②에 썼던 것의 의미가 바뀌지 않는 범위 내에서 다른 단어로 나열합니다.

 예: ②에 '선비' → ③에는 '예의 바른 사람'

 예: ②에 '해피보이' → ③에는 '긍정적인 사람'

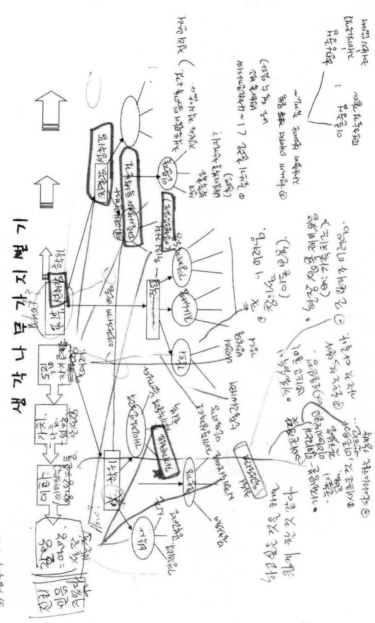

[그림 10-3] 생각나무 가지 뻗기 예

숙지 사항

- 이 활동은 가능성을 보는 것이 아니라 의미와 가치에 대한 심리적 거리를 가깝게 하는 것입니다. 즉, 꿈, 계획 등과 같은 것에 대한 현실 가능성에 초점이 있는 것이 아닙니다.
- 상담사의 지식은 이야기를 풍부하게 하는 데 걸림돌이 될 수도 있습니다. 그러므로 새로운 관점으로 보려는 노력이 필요합니다.

---

* 왼쪽 위의 네모들에 있는 내용(신뢰, 믿음, 갈망, 열망, 대화 등)에서 아래 가지치기한 생각들로 연결합니다. 이때는 부모(상담사)가 재해석 시도를 합니다. 그 의도는 자녀가 이미 언젠가는 해 봤던 자신만의 노하우나 강점을 지니고 있다는 것을 암시합니다.

대안이야기의 실제 예: 미래우면 이야기

(화자와 상담사가 인사한다.)

상담사: (지난 회기를 정리한다.) 처음에 이야기보따리를 푸셨을 때는 성취적인 부분이 많이 강조되었는데, 이야기보따리가 풀릴수록 선생님 주위에 관계의 단단함과 그들과의 소통의 공유… 이런 것이 일괄되게 나오시더군요. 혹 제가 빼거나 잘못 이해한 부분이 있습니까?

화　자: 아뇨, 도리어 정리가 되네요.

상담사: 오늘은 어떠세요? 못 다한 이야기를 더 하고 싶으세요? 아니면 선생님의 삶의 이야기, 별이의 이야기를 확장시켜 보고 싶으세요?

화　자: 재미있어요. 처음 상담을 해 보려 했을 때는 사실 거부감이 있었어요. 그런데 선생님과 이야기를 하다 보니 저의 다른 면들을 찾은 것 같고… 애들 아빠에 대해서도 섭섭한 마음이 가셨어요. 그리고 아들도 다시 보이고… 음… 아무튼 저의 별이를 키우고 싶어요.

상담사: 아, 감사하네요… 그럼 오늘 만남이 별이를 좀 더 구체적으로 아는 시간으로 되면 좋겠네요. 아~ 그러기 전에 좀 짚고 넘어가면… 선생님! 선생님의 다른 면을 찾은 것이라기보다는 자신을 확인한 거지요… 아무튼… 이제껏 저와 한 이야기 다 잊어버리시고… 제가 하나님이라고 생각해 보세요(미래우먼이는 기독교인이었습니다)…. 그래서 선생님을 무척 사랑해서… 선생님이 원하는 자기를 소원하시면 그대로 만들어 드린다고 생각하시고… 그 어떤 현실적인 것이나 실현 가능한 것도 고려하지 마시고 원하는 대로 말해 보세요. 제가 뿅 망치로 뿅 하고 치면 딱~ 그렇게 되는 거예요. 뿅~

화　자: 큰 욕심 없고요. 일전에도 말씀드린 것처럼… '커리어우먼'으로 당당하게 멋지게 살고 싶고, 아이들 잘 커 주고, 미래가 있는 그런 삶이면 족해요.

상담사: 헐~ 이게 그럼 작은 욕심이군요…. 에고고 몰랐어요… 아무튼 그럼 이 이야기에 이름을 붙인다면… 뭐라고 붙이고 싶으세요? 일전에 붙인 것처럼 '미래우먼'? 이럴까요? 아니면 다른 이름을 붙여 주고 싶으세요?

화　자: 아뇨… what! 이렇게 짓고 싶어요?

상담사: What! 어떤 의미예요?

화　자: 뭐랄까… 미래의 별이에게 어떤 것들이 펼쳐질지 기대되고, 궁금하고… 그래요. 그래서 what으로 하고 싶어요. 꼭 커리어우먼이란 표현보다는 서로를 행복하게 해 주고, 뭔가 의미있는 일을 하면서 살고 싶은 거지요.

상담사: 아~ 예쁘다. 선생님은 지금 선생님 삶에서 칠흑이를 쫓아내고 그 자리에 what을 앉히셨네요. 어때요? what이 선생님에게 생소한 식구인가요? 아니면 오래전부터 조금이라도 알고 있었거나, 뭔가 가까운 느낌이세요?

화　자: 생각해 보면 저 자신만을 위해 사는 것보다 항상 누구와 공유하고, 도

와주고 그럴 때마다 행복을 느낀 것 같아요. 저 자신도 특별한 사람이

길 원하지만 그만큼 남도 특별한 대우를 하고 배려하고 그렇게 살고

싶어요. 그런데 애들에게는 제가 좀 과민하게 군 것 같기도 하네요.

상담사: what이 지금 선생님에게 조언을 해 준다면 뭘 조언할 것 같으세요?

화 자: 음~ 뭐… 공부요.

상담사: 어떤 공부? 공부에도 여러 가지가 있잖아요… 좀 더 구체적으로?

화 자: 지금 하는 일도 의미는 있지만 좀 더 의미 있는 일을 위해서도 배워야

할 것 같고….

상담사: 배우신다는 것은 어떤 공부의 내용을 말씀하시는 거지요? 학업?

화 자: 둘 다요….

상담사: 그럼 학위 포함이네요?

화 자: 네~

상담사: what이 이렇게 말할 것 같으신 거네요… 별아 너는 what이야… 그러

니 우선 학위를 위해 준비했으면 좋겠어… 이렇게?

화 자: (웃음)

상담사: 한번 생각해 보세요… what과 비슷한 특성을 가졌거나, 아니면 what처

럼 행동했거나 생각하고 살던 때가 있었나요? 사건이 있었거나?

화 자: …있어요. ① 가게를 오픈할 때… 다 말리는데 추진했고요…. ② 그때

거의 동시적으로 대학을 갔어요. 다행히 가게에서 가까운 곳에 ○○학

교가 있어서…. ③ 애들 방문교사 할 때도 항상 연구하고 노력했어요.

…지금 생각해 보면 어려움이 닥쳤을 때마다 전혀 다른 결정과 선택을

하고 여기까지 온 것 같아요…. 별이 참 버라이어티하게 살았네요, 그

러고 보니…. 아마 what이 토닥여 줄 것 같아요. 대견하기도 하고… 항

상 앞에 무엇이 놓였는지 모르고 일단 저지른 것 같아요. 하하하.

상담사: 보기 좋네요…. 어찌 보면 무모한 것 같기도 하지만, 어찌 보면 단단하

게도 보이고… what은 그 단단함, 추진력, 그런 것에서 탄생한 것 같기

도 하고….

(회원 재구성: 회원 재구성은 회기를 따로 분리하여 하지 않고 이야기가 흐르는 대로 움직이다가 아무 때나 해도 좋습니다.)

상담사: 선생님의 이 what이라는 새로운 이야기를 누구와 제일 먼저 나누고 싶으세요?

화 자: 부모님이요. 일전 한식 때에도 엄마에게 다녀왔어요. 그때도 이와 비슷한 이야기를 엄마에게 했어요. 전 힘들 때마다 엄마 산소에 가거든요. 주절주절 하고 오면 좀 힘이 나고 그랬어요. 한식 때도 저의 미래에 대해 궁금해하고, 그때 근거 없는 믿음이 막 생기더라고요.

상담사: 부모님이 지금 이 자리에 계신다면 뭐라고 말씀해 주실 것 같아요?

화 자: 잘해 왔어… 고마워… 엄마가 끝까지 지켜 줄게….

상담사: 부모님은 특히 선생님의 어린 시절을 잘 아실 텐데… 어떤 근거로 what을 확신하실까요?

화 자: 당신 자식이니까? … 그보다는 제 막냇동생이 표현이 없는 앤데… 그 동생조차 저에게 "자랑하고 싶은 큰누나"라고 했어요, 이번 한식 때. 그리고 엄마가 저 어릴 때 그렇게 중고책방에서 살다시피 하며 놀았대요. 전 몇 번 안 간 것 같은데….

상담사: 그 동생이나 엄마가 what이의 어떤 면을 강점으로 꼽을까요?

화 자: 자립심? 가능성?

상담사: 죄송하지만 말장난 같으실지 모르겠지만… 선생님이 말씀하신 자립심, 가능성이란 것이 무슨 뜻입니까?

화 자: 부모님이 일찍 돌아가신 후부터 뭐든 제가 선택하고, 결정하고 진행하고 그랬던 거지요. 그때마다 외로웠거든요. 그런데 그게 자립심을 키운 것 같아요. 가능성은 희망? 제 인생의 빛?

상담사: 아하, 그래서 별이라 했군요?

화　자: (침묵)

상담사: what을 확장하고 단단히 하기 위해 어떤 부류의 사람들에게 도움을 받고 싶으세요? 구체적인 사람을 말씀하셔도 좋고요.

화　자: 지금 당장… 진로 선택에 도움줄 분이요.

상담사: 네? 지금 저와 같이 하잖아요?

화　자: 아뇨, 그게 아니라… 진학을 위해 과나 학교를 선택해야 하는데 의논 상대가 없어요.

상담사: 그렇다면 말이지요. 꼭 현실적으로 존재하지 않아도 되고요. 접근할 수 없는 사람도 괜찮아요.

화　자: 음~ 있어요. 한 분… ○○○이요.

상담사: 누구세요?

화　자: 언젠가 한 번 그분 강의를 들었어요. 학교에서 특강할 때요… 그분이 도움을 줄 수 있을 것 같아요.

상담사: …음…그분과 what에 대해 이야기를 나눈다면 뭐라고 조언을 줄 것 같아요?

화　자: …좀 더… 그분 같으면 일단 몇 군데 정하고, 주위를 둘러보고… 아~ 있다. …항상 초심으로 돌아가서 생각해 보라고 했어요. …그래서 좀 더 저를 개방할 수 있는 일과 그 일에 맞는 과를 선택하라고 할 것 같아요. 아, 그리고 깊이보다는 폭넓게 할 수 있는 일을 강조하셨어요….

상담사: 그러니까, ① 부모님은 what에게 정서적으로 도움을 주고, ② 그분은 구체적으로 직업과 과를 선택하는 데 도움을 주는데, 정서적으로는 자립심, 가능성이고, 직접적인 것은 폭넓게 영향을 주고 자신을 개방할 수 있는 그런 직업과 과를 선택하라? 제 이해가 맞습니까?

화　자: 네….

(대항마로서의 대안이야기를 합니다.)

상담사: 그렇다면 한 가지만 더 여쭐게요. 이 what을 강화하기 위해 그분들의
　　　　도움을 받고 구체화시킨다면, 그러니까 하나씩 실행에 옮긴다면… 상
　　　　담 초기에 말씀하신 칠흑이는 어떤 느낌을 받을 것 같아요?

화　자: 속상해할 것 같아요….

상담사: 속상해한다는 의미는?

화　자: 자기 방식대로 제가 안 하니까? 저는 점점 넓어지고 자기는 점점 좁아
　　　　지니까? 저 같으면 그럴 것 같거든요.

상담사: 그럼 그런 칠흑이를 보고 what은 뭐라고 할 것 같아요?

화　자: 속상해하지 마… 원래 별이의 자리로 갔을 뿐이야… 음~ 네가 있을
　　　　곳은 여기가 아니야….

상담사: 아~ what이 이쁘네요… 칠흑이 토닥토닥…그래서 잘 보내 주려고 하
　　　　네요… 오늘은 what의 세계를 알았어요. 칠흑이는 섭섭이, 답답이, 막
　　　　막이로 밀고 들어오는데, what은 자립심과 가능성을 바탕으로 해서
　　　　자기개방성과 폭넓게 할 수 있는 일을 선택하는 것으로 구성되어 있다
　　　　고 했어요. 그것을 지지하고 유지해 줄 수 있는 분들 중 동생, 부모님
　　　　그리고 특강 강사… 제가 빼먹거나 잘못 이해한 것이 있습니까?

화　자: 아니요. 제가 도리어 정리가 되네요.

상담사: 지난 라이프 선 그리기 할 때는 "성취, 상호 관계, 공유(소통), 배려, 의
　　　　지, 특별하고 충만한 초록" 이라고 하셨고, 정체성 나무에서는 "손님들
　　　　도 인정, 학부모도 인정, 표현 안 하는 막냇동생도 인정, 부모님은 더
　　　　인정, 미래 꿈과 희망이도 인정, 그러시면서 지금의 나도 훌륭해."라
　　　　고 선언하셨어요. 어떠세요? what과 이전의 나와 닮은 구석이 많은 것
　　　　같으세요, 아니면 전혀 동떨어진 것 같으세요?

화　자: 신기해요.

(반영: telling, retelling을 합니다.)

상담사: 자! 오늘 여기까지 할까요?

화　자: 네~ 감사해요….

상담사: 선생님, 어떠세요? 상담을 계속 진행해야 할 것 같으세요? 아니면 이쯤
　　　에서 끝내도 되시겠어요?

화　자: 아~ 많이 힘이 났어요… 그런데… 바쁘신가 봐요?

상담사: 아니요… 그게 아니라… 선생님이 충분하다 느끼면 일단 터닝포인트
　　　를 만들었으면 해서요.

화　자: 그럼 어떻게 하면 되지요?

상담사: 저희는 인정 예식이란 걸 해요. 그걸 진행하고 싶은데 어떠세요?

화　자: 어떻게 해야 하는데요?

상담사: 일단 다음 만남은 저녁에 하면 좋겠고요. 선생님이 자기선언문을 하
　　　나 써 오세요. 내용은 what의 입장에서 쓰시면 돼요. 그리고 그 이야기
　　　를 들려주고 싶은 분을 초대했으면 해요. 가능하시겠어요?

화　자: 네~ 근데 초대할 사람이 없는데….

상담사: 일단 자녀 분이 있잖아요? 혹시 허락하시면 제가 몇 분 초대할 수도 있
　　　고요.

화　자: 네~ 그렇게 하겠습니다.

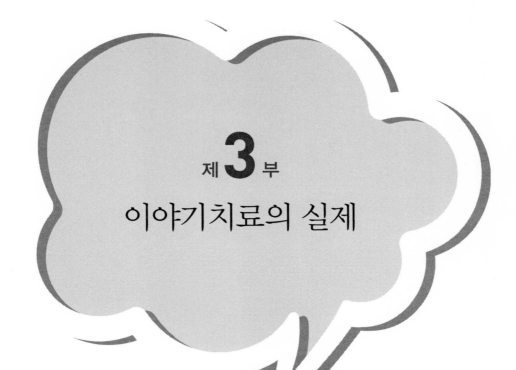

제 **3** 부

이야기치료의 실제

제**11**장

이야기치료와 집단상담

정신역동 측면에서 집단상담을 인도하고 있고, 기존 집단상담의 이론과 실제 분야에서 큰 산맥을 이루고 있는 Yalom 선생은 집단 인도자를 거대한 발전기를 운영하고 조작하는 기술전문가로 보며, 그 내부 구조를 잘 알고 깊이 개입할 수 있어야 하고 집단을 구성하고 소집하고 유지하는 데 있어서 전적인 책임을 지녀야 한다는 인식을 가지고 있습니다. 거기에 더하여 집단원들의 본보기가 되어야 합니다. 예를 들어, 대인관계 측면에서 보면 먼저 솔직하고 개방적인 면을 보여야 한다는 겁니다. 그리고 이 분이 가장 강조하는 기본 자세는 관심, 수용, 진실성, 공감 중 그 어떤 것도 기술적인 문제에 우선한다는 것입니다(Yalom, 2012).

Yalom 선생의 집단상담이론의 많은 부분이 이야기치료 집단상담과 크게 어긋나지는 않습니다. 그리고 집단 크기, 집단 회기 시간 등 물리적 측면은 특별히 다르지 않습니다. 그러나 다른 한편, 이야기치료를 집단상담에 적용함에 있어 인식적인 부분이나 그 방법론과 강조점은 다른 면이 있습니다. 왜냐하면 세계관 자체가 다르기 때문입니다.

관심공동체

관점이 사실을 구성합니다(Linstead, 2004). 어떤 관점에서 집단을 보느냐에 따라 그 집단의 성격이 규정되고 방향성이 잡힙니다. 전통적인 집단상담이라는 단어는 그 단어 속에 이미 내포된 함의가 있습니다. '결국 내가 바뀌면 돼.' '내가 치유되면 세상이 변해.' 혹은 '내가 단단해지기 위해.'라는 관점입니다. 그러나 이야기치료에서는 개인이 아닌 '우리'에 중점이 있고, 보편으로서의 우리가 아니라 편향된 우리를 말하고 있습니다. 쉽게 말해, 인간 보편적 집단이 아닙니다. 남성 중심 문화에 눌려 있는 여성 집단, 물질적 선진국에서 백인 여성보다 경제적 약자인 흑인 여성 등 분명한 편향 속에서 집단상담이 운영됩니다. 또한 그 우리를 둘러싸고 그 사회 문화를 우리가 아닌 개인의 문제로 치부할 수 없다는 절박성과 공동체성입니다.

그래서 그런지는 모르겠으나 이야기접근법으로 상담을 하는 사람들의 글을 보면 우리가 흔히 말하는 집단상담(group counseling) 대신에 group works (McPhie & Chaffey, 1999) 혹은 collective ways of working이라고 표현하거나 narrative practices with people…이라고 하기도 합니다. 왜 이런 것일까요? 바로 '협력' '참여' '만들어 가는'이란 것에 방점이 있기 때문입니다. 집단참여자와 인도자의 구분이 없습니다. 단지 서로서로 뭔가를 '만들어 가려는 중'인 공동체입니다. 즉, 참여자들의 문제이야기일지라도 그것이 문제가 아닌 단순히 결핍된 이야기로서 사회 문화적 구성일 뿐이라고 보는 관점이고, 그, 그리고 그들의 방식을 '존중'한다는 사회구성론자의 입장을 따릅니다(Gerkin, 1997).

기존의 집단상담에 대해 정의한 내용을 정리해 보면 두 단어로 요약할 수 있습니다. '문제'와 '전문 상담사'입니다. 노안영 박사(2011)는 국내외 여러 학자가 내린 정의들을 정리해 두셨습니다. 학자마다 표현은 다르지만 내용은 대동소이한 것으로서 '발달적 문제, 생활상에서 나타난 문제, 정서적 심리 내적 문제 등을 가지고 최소 2명 이상이 전문적으로 훈련을 받은…'라고 할 수 있습니다. 노안영 박사께서 소개한 기존의 집단상담에 대한 정의에서도 볼 수 있듯이 집단 참여자는 개인적인 문제 및 상처를 가지고 참여하는 사람들이며, 그 집단을 운영하거나 인도하는 사람들은 발달되고 훈련된 사람들임을 알 수 있습니다. 즉, 계급 구조가 분명하게 드러납니다.

그러나 이야기치료에서는 문제가 문제이지 그 사람이 문제가 아닙니다(Monk, 1997). 함께 모인 우리는 개인의 문제를 가지고 참여하는 것이 아닙니다. 각자는 이야기의 주인공이자 주 저자입니다. 그 이야기의 주인공들이 함께 만나 공간을 열어 가는 것입니다. 이 공동체는 이야기와 이야기가 만나는 곳입니다. 이것을 "이야기가 사회화 과정을 거친다."(Müller, 1999)고 합니다. 이러한 과정은 성인 남성 중심의 경쟁적 자본주의 사회문화에서 여성이나 청소년과 같은 사람들에게는 매우 유용합니다(Greenspan, 1993). 이런 사회화 과정을 통해 이들의 실천적 지혜, 소위 말하는 생활과학을 세상에 퍼뜨리는 일이 이야기치료 집단상담이 추구하는 방향입니다. 이런 이야기와 이야기가 서로 만나 사회화 과정을 거치는 것이 이야기집단상담이라고 할 수 있습니다.

개인의 이야기는 개인의 이야기만이 아니라 우리 공동체의 이야기입니다. 왜냐하면 개인은 그 사회 문화의 총아이자 그 문화의 모방자이기 때문이라고 문화 인류학자들은 말합니다(Girard, 1986). 그 문화는 그 사회 구성원에게 그 사회가 추구하는 방향, 그 사회의 가치와 의미를 창출하고 학습시키는 역할을 수행한다고 합니다. 우리는 이것을 이야기로 구성해서 살아갑니다. 그렇기에 이야기집단 상담은 서로가 주체적 관점으로 사회 문화 담론을 해체하는 작업을 돕고, 모방하고, 훈련합니다. 여성학자 Morton(1985)의 말을 빌면, "자신의 목소리로 말하는 것을 배우기"이고, 서로에게 롤 모델이 되어 주는 것입니다.

저는 이것을 Jill Freedman이 사용한 '관심공동체'라는 용어를 빌려와서 '관심 공동체 훈련'이란 용어를 집단상담의 대안 이름으로 추천하고 싶습니다. 물론 Freedman이 이 단어를 이야기치료의 일환인 외부 증인과 인정 예식이라는 활동 에서 사용하긴 했지만, 우리의 집단상담을 통해 얻고자 하는 의미와도 유사성이 있습니다. 저희 같이 학문 세계의 기득권(보편적·주류 문화)이 없는 처지에서 이 렇게 대안적 신조어를 제안해도 되는지는 모르겠습니다. 그러나 저희가 이야기 치료를 실천하면서 훈련한 한 가지는 우리 공동체에 해악이 되지 않는 한 "내지 르고 봐! 안 되면 말고.", 즉 우리(특수·지엽적)의 목소리를 낼 줄 알아야 한다는 것이었습니다.

집단원이란: 이야기의 주체

관점에 따라 사람은 달리 보입니다(Dunn, 1998). 그렇기에 집단참여자에 대한 표현 및 정체성과 관련해서도 다른 관점에서 시작합니다. 기존 상담에서 가장 대표적으로 사용하는 단어가 클라이언트(client)라고 하지요. 혹은 가족상담학에 서는 identified person(IP)이라고 하지만 이야기치료사들은 이들을 자기 이야기 의 주인공이라고 생각합니다. 그 주인공이 자기 이야기를 만들어 가는 거지요. 그래서 상담 상황에서 상담사나 내담자 모두를 이야기 만드는 자(story-maker)라 고 합니다. 상담사나 내담자나 모두 주체인 거지요. 그래서 내담자를 명명하는 것도(우리나라에서는 내담자로 모두 통일하여 부르는 경향이 있지만) 이야기치료에 서는 협력적 관계(co-operator, co-researcher, co-creator, story-maker, corroborative worker, participatory person)라고 부릅니다.

탈중심 원리는 집단상담에서도 그대로 적용됩니다. 이야기치료에서 내담자 나 상담사에게 가장 중요하게 요구되는 자세라고 하면 주체적 자세입니다. "상 담을 통해 원하는 것을 의논하는 가짜 협력이 아닌 진정한 협력."(정석환 역, 2002)

우리가 공동체로 하는 작업이 어디로 흘러갈지는 모르지만 비주류였던 나의 이야기, 묻혀서 빛을 발하지 못했던 너의 이야기들을 주체적으로 풀어 내 가는 과정(not-knowing position)을 같이하는 겁니다. 상담실 안에서 서로가 주체라는 말은 역으로 보면 우리는 사회 문화적으로 너는 누구다, 나는 누구다라고 '자리매김 된 존재'(Monk, 1997)임을 인정하는 겁니다. 또한 우리는 그 범위를 뛰어 넘기 어렵다는 또 다른 의미이기도 합니다. 우리는 이웃과도 같은 '여행길의 동반자'의 자세로 서로의 느낌, 의미, 문화적 배경을 '허심탄회'하게 '나누는' 주체자입니다.

집단의 언어

언어는 집단성을 가지고 있습니다. 말을 한다는 것, 언어가 사용된다는 것은 그 사회 문화의 집단성을 보여 주는 것입니다. 그 사회가 관심을 갖는 관심사, 의미 있게 생각하는 것, 가치를 두고 있는 것을 보여 주는 가장 가까운 '그 집단'의 도구입니다. 모두에게 공평하지 않게 작용하는 언어의 역할이 그 사회 모두에게 복종을 강요한답니다. 만약 그 언어대로 안 하면 그 사람은 소외되고, 못된 사람, 문제아, 아웃사이더가 됩니다. 우리의 모임은 우리의 언어를 되찾기 위해 이루어지는 겁니다. 이렇게 저렇게 살아야 한다고 삶의 방향을 암시하거나 암암리에 강요하고 지시하던 언어에서 우리만의 언어를 창출하는 공동체로 모인 것이 집단상담입니다.

언어는 누구에게나 공평하고 평등하게 사용될 수 있는 것이 아닙니다. 우리가 어떤 말이라도 하니까 다 언어를 공평하게 사용하는 것 같지만 그렇지 않습니다. 언어란 의미 전달, 소통 그리고 우리의 생각을 말과 행위로 표현하는 '도구'라는 얼굴을 가졌습니다. 그러나 그 언어를 그 사회에서 누가 좌지우지하는지, 언어가 어떻게 생각을 구성하게 하는지, 누구의 생각을 주로 전달하는지에 대해서는 의심해 보지 않았습니다. 왜냐하면 집단의 언어는 지식이라는, 정보라는, 교육이나 문화라는 그런 것으로 둔갑해서 가치 있게 보이기 때문입니다. 그러니 언어에 숨어 있는 특정 집단의 '음모'는 보이지 않는 겁니다.

예를 들어, '장애인'이란 단어를 누가 만들었을까요? 장애인이라는 분들이 스스로 비장애인과 차별성을 두기 위해 만들었을까요? '탈북자·새터민'들이 우리나라로 내려오면서 "우리의 정체성과 출신성분을 분명히 하기 위해 우리를 탈북자·새터민이라고 하자!"라고 했을까요? '다문화가정' 하면 백인 여성이 떠오릅니까? 이러한 단어를 듣는 순간 여러분은 그분들이 우러러 보입니까? 아니면? 성문제도 한번 보지요. '순결'은 남성들에게 책임을 묻는 것 같습니까, 아니면 여성에게 강조하는 것 같습니까? '부드럽고 섬세함'은 정글 법칙에 어울리는 남성상의 느낌인가요, 아니면 집안에서 남성을 기다리는 손길을 갈구하는 여성을 표현하는 것 같나요? "우리 아이들이 학교에서 사고치고…"와 "청소년이 학교에서 사고치고…" 느낌이 어떠신지요? 한 가지만 더 들어보지요. '학우를 괴롭힌 사건'을 여러분이 상담하시는 것과 '학교폭력'을 상담하시는 것은 마음으로 들어오는 크기가 다르지 않습니까?

여기 우리의 관심공동체가 모인 목적 중의 하나는 우리의 언어를 되찾는 것입니다. 이 장에서 우리는 언어에 대한 학문적 탐구를 하는 것이 아닙니다. 삶의 단계에서 언어란 획득된다거나 학습된다는 식의 논쟁에서 어느 한편에 손을 들어 주고자 함도 아닙니다. 그렇다고 언어훈련을 하자는 것도 아닙니다. 나-언어니 너-언어니 하는 것을 훈련하고자 하는 것도 아닙니다. 부모-자식 간, 형제 간, 친구 간에 회유형이면 어떻고 비난형이면 어떻겠습니까? 물론 서로 의사소통하면서 말을 예쁘게 하면 좋겠지요. 그러나 그보다 더 먼저 되어야 할 중요한 것이 있습니다.

많은 여성학자나 청소년 관련 실천가가 말합니다. 이 땅의 비주류는 이미 자신의 언어가 자신의 주체와 동떨어져 살고 있고, 자신을 지시하고 규정하는 다른 이질적 언어를 의심 없이 받아들이고 있다고 말입니다. 즉, 주류사회와 실제

(dominant group, dominant reality)의 언어가 지시하는 대로, 요구하는 대로 살고 있다고 생각합니다(Spender, 1980). 그렇기 때문에 우리의 주체적 관점에서 말하기 훈련이 이 관심공동체를 꾸려 가는 중요한 목적이 되어야 합니다.

　기존까지 해 왔던 개인의 심상과 영성을 다루고, 개인의 정체성을 단단히 해 나가고, 자기가 변하면 세상이 변한다는 식의 방식은 우리가 해 나가야 하는 작업의 일부에 불과한 것입니다. 기존 상담에서 말하는 내가 되어 살아가기의 첫 단추는 사회 문화적 언어가 아니라 '내 언어로 말하기'를 연습하는 것입니다.

주체적 말 배우기부터

　문제란 이야기로 구성된 것입니다. 여러분은 "하여간 싸가지라곤…." 이 말을 들으시면 어떻겠습니까? 속상하시지 않을까요? 왜냐하면 이 말은 옳고 그름을 규정한 것으로 모자라서 인격적 융단폭격을 내리고 있기 때문입니다. 즉, 우리는 일상사에서 쉽게 쓰는 말이지만 '사회 문화적 기준' 더하기 '단죄'까지 포함하는 말을 하기도 하고, 듣기도 합니다. 이런 말이 말로 끝나는 것이 아니라 우리의 행동을 움츠러들게도 하고, 보폭을 넓히게도 합니다. 행동양식만이 아니라 우리의 마음에 평정, 불안, 걱정까지 심어 줍니다. 이것은 누구도 의도하지 않았습니다. 단지 우리가 태어나기 이전부터 그 기준과 의미와 가치가 사회 문화라는 용광로에 녹아 있는 것입니다. 이런 속에서 우리는 '주체적으로 말하기'가 아니라 '사회 문화적으로 말하기'를 하고 있는 것이지요. 그 사회에서 탈락하지 않기 위한 몸부림입니다.

　말은 내재화하는 경향이 있습니다. 말하기의 방정식을 한번 보지요. A 학생이 우울증에 시달린다고 합니다. 왜 우울한가? 학교 성적도 그렇고, 여자친구와도 잘 안 되고, 아버지는 극성을 넘어 폭군이고, 무엇을 해야 할지도 모르겠고, 자기가 할 수 있는 일은 아무것도 없다고 합니다. '그래서' 우울하다고 합니다. 자!

A 학생이 말한 자기 상황들과 우울증 사이에 뭐가 있습니까? '원함', 다른 말로 하면 '원하는 대로 안 됨' 혹은 '원하지 않는' 것들이지요. 그 원함은 자기가 주체적으로 원하는, 또는 원치 않는 특정한 기준이 있어야 말할 수 있는 것들입니다. 즉, 그 기준은 자기 창작물이 아니라 사회 문화가 규정해 준 기준입니다. "이러저러한 것이 행복이야." "이런 아버지는 폭군이야." "가족은 행복해야 해." "부부는 사랑이 있어야 행복해."

옳다/그르다, 맞다/틀리다, 바름/왜곡, 좋다/나쁘다, 정상/비정상, 가해/피해, 폭력/비폭력, 진실/거짓 등과 같은 이분법에서 벗어납시다. '말하기'는 자기 생각의 편견이나 파편을 드러내는 것일 뿐입니다. 상황이나 사건, 타인이나 자기 자신을 '있는 그대로' 표현할 수 없는 것이 인간이라고 우리는 생각합니다. 단지 내가 본 것, 즉 이미 사회 문화적으로 규정된 것을 나도 따라서 말하고 있을 뿐입니다. 거기에 나의 생각을 조금 더 덧붙여서 말할 뿐입니다. 그러니 말하는 나 자신이 옳고 그르다, 맞고 틀리다고 하는 것이 아니라 이미 그렇게 규정된 것을 나도 앵무새처럼 되뇌고 있는 것입니다. 마치 누더기 옷처럼 상황이나 경험을 조금 더 덧대서 그럴듯하게 내 작품처럼 말하고 있는 것입니다. 왜냐하면 그런 방식을 따라가지 않을 경우 우리는 이 사회 공동체에서 이상한 사람 취급받기 십상이기 때문입니다. 그러므로 우리의 주체적으로 말하기 훈련은 자기 상실에 대한 거부이자 자기 거룩성을 되찾는 운동이자, 삶의 또 다른 방식입니다.

다른 방식으로 말하기

우리는 일상생활에서 이성적이고 합리적인 표현, 즉 과학주의가 선호하는 생각과 표현을 강요받아 왔습니다. 그러므로 우리의 집단 안에서만이라도 '시적 상상력'이 허용되어야 합니다. 시가 허용되는 범위만큼 시인의 상상력으로 뻗어나가는 큰 틀, 다양한 해석이 가능하게 생각하고 말하고 듣는 연습을 했으면 좋겠습니다. 이게 그리 어려운 것이 아닙니다. "시간은 금이다." 누구에게나 적용해야 할 금언이 아니지요. "나는 관계가 금입니다."라고 외치면 됩니다. "안 되면 되게 하라!"가 심적으로 부담되더라도, "안 되면 말지 뭐."라는 말이 여기저기 눈치 보여서 못하는 말이었더라도 일단 그렇게 해 보는 겁니다. "일단 내지르고 봐!"라고 하고 싶은데 자신도 없고, 이것저것 걸리는 것이 많아 용기가 나지 않더라도 일단 해 보는 겁니다. 이것이 우리 관심공동체에서 하고자 하는 시적 상상력으로 말하기입니다.

예를 들면, 한 여성이 어렸을 때 어느 책에서 자기를 알아야 자기가 무엇을 잘 할 수 있는지, 어떤 가치 있는 삶을 살 수 있는지가 결정된다고 하는 글을 보았답니다. 그때부터 이 여성은 심리, 철학 등의 책을 닥치는 대로 보았답니다. 그런데 자기를 찾지는 못하고 되려 고뇌만 쌓이더랍니다. 그런데 이런 시적 상상력으로 자신을 바라보니 '나란 사람은 다양할 수 있고, 다양하게 펼쳐지고, 앞으로도 내가 누가 될지 아무도 모르는 것이구나.'란 생각이 들더랍니다. 그리고 든 생각이 '나는 신비로운 존재야.'였답니다. MBTI, MMPI, 애니어그램 같은 성격유형검사로 나를 규정받고 싶기보다는 자기 삶에서 만들어 가고 세워 가는 자신에게 더 충실해지더랍니다.

Brueggemann(1989)은 이러한 시적 상상력이 우리의 대안이야기를 비록 아직은 가능성이 없지만 우리 삶으로 가깝게 가져온다고 말합니다. 그는 이런 상상력을 예언자적 상상력(Prophetic imagination)이라고 부릅니다. 그러나 우리는 포로된 자들이라고 그는 말하고 있습니다. 그렇기에 이제 제국에 맞서 노래를 부르라고 합니다(Brueggemann, 1993). 다시 말하면, 인생은 그 자체가 우리에게 다가오는 것이 아니라 우리가 어떤 관점, 어떤 시각으로 구성하고 재구성하느냐에 따라 달라진다는 것입니다. 여기가 예언자적 상상력이 필요한 부분입니다. 어떤 기준에 의해서가 아니라, 어떤 유행과 구조적 틀이 아닌 시인의 상상력을 총동원하여 보고 싶은 것을 보고, 노래하고 싶은 것을 노래할 수 있는 공간을 열어 가는 것입니다. 우리의 관심공동체 훈련은 이러한 공간을 늘려 나가는 데 함께 힘을 모으는 작업을 하는 것입니다. 그래서 관심공동체 훈련(집단상담)은 개인상담과는 또 다른 색채를 띠는 상담 형태입니다.

해석의 과정과 듣기

해석의 과정에서는 참여자의 이야기를 분석하는 능력이 요구되지 않습니다. 또한 해결책을 제시해야 할 의무나 짐을 질 필요도 없습니다. 기존까지 집단에는 분석 및 설명적(explanatory) 듣기 자세가 요구되었습니다. 어디까지가 진실인지, 어떤 것이 왜곡된 신념이고, 어떤 것이 건강한 관점인지를 분간할 수 있어야 합니다. 그러므로 인도자는 과학적이고, 논리적이며, 기준과 잣대가 있어야 합니다. 즉, 전문가로서 학문적이고 전문적인 지식이 필요한 부분입니다. 반면, 경험과 이해하기에는 탐구적(explanatory) 듣기 자세가 필요합니다(김번영, 2007). 개인의 이야기를 호기심과 상상력을 가지고 듣는 자세입니다. 참여자의 이야기는 어디로 흐를까요? 어디에 정착할까요? 그 정착지에 무엇을 가지고 가고 싶을까요? 이때 인도자는 다음과 같은 단계로 참여자들의 이야기를 정리해 둘 필요가 있습니다.

• 첫 번째 단계

'무엇인가(what's)?' 가슴으로 느끼는 단계로서 열린 공간을 만들어 가는 것입니다. 흔히 말하는 라포 형성 단계라고도 할 수 있고, 딱히 그렇다고 볼 수도 없습니다. 이 단계는 통합 과정으로서 듣는 단계입니다. 인도자가 참여자의 지금 현재를 느끼고 경험하는 것입니다. 참여자의 '지금'의 느낌, '지금' 누구인가를 마음으로 받아들이는 과정입니다. 일반적으로는 이 단계에서 참여자들의 문제 및 상처를 들으려 하고 알려 하지만, 관심공동체에 왜 왔는지를 물을 이유도, 알고자 할 이유도 없는 단계가 이 단계입니다.

• 두 번째 단계

'무엇이 무엇인가(what's what)?' 한마디로 하면 "왜 꼭 이렇게 생각해야 하는데…" 하는 해체 과정입니다. 머리로 이해하는 과정으로 참여자의 이야기에 들어가려는 과정입니다. 통전적으로 이해하기 위해 참여자가 자신의 이야기를 어떤 관점으로 읽고 있는지 듣는 것입니다. 새로운 관점(해체)을 찾아가려는 노력으로 들으려고 해야 합니다. 참여자 이야기 속에 유사하거나 반대적인 부분도 있을 것입니다. '들은 이야기에 대해 나(인도자)의 관점은 무엇인가? 다른 참여자들은 어떻게 이해하고 있는가?' 라고 자문해 보는 단계입니다.

• 세 번째 단계

'아하! 그런데 만약(Aha but if).' "왜 꼭 그래야 돼."를 넘어 "나(인도자)라면 어떻게 할까?"를 고민하는 단계입니다. 이 단계는 이해와 감성이 통합된 단계로서 주관적이고 상상적입니다. 이야기된 이야기 속에서 찾아낸 의미, 가치, 자기만의 노하우 등을 포함해 "만약에 나라면 어떻게 했을까?" 고민해 보고 상상해 보는 것입니다. 이렇게 상상된 것들을 이미지로 들려주고, 그 이미지에 대해 또 다시 들어보는 과정입니다.

• 네 번째 단계

관심공동체에 참여한 모든 참여자가 마지막 결론을 내리는 단계입니다. 쉽게 말하면 이야기 주인공이 자신의 이야기에 대한 스스로의 판단을 어떻게 내리는지, 자기의 대안이야기에 대한 선언을 어떻게 하는지 듣습니다.

이 모든 과정은 인도자가 참여자의 이야기를 해석 및 재해석하기 위해 밟아야 할 단계입니다. 단, 중요한 점은 반드시 이 단계를 순서적으로 지켜야 하는 것은 아니라는 겁니다. 이야기치료를 잘못 적용하는 사례 중 가장 빈번하게 나타나는 형태가 이야기치료를 단계별ㆍ순서별로 맞춰 가는 것입니다. 아닙니다. 이야기치료는 '왔다 갔다' 할 수 있어야 합니다. 굳이 '순서를 따라' 할 필요가 없습니다. 왜냐하면 이야기는 흐름이 중요하기 때문입니다. 문제이야기를 하다 불쑥 대안이야기를 할 수도 있고, 인도자가 첫 단계인 '무엇인가'를 가슴으로 느끼고 있는데 참여자가 자기 이야기를 대안이야기로 끌고 가도 됩니다.

참여자를 위한 환경 조성

관심공동체의 참여자들이 의뢰되어 억지로 집단에 들어왔든, 자발적으로 들어왔든 그 어떤 목적성을 가지고 참여합니다. 그렇다고 그 목적성이 참여자의 자발성을 끌어낸다는 보장은 없습니다. 이것이 집단 초기의 어려움입니다. 또한 집단역동이라고 하는—때론 사이비 종교의 집회 같은—것을 굳이 끌어낼 필요도 없습니다. 그보다는 도리어 참여자들이 참가서를 제출하거나 입소한 그날부터 자신의 필요성을 느낄 수 있는 환경을 인도자들이 먼저 조성해야 합니다.

그 요소는 두 가지로 나눌 수 있는데, 저는 이것을 ① 환경조성과 ② 주체적 성찰 부분으로 나누고 싶습니다. 물론 여타 집단상담 이론서에 보면 같은 의미, 다른 표현이지만 이 환경 조성을 위한 요소에 대해 언급하고 있습니다. 그래서 여기에서는 이야기치료의 방향에서 꼭 필요한 몇 가지만 언급하겠습니다. 이 환경 조성의 방점은 목적성, 즉 참여자의 '변화'를 위한 조성이 아니라 새로운 대안이야기를 만들어 가는 데 있습니다. 그러므로 문제를 해결한다거나 상처를 치유한다거나, 자신을 변화시킨다는 표현은 적절치 않습니다.

환경 조성에는 두 가지 실천적 요소가 있습니다. 참여자의 내적 결단을 조성하는 것과 그 내적 결단이 분출될 수 있는 공동체적 환경으로 나눌 수 있겠습니다. 즉, 개인의 주체성과 더불어 관심공동체의 목적성에 충실한 것입니다. 이제까지 우리는 자신이 주체적으로 선택하고 살아온 것이 아니라 사회 문화적 틀속에서 움직여 왔기 때문에 참여자 자신의 언어와 행동양식을 주체적으로 드러내기 어려웠던 것이 현실입니다. 이런 우리만의 주체적 언어를 드러낼 수 있는 환경이 개인적인 것과 더불어 공동체적으로 밑받침되어야 합니다. 그러기 위해 필요한 것은 다음과 같습니다.

첫째, 호기심 자극입니다. 참여자가 관심공동체에 입소하기 시작한 때부터 '어~ 뭐 있는 것 같다?' '뭔가 도움이 될 것도 같다!'라는 생각이 들도록 해야 합니다. 즉, 필요성을 느끼게 하는 것입니다. 진부한 것 같지만 입소장 입구부터 독특한 문구를 붙여 놓는 것도 좋습니다. 환영식할 때 진부한 인사보다는 뭔가 도전적인 말로 질문을 던지는 것도 좋습니다. 혹은 이전 참여자에게 부탁해서 입소 경험을 들려주는 것 등이 효과가 있었습니다. 혹은 역으로 질문을 통해 도전해야 합니다. "왜 왔습니까?" "왜 그게 문제라고 생각하십니까?" "왜 그게 성폭력입니까?" "참여자께서 이상하군요."와 같이 처음부터 해체적이고 도전적인 질문도 가능합니다. 단, 이 경우에는 매주 한 차례 모이는 공동체라면 그다음 회기에 참여자가 오지 않을 공산이 큽니다. 그렇기에 우리 경험에 따르면 마라톤 집단으로서 서로 숙식이 가능할 때 이런 방법을 택하심이 나은 것 같습니다.

둘째, 희망심기입니다. 첫 번째 환경이 입소 첫 시간을 장식한다면 그다음으로 공을 들여야 하는 부분이 희망심기입니다. '무엇인지는 모르겠지만 방향이 보인다, 뭔가는 해야 할 것 같다'는 자기 의지가 불타도록 해야 합니다. 불확실성을 걷어내고 뭔가 한 발을 내딛어야겠다는 의지를 다질 수 있도록 해야 합니다. 환자가 수술받기 위해 병원을 가면 일단 원기 회복을 하고, 여타 질병 검사를 먼저 하듯이, 참여자가 먼저 자신감도 얻고 잃었던 자기 이야기를 풍부하게 만들어 가는 시간이 중요합니다. 그 속에서 자기의 강점 노하우, 이야기의 터닝포인트 등을 읽어 내면서 자신에 대한 불확실성을 걷어 내야 합니다. '분명히 뭔가는 만들 수 있을 것 같다!' 이런 마음 말이죠. 여기에서 중요한 역할을 하는 분들이 보조 인도자(co-leader)입니다. 보조자들은 이야기를 잘 듣고 일목요연하게 정리하고, 사소한 것도 놓치지 않는 귀를 가지고 있어야 합니다.

셋째, 가치충돌 경험하기입니다. 관심 공동체는 마냥 하하호호, 서로 잘했어요, 멋져요 하며 값싼 칭찬을 하는 곳도 아니고 눈물샘을 자극하여 서로 부둥켜 안고 울어 주는 곳도 아닙니다. 가끔 이런 모습에 우리 상담사들은 역동이 일어 났다고 오해하는 경우도 있습니다. 주체성은 눈물샘 자극이나 값싼 칭찬과 격려로 이루어지지 않습니다. 우리의 '해로운 적응'이 얼마나 단방약이고, 임기응변인지가 여기서 드러나야 합니다. 도전되고, 자기만의 방식으로 재해석되는 순간을 만나야 합니다. 우리 인도자들은 이 공간을 참여자들에게 제공해야 합니다. 왜 성폭력이라고만 해야 하는가? 왜 꼭 우울증으로만 봐야 하는가? 왜 사회성이 꼭 필요한 것인가? 학교폭력이라고 해야 하는 이유가 뭔가? 소심한 내가 뭐가 어때서? 누가 왕따라고 하는가? 사회 문화적인 가치와 참여자 자신의 가치가 충돌되는 경험을 하면서 재해석 과정을 거치는 것이 필요합니다.

넷째, 넓은 지지층 결집을 시도해야 합니다. 주체성은 개인적이고 심리적인 것으로 손상된 것이 아니라는 것이 이야기치료사들의 생각입니다. "내가 바뀌면 다 바뀐다." "결국 나의 왜곡된 신념이 문제다." "나의 잘못된 행동양식과 습관의 문제다."라고 치부하지 않습니다. 신념이든, 행동이든, 습관이든, 정신 내적인 것이든 이 모든 것이 상호관계 속에서 이루어져 왔다고 생각합니다. 우리의 관계 역시 우리의 선택이 아니라 우연히 만들어진 것이라고 생각합니다. 그러므로 지금 이 순간 관심공동체에서는 새로운 '판짜기', 즉 주체적으로 '지지층'을 결집해야 합니다. 우리의 재해석 관점, 우리가 만들어 가는 대안이야기 등을 누구와 함께하고, 누가 지지해 줄 것인지, 그리고 그 지지층을 어떻게 만들어 갈 것인지, 어떤 전략으로 지지층을 확보하고 유지할 것인지에 대해 주체적 선택이 이루어지는 공간 창출이 필요합니다.

마지막으로, 검증입니다. 괜히 관심공동체에 들어왔겠습니까? 몇 달, 몇 주 새로운 관계 속에서 하고 싶은 이야기했다고 해서 그 힘들었던 순간들이 간단하게 새로운 것을 만들어 가지 않습니다. 오랫동안 억눌려 있던 주체성이 한 순간에 자기 주체성으로 거듭나지 않습니다. 그러므로 참여자들은 자신의 이야기를 통해 충분히 자기검증을 받아야 합니다. 사소하게 여겼던 것들, 무시하고 넘어갔

던 자기 이야기를 촘촘히 다시 엮어 내서 검증받아야 합니다. 여기에 주 인도자
와 보조 인도자의 정성이 필요합니다. 과정 중에 경험했던 참여자의 비언어적이
고 언어적인 것들, 그리고 이야기 속에서 나타난 조그만 것들이라도 잘 정리해
두어야 합니다. 저의 경험에 따르면, 아무리 다른 사람이 지지하고 격려하더라
도 자기만의 이야기로 검증받는 것처럼 단단한 것이 없다는 것을 집단 인도 과
정 중에 느꼈습니다.

인도자의 주체적 성찰

환경 조성이 참여자 스스로에게 필요한 조건들을 만들어 가는 것이라면 주체
적 성찰이란 참여자가 환경을 조성하는 데 걸림돌이 되지 않기 위해 인도자가
자신을 성찰하는 것이라고 생각하면 될 것 같습니다. 아무리 이야기치료사가 구
호적으로 낫노잉포지션을 말하고, 중심은 아니나 주체(de-centred)라는 철학을
가지고 있고, 내담자와 상담사는 동등한 관계라고 인식하고 있을지라도 현실적
으로 우리는 인간이기에 과정에 빠지면 인도자 자신의 선입견, 판단 평가 등이
자동으로 일어나고 있음을 경험하게 됩니다. 그러므로 끊임없는 자기성찰이 필
요한데, 그 내용은 다음과 같습니다.

첫째, 내가 누구인가? 해로운 적응을 유도하고 있지는 않은가? 우리는 자칫 해
로운 적응을 가지고 해결이라고 보는 경향을 나타내기도 합니다. 그런 해로운
적응을 인도자가 조장하는 경향도 있고, 혹은 놓치고 가는 경우, 즉 재해석가의
역할을 다하지 못하는 경우도 있습니다. 이런 경우가 바로 인도자의 선입견, 편
견 혹은 선경험이 큰 장애물이 되는 경우입니다. 나의 성(gender), 내가 믿고 있는
친밀성, 내가 어떤 관계성 안에 있는지를 항상 돌아봐야 합니다. 인도자가 의도
적으로 자신의 선입견과 편견 등을 보려는 노력을 기울이지 않으면 참여자들을
몰아가려고 하는 경향이 있습니다. 때론 유도성 질문을 하기도 합니다. 우리가

가장 싫어하는 이야기치료사 부류는 참여자를 유도해 가는 사람입니다.

둘째, 과정을 참여자의 손에 맡겨야 합니다. 보통의 집단은 이미 구조화되어 있습니다. 매 회기에 도달하거나 해야 할 활동 목표가 있습니다. 그에 따라 과정의 속도도 조절되어야 합니다. 그러나 이야기치료의 관심공동체를 인도해 나갈 때는 속도나 결과, 목적이 모두 참여자의 손에 들려져야 합니다. 누가 이루어야 합니까? 누구의 시간입니까? 늦으면 누가 늦는 것이고, 목적에 다다르지 못하면 누구의 목적에 다다르지 못하는 것입니까? 인도자가 항상 자기성찰을 해야 할 것이 속도, 목적, 목표, 과정 등이 누구의 것이어야 하는지입니다.

마지막으로, 중요한 것은 독자(reader)로서의 자세입니다. 한두 번 이런 일을 하는 것도 아니고, 이런 분위기에 한두 번 들어와 있는 것도 아닙니다. 그러다 보니 긴장감이 떨어지고, 호기심 없이 인도자로서 참여하게 되는 경우가 종종 있습니다. 인도자는 매번 소설을 만나야 합니다. 소설의 주인공을 만나서 이 주인공이 무슨 이야기를 써 내려 가는지 자못 궁금해해야 합니다. 소설을 읽는 독자가 호기심을 잃어버리면 그 소설을 쓰는 자는 목적성을 상실하는 것이고, 독자는 의미 없이 시간을 버리는 것입니다. 독자는 소설에서 배우고 듣습니다. 그 들음이 인도자 자신을 성찰하게 하고 성장하게 합니다. 그러므로 관심공동체 경험을 많이 하면 할수록 개인적인 삶이 성숙해져 가야 합니다. 자신도 모르게 어느덧 울고 웃는 일에 자유로워져 있습니다. 고정관념을 넘어 유연해져 있습니다. 이것이 자기성찰되어야 합니다. 과정 회기마다 뭔가 들고 나가야 합니다.

🐛 단계별 점검 포인트

이 단계별 포인트는 제가 이야기치료로 논문을 쓸 때 사용한 ABDCE 모델을 집단상담을 위해 조금 변형한 것입니다. 관심 공동체를 시작하면서 마지막 닫을 때까지 각 단계마다 반드시 점검해야 할 포인트가 이 모델과 대동소이한 것 같습니다. 물론 과정은 비구조화되어 있고 참여자에게 맡길지라도 관심공동체를 모집하고 인도하는 주최자의 입장에서는 반드시 짚고 넘어가야 할 부분이 있습니다. 이 부분은 앞에서 언급한 부분 및 해석 과정에서 나온 내용과 많이 중첩되기도 합니다.

• 초기 단계

이야기꾼으로서 현장의 주체 혹은 현장(action/action field)이라는 의미로 생각하시면 될 듯합니다. 즉, 집단 참여자이지요. 이 첫 단추는 참여자를 소개함과 동시에 희망을 심는 단계입니다. 앞에서도 언급했지만, 참여자에게 이 과정의 필요성, 과정 전체를 넘으면 뭔가 있을 것 같은 희망이 심어져야 합니다. 희망이란 없는 미래를 보는 것이 아니라 지난 과거에서 다시 찾는 것입니다. 자기 자리에서 자기의 이야기를 확장시키는 것이므로 현재와 연결성이 있는 것입니다. 즉, 관심공동체의 초기 단계는 희망심기입니다.

• 발전 단계

이 단계는 이야기 발전(background/development) 단계 혹은 이야기의 배경이 드러나는 단계입니다. 해체와 전체 조망이 이루어져 가야 합니다. 기존 가치에 대한 탐구와 개인의 삶을 구조화해 보는 것, 그리고 다른 참여자에게도 도움을 받음으로써 진정한 관심 공동체가 되는 것입니다. 이야기가 발전해 갈수록 기존의 관점이 해체되어 가고 참여자 이야기의 시공간적 전체가 조망되어야 합니다. 흘려버린 이야기, 사소한 이야기, 영웅담까지 모두 전체적으로 모아지고 조망되어야 합니다.

• 정점 단계

이야기의 정점(climax)에 해당하는 단계입니다. 드디어 참여자 이야기가 도안되고 제안되어야 합니다. 주체적 관점으로 삶을 도안하고 자기 제안과 다른 참여자들의 도움을 받으며 만들어 갑니다. 자신의 이야기에 살을 붙이고 대안을 만드는 도안 작업이 이루어지고, 새로운 이야기가 제안되는 단계여야 합니다. 이 단계에서 참여자들의 이야기는 삶의 대안이야기를 품을 수 있어야 합니다. 이 대안이야기는 현실성이 없어도, 실현 가능성이 없어도 괜찮습니다. 황당해도 괜찮습니다. 중요한 것은 참여자 자신이 스스로의 대안이야기가 황당할지라도 그것을 즐길 수 있다면 그것으로 이미 족한 것입니다.

• 마지막 단계

이야기의 마무리(ending)이자 터닝포인트 세우기 단계라 할 수 있습니다. 관심 공동체에서 이루어진 전 과정에서 나온 이야기, 자기 주체성, 새로운 관점과 대안이야기를 적용하고 적응하는 단계입니다. 즉, 새로운 대안이야기로 향해 가기 위해 시작하는 새로운 시작점이 되어야 합니다. 이 자리를 떠나고 나면 더 이상 실험해 볼 자리는 없습니다. 이 자리에서 적용해 보고 적응해 보는 작업이 시도되어야 합니다.

집단상담의 효과는 특별히 인도자 개인의 감각과 성향에 따라 많이 좌우되는 듯합니다. 개인상담은 한 명에 초점을 맞추기 때문에 한두 회기가 지나면 이야기 공동체를 이루기가 그리 어렵지 않은데, 집단상담은 참여자에 의해 매 회기마다 다른 구도가 형성되는 경우가 많습니다. 그러므로 인도자의 감각을 키우시는 것이 좋습니다. 그렇지만 제가 딱히 어떻게 해야 감각을 기를 수 있다고는 말씀 드리기는 어렵군요. 감각이란 그야말로 현장에서 길러지는 것이니까요. 그리고 반구조화된 집단 운영에 필요한 프로그램은 다음 장에서 활용 가능한 몇 가지를 소개하겠습니다.

🐦 상담 후속 작업과 그 외의 것

대부분 정의 예식을 기점으로 이야기치료는 마무리되는 듯합니다. 그러나 내담자와 만나는 상담 과정은 마쳤을지라도 이야기치료사라면 따로 마무리해야 할 최소한의 두 가지가 있습니다. 하나는 상담사로서 내담자가 현실에 잘 안착할 수 있게 하기 위한 상담 후속 편지입니다. 그리고 또 하나는 상담사로서의 자기 성찰입니다.

상담 편지

기억하십니까? "믿지 말자, 내담자! 자는 내담자도 다시 보자!" 다시 말씀드리지만, 내담자를 무시하는 언사가 아니라 회귀 현상을 막겠다는 의지를 코믹하게 강조한 것이라고 생각해 주시기 바랍니다. 정의 예식(축하 파티)이 대안이야기를 강화하기 위한 이정표의 역할을 한다면, 상담 후속 편지는 상담사가 보이는 지속적인 관심과 지지의 표현이라고 할 수 있습니다. 이 상담 편지는 Epston(1994)이 강조한 것으로 '대화를 확장하는 것(extending conversation)'이라고 합니다. 그는 상담 편지를 이렇게 표현했습니다. "대화란 하루살이 같이 쉽게 사라지지만 편지라는 속성 자체는 대화와 같지 않게 시들거나 사라지지 않는다. 도리어 시간과 장소의 벽을 뛰어넘어 상담 결과물의 증언자가 되어 주고, 나아가서 지지자가 되어 준다."

저는 이것을 상담을 마친 후 일정 기간 상담 후속 작업으로 실천합니다. 저는 상담 후속 편지라고 명명합니다. 이것은 상담사로서 내담자의 대안이야기가 일회성에 머물지 않고 지속적으로 보완·발전할 수 있도록 도우려는 의지이며, 내담자의 회귀 현상을 차단하려는 노력입니다. 내담자와 상담사가 주고받은 편지는 오랜 시간 내담자가 보관하면서 자신을 돌아볼 수 있게 하는 좋은 도구가 될 수도 있다고 생각합니다. 내담자가 만족할 만한 상담 결과를 얻었다 할지라도 막상 실제의 삶에 들어가면 또 봉착하는 문제들(이전 것과는 다른 것도 있을 것이고, 이전의 문제와 유사하지만 그 각론이나 지류들이 다른 것일 수도 있습니다)에 휩쓸리기가 쉽지요.

내담자가 처음 상담실 문을 두드렸을 때, 내담자의 문제이야기가 복잡하면 복잡할수록, 특히 관계의 복잡성이나 물리적인 것의 한계에서 비롯된 것이면 그 정도가 더합니다. 혹은 문제이야기의 역사가 오래되었을수록 내담자가 아무리 정의예식으로 이정표를 만들고 대안이야기를 강화했을지라도 현실에서 다시 상담대로 살아가기란 그리 녹록치 않습니다. 이때 내담자는 상담 전보다 더 심한 절망감에 빠져들 수도 있습니다.

그러나 편지를 사용함으로써 상담의 영향을 조금은 더 극대화할 수 있습니다. 상담사는 편지를 통해 무엇을 이야기했는지, 어떤 의지를 세우고, 어떻게 대안이야기를 발전시켰으며, 자신의 강점과 노하우는 어떤 곳에서 어떻게 찾고 추적했는지를 일깨워 주고, 재확인할 수 있도록 해 줍니다. 이 상담 편지가 계속적으로 다시 읽히고 다시 이야기되어야 합니다(Freedman, 1997). 그러면 경험상, 내담자 자신의 대안이야기를 실제로 적용할 때 예기치 못했던 것, 소소한 것에 걸려 넘어질 때마다 그 의지를 재확인하고 다짐하는 도구가 될 수 있습니다.

상담 편지에 다른 이름을 붙인다면 설화나 우화, 어린이 동화와 같은 '자신의 개인 문서(personal documentation)' 혹은 '자신의 이야기(self-tales)'라고 할 수 있습니다. 이야기는 특정한 사건을 기반으로 구성됩니다. 그리고 그 창작된 세계를 독자는 모방·학습하여 현실화하려는 경향을 나타냅니다. 그 현실화 과정에서 독자를 통해 새로운 이야기가 또다시 창작의 밑거름이 됩니다. 그러므로 상담 후속 편지는 내담자 자신이 구성한 이야기를 되새길 수 있도록 합니다. 상담 후속 편지는 결국 자신의 창작품이지만 동시에 모방과 학습의 주요한 원천을 제공하고, 현실에서 그것을 실천하고자 하는 동력으로 작용할 수 있습니다.

모든 상담이론이나 기법이 내담자에게 어느 정도는 치유와 효과적인 도움을 줄 수 있겠지만, 지속적이고 결정적인 해결책을 제시하는 것은 불가능합니다. 그런 이론이나 기법은 이 세상에 존재하지도 않습니다. 결국 내담자의 미래이야기는 내담자의 책임이고 내담자의 몫일 수밖에 없는 것이 현실입니다. 혹 어떤 상담이론이나 기법이 결정적 해결책을 제시할 수 있다고 한다면, 그것은 천박한 상업주의 그 이상은 아니라고 저는 말씀드립니다.

편지의 내용은 특별히 준비하지는 않습니다. 상담 과정에서 나온 노하우, 강점, 자신의 의지 다짐, 해석·재해석 등을 정리해 둔 것을 그대로 전해 줍니다. 저는 보통 각 회기에 나온 이야기를 그대로 전달하기만 합니다. 심지어 축어록 전문을 보내기도 하고 제가 게을러질 때는 각 회기 녹음 파일을 회차별로 보내기도 합니다. 그리고 편지 횟수는 상담 횟수만큼 보냅니다. 8회기를 했으면 8회를 보내고, 10회기면 10회를 보냅니다. 이메일이 아닌 우편으로 보냅니다. 그리고 편지를 보내는 기한은 일주일 혹은 보름, 한 달에 한 번 간격 등으로 내담자의 상황에 따라 판단하여 정합니다. 그러나 상담 편지를 꼭 정의 예식 후부터 하지만은 않습니다. 혹시 필요하다면 상담 과정 중에 편지를 보내기도 합니다.

자기성찰

상담사는 끊임없이 자기성찰(self-reflextion)을 실천할 것을 권합니다. 자기성찰은 이야기치료사만이 아니라 어떤 상담이론가일지라도 실천해야 할 덕목이라고 생각합니다. 아무리 반영 팀을 운영할지라도 상담사의 편향이나 선이해 혹은 감정 충돌 등에서 완전히 벗어날 수는 없습니다. 이러한 것은 내면적인 것이므로 얼마든지 감출 수 있습니다. 그러나 상담이 진행되는 동안 자신이 자신의 내면에서 일어나고 있는 것과 또 다른 대화를 하고 있다는 것을—그것이 내담자에게 긍정적인 것이든 부정적인 것이든—상담사는 알고 있습니다(Lather, 1991). 그렇기 때문에 자기성찰을 매 과정마다 하는 것이 좋다고 생각합니다.

성찰은 말 그대로 반성이고 자기반영입니다. 그러므로 자기성찰은, ① 상담

과정에서 이야기를 따라갔는지, ② 질문은 내담자에게 도움되는 질문이었는지 혹은 개인적인 궁금증 풀이였는지, 특히 성인이 아닌 내담자를 대할 때나 내담자가 이야기를 중구난방으로 끌어갈 때는 상담사 자신도 모르게 질문의 틀을 만든다거나, 아니면 기계적인 상담 과정을 조직하려고 했는지, ③ 탈중심 상담, 즉 성적인 편향이나 전문가 입장에서 해결을 시도한 것인지, 커플을 상담하는 경우에는 상담사 자신의 성이나 경험 등이 자신도 모르게 쉽게 한쪽을 '지지'하는 경향을 띠었는지와 같은 것입니다. ④ 내담자에게 '안전성과 안정성, 그리고 자유함'을 창출했는가? 즉, '내담자가 나를 따라오고 있는가?'에 대한 고민이 아니라 '내담자가 대화를 통해 자신의 유익을 찾고 있는가?' 하는 것이 주안점이 되어야 합니다.

저는 여러분께 자기성찰의 결과물을 다음 회기에서 내담자와 나누시기를 권합니다. 이렇게 할 때 내담자와 상담사 사이의 관계의 벽은 더욱 얇아지고, 내담자는 상담 과정에 더욱 적극적으로 참여하게 되는 것을 저는 여러 사례를 통해 보았습니다. 그리고 자신을 성찰하기 위해서는 상담 일지 외에 자신의 내면 운동을 포함하는 일기를 써 보는 것도 좋습니다.

Freedman과 Combs(2002)의 자기성찰 예시

두 분이 실천하는 예입니다.

- 내가 지금 뭔가 지레짐작하는 경향이 있는가?
- 내가 지금 함께하고 있는 내담자들에게 나의 성(gender)이 어떤 영향을 주고 있지는 않은가?
- 내가 믿고 있는 친밀성(intimacy)이란 것을 지금 내담자에게 은근히 가르치려 하거나 강조하고 있지는 않은가(특히 커플을 만나고 있을 때)?
- 어떤 관계성(relationship)이 더 좋은 것이라고 믿고, 어떤 가치를 두고 있는지에 대해 나는 지금 어떤 생각을 하고 있고, 또 개념 짓고 있는가?
- 내담자들이 자신의 관계성에 대해 어떤 전제를 가지고 있는지 볼 수 있도록 나는 지금 어떤 기회를 제공하고 있는가?

상담 일지

상담 일지는 상담기관이나 사회복지기관에서 요구하는 방식이 있을 것입니다. 간혹 이야기치료사가 기관 의뢰를 받아 상담을 진행할 때 상담(치료) 일지의 내용이나 방식을 두고 갈등하는 경우가 종종 있습니다. 그러나 기관은 기관대로 처한 입장이 있으니 비록 이야기치료의 원리와 맞지 않을지라도 융통성을 보이셨으면 좋겠습니다. 아무튼 그 외에 상담 일지에 기본적으로 포함해야 할 것을 몇 가지 제시해 보겠습니다. 이 일지 정리는 단순히 상담 과정을 정리하는 것 이상입니다. 이야기치료사로서 해석 · 재해석 과정을 실천하는 데 있어 기본 틀이 되기도 합니다.

- **첫 번째 장**: 세팅(setting)이라고 합니다. 내담자의 몸짓, 상담에 임하는 정서적 분위기, 활동 등과 같은 것으로서 눈으로 보이는 것을 묘사해 놓는 장입니다. 특히 내담자와의 첫 만남을 자세히 기록해 두는 것은 내담자에게 구체적인 관심을 보이는 데 많은 도움이 되기도 합니다.

- **두 번째 장**: 이야기의 주제나 범주를 넓게 분류한 반구조(semi-structured) 항목입니다. 사회적 담론, 가족 안에서의 역할과 영향력, 행복했을 때, 갈등에 대한 대처 같은 것들로서 내담자의 이야기를 주제별로 묶어 두는 것입니다. 이것은 나중에 사회 담론과 내담자 이야기와의 대화를 시도하고 재해석하는 데 유용하게 사용되기도 합니다.

- **세 번째 장**: 상담사 자신의 개인적이고 주관적인 면을 다루는 장으로서 이야기 독자로서 느낀 감정, 감상, 내담자 이야기에 대한 자신의 이해, 내담자의 이야기에 내포된 의미에 대한 자신의 해석 등을 기록하는 것입니다.

- **네 번째 장**: 자신에 대한 평가의 장으로서 내담자에 의한 평가와 자신의 성찰에 의한 평가의 장입니다. 그리고 자신의 관점이 이야기접근법에 위배되지 않는지, 윤리와 방법론을 실천하고 있는지에 대한 이론적 성찰이 이루어지는 장입니다. 특히 자신을 성찰할 때 이론적 성찰은 필수적입니다. 실천은 이론의 발현물입니다. 반면에 이론적 성찰과 윤리적 합일이 없으면 특히 이야기치료는 '아무것이나 가능한(anything goes)'이라는 오해를 받을 수도 있습니다.

상담 총 점검 목록

여기서는 매 회기 혹은 상담을 총정리하면서 상담 전체를 간략하게 돌아볼 수 있도록 상담 총 점검 목록을 만들어 봤습니다. 이야기치료의 특징이 비구조화되어 있고 들쑥날쑥 하는 대화를 하다 보니 때론 상담사의 점검 목록이 필요함을 느꼈습니다.

- **상담 열기**: 최적의 대상 및 재해석가로서, '이야기가 흐르게 하라.'
  - 문제 이야기를 분리적으로 들었나요?
  - 해체적으로 듣고 물었나요?
  - 사회 문화적 요소는?
  - 주체적 평가와 개념 정리는?
  - 혹시 문제 분리가 안 된다면 대안이야기부터 해 보셨나요?

- **상담 중기**: 발견자 및 작명가로서, '이야기와 이야기가 만나게 하라.'
  - 문제이야기 외에 풍부한 이야기를 들으셨나요?
  - 과거 재방문은 해 보셨나요?
  - 무엇을 긁어모으셨나요?

－사소하게 여기고 넘어간 것은요?

－재해석을 하시고 재작명을 하셨나요?

여기서 정체성 강화가 이루어져야 합니다. 혹시 아직도 내담자가 문제이야기에서 벗어나지 못한 것 같습니까? 그렇다면 긁어모은 구체적인 것으로 연결, 적용, 검증해 주셨나요?

• 상담 후기: 닻의 역할이자 도구요, 통로의 자세로서, '시인처럼 생각하고 영화감독처럼 사고하라.'

　－또 다시 해체하고 긁어모으는 데 촉각을 세우셨나요?

　－그 속에서 대안이야기를 발견하셨나요?

　－아니면 다른 대안이야기를 만들어 보셨나요? 이 부분을 꼭 하셔야 합니다. 대안이야기는 내담자의 새로운 이야기를 이끌어 가 줄 가장 큰 우군입니다.

　－대안이야기를 위해 주체적 re-membering은 하셨나요?

　－그분들과 연락이나 소통은 해 보셨나요?

혹시 여기서 청소년 같은 경우 부모 교육에 치중하시면 안 됩니다. 또한 대안이야기는 현실 가능성이나 실현성에 초점을 두는 것이 아님을 각인하셔야 합니다.

• 상담 종료: 이야기공동체 세우기로서, '이야기가 이야기를 해석케 하라.'

　－축하 파티　　　　　　　　－re-member 초대하기

　－선언해 주기　　　　　　　－증명서 발급

이때 가능한 한 모든 상담사가 참여하면 좋겠습니다.

• 상담 후속: 여행길의 동반자로서, '새로운 이야기를 확장하라.'

　－가장 힘든 실천입니다만, 편지를 쓰셨습니까?

숙지 사항

- 어느 회기가 되었든 매뉴얼 '순서'가 중요한 것이 아니라 왔다 갔다 하며 유연성을 가지는 것이 중요합니다. 단, 어떤 단계도 빠지지 않았으면 좋겠습니다.
- 선입견, 추측, 선지식 등에 대해 자기성찰을 매 회기마다 하셔야 합니다.
- 회기마다 이전 회기 정리를 통해 상담사의 이해가 잘못되었는지, 빠진 것은 없는지 확인하고 회기를 시작합니다.
- 값싼 칭찬이나 진심 없는 감정이입을 하시면 안 됩니다.

제**12**장
이야기치료 사례와 적용

이 장을 쓰게 된 이유는 이야기치료 훈련을 받으신 분들이 흔히 전체적인 사례를 보고 싶어 하시기 때문입니다. 그리고 반구조화(semi-structured)된 집단상담에서는 어떤 프로그램을 사용해야 하는지 도움을 받고자 하는 요구가 많았기 때문이기도 합니다. 그래서 여기에 몇 가지 사용할 만한 프로그램을 소개하겠습니다. 이 프로그램은 저의 독창적인 창작품이 아니라 저와 실천 현장에서 함께 고민하고 실천하셨던 현장 선생님들과 만든 것임을 밝혀 둡니다. 저와 함께하셨던 실천가들께서 실천적 지식은 공유되어야 한다는 의식 아래 기꺼이 프로그램을 공유하기로 하셨습니다.

반영 팀 사례: 미완성 소설 이야기[1]

내담자는 이혼 후 초등학교 5학년 아들과 둘이서 살고 있었다. 지역 기관의 수급에 의존하고 있었으며 경제적인 문제와 아들의 양육 문제로 힘들어하였다. 한때는 사업으로 크게 성공하여 풍요했고, 친정 식구에게도 지속적으로 많은 경제적 도움을 주었다. 그러나 사기를 당해 한순간에 모든 재산을 잃고 그 즈음 이혼까지 하게 되었다. 친정 식구는 고마움도 모르고 자신을 멀리하고 있으며, 지인들의 빚 독촉에 미안한 마음보다 원망스러움이 더 클 정도로 자신은 과거 지인들에게 많은 도움을 주었다고 한다. 가족과 지인들에게 배신감을 느끼고 있으며, 정서적인 교류를 할 수 있는 사람이 없는 상태다. 이로 인해 자신이 이룬 많은 창조적 이야기보다는 아무것도 할 수 없다는 무력감을 지니고 있고, 미래에 대한 희망도 없다고 하였다. 자신의 아이에게 소리를 지르거나 욕을 하였으며, 물건을 집어던지는 과격한 행동을 하는 자신을 볼 때마다 패배와 초라함에 젖어 우울한 상태다. 아이는 이러한 어머니의 눈치를 많이 살피고 있다. 지역 기관의 권유로 상담을 신청하였다.

상담은 매주 1회 50분씩 8회기를 진행하였고, 문제이야기로부터 대안 이야기로 가는 단계적 과정을 채택하지 않았다. 따라서 이 사례의 초기-중기-종결의 흐름을 파악하기에는 무리가 따를 수 있다. 다만 미래에 대한 희망을 종합해 보면 상담의 진행 과정이나 성과를 예측할 수 있었다.

---

1) 이 사례는 한국이야기치료학회 부회장이자 평택대학교 학생상담센터에 근무하는 김도연 소장이 작성한 사례로서 서울이야기치료심리상담센터(소장: 김영옥)에서 열린 사례 반영에 소개된 이야기임을 밝힙니다.

* 총 8회기를 만나는 동안 내담자는 자신의 이야기를 참으로 많이 쏟아내었다. 상담 초기에서 중반까지는 우는 시간이 더 많았으며 매 회기 정해진 시간을 넘기기 일쑤였다. 상담사는 이 내담자 다음으로 시간 약속이 되어 있는 다른 내담자가 불참하게 되었을 때는 그 시간도 할애해 주었다.

풍부하게 듣기

- 친정 식구의 불화 속에서 어린 시절을 보냈다.
- 20대 초에 홀로 외국으로 건너가 경제활동을 시작하였다.
- 주선한 사람의 말과 다른 상황에 무척 놀라고 황당함을 느꼈다.
- 다시 돌아갈 수 없는 상황에서 무언가라도 얻고 배우고자 했다.
- 사람들로부터 좋은 장점만을 보고 배웠다.
- 인간관계를 풍부하게 하였다.
- 많은 돈을 벌었다.
- 친정 식구의 실질적인 경제적 가장 역할을 하였다.
- 이혼을 하였다.
- 성공한 사업가가 되었으나 사기를 당해 전 재산이 한순간에 사라졌다.
- 현재는 아이에게 무언가 해 줄 수 있는 자원이 없다.
- 분노와 억울함을 느끼고 우울감에 빠져 있다.

* 풍부하게 듣기는 전 회기에서 진행하였으며, 독특한 수확물 또한 매 회기 상담사의 질문과 반영, 내담자의 이야기 속에서 얻을 수 있었다. 라이프 선 그리기는 3회에 걸쳐 진행되었고, 문제이야기는 7회기에서 들을 수 있었다.

라이프 선 그리기

- 아버지가 원하는 땅을 사드렸을 때의 뿌듯한 마음 → +
- 여행하고 싶은 외국을 온전히 자신의 힘으로 처음 밟았을 때 감격 → +
- 20대 후반, 공부나 기타 자신이 원하는 것을 할 수 있는 자금이 생겼다는 희망 → +
- 지인들의 도움, 주식, 증권, 장사 등을 시작하여 30대에 크게 돈을 벌어서 성공 → +
- 아이가 태어났을 때 → +
- 집안 어른들의 싸움이 많았던 어릴 때 → −
- 이혼했을 때 → −
- 모든 재산을 잃었을 때 → −
- 낯선 외국에서 돈을 벌기 위해 갖은 고생을 할 때 → −
- 사업으로 돈을 많이 벌어도 두려움(최하점), 미래에 대한 두려움 → −

＊라이프 선의 내용은 이혼, 전 재산을 잃은 것, 어린 나이에 낯선 외국에서 돈을 벌기 위해 고생한 것 등이 있었으나 내용을 확인하는 수준에서 그치고 '+' 내용에 집중하여 질문하고 내담자 이야기를 따라갔다. 어차피 내담자는 현재 '−' 상태에 있으므로 상담을 청했다는 기본적인 가정을 염두에 두면 문제이야기에 덮여 있지 않은 내담자를 만나기 위해서 '+' 이야기를 집중해서 따라갈 필요가 있었다. 내담자 삶의 전반적인 부분을 차지하고 있는 이야기는 성공을 위한 자신의 남다른 노력 그리고 결과물에 관한 내용이었다. 라이프 선 그리기를 통해 독특한 수확물과 내담자가 가지고 있는 고정관념, 선지식, 선입견, 사회 문화적 관점, 신념 등을 알 수 있었다.

문제이야기

• 문제 드러내기

(화가 나면 아이에게 욕을 하고 물건을 집어던지는 문제의 이름을 '욱이'라고 지었다.)

'욱이'는 매사 마음에 드는 일이 없고, 분노를 가져오고, 당당함을 느끼게 해요.

'욱이'는 아이가 자신의 말에 대꾸하면 '너도 나를 무시하니?'라는 생각이 들게 해요. 감히 부모를 무시한다는 생각이 들게 하고 아이에게 큰 소리를 지르게 하거나 욕을 해 겁을 주는 행동을 하게 만들어요.

욱이의 영향력이 클 때는 '내가 나를 잊고' 물건을 아이에게 던지게 해요(예전의 나는 이런 일은 상상도 못하는 사람이었어요).

누군가에게 도움을 청했을 때 거절당하는 것은 상대의 사정 때문이라기보다는 나에게 '모욕을 주는' 것이라는 생각이 들어요.

'욱이'는 스스로 하고 싶은 일이 없도록 '낙담하고 포기하게' 만들고, '나를 한없이 초라하게' 만들어요.

• 대척되는 이야기

나의 초라함이란 아무것도 할 수 없는 자신의 상태를 말해요. 그런데 내 인생의 절반 이상은 활력이 넘쳐 있었어요.

나는 가족의 도움이 전혀 없이 스스로 성공한 경험이 있는 사람이에요.

낯선 상황에서는 긍정적인 시각으로 배울 점을 먼저 찾았어요.

＊ 내담자의 문제이야기에서 상담사의 궁금증을 이끄는 몇 가지 단어가 있었다. '무시, 내가 나를 잊음, 모욕, 초라함' 이러한 것들이다. 내담자에게 무시란 어떤 것인지, 내담자가 잊었다는 나는 어떤 나인지, 사전적 의미로서의 모욕과 초라함이 아니라 내담자의 모욕과 초라함은 구체적으로 어떤 모양새를 가

지고 있는 것인지 질문하였다. 이러한 질문을 통해 내담자는 '그러하지 않은' 혹은 '기대하는' '희망하는', 즉 문제와 대척되는 지점에 있었던 자신의 경험을 떠올릴 수 있었으며, 자신의 정체성과 행동 전망에 대해 상담사와 이야기 나눌 수 있었다.

문제이야기를 종결 회기에 들었다고 해서 상담이 끝나가는 데 내담자가 문제이야기에서 빠져나오지 못한다고 상담사가 불안해할 필요는 없을 것이다. 내담자는 상담 이후의 삶에서도 예전에 익숙했던 문제들과 다시 만나게 될 것이다. 그러나 상담을 통해 내담자가 대안이야기를 취하게 되고 문제이야기를 반복하게 된다 하더라도 그것이 예전과 같이 작용하지는 않을 것이다. 오히려 내담자의 새로운 대안이야기가 굳어지기 위해서는 상담 종결에서도 문제이야기를 할 수 있어야 한다.

독특한 수확물

- 상황과 사건에 대해 이야기할 때 날짜, 금액, 거리, 시간, 일자, 기간 등 모든 기억을 수치화하여 정확하게 전한다.
- 예상치 못한 상황에서 침착하다.
- 맥락적 이해가 남다르고 논리적으로 분석하여 빠른 판단을 내린다.
- 위기 상황에서 가장 집중해야 할 것과 선택해야 할 것의 기준은 미래지향적인 것과 발전적인 것에 중심을 두었다.
- 늘 프로 의식을 갖는다.
- 기억력이 뛰어나다.
- 인내심과 자립심이 뛰어나다.

- 재해석 후의 내담자의 신념 및 관점의 변화
  - 자식은 부모의 요구에 반드시 따라야 한다.
    → 부모의 희생보다 부모의 행복이 자식을 행복하게 한다.
  - 자식은 부모를 위해 희생해야 한다.
    → 부모의 요구는 때에 따라 거절할 수 있다. 그것은 불효가 아니라 가족 의존성으로부터 나를 지키는 일이었다.
  - 내가 도움을 준 사람은 반드시 나를 도와줘야 한다.
    → 도움은 거래나 부메랑 같은 것이 아니다. 내가 도움을 주었다고 그 사람이 반드시 나를 도와야 하는 것은 아니다.
  - '성공한 나'만 사람들이 인정한다. → 실패한 나도 나로서 인정할 수 있다.

> * 내담자는 현재 자신이 자녀를 위한 책임감으로 산다고 하였다. 그러나 아이와 약 30분 정도 함께 상담하는 시간을 갖게 되면서, 아이가 원하는 것이 내담자가 원하는 것과 다르다는 것과 아이도 자신의 희생을 통해 성장하는 것이 아니라 자신의 행복감으로 건강하게 성장할 수 있다는 것을 자각하게 되었다.

미래 이야기의 변화

- 나에게 희망은 없다. 내가 할 수 있는 것이 아무것도 없다. (2회기에서)
- 나의 희망은 내 아이를 위해 희생하는 것이다. (4회기에서)
- 나에게 희망은 아이의 웃음소리를 듣는 것, 아이가 스스로 공부하고 친구들과 함께하는 것이다. (6회기에서)
- 나의 희망은 누구를 위한 삶이 아닌 '나'를 위한 삶, 내 삶의 중심이 내가 되는 것이다. (8회기에서)

* 굳이 내담자와 대안이야기의 이름을 정하지는 않았으나 희망이라고 표현한 부분에 대해서 전 회기를 걸쳐 변화를 살펴보았다. 상담 초반에 희망이 없다고 말하던 내담자는 4회기와 5회기에서 아이를 위해 희생하는 것이라고 하였다. 아이를 위해 자신은 어떠한 고생이든 감당할 마음의 준비가 되었으며 다른 나라에 가서 육체적으로 힘들더라도 일을 하겠다고 하였다. 이때까지 내담자의 미래 이야기의 주체는 아이였다. 가난한 친정을 위해 어려서부터 지금까지 경제적 가장으로서 자신을 희생했다고 생각하는 내담자가 이제는 다시 자녀를 위해 희생하겠다고 하였다. 내담자의 이러한 패턴에 대한 상담사의 반영을 통해 내담자가 자신을 보는 데 도움이 되었다. 이후 상담에서 오로지 아이를 위해서 진행하려던 스케줄을 잠시 보류하였다는 말을 상담사에게 전했다. 그 이유는 내 삶의 주체가 내가 되고 싶다는 생각을 했을 때 무언가 알 수 없는 희망의 기운을 느꼈기 때문이라고 하였다. 종결이 다가올 즈음 내담자는 다른 나라로 가더라도 이제는 아이를 위해 가는 것이 아니라 자신을 위해 가는 것이라는 말을 하였다.

상담 후기

어느 소설에선가 삶의 이야기는 '아직 미완성'이라고 말한 것을 보았다. 우리 희망 씨 이야기도 그렇다. 상담사인 나는 희망 씨의 이야기의 결말이 궁금하기에 앞서, 감사를 먼저 표하고 싶다. 희망 씨는 희망하기를 희망하며 자신의 새로운 이야기에 나를 초대해 주었다. 그저 감사할 뿐이다. 삶에 지쳐 힘든 어느 날인가는 희망 씨의 목소리가 작아지기도 했다. 나의 귀가 닫혀 미처 바구니에 담지 못했던 그 작은 목소리로 들려 준 그 이야기가 새로운 이야기의 또 다른 씨앗이 되기를 소망한다. 희망 씨의 이야기에 이런 막연한 소망을 갖는 것은 상담을 마친 상담사의 권리이지 않을까?

녹취록을 푼 사례: 희망은 잠들지 않는다[2]

2009년 11월 처음 만났을 당시 섭이는 ○○중학교 3학년이었다. 무단 가출과 대인관계 문제로 담임교사에 의해 상담에 의뢰되었다. 섭이와는 겨울방학 전까지 주1회 45분씩 다섯 번의 만남을 가졌다. 이후 1회의 후속 편지, 전화, 문자 등을 주고받았고, 2010년 11월 한 차례 더 만났다.

풍부하게 듣기

- 섭이는 학교에서 생활하는 대부분의 시간 동안 말이 없고 친구도 없다. 친하다 싶은 친구가 서너 명 정도 있긴 하지만 모두 다른 반이어서 하루 종일 몇 마디만 하는 정도다.
- 학교에서뿐만 아니라 다른 사람들과도 관계를 맺지 못하고 혼자만의 세계에서 지낸다며 자기 자신을 '외로운 애'라고 불렀고, 이것을 자신의 성격 문제로 생각하였다.
- 다른 사람보다 게임과 인터넷에 빠져서 지내는 시간이 많으며, 온라인에서 사귄 형을 만나기 위해 가출한 후 아빠와의 관계가 더욱 악화되었다.

라이프 선 그리기: 문제이야기 듣기, 합류하기

- 초등학교 2학년 때 전학 간 학교에서 새 친구들을 만나서 → +2
- 초등학교 4학년 때 현장학습 가는 날 좋아하는 친구랑 짝이 되어서 → +3

---

2) 전 한국이야기치료학술위원장이자 동탄 이야기치료심리상담센터장이신 박숙현 소장님의 학생 상담 사례로서, 2013년 봄에 개최된 서울신학대학교 사회복지학과 학술대회에서 소개된 이야기입니다.

- 중학교 1학년 때 상담을 받으면서 → +3
- 초등학교 4학년 때 짝이 되었던 좋아하는 친구가 전학을 가서 → 0
- 가출했을 때 가족과 학교가 자신의 마음을 몰라주고 멀어져서 → −3

상담사: 너에게는 관계가 중요했고 너는 그 관계 속에서 좋기도 하고 힘들기
        도 했던 관계지향적인 사람이구나. 선생님의 정리가 맞니?

섭 이: 네.

상담사: 이런 평가를 받으면 너는 어떤 느낌이 드니?

섭 이: 좋아요. 이런 내가 괜찮아요.

*섭이는 자신이 관계지향적인 사람이라는 것을 인식하면서 자기에 대해 이해
할 수 있게 되었다며 좋아했다. 자신에 대한 좋은 느낌을 가지게 되면서 긴장
도 풀고 마음을 많이 여는 것을 느낄 수 있었다. 그런데 도리어 나는 상담사로
서 부족한 나 자신의 모습을 발견하였다. 특히 내가 질문을 했는데 섭이가 아
무 말이 없을 때는 다른 질문, 다른 활동을 통해 섭이의 반응을 끌어내려 노력
했다. 그러나 한번은 여유를 가지고 기다렸더니 한참을 생각한 후 진지하게
자신의 생각을 정리하여 대답을 하는 것이었다. 사실 아이는 나의 질문에 반
응하지 않은 것이 아니라 나름 골똘히 생각하고 있었는데 나의 조급한 마음
이 기다려 주지 못한 것이었다. 이 경험은 나에게는 이야기를 듣는 자로서의
자세를 배울 수 있는 경험이었고, 섭이에게는 누군가가 자신의 이야기에 진
심으로 귀 기울여 주고 받아들여 줌으로써 더욱 마음을 열고 다가갈 수 있게
된 경험이었다.

문제이야기

• 문제 분리하기, 문제 이름 짓기

상담사: 담임선생님이 상담실에 가 보라고 하신 이유를 아니?

섭　이: 제가 외로워하니까요.

상담사: 너에게 외로움은 어떤 것이니?

섭　이: 혼자 지내는 거요. 말이 없는 거요.

* 우리는 함께 섭이 자신의 생활 반경인 학교, 집, 교회를 중심으로 관계망을 그려 보았다. 학교, 특히 학급에서는 친한 친구가 없어 일상적인 말 외에는 종일 말이 없는 자신이 외롭고 남들과 어울리지 못한다고 느꼈다. 그러나 친한 친구 네 명과 있을 때는 외롭지 않다고 하였다. 집에서는 엄마와는 대화를 잘 하지만 아빠와 있을 때는 서로 말이 없으니까 외롭고, 무뚝뚝한 아빠가 싫기까지 하다고 하였다. 교회에서 학생회에 참여하는 것은 싫지는 않지만 썩 그리 좋은 것은 아니고 그럭저럭 지낸다고 하였다. 혼자 있을 때도 외롭다고 느끼지만, 노래를 부르거나 온라인 대화방에서 대화할 때는 편하고 좋다고 하였다.

상담사: 너에게 외로움은 다른 사람들과 통하지 않고, 너를 알아주지 않을 때
　　　　오는 고립감 같은 것이구나.

섭　이: 맞아요.

상담사: 그 문제에 이름 한번 지어 볼래?

섭　이: 외로움 자체예요.

상담사: 섭아, 이렇게 다시 말해 줘 볼래? "내가 문제에 붙여 준 이름은 외로움."

섭　이: 내가 문제에 붙여 준 이름은 '외로움'이다.

• 문제의 영향력 살피기

문제인 외로움은 섭이를 이유 없이 불안하게 한다. 그리고 섭이를 무작정 밖으로 나가게 한다. 문제란 놈은 섭이가 밤에 나가 배회하도록 해서 결국 엄마에게 혼나게도 하였다. 다시 말하면, 외로움은 섭이의 관계를 망쳐 놓기 위해 전략적으로 외로우면 밖으로 나가라는 신호를 보내는 것 같았다. 또한 외로움은 섭이가 학교나 동네 친구들을 직접 만나 노는 것을 방해하고 자기 전략에 빠지게 하려고 온라인 대화방을 이용하게 했다. 그래서 가까이 사는 친구 사이에서나 학교에서는 느껴 보지 못한 소통의 즐거움을 경험하게 하고, 그 속에서 마음이 통하는 사람을 찾아 그 사람을 만나기 위해 섭이가 집을 나가도록 충동하였다. 그 결과, 섭이에게 '가출 학생'이라는 다른 이름을 붙게 하였다. 특히 가출 후 아빠가 심하게 때렸고 학생과에 문제아처럼 불려 다녔다. 외로움은 섭이가 다른 사람에게 자신의 마음을 이해받지 못한다고 인식하게 조장하고, 그 도구로 섭이의 관계를 이용했다. 이때부터 외로움은 섭이의 일상에 굉장히 가까이 왔다고 했다. 외로움은 섭이와 주변 관계를 점점 더 확실하게 분리시키고 있었다.

섭이는 행동을 통해 자신의 가슴에 시커멓게 표시하고 그것이 외로움 자체라고 하였다. 즉, 자기 자신이 외롭다는 것이었다.

> 상담사: 외로움은 학급에 있을 때, 아빠와 함께 있을 때 가까이 있구나. 반면, 친한 친구 네 명과 있을 때, 엄마와 있을 때는 이렇게 멀리 떨어져 있네.

돌멩이를 움직여 가며 문제와 섭이를 분리하고, 문제에 이름을 지어 달라고 부탁하였다.

• 문제 밖의 이야기, 이야기 풍부화하기: 사진첩을 통해 이야기 듣기

문제에 가려져 있는 이야기, 기억해 내지 못하는 이야기를 풍성하게 하기 위해 사진첩은 좋은 도구로 사용될 수 있었다. 섭이는 사진첩을 가지고 와 달라는

나의 부탁을 잊지 않고 학교까지 두툼한 앨범을 가져오는 정성을 보였다. 우리는 사진첩을 넘기며 질문도 하고 웃기도 하는 훈훈한 시간을 보냈다. 가장 좋아하는 사진 한 장씩을 선택한 후, 그것을 선택한 이유와 그 사진의 의미 등을 서로 나누었다. 그중 하나가 섭이의 돌 때 사진이었다. 섭이 부모님이 손수 만드신 음식을 차리고 온 가족이 잔치를 벌이는 그 사진 속에서 섭이는 그렇게 싫어하고 미워하는 아빠 품에 안겨 있었다. 지금은 앙숙(?)처럼 여기는 누나와 붙어 다니던 어릴 때 사진을 보면서 가족에 대한 옛 기억을 되살리는 섭이를 보았다. 그리고 가족에 대한 생각을 새롭게 하는 시간이 되었다.

독특한 수확물

이야기가 진행되면서 섭이와 주변 관계를 비롯하여 문제인 외로움과의 관계 위치를 확인하고 싶은 마음에 그것을 돌멩이로 표현해 보도록 하였다.

> 돌멩이 위치: 아빠 –누나 –엄마 –섭이 –외로움

아직도 외로움이 섭이를 괴롭히려고 주위에 머물고 있는 듯(추측)하여 물었다.

상담사: 이 돌멩이가 섭이 옆에 있다는 건 어떤 의미니? 아직도 이 외로움은 섭이의 가까이에서 힘들게 하는구나.

섭　이: 아, 아니에요…. 외로움은 나와 가깝다, 친하다는 거예요.

상담사: (의외의 대답에 궁금해져서) 외로움이 싫다고 말하지 않고 오히려 가깝다, 친하다고 말하는데 그것은 너에게 어떤 의미니?

섭　이: 적응이 잘 된다는 거죠. 힘들지 않고 더 큰 외로움이 와도 별반 다르지 않게 여기게 되고, 혼자 외롭다고 느낄 만한 상황도 담담하게 받아들이고 큰일에도 타격을 입지 않을 것 같아요. 누군가가 나를 비난해도,

일이 닥쳐도 크게 힘들지 않을 것 같아요.

상담사: '큰일'이라면 구체적으로 어떤 거니?

섭 이: 사업에 실패한다든가, 가까운 사람의 죽음이나 배신, 대입 낙방 같은
거요.

'외로움에 힘든 나'가 아니라 '외로움을 이겨 온 나'를 발견하는 순간이었다.

* 이 대화는 이야기의 정점을 찍고 새로운 이야기로 나아가는 열린 문이 되었
다. '지금 이 순간' 살아가고 있는 자신은 어려움을 잘 이겨낸 힘 있는 존재라
는 것, 그리고 인생의 어떤 어려움 앞에서도 굴하지 않고 살아가겠다는 섭이
의 선언이었다고 상담사인 나는 생각하였다.

대안 이름 짓기: 행동 조망, 정체성 조망

상담사: 네가 외로움에 잘 맞서 왔고 앞으로도 잘 이겨내리라고 말할 수 있는
그것에 이름을 짓는다면 너는 뭐라고 부르고 싶니?

섭 이: '외로움의 뱅크'요.

상담사: 음~ 뱅크란 말이지. 힘의 탱크 같은 것을 말하는 거니?

섭 이: 네.

상담사: 외로움의 뱅크는 실패와 힘든 경험이 와서 너를 흔들어도 너를 좌지
우지하지 못한다는 거네. 툴툴 털고 다시 일어설 수 있게 할 거라는 거
야? 내 이해가 맞니?

섭 이: 네.

상담사: 이것이 너의 또 다른 정체성이라고 할 수 있겠니?

섭 이: 네.

상담사: 외로움의 뱅크는 너에게 무엇을 할 수 있게 도울 것 같니?

섭　이: 앞으로 갈 고등학교에서 자격증을 취득하고 열심히 할 것 같아요.

상담사: 외로움의 뱅크는 너에게만 힘을 줄 것 같니? 아니면 또 다른 사람에게
　　　　도 힘을 줄 것 같니?

섭　이: 관계 안에서 나는 나로 있을 수 있고요, 힘들어 보이는 사람에게 말 한
　　　　마디라도 건네 보게 할 것 같아요.

상담사: 나는 나로 있을 수 있다는 의미가 궁금한데….

섭　이: 나도 웃을 수 있고, 좀 더 웃는다면 밝을 것 같고, 그러면 사람들과 더
　　　　가까워질 수 있을 것 같아요….

여기까지 5회기 상담을 마치고 겨울방학으로 아쉽게 마무리해야 했다. 그러나…

　　이야기접근법에서의 마무리는 새로운 이야기를 향한 열린 마무리이지 그
　어떤 결론을 내리는 마무리가 아니다.
　　　　　　　　　　　　　　　　　　　　　　　　　　　　　　　　-J. C. Müller

우리는 가끔 문자도 주고받고 통화도 하면서 방학 시간이 흘렀다. 이듬해 봄, 섭이와의 통화로 어머니께서 간암에 걸렸다는 소식을 듣게 되었다. 입원한 지 2주 정도 되었는데 병원이 멀어 아직 가 보지 못했다는 말에 '자주 찾아뵙고 잘해 드려라, 기도할게'라는 말밖에는 할 수 있는 말이 없었다. 그리고 그해 가을, 섭이는 어머니의 장례 소식을 전해 왔다. 장례 절차를 마치고 나에게 다음과 같은 문자가 왔다.

> 선생님, 장례식장 와 주셔서 감사합니다. 저한텐 큰 힘이 됐고요.
> 전화로 안부 묻지 못해 죄송해요.
> 선생님, 저 결단 하나 내리게 됐습니다.
> 감사합니다.
> 좋은 대학 붙거든 어머니 다음으로 찾아뵐게요.

섭이와 나는 문자 메시지로 어머니께서 돌아가신 후 섭이 자신이 정리해 봤다는 '결단'의 구체적인 내용을 나누었다. 이 내용을 '생각나무 가지 뻗기'로 정리하였고, 이것을 보여 주기 위해 섭이의 학교를 찾아갔다. 그리고 이야기를 더 구체화했다(나는 이때 섭이가 다니는 학교가 아닌 다른 학교로 전근을 갔다).

미래이야기

> 상담사: 아픔을 열린 미래를 향한 징검다리로 삼아 오늘을 사는 너에게 이름을 지어 볼래?
> 섭 이: 희망… '희망은 잠들지 않는 꿈'요.
> 상담사: '희망은 잠들지 않는 꿈'의 힘은 어디서 오는 거니?
> 섭 이: 외로움의 뱅크요. 그리고… 특유의 낙천적인 성격과 고집이요.

자신이 상당히 고집도 세고 낙천적이라는 얘길 많이 들어 왔고 그것은 옛 친구 같은 거라고 하였다.

> *나는 섭이 학교를 다시 찾아갔다. 찾아간 이유는 섭이의 담임선생님을 만나서 멤버 재구성하기(리멤버링) 그룹이 되어 주길 요청하기 위함이었다. 선생님은 기꺼이 응하여 주셨다. 그리고 섭이에게는 섭이의 대안이야기와 행동조망 등을 편지로 전달하여 달라고 부탁하였다. 그렇게 함으로써 섭이의 의지가 사그라지지 않도록 가까이에서 지지자 역할을 하기 위함이었다.

상담 후기

벼는 바람에 흔들리면서 뿌리를 단단하고 깊게 내린다고 한다. 우리도 흔들리며 줄기를 곧게 세우고 바람과 비에 젖으며 꽃잎을 따뜻하게 피우지 않는가. 그때 자신을 어떤 존재로 생각하고 있느냐가 얼마나 중요한지 섭이의 이야기를 통해 다시 한 번 확인했다. 그리고 나는 섭이에게 배웠다. 외로움이란 아픔과 슬픔일 수도 있지만 삶의 동력이 될 수도 있고, 타인과 더욱 친밀해질 수 있는 통로가 될 수도 있다는 것을.

제 13 장
집단프로그램 소개

🐦 프로그램 개발을 위한 모형

이 모형은 제가 필요해서 만든 것에 불과한 것으로서, 외국이나 우리나라 이야기치료에서 사용하는 것은 아님을 우선 밝힙니다. 모형의 인식론은 이야기접근법(a narrative approach)을 중심으로 했습니다. 이론적 배경은 탈구조주의와 궤를 같이하는 이야기접근법과 사회구성주의입니다. 그러나 참여자의 요구와 개별 프로그램의 특성, 인도자, 참여자의 판단에 따라 인지행동주의적 접근도 용이합니다.

• 원리: 모형의 원리는 주체성의 원리에 입각하여 정체성 강화와 모든 프로그램의 중심 및 동력을 심력(心力)으로 이끌어 가는 원리로서 궁극에는 주체적 인간으로서 자신의 이야기를 쓸 수 있는 공간을 여는 것입니다.

• 운영: 모형을 적용하여 프로그램을 설계할 때 순서를 지키는 것은 무의미
합니다. ① 프로그램 개발 시 본 모형은 순환식이면서 유연하게 운영되어
야 합니다. ② 모형을 적용한 모든 프로그램은 심력이 중앙에서 중심을 잡
아 주고 동력을 제공하도록 설계되어야 합니다. ③ 되도록 모든 프로그램
은 소규모 집단으로 구성될 수 있도록 하고, 훈련된 전문가를 배치합니다.
④ 미술치료에서 사용하는 각종 기법, 진흙치료, 모래놀이, 드라마의 역할
극, 독서치료의 발문 만들기 등을 이용하고 싶을 때 이 모형과 연관하여 사

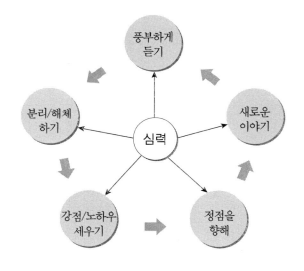

Concrete Inner Power: CIP(심력: 心力)

[그림 13-1] 이야기치료 프로그램 개발 모형

용하면 그것이 이야기치료로 하는 미술치료, 드라마, 놀이치료가 됩니다.

• 각 단계에 대한 설명

- 풍부하게 듣기: 이야기가 흐르게 하라! 집단, 소위 말하는 비구조화와 유사한 의미로서 참여자(화자)의 이야기를 충분히 할 수 있도록 하는 초기 단계입니다. 이 과정에서는 한 사람이 자신의 이야기를 나누면 집단 참여자들은 그 이야기에서 화자가 사소하게 여기는 것, 이야기와 이야기 사이에 연결되지 않는 부분, 흩어진 이야기를 모아 가는 것, 이야기의 주된 패턴 및 반복되는 단어와 같은 것에 대해 집단원의 도움을 받아서 자신의 이야기를 풍부하게 하는 단계입니다. 이때 집단 인도자는 화자가 이야기를 풀어 낼 수 있는 최적의 대상이 되고, 동시에 재해석을 할 수 있는 실마리를 제공하는 역할을 합니다.

- 분리 및 해체하기: 당연한 것을 낯설게 여기기! 화자의 이야기를 새로운 관점에서 바라보기 위한 작업으로서 일단 문제와 사람을 분리하여 문제가 문제이지 그 사람이 문제가 아니라는 점을 강조하는 작업입니다. 또한 지금까지 당연하게 여겼던 것, 익숙한 것에 대해 의문을 제기하고, 주체적으로 재해석할 수 있는 장을 마련하는 단계입니다.

- 강점 및 노하우 세우기: 누구에게나 다윗의 물맷돌은 있다! 과거 재방문의 단계로서 사소한 것일지라도 문제에 대해 승리해 본 경험, 어떤 방법이나 노하우가 있었는지, 자신만의 독특한 수확물은 무엇인지 탐구하는 단계입니다.

- 정점을 향해: 내가 보는 나도 나고, 네가 보는 나도 나고, 신이 보는 나도 나다! 앞의 모든 활동을 종합하고 연결하여 개개인의 정체성을 강화하며 동시에 집단 참여자들를 통해 자신의 또 다른 정체성을 확인하는 작업입니다.

- 새로운 이야기 만들기: 내가 만약 작가라면! 집단상담 종결 단계로서 자

신의 주관으로 자신의 이야기를 새롭게 구성해 보고, 과거 이야기를 다시 써 보거나 미래 이야기를 꾸며 보는 단계입니다. 이때 집단 참여자들은 재구성된 이야기를 지지하고 증언해 주는 지지그룹과 증언자 그룹의 역할을 담당해 줍니다. 이 단계에서는 의도적인 노력이 필요합니다.

- 프로그램 구성 시 유의점: 통일성, 유연성, 독립심
  - 전체 회기를 관통하는 중심축을 세워 놓습니다. 그 중심축은 회기마다 실현되고 강조되어야 합니다. (마치 투포환 던지기를 할 때 중심에서 포환을 잡고 돌리는 것과 같습니다.)
  - 각 회기는 특징에 따라 독립적으로 운영되어 전체와 상관없이 하나의 프로그램으로서 완성도가 있어야 합니다. 그래야만 참여자의 참여도에 따라 시간을 유연하게 조정할 수 있습니다.
  - 다른 한편, 각 회기의 독립성은 그 회기 앞뒤 프로그램과 연관성이 있어야 합니다. 즉, 한 회기의 프로그램을 빼도 무방하면서도 모든 프로그램은 연관성을 가지고 있어야 합니다. 이렇게 하나의 프로그램만으로 중심축의 내용을 구사해 내면서 다른 회기는 다른 방식으로 중심축의 내용을 발현해 내는 구성이어야 합니다.

12회기 기본 집단 프로그램

- 집단원은 대략 5~7명 내외
- 각 장마다 강점 나누기를 매번 합니다. 인도자는 강점 나누기가 3~4회 정도 지나고 나면 그 강점을 모아서 이야기를 꾸며 줄 준비를 해야 합니다.
- 각 장이 시작되기 전에 항상 지난 회기를 간단히 정리하고, 오늘 할 것을 소개합니다.

- 각 회기가 끝날 때마다 의미를 부여하고, 다음 회기를 간단히 소개합니다.
  (기대할 수 있도록)
- 병아리 감별사: 개별 상담이 필요할 경우 회기 중 언제든지 개별 상담을 진행합니다.

주제: 나는 신화다!

	프로그램	준비물	팁
마음 열기	• 상담사 소개 • 닉 만들기 • 돌아가며 강점 소개	• 이름표 • 강점 경매표(이 표는 다음에서 소개함)	• 어색한 분위기이므로 많은 말, 접촉되는 행위는 하지 말 것 • 강점 경매를 통해 분위기를 살림
이야기 풀기 1	• 앞 사람 색깔 입혀 주고 설명 듣기 • 상징(색깔, 동물, 꽃 등)	• 그림 도구 • 여러 가지 색깔 옷	• 말이 길어지거나 너무 짧은 집단원에 대처할 것 • 집단원의 특성을 면밀히 관찰할 것
이야기 풀기 2	• 몸 풀기: 홧장(자기만의 화풀기 방법 실현), 욕장(자기가 하고 싶은 욕하기), 손장난, 웃음 게임 활동	• 뽕 망치 같은 가벼운 타격 물체	• 자유로운 분위기 연출하기 (이때 가능한 한 한 명씩 어떤 시간과 요일이든 다음 회기 전에 개별 접촉을 하여 중간 평가를 받는다.)
문제이야기 경청하기	• 역할 나누기 (① 가족이나 직장 동료 중 힘들었던 사람 혹은 ② 개인의 문제를 집단원 중에서 문제라는 놈과 대안이를 세워서 그들이 역할을 진행해 줌. 이 장에서 역할자들은 자신의 역할에 나오는 발표자의 사건을 귀담아 들어둠) • 집단상담 기준 세우기(4회차가 되면 일반적으로 참가자들이 서로 친밀해지고 상호 성향을 파악하게 됨. 이때부터 자신들이 집단에 기여할 자세를 세울 수 있음)	• 배경 음악 • 집단원 중 적당한 인물을 역할로 지정해 놓거나, 혹은 집단원 자신이 자기 이야기의 역할을 지정하도록 함	• 최대한 분위기를 숙연하게 할 것 • 나오는 인물을 잘 적어 둘 것 • 기준 세우기는 자신들이 스스로 지켜야 할 예법 등을 말함
문제 분리하기 1	• 이름 짓기 • 상징으로 표현하기	• 문제 복장, 의사 복장 목록 만들기	• 경쾌한 분위기를 조성할 것 • 주의 산만을 조심하며, 충분히

	문제 및 의사 역할 만들기 (3인 1조: 앞서의 역할 나누기와 동일함)	(상담사가 직접 하기보다는 집단원이 돌아가며 함) • 숙제 내 주기(문제에게 편지 쓰기)	설명·시연할 것 • 문제와 연관된 사람들 확인하기
문제 분리하기 2 (내가 보는 나도 나고, 네가 보는 나도 나다)	• 편지 써 온 것 읽기 • 개인 정체성 나무 만들기 • 점착 메모지 작업(집단원 개개인에게 자신이 느낀 점, 의미 부여, 새로운 면을 적은 점착 메모지를 붙여 줌)	• 문제 목록 스티커(작은 글씨가 들어갈 정도로 해서 포도나무 그림에 붙일 수 있도록) • 점착 메모지	• 이 회기부터는 적극적으로 문제에 대처할 수 있는 분위기를 조성할 것
경험 찾기	• 문제를 이긴 경험, 비슷한 상황을 피한 경험, 주위에 도와준 사람 등	• 이 장에서 나온 경험, 노하우에 이름표를 만들어 줄 준비	• 친밀감과 여러 활동이 어색하지 않은 분위기라면 구호 제창이나 노하우 불러오기(상고마 의식), 사진 및 추억물을 준비해 오게 할 것
경험 다지기	• 다른 집단원에게 감동적인 것 평가 받기 • 사진 및 추억물을 소개하고 설명하기	• 노하우 이름표를 가슴에 붙일 것	• 지루할 수 있으므로 추임새를 준비할 것 • 말 많은 공산당을 잡자
과거 재방문, 과거 다시 세우기	• 재해석과 교육·질문 받기		
대안이야기 만들기	• 이야기 만들기 및 노하우, 독특한 수확물로 프레임 만들기 • 닉 선물하기(집단원 개개인이 이제껏 경험한 서로에 대해 적당한 닉을 선물하고, 개인은 그중 하나를 고름)	• 공동 작업도 가능	
대안이야기 강화하기	• re-membering하기 • re-member에게 듣기 • 환경 조성하기(계획을 세우고, 이전 회기에 선물받은 닉에 대해 어떻게 값을 지불할지, 즉 닉에 부합하는 삶을 발표함) • 구호 만들기		• 부모, 선생님, 미안한 사람에게 편지 써 오게 할 것 • 선언문 써 오게 할 것 • 파티 준비
정의 예식과 초청하기	• 편지 써 오기 • 선언문 낭독하기	• 조용하고 감동적인 분위기 만들기	• 가능한 한 re-member된 모든 사람을 초청하기

🐦 부부집단 프로그램

- 강의: 주차 주제 강의
- 활동: 주제와 연관된 활동
- 모둠: 활동을 통해 정리한 참여자의 결론과 다짐
- 집단 활동: 1그룹 7커플 기준
- 집단 인도자 인원: 1그룹 2인 기준(약 8~10명)

프로그램 내용(3시간 4주차)

주차	주제	내용과 활동	준비물
1	우리가 기준이다!	• 내용: 보편적 부부관과 맞춤형 부부관 • 활동: 　－활동에 참여하는 선언하기 　－부부를 둘러싼 담론 나누기 　－자신들의 부부 소개하기	－부부 선언문과 약속문 －부부, 남녀 성에 관한 속담, 담론 조사
2	소와 사자의 사랑 이야기	• 내용: 갈등 및 잔소리의 속성(Satir의 의사소통 유형과 정신역동적 측면에서) • 활동 　－지나가는 사람 붙잡고 물어보기(참여자들이 지나가는 사람이 되어 줌) 　－집단원과 확장해 보기(타 부부의 사랑 표현과 그에 따른 경험 나누기) 　－부부만의 강점 팔기(개인 강점 경매를 부부의 것으로 변형하여 사용함)	－강점 팔기 카드 준비 －말에 대한 영상
3	심감대를 자극하라!	• 내용: 성생활과 정서적 차이 나누기 • 활동 　－부부의 성 　－숙제 내주기	
4	축하 파티	• 인정 예식	
후속	편지 쓰기	• 편지 쓰기는 집단 해체 후 상담사가 후속 도움을 주기 위해 실천해야 할 덕목이자 책임임.	

청소년 집단캠프

이 프로그램을 나열식으로 소개하는 이유는 모든 상담이 상황에 따라 달라지고 변할 수 있기 때문입니다. 특히 캠프는 상황 변화에 예민해야 합니다. 그렇기 때문에 프로그램은 촘촘하고 여러 가지를 할 수 있게 준비하였으나 시간표는 넣지 않았습니다. 그 이유는 상황이 흐르는 대로 넣고 빼기 용이하게 하기 위함입니다. 그리고 이 캠프의 특색 중 하나는 참여자들이 생각을 많이 하고 발표를 많이 하는 것입니다. 따라서 인도자는 참여자가 이야기하는 데 걸리는 시간을 '견뎌' 내 주어야 합니다. 또한 캠프 진행 동안 핸드폰을 걷지 않습니다. 물론 취침 및 기상 시간은 있으나 강제하지는 않습니다.

판.도.라 캠프: 판 바꿔 도전해, 라임나무여!

• 조 구성: 1조에 6~8명

첫째 날: 내.공.인!

① 캠프 열기(총 10분)

② 학부모 강의(포스트모던 시대의 특성)와 청소년 활동(조별활동)의 두 부분으로 나눕니다.
  ㉠ 자기소개
   • 앞 사람 소개가 끝나면 그다음 사람은 반드시 앞 사람의 소개를 반복하여 소개한 후 "제가 잘 들었습니다."라고 하며 앞 사람에게 확인합니다.
   • 자기를 소개합니다.

例 A: 저는 김개똥입니다. 부산에서 왔습니다. 저의 강점은 놀기입니다.

→

B: 이 분은 김개똥입니다. 부산에서 오셨답니다. 제가 잘 들었습니까?

→

A: 네. 감사합니다.

ⓛ (분위기 조성을 하고 좀 더 서로를 알아가기 위해서) 강점 경매를 합니다.

ⓒ 조 이름 짓기와 구호 만들기를 합니다(시간이 부족하면 이 부분은 빼도 됩니다).

③ 협동화 만들기: 주제 '내.공.인!': 내가 소설 작가라면 소설 주인공인 나를 '무엇을 위해 사는' 인간으로 그릴 것인가?

• 전지 한 장을 놓고 각자 자기 이야기를 그립니다.

• 자신의 그림을 서로 나눕니다(여기까지만 인도자가 미션을 줍니다.).

• 협동화 총 주제 정하기(모든 이야기를 묶을 수 있는 총 주제를 공동으로 정합니다. 개인 그림을 나눈 후에 인도자가 이 미션을 줘야 합니다.)

• 모두의 이야기를 주제에 맞게 꿰어 넣기

• 이야기 현실화를 위해 자기 강점으로 어떻게 기여할 것인지 이야기 만들기(이 부분은 시간에 따라 작업을 결정합니다.)

• 조원이 모두 자기 조 안에서 한 번씩 발표해 봅니다.

• 각 조가 다시 한 곳에 모여서 조별 발표를 합니다.

④ 정체성 나무 만들기

• 2박 3일 동안 완성합니다.

• 각자의 정체성 나무를 벽에 붙여 둡니다.

• 그리고 다른 참가자는 점착 메모지로 매 순간 떠오르는 것을 적어 그 나무에 붙여 둡니다.

• 마지막 날에는 그 나무에 자기가 이름을 붙여 줍니다.

⑤ 밤새워 같이: 상담사와 조원끼리 깊은 대화를 함(인도자에 따라 라이프 선 그리기를 해도 좋습니다.)

둘째 날: 판 바꿔! 그럼에도 불구하고…

⑥ 산책과 단점 들여다볼 준비

- 상담사가 아침에 할 일: 훼방꾼, 비틀조, 스티브 잡조, 개무시조, 부모조, 선생조, 삐죽이, 비꼬기, 산만이 등 의식적으로 조 활동 훼방꾼을 뽑아 놓고 잘 설명합니다.
- 역할을 정하고 작전을 짭니다.
- 역할의 특성, 자기 경험에 대한 대응과 반응 등 역할을 연구합니다. 각자 맡은 역할을 가지고 캠프 동안 악역 및 천사 역을 대행합니다.
- 단, 일상적 활동에서는 맡은 역할을 하지 않으며 프로그램이 진행될 때만 역할을 감당합니다.

⑦ 그럼에도 불구하고…: 단점 내놓기

- 단점 들여다보기(구체적인 상황 확인하고 '왜' 단점인지 설명하기) → 집단원은 공명·위로해 주기
- 다른 상황에 적용해 보기(반전: 강점으로의 변환과 집단원의 도움받기)
- 어떻게 공약을 지킬 것인지 발표하기
- 집단원 정체성 나무에 점착식 메모지를 붙여 작업하기
- 인도자는 개인의 강점과 라이프 선 수확물을 통해 단점을 비교·재해석하는 작업을 해 주기
- 조 구호 바꾸기: 작전명 및 대안 이야기 = 조원의 단점을 잡아먹는 필살기(협동화 주제를 염두에 두어야 합니다.)
- 조별 발표하기

⑧ 강의: 판 바꿔! 내.공.인의 숨은 보물을 드러내라!

⑨ 색깔로 판 바꿔!
- 색깔로 조원 표현해 주기
- 참가자의 모든 이야기를 듣고 자신이 받고 싶은 색깔 정하기, 그리고 그 이유 나누기
- 참여자들은 각자에게 닉 선물하기

⑩ 자기 이야기 꾸미기
- 정체성 나무, 협동화, 강점 등 캠프에서 했던 모든 이야기를 모아서 한 코에 꿰기

⑪ 강의: 질기게 가자! 정해진 길은 없다, 내가 누구냐를 놓치지 마라(15분)

⑫ 대안이야기 이름 짓기
- 10번을 확장하여 대안이야기를 만들고 이름을 붙여 주기

⑬ 부모 편지 및 지지그룹 만들기(나의 대안이야기의 지지그룹에게 도움을 청하는 편지)

⑭ 자성 반영과 선언식(조원 앞에서의 선언과 반영)
- 무대 위에 한 명씩 올라가서 선언과 반영하기(활동 기간 동안 솔선해서 자신의 이야기를 기꺼이 나눠 온 참여자를 첫 주자로 세웁니다.)
- 올라갈 때마다 자기 촛불을 켜기
- 조원은 반영해 주고 돌봐 주기
- 선언자는 내려올 때 자신의 초를 가지고 자신의 자리에 앉기

• 모두 끝나면 둥글게 초를 놓고 이어지는 상담사의 독백 듣기

(혹은 조원 없는 독방에서 개인별로 진행하기)

셋째 날: 캠프 깨어나기-터닝포인트 만들기

⑮ 아침 식사 하자마자 부모님 오시기 전까지 모든 짐을 싸서 활동 공간으로 이동

⑯ 석고붕대: 대안이야기 강화하기

• 부모와의 시간 가지기

• 석고 붕대는 기존 미술치료에서 흔히 사용하는 도구입니다.

• 약국에서 석고 붕대를 삽니다. 붕대 하나당 두 명의 손을 만들 수 있습니다.

• 붕대는 약 3센티미터 정도로 자릅니다.

• 개인은 자기의 대안이야기를 손으로 표현해 봅니다.

부모님과 손 석고를 뜨는 모습

손 석고를 액자에 붙이는 모습　　　자신들의 손 석고를 설명하는 모습

- 그리고 부모나 다른 조원이 2인 1조가 되어 손을 만듭니다.
- 붕대는 손등만 하고 손바닥 쪽은 붙이지 않습니다.
- 한 곳에 3장 정도 붙여야 단단해질 수 있습니다.
- 가능하면 손이 들어갈만한 액자에 글루건으로 붙여 주는 것도 좋습니다. 그리고 그 액자에 대안이야기 이름을 적습니다.
- 아침 일찍 이 작업부터 하는 이유는 석고가 굳어야만 글루건 작업이 가능하기 때문입니다.
- 강조점: 스킨십과 배려

⑰ 조별 인도자는 밤에 정의 예식 준비를 위해 조원 모두의 이야기를 모아서 편지 형식으로 증명서를 작성합니다. 같은 내용은 권하지 않습니다. 조원 개인에게 맞춤형 편지를 작성합니다.

⑱ 정의 · 인정 예식, 축하 파티
- 말하고(telling), 다시 말하기(retelling) 적용
- 석고붕대 만든 것과 선언문 그리고 인도자가 쓴 편지를 이용합니다.
- 마지막으로 인도자가 준비한 증명서를 줍니다.

싹 틔우고 관리하기: 게임의 순기능을 강화하라!

이 프로그램은 게임의 순기능을 강화하는 겁니다. 현대 청소년 문화에 지대한 영향을 끼치고 있는 인터넷 게임을 실제적이고 적극적으로 받아들이는 것이 목적입니다. 게임의 가능성만이 아니라 역사성을 인식하고 의도적 · 적극적 해석을 매개로 인터넷 게임에 드리운 부정적인 편견을 뛰어 넘어 긍정적이고 순기능적인 요소를 강화하는 것에 이 프로그램의 목적이 있습니다. 이 과정을 통해 현

대 문명의 이기인 게임의 순기능을 강화하여 집중력 및 뇌기능 발달, 그리고 심리내적 안정을 도모함으로써 청소년이 자신의 과업에 충실할 수 있도록 돕습니다. 또한 이 과정은 학부모의 적극적 참여를 권장하여 청소년, 게임, 가족 편대를 이뤄 가족 공동체의 회복에도 영향을 끼치게 합니다.

- 인터넷 게임을 통한 자기통제 조절 강화 효과
- 자신의 병리적 자각 및 자신만의 방법을 통한 게임 이용 효과
- 집중력 · 순발력 발달과 심리 안정을 통해 학습에 도움을 주는 효과
- 가족 기능 강화 효과

이 프로그램은 게임 때문에 갈등을 빚는 부모−자녀 사이를 회복하기 위해 서로가 공유하는 이야기를 찾아내고, 그 속에 아이들의 보물이 있었음을 알아가도록 하는 프로그램입니다. 이 프로그램에서 아이들은 스스로 걸림돌과 디딤돌을 찾아보면서 구체적으로 삶에 미치는 영향을 찾고 자신의 삶에 적용합니다. 또한 부모를 초청한 후 자신의 이야기를 들려주고 반영을 받습니다. 아이들은 이러한 활동을 통해 자신의 이야기를 강화시켜 줄 사람을 함께 찾고 파티 초대 카드를 쓰며, 공동체에 힘을 모아 주고 문제를 소외시키는 기회를 만들 수 있습니다.

초기 작업

- 화분을 준비합니다.
- 게임을 조정 · 통제하지 못하는 걸림돌을 탐구합니다.
- 게임을 통해 자신이 도움이 되었던 것, 게임을 시간적 · 공간적으로 조정 · 통제했던 것을 찾아봅니다.
- 그리고 그것을 디딤돌이라고 이름 붙입니다.
- 자신이 생각할 때 디딤돌을 잘 키우고 자라게 해서 발전시키고 싶은 것을

씨로 만들어 봅니다.

- 화분에 심어 봅니다.

중기 작업

- 거름 만들기: 화분이 잘 자라게 하기 위해서 양분이 필요한 것처럼 자신의 약점에 필요한 양분(도울 사람, 환경, 성격 등)이 무엇인지 찾아봅니다.
- 서로 각자의 화분을 설명해 주고, 왜 이 거름이 필요한지 이야기해 줍니다.

말기 작업

- 각각 두 화분이 잘 자라서 열매를 맺는다면, 자신은 어떤 열매를 갖고 싶은지 생각해 봅니다.
- 그 열매는 자신의 씨에서 걸림돌, 디딤돌이 어떤 변형 과정을 거쳐 어떤 어려움을 극복하고 어떤 열매를 맺었으면 하는지 상상하며 생활하게 합니다.
- 정의 예식 준비를 위해 그동안 작업한 것을 포트폴리오로 작업해 둡니다.
- 그동안 작업한 것을 사진으로 찍어 두고, 그 작업에 대한 설명을 적습니다.

아동을 위한 만화 그리기 집단

만화치료는 유치원생 및 초등학생과 청소년에게 많이 유용하고, 또 장점도 많음을 경험했습니다. 장소가 허락되는 한 참여 인원을 한계지을 필요도 없습니다. 특별하게 시간을 구조화할 필요도 없습니다. 각자가 만든 만화 이야기를 개별적으로 인도자에게만 이야기하는 방식으로 운영할 수도 있고, 참가자 모둠으로 운영할 수도 있습니다. 그리고 집단 구성 역시 열린 집단으로 참가자가 아무

때나 신청하고 나갈 수 있는 구조로 운영할 수도 있습니다. 만화치료는 비구조화와 반구조화 모두 유용합니다.

만화치료의 절차와 방식, 그리고 준비물 소개는 다음 장의 아스퍼거 증후군에 관한 논문으로 대체하겠습니다.

만화 성장 상담 계획표

	프로그램	목표	비고
전초기 (약 4주)	마음대로 그리기	자신을 드러내기	설명하게 하기
초기 (약 8~10주)	문제 분리하기 -문제 상황 그리기 -문제 이름 짓기 -문제 이력 조사하기 -문제 영향력 보기 -문제의 약점 찾기	문제를 눈으로 보고, 문제를 조정할 수 있는 능력 배양하기	발표 주중에 전화해 주기
중기 (5~7주)	문제의 대척점 찾기 -문제가 무서워하는 것 찾기 -문제와 비슷한 것을 이겨 본 경험 찾기 -문제 부서뜨리기	-문제를 다른 관점에서 볼 수 있도록 돕기 -문제를 폭로하고 가볍게 볼 수 있도록 돕기	발표 주중에 전화해 주기
말기 (내담자가 원할 때까지)	대안이야기 그리기 -대안이야기 이름 짓기 -대안이야기 만들기 　(풍부화하기) -대안이야기와 함께할 등장인물 찾기 -대안이야기와 문제이야기 전쟁 그리기	대안이야기를 강화하여 자신의 것으로 만들 수 있도록 돕기	발표 문제이야기와 연관지어서 편지해 주기
마치기	가족을 모두 모아 축하 파티		선물

🐦 그 외의 단기 활동

강점 경매

강점 경매는 다른 도구와 마찬가지로 다른 이론과 기법에서도 사용하는 도구입니다. 이것을 감정 단어 교류로 사용하여도 효과적입니다.

- 참여자(가족이면 가족 구성원)를 좀 더 섬세하게 알아갑니다.
- 자신이 사소하게 여기던 것, 자신의 강점이 타인에게 얼마나 중요하게 보이는지 확인합니다.
- 자신의 강점을 진정 사랑하는지 성찰합니다.

- 운영 방식
  - 시트지 작성 방법과 강점이란 무엇인지 설명해 줍니다.
  - 자신의 모든 강점을 참여자 모두에게 소개합니다(전략을 세울 수 있도록).
  - 경매에서 팔고 산 것은 미래에 그대로 된다는 확신과 그렇게 활동해야 할 것을 강조, 또 강조합니다. 캠프 내내 이 부분을 강조해 줍니다(이름표나 여타의 것으로 누구나 볼 수 있도록 경매 후 자기가 사고 판 것을 적어 둡니다).
  - 강점 경매를 진행합니다(유머 있고 즐겁게).
  - 인도자는 강점 경매 후 강점 경매에서 나타난 특이사항을 정리해 주고, 그 의미를 해석해 줍니다.
  - 참여자들은 소감을 나눕니다.
  - 리더는 소감 나누기 후 다시 재해석해 줍니다.

- 강조점

  - 자신의 강점을 얼마나 지켜냈나? 왜 지키지 않았나?

  - 자신의 강점이 타인에게 얼마나 소중하게 다루어지는지 확인하기

  - 가족 개개인의 새로운 면 발견하기

- 강점 사고 팔기

〈나의 강점을 사고 팝니다〉

나의 강점		예상 가격	낙찰(팔린) 가격

다른 사람 강점		낙찰(지불) 가격	남은 돈
사고 싶은 것	산 것		

내용

1. 나의 강점을 몇 개 샀나요?

2. 나의 강점 중에서 사지 못한 것은?

3. 내가 산 강점 중에서 가장 기쁜 것은?

4. 살까 말까를 가장 망설였거나, 사지 못해 아쉬웠던 강점은?

5. 나의 자본금은 얼마 남았나요?

6. 강점 사고 팔기를 하고 난 소감은?

협동화

참여자(혹은 가족) 간의 협동을 강조하는 것입니다. 참여자들의 대화와 창조 이야기를 만들고 서로 생각 나누기에 중점을 둡니다.

- 운영 방식
  - 전지에 화두를 개별적으로 그리게 합니다(이때 리더는 개개인의 활동을 예의 주시합니다).
  - 다 그린 후 인도자는 개인의 활동 특징에 대한 소감을 말합니다(예: 주도적이다, 혼자 구석에 끄적거린다, 남의 것을 보고 있다, 커닝한다).
  - 인도자는 여기까지만 미션을 말한 후 작업이 끝나면 그다음 미션을 줍니다.
  - 개개인의 그림을 한데 묶을 수 있는 총 주제를 참가자(혹은 가족)끼리 의논 후 정하게 하고 전지 중앙에 주제를 적거나 이미지로 그립니다.
  - 역시 인도자는 다음 미션은 말하지 않습니다.
  - 총 주제에 맞게 개개인의 그림을 이야기로 묶게 합니다.
  - 발표자를 정합니다.

- 강조점
  - 화두에 대한 개개인의 생각 나누기
  - 협동을 통해 느끼는 '우리' 경험하기

제 **14** 장
이야기치료 논문 예시

🕊 이야기치료 논문의 전제

이 장에서는 이야기치료로 논문을 쓰신 분들에게 조금이라도 참고가 되도록 논문의 예를 소개하겠습니다. 왜냐하면 가끔 이야기치료 논문을 쓰시는 분들이 인식론을 체계이론이나 구조주의에 입각해서 쓰시는 경우가 있기 때문입니다. 그리고는 기존의 가설과 그 가설 입증식의 방식에다가 이야기치료에서 구사하는 외재화, 정의예식 등을 이용한 것을 이야기치료 논문으로 오해하시는 경우가 대다수입니다.

논문 제안서를 낼 때 제가 저지른 실수 하나를 이야기해 드리지요. 저는 재혼 가정의 청소년에 대해 논문을 썼습니다. 논문의 필요성, 동기 등을 설명하면서 소위 말하는 선행연구를 통해 그 필요성을 강하게 강조했습니다. 그 강조점이 재혼 가정에서 '가장 큰 희생자'가 '자녀'라고 소개했습니다. 제 경험도 그렇고

선행연구에서도 이구동성으로 하는 말입니다. 그래서 자녀에 초점을 맞췄다고
썼습니다. 그런데 저의 수퍼바이저이셨던 Müller 교수님께서 계속 질문하시는
겁니다. "이미 임상을 끝낸 후 이 논문 제안서를 작성했는가?" 저의 대답은 당
연히 "아니요"였지요. 다시 물으십니다. "그런데 어떻게 그 사실을 알았는가?"
처음에는 제 영어가 부족해서 교수님께서 제 말을 이해하시지 못하는 줄 알았
습니다. 한참 후에야 알았습니다. 만나 보지도 않았으면서 '그' 가족 내에서 누
가 희생자인지 저는 모를 수밖에 없지요. 그때서야 저는 깨달았습니다. 낫노잉
포지션(Not Knowing Position)이 무엇인지, 전제 없는 이야기치료 논문이 무엇인
지, 질적 논문이 어떤 것인지를요.

제가 여기에서 말씀드리는 이야기치료 연구 논문은 저 개인의 의견일 뿐입니
다. 다만, 전제를 두고 시작하는 논문에서 가장 크게 문제가 되는 것은 연구자와
참여자를 구분짓는 것이고 그들을 대상화하는 것입니다. 그리고 이야기치료의
중요한 동기인 공간 열기와 생활과학, 실천적 지혜, 특수 지식을 모으고 그 지식
을 전파하는 역할을 간과하는 처사입니다.

연구 보고를 위한 ABDCE 방식

ABDCE 방식이란 연구 참여자의 이야기 전개를 글로 나타내는 방식으로서 A.
Adams가 주창한 'butterfly writing'이라는 창조적 글쓰기입니다. 이것을 이야기
접근법 연구에 적용한 것입니다.

- Action/action field: A는 action/action field로서 연구의 주인공이라 할 수 있
  습니다. 연구 협력자의 '현재이야기', 즉 보고서의 시작은 '지금 여기(here
  and now)'의 협력자의 이야기부터라는 뜻입니다. 어떻게 만나게 되었고, 어
  떤 분들이며 어떤 경로로 같이 참여하게 되었는지에 대한 이야기입니다.

- Background: B는 background로서 협력자의 현재 이야기를 둘러싸고 있는 여러 가지 역사적이고 사회 문화적인 거대 이야기(meta-narrative)와 협력자의 과거 이야기를 명료화하는 작업입니다. 즉, 연구 협력자 주위에 있는 담론이지요. 이 작업을 위해 저는 TV 드라마, 동화, 여러 나라의 재혼에 관한 책들을 참고할 것입니다.

- Development: D는 development로서 협력자의 이야기가 발전하면서 확인된 독특한 수확물(unique outcomes)과 연구자와 협력자 간에 시도한 새로운 관점을 제공하게 될 것입니다. 즉, 이야기를 만들어 가는 주체들만의 공간이지요.

- Climax: C는 climax로서 협력자 이야기의 '정점'이라 할 수 있는 전환점입니다. 이제까지의 모든 작업이 융합되고, 우리의 재해석이 드러나는 순간입니다.

- Ending: E는 ending으로서 이야기의 '마무리'입니다. 기존까지의 연구 방식은 연구가 시작되기 전에 가설을 정해 놓거나 어떤 것을 제안한 후 '마무리'에서 그 가설 및 제안을 증명·확인하는 것이었습니다. 그렇지만 이야기 접근법에서의 마무리는 새로운 이야기를 향한 열린 마무리이지, 그 어떤 결론을 내리는 마무리가 아닙니다(Müller, Van Deventer, & Human, 2001). 왜냐하면 이야기에는 영원한 결론이란 없고, 무엇이 옳고 그르다고 딱히 결론 내리기도 결코 쉬운 일이 아니기 때문입니다.

질적 방법론

통계와 같은 양적 방법론이 보편적인 현상을 묘사하고 범주화하는 데 도움이 된다면, 질적 방법론(qualitative research)은 구체적이고 실체적인 지식을 좀 더 깊이 있게 이해하는 데 도움을 줄 수 있습니다. 이 연구방법론의 목적은 범주화나 보편적 지식을 체계화하는 데 있지 않고 구체적인 현장의 소리를 듣는 데 있습니다. 또한 이야기의 특성은 상당히 주관적이고 추상적이며, 때론 상징과 상상이 풍부하기 때문에 정형화된 틀로는 그 깊이를 담아 낼 수가 없습니다. 그러므로 이야기치료의 목적에 부합하기 위해서는 일반적으로 질적 연구방법론을 채택하게 됩니다. 물론 양적 통계를 쓰지 않는 것은 아닙니다. 그러나 양적 통계는 사회통념을 전한다거나 그런 목적에 의해 쓰는 경우가 일반적입니다.

질적 연구방법론은 연구 참여자들의 대상화 문제를 해결할 수 있습니다 (Limerick, Burgess-Limerick, & Grace, 1996). 주관적 경험담은 '이해'하는 과정이 필요한 것이지 어떤 기준이나 표준적 범주 혹은 수치와 같은 객관적 틀로 '설명'해야 할 것이 아니며, 할 수도 없습니다. 질적 연구방법론자들은 연구의 성과가 항상 연구 참여자에게 먼저 돌아가야 하고, 그들에게 유익해야 한다는 것을 기본 전제로 합니다(Denzin & Lincoln, 2000). 이러한 연구윤리는 이야기접근법과도 일맥상통합니다. 또한 연구 과정에서 나온 이야기된 것들을 이해하는 과정에 사회구성적(social construction) 관점을 적용하는 것이나, 주관적 경험 혹은 현상에 대한 이해 등과 같은 것과 관련하여 서로 연결고리를 가지고 있습니다(Bryman & Burgess, 1999).

만화 그리기를 통한 아스퍼거장애 접근: 이야기치료 접근[1]

서론

보고서의 취지

상담 현장에서나 학문 공간에서 다루고 있는 대부분의 (소위 말하는) 정신병리

---

[1] 이 논문은 등재지에 발표할 잡지를 찾다가 아무 데서도 받아주지 않았습니다. 다행히 지인의 도움으로 지난 2010년 한국 영·유아동정신건강학회에서 발간하는 『영유아아동정신건강연구』에 실을 수 있었습니다.

에 대한 접근은 '범주화'에 기초한 것이라고 해도 과언은 아닌 듯하다. 그러다 보니 현장에서 일어나는 독특하고 다양하며 역동적인(dynamic) 상황들에 대해 현장 상담사들(practitioners)이 대처해 나가기가 상당히 어려운 것이 현실이다. 이에 본 연구자는 범주화된 시각에서 벗어나 좀 더 자유롭고, 현장에서 만난 구체적인 내담자의 세계 속에서 내담자의 이야기를 발전시킬 수 있는 방향을 고민해보고자 한다. 이에 본 보고서는 이와 같은 취지에 적합한 이야기접근법(narrative approach)을 차용했다.

범주화란 이론가들이나 현장 실천가들에게 어떤 규정이나 표준과 같은 기준적인 틀을 부여하는 것이다. 이러한 것들은 결정론적이거나, 정보의 고정화된 형태의 결과물이다(Lalljee, 1996, p. 93; White & Epston, 1990, p. 19). 문제는 개인이나 어떤 집단이 범주화될 때, 범주화된 개인이나 집단은 자신들의 정체성에 대한 초점이 흐려지거나, 자신들은 뭔가 문제가 있는 '다른' 사람으로 분류하는 경향이 있다(Smith & Nylund, 1997; Talbot, 1995). 또한 자신이 경험한 그 독특한 경험을 자신의 것으로 여기지 못하고 자신의 정체성과 괴리현상을 보이거나, 혹은 그 기준과 표준이 부당하다고 느낌에도 불구하고 맞서지 못하는 수동성을 보이는 경향이 있다고 Zimmerman과 Dickerson(1996, p. 69)은 지적한다. Jones, Scott과 Markus(1984)는 오래전부터 이러한 범주화의 위험성에 대해 경고했다. 그들에 따르면, 범주화는 사회문화적인 '편견'을 만들어 내는 '과정'임을 상기시키고 있다.

그러므로 본 보고서는 이와 같은 부정적인 것을 최소화해 보기 위해, 기존의 범주화를 통한 접근이 아닌 개인이나 집단이 가지고 있는 자신들만의 독특한 이야기 속에서 새로운 자신들을 발견해 나아가는 과정을 소개하려고 한다. 그 한 예로서 아스퍼거 증후군(asperger syndrome)이라고 불리는 하나의 사례를 가지고, 기존의 범주화된 접근이 아닌 이야기접근법을 중심으로 새로운 만남을 시도해 보고자 했다.

이야기접근법적 인식론과 더불어 만남과 대화의 과정을 좀 더 효과적이고 효율적으로 상승시키고, 본 보고서의 주체인 상담을 의뢰한 '참여자(소위 말하는 아스퍼거장애아동)'와 구체적 접촉점을 만들기 위해 '만화 그리기'란 매개체를 사용하였다. 왜냐하면 정서적인 부분이나, 느낌 등을 언어라는 도구를 통해 표현하기는 쉽지 않은 것이다. 이러한 단점을 보완할 수 있는 대체물(Kaduson & Schaefer, 1997)의 하나로 만화 그리기가 유용하다. 또한 주지하다시피, 아이들은 대체로 만화에 흥미를 보인다. 그러므로 상담사와의 간극을 좁히는 데 유용하다. 그리고 만화 그리기의 치료적 효율성은 여러 연구자들에 의해 입증되기도 하였다(김경원, 2003).

보고서의 목표

이 보고서는 다음의 두 가지 목표 아래 진행되었다.

상담을 의뢰한 자신이 자신만의 이야기를 충분히 드러낼 수 있는 시공간을 제공한다. 이러한 시공간을 통해 자신의 과거 · 현재 · 미래의 이야기를 재구성하고, 자신만의 독특한 이야기를 확대 재생산할 수 있도록 돕는 것이며, 그 과정 속에서 찾아낸 결과물들을 중심으로 자신의 문제 이야기—소위 말하는 병리—이외의 더 많은 자신의 이야기들을 찾아내어 자신의 이야기를 풍부하게 하고, 새로운 이야기를 찾아가도록 돕는다.

보고자는 가설을 세우거나, 본 보고서에서 증명하고자 하는 목표를 설정하지는 않았다. 또한 상담 의뢰자(참여자)가 상담현장의 개체적 존재가 되거나, 연구대상이 되는 현상을 되도록 배제하고 참여자 자신에게 직간접적으로 도움이 되도록 하는 데 있다. 연구 과정에 참여함을 통해 자신에게 유용한 것을 찾고, 자신에게 가치가 있어야 하며, 자신의 다양한 정체성이나, 가치를 되찾게 하는 것이 본 연구보고서의 목표다. 이야기접근법을 자신들의 인식론과, 방법론적 틀로 받아들이고 있는 많은 학자들은 연구에 참여한 참여자들이 연구가설이나, 연구자의 호기심의 대상으로 전락하는 것에 대해 경종을 울리고 있다(Cattanach, 2002; Müller, Van Deventer, & Human, 2001). 그러므로 이들은 참여자들을 연구 대상이 아닌 협력자(co-researcher) 혹은 참여자(participant)라고 부른다. 이와 같은 인식에 동의하면서, 의뢰인, 내담자 혹은 환자라는 용어는 본 보고서의 취지와는 다른 용어이기에 이 후로는 사용하지 않을 것이다.

보고서 사용된 주요 용어

- 아스퍼거 증후군 혹은 장애(Aspergers syndrome or disorder)
- 참여자 혹은 협력자(participant, co-researcher)
- 이야기치료(a narrative therapy)
- 사회구성론(a social construction)
- 만화 그리기(drawig cartoons)

이론적 배경

이야기접근

이야기란 단순히 재미를 추구하거나, 개인의 신변 잡담이라고만 할 수 없다. 이야기는 세계관으로서(Morgan, 2000), 이야기 안에 개인이나 사회가 인지한 해석과 행동양식이 녹아들어 있다. 또한 자신과 사회문화와의 연결고리를 나타내는 하나의 인식론이자 존재론이라고 할 수 있다(Bruner, 1986, p. 69). 이야기치료의 주창자라고 해도 과언이 아닌 White에 따르면, 이야기란 사람들이 경험한 경험과 그에 따른 의미의 집합체다(2000, p. 9). 그렇기에 Lester(1995, p. 27)는 이야기접근법을 통해 사람들의 다양하고 역동적인 삶과 그 의미를 더욱 깊이 있게 이해할 수 있을 것이라고 주장한다. 필자는 이러한 인식적 패러다임을 가장 깊게 이해하고, 치료에 접목시킨 것이 이야기치료라고 생각하여 본 보고서는 이야기치료를 이론적 바탕으로 하고 만화 그리기를 그 매개물로 할 것이다.

사회구성론

이야기치료와 상호 교류하며, 인식론적 패러다임을 공유하는 것이 '사회구성론(social construction theory)'이다(Bruner, 1990; Gergen, 1985, 1994, 2001; Shotter, 1993). 사회구성론자들은 인간이 말하는 지식이나 사실이란 것은 사회적 과정을 거쳐서 구축된 결과물이라고 주장한다(Gergen, 1985; Watzlawick, 1984). 인간의 지식이나 인식은 절대적 사실에 기초하기보다는 그 사람의 구체적인 사회문화적 환경의 틀에서 자유롭지 못하다는 것이다(Stevens, 1996). 이들의 시각으로 보면 본 보고서의 사례인 선택적 함묵증은 어느 한 개인의 정체성이나, 삶의 과정이나 총체적 삶을 특징지은 것이라기보다는 어느 전문가 집단의 '의사소통' '개념 정리'(최의헌, 2008)를 위한 분류표이거나, 혹은 그 사회문화에 구축되어 있는 거대담론(meta-discourse)의 일부라고 생각할 수 있다.

구조화되지 않은 대화

이 보고서는 이야기치료를 기반으로 협력자를 만났다. 그러기 때문에 협력자의 정보(data)를 수집하거나, 분석하려는 동기도 없으며, 구조화된 대화(structured interview)를 통해 협력자를 어디론가 이끌어 가려고 하지도 않았다. 다만 협력자의 이야기가 물 흐르듯 흐를 수 있도록 노력하였다. 그렇기에 질적연구론(qualitative research)의 구조화되지 않은 질문(unstructured interview)을 도구로 하였다. 왜냐하면 이야기란 다양한 요소들이 존재하기 때문에 시공에 따라, 관계와 주제, 사건과 사연, 의미, 가치, 동기, 목적 등에 따라 빈 공간(Full of gaps)이 많기 때문이다(Brooks, 1984; Cattanach, 2002; White & Epston, 1990). 단지 본보고자는 상담의 구체적 상황에서 이야기의 물꼬를 트고, 협력자의 숨겨져 있는 또 다른 이야기들을 발견해 가며, 그것을 해석·재해석하여 새로운 대안 이야기들을 찾아갈 수 있기 위해 큰 틀의 구조(semi-structured)를 가지고 상담에 임하였다.

상담 이야기(경과 보고)

주인공들(action/action field)

재도용 컴퍼스로 수 없이 찔린 흔적을 아이의 옆구리에서 발견했을 때의 엄마의 심정! 그것도 같은 반 짝꿍에게, 근 6개월 동안 집요한 공격을 당하면서도 단 한마디도 못하고 가슴앓이를 했을 아이의 심정을 들여다봐야만 하는 엄마의 자리. 그렇게 6개월 동안 공격에 무방비로 있었어야 했던 아이. 그럼에도 불구하고 학교의 안전성 문제는 고사하고, 짝꿍아이를 추궁하기보다는 내 아이가 '원래' 문제가 있다고 자책해야 하는 엄마의 심정. 내 아이의 또 다른 이름, "아스퍼거장애아."

결핍성 이야기의 주인공(미림)은 예쁘고 앳된 초등학교 3학년이었다. 2008년 따스한 봄의 향기가 어른거리던 날 세련된 한 여성이 주인공의 손을 붙잡고 나의 상담실을 찾아 왔다. 주인공은 낯선 곳에 대한 두려움을 드러내지도 않는 것 같았고, 그렇다고 호기심을 보이지도 않는 듯 했다. 어떤 목석이 서 있는 듯하였다. 내가 먼저 반갑게 인사를 했는데도 나에게 인사 한마디는커녕 표정으로도 반응을 보내지 않았다. 같이 온 여성은 결혼 11년째에 직장생활 11년차인, 아이의 엄마였다.

미림이가 태어난 바로 직후에도 엄마는 첫아이의 기쁨도 잠시, 육아에 신경을 쓰지 못하고 직장을 나가야 했다. 그래서 친정어머니에게 어쩔 수 없이 아이를 맡겼다. 그 생활이 벌써 11년째다. 엄마의 가슴은 미어지는 듯했다. 자신의 처지 때문이 아니다. 자신의 과거가 떠올랐기 때문이었다. 어렸을 때부터 유독 느려 터졌다고 쏟아진 호랑이 같았던 친정어머니의 '닦달', 무능력한 친정아버지 때문에 친정어머니로부터 '강하게'를 세뇌당하던 어린 시절, 그림과 문학을 좋아하던 자신과 어쩜 이리 똑같이 굼뜨고 미루기 좋아하는 이 아이를 그 호랑이 친정어머니에게 맡겨야 하는 자신의 처지가 직장으로 가는 발걸음을 버겁게만 했다.

설상가상으로 미림이가 걷기 시작하고, 말을 배우기 시작할 때, 둘째 가림이가 태어났다. 그때부터 부부 사이에는 말할 수 없는 깊은 골이 생기기 시작했다. 하루가 멀다고 퇴근만 하면 부부는 전투복을 입고 서로 대치하고 있었다. 낳기만 하고, 아무것도 해 주지 못한 엄마다. 지금까지도. 승진이 뭐기에.

그래서일까? 미림이는 언젠가부터 말이 없다. 혼자 빈 공간에 있을지라도 칭얼거림 한 번 없이 잘 생활하고 있었다. 다행이다 싶었다. 그런데 뭔가 이상하다. 이건 착하거나 얌전한 차원이 아닌 듯하다. 미림이에게 표정이 없다. 당연한 요구도 없다. 뭔가 이상하다 싶어 정신과를 찾았다. 아스퍼거장애. 처음 들어본 이름이다. 이름도 생소하다. 뭔가 해야 된다 싶어 예전에 부부갈등으로 상담받은 경험이 있었기에 미림이와 용기를 내어 아동치료센터의 문을 두드렸다. 수원으로 이사 온 후, 강남까지 가려면 거리도 멀고, 또 미림이도 근 7개월간의 치료를 통해 어느 정도 좋아진 듯하여 마음을 놓았는데, 이게 웬일인가? 고슴도치가 박치기를 한 듯, 미림의 옆구리는 날카로운 뭔가에 찔려 상처투성이다.

미림이와 가족을 둘러싸고 있는 담론(background)

이야기 주인공인 미림이와 그 가족 주위에는 어떤 이야기들이 있는가? 이런 이야기들은 어떤 경로를 거쳐서 주인공들의 삶에 직간접적으로 영향을 미치고 있었는가? 과연 이런 이야기들이 본 보고서를 함께 만든 주인공들의 성장에 어떤 영향을 끼쳤는가? 그리고 이들은 이러한 담론을 자신들의 삶에 어떻게 받아들이고 있는가?

앞서 밝혔듯이, 이 보고서는 치료적 진단을 위한 도구를 쓰지 않는다. 그리고 기존까지 진행되어 왔던 학자나 상담 현장의 실천가들의 연구 성과물들을 계승하려는 목적이나, 가설을 증명하려는 의도로 시작된 것이 아니다. 그러므로 한정된 지면에서 군이 진단기준, 틀에 대한 논쟁, 처방 혹은 연구결과물에 관한 논의를 소개할 이유가 없다고 판단되어 여기에는 싣지 않았다. 다만 기존까지의 연구 경향에 대해서 개괄적인 소개만 하고자 한다.

아스퍼거장애(asperger's disorder)란 용어는 전문가들 사이의 소통과 연구를 위한 학문적 용어다. 아스퍼거 증후군(syndrome)에 대해 가장 보편적이고, 광범위하게 이용되는 참고서는, 주지하다시피, 현상학적 관점에서 분류한 세계보건기구(WHO)의 『국제질병분류(International Classification of Diseases: ICD-10)』와 정신과 질환에 대해서만 분류한 미국정신의학협회(American Psychiatric Association: APA)에서 만든 『정신장애 진단통계편람(Diagonstic and Stati-stical Manual of Mental Disorders text Revision: DSM-IV-TR)』(2000)이다. 이 두 단체의 진단 기준은 서로 모호한 점도 있지만, 그렇다고 문제가 될 만큼 큰 차이를 보이지 않는다는 것이 대체적인 시작이다.

1944년에 이러한 현상에 대해 처음 언급한 H. Asperger는 자폐아동과 비슷한 양상을 띠면서도, 또 다른 특성의 현상을 나타내는 아동들이 있음을 주장하였다. Asperger가 주장한 이러한 특성이 L. Wing(1981)의 보고서를 기점으로 해서 좀 더 구체적인 진척이 있었고, 전문가들의 관심을 받게 되었다. 이것이 1992년 세계보건기구(WHO)에 의해 국제질병분류(International Classification of Diseases)와 1994년 미국정신의학회(APA)에서 만든 정신질환의 진단 및 통계 편람(DSM)에 명시됨으로써 대중의 시선을 받게 되었다(이소현 역, 2006, p. 31). 현재는 대체로 APA의 '전반적 발달장애(Pervasive developmental disorders)' 범주 개념이 더욱 일반적인 추세인 것 같다.

이러한 분류(ICD-10, DSM-IV-TR)의 경향은 아동의 생물학적·심리적·사회환경적인 요인을 숙고한 것으로서 현상적 분류다. 물론 정신역동적 개념이 적용된 부분도 있겠지만, 대부분 겉으로 드러나는 특색이 가장 중요한 판단의 기준이 된 것이라고 한다.

미림이에 대한 또 다른 관점은 이와 같은 현상적이며 기술적인(descriptive) 특징 이면보다는 심리심층적 기저에 초점을 두고 연구한 정신역동 이론가들의 이야기다. 이들 중 특히 Jacobson은 대상과 자아 구조의 형성이라는 문제를 '유아발달단계'적 측면에서 설명을 시도했다. 그녀에 따르면, 유아와 엄마라는 실제 관계는 유아의 '심리구조' 발달에 중심축을 이룬다(이재훈 역, 2004, p. 35). 대상과의 관계성 속에서 자아발달, 즉 대상에 대한 모방, 신체 접촉, 자기 이미지 확장 같은 유아의 인생과업이 성취하거나 실패한다는 그녀의 이야기는 Mahler에 의해 좀 더 구체화된다.

Mahler는 아스퍼거장애라는 직접적인 용어를 쓰지는 않았지만, 유아발달단계라는 가설로 미림이와 같은 범주에 대한 설명을 시도하였다. 그녀는 유아기에 '정상적 자폐 단계'라는 '절대적 자리'가 있는데 이때 외상적 혼란으로 인해 아동기 자폐의 원인이 된다고 보았다(이재훈, 장미경, 권혜경 역, 2001, p. 23). 즉, 이 단계는 생후 1개월 정도에 해당하는 단계로서 아직은 유아가 초기 양육자(엄마)와 자기를 분화시키는 능력이 없는 상태다. 이때 초기 양육자와 단단한 공생관계를 형성해야 함에도 불구하고, 그 과업의 실패, 발달 정지 혹은 고착이 자폐적 정신증의 원인이 된다는 것이다(이재훈, 양은주 역, 2003, p. 62).

Kemberg 역시 유아에게 5단계의 발달과정이 있다는 가설을 통해, Malher의 이론처럼, 유아는 각 단계마다 대상과의 분리, 분열 혹은 융합과 통합이라는 '핵심'적 발달과제가 있다고 하였다. 이 과정 속에서 자아가 사용하는 일련의 방어들이 있다고 하였다. 그런데 만약 이 방어들이 '과업'을 대체하게 되거나, 이러한 과업을 성취하지 못하고 어느 단계에서 고착될 경우 그 단계에서 일어날 수 있는 심각한 정신병리로 발전할 여지가 있다는 것이다. 그중 하나가 '자폐적 정신증'이다(이재훈 역, 2004, p. 285). 한편, 이들의 가설에 대해 논란의 여지는 있으나(Bower, 1977; Stern, 1986), 다른 한편의 학자들은 유아기에도 '유사 자폐단계' 혹은 경로가 있다는 것에 대해서는 대체로 동의한다(이재훈 외 역, 2001, p. 25).

이와 같은 가설에는 공통분모가 있다. 유아는 '감각'과 '신체 접촉'을 통해 유아 세계를 형성한다는 것이다. 유아에게는 발달적 측면의 특정한 '시기'가 있으며, 이 시기는 불분명한 자기세계로서 자신의 감각, 그 자체와 대상과의 밀접한 접촉에 의해 발달되는 불분명한 형태의 자리(position)다. 그리고 이 시기에는 특별한 '발달과업'을 수행하게 되며, 병리는 이 과업의 실패 혹은 어느 특정한 시기의 '고착'으로 인한 인과적(cause and effect) 논리다.

한편, Tustin(1990)은 이와 같은 발달적 측면보다는 타고난 경향성을 강조하면서, 심리생물학적 소인의 입장에서 미림이와 같은 범주를 설명하려 했다. 그에 따르면, 유아는 자신을 보호하는 방법으로서 타고난 행동양식이 있다. 유아가 감당할 수 없는 경험으로부터 자신을 보호하거나 도피하기 위해 "자체-발생적인 캡슐로 둘러싸기(auto-generated encapsulation)"(Tustin, 1990)를 한다는 것이다. 유아는 자신을 보호하기 위해서 타인에게 기대는 것보다는 스스로를 보호하기 위해서 자폐 캡슐이라는 보호 덮개를 발달시킨다는 것이다. 이것은 곧 자신을 보호하는 보호막이며, 도피성이다. 그러나 이것을 생애 전체에 배타적으로 적용하게 되면 자폐적—아스퍼거증후군 같은—현상이 일어난다는 논리다(이재훈 외 역, 2001, p. 32).

이와 같은 정신역동적 측면 외에도 사회환경적 요인 혹은 신경화학적 문제나 뇌 손상, 기질적인 문제 등 여러 방면에서 미림이와 같은 상황을 규명하려고 하였다. 이런 일련의 노력들은 대부분 어떤 '요인'에 의한 '결과'라는 인과적 범주가 그 기저에 깔려 있다. 또한 크게 보면 관찰과 실험에 기초한 현상적 분류와 임상, 경험에 기초한 정신역동적 관점이라는 두 가지 틀 안에서 왔다 갔다 하는 혼선을 볼 수 있다. 이러한 문제는, 주지하다시피, 소위 말하는 정신질환의 복잡 다단한 특성상 분류 작업 자체가 연구 경향에 따라 나타나는 필연적인 혼선이다. 그만큼 정신질환을 정확하게 분류할 수 있는 체계나, 보편타당이라고 명명할 수 있는 진단 기준을 세우기가 어렵다는 것이다. 왜냐하면 자연과학, 생물학의 발달로 인해 기존의 분류 체계의 모호함이 발견하게 되거나(최의헌, 2008, p. 5), 인문과학적 인식의 지평이 변화를 맞이하면서 정신질환에 대한 시각 자체가 바뀌어 버리기 때문이다(Müller, 2004b).

현실적으로 우리가 말하는 병리라는 것은 전문가들의 관찰이나 실험에 의해 만들어진 범주이고, 연구를 위한 분류표다. 문제는 연구자들이 처한 현재의 인식론 그리고 그에 따른 방법론에 따라 달라질 수 있다는 것이고, 또한 대상의 특수성, 혹은 사회문화적 경향들에 의해 이해와 해석이 다양하게 나타날 수 있다는 것이다. 연구자의 현재의 자리나 대상의 특수성 혹은 사회문화적 경향, 연구가의 방법론에 의해 다양하게 나타날 수 있다. 그런데 더욱 큰 문제는 이러한 분류가 특정한 개인이나 가정에 이름표가 붙게 되면, 그 개인이나 가정은 그 이름표에 매여 사는 경향이 있다는 것이다(Damziger, 1997). 즉, 이 이름표는 개인과 가정에게 고정화된 정체성을 부여하게 되고(Lax, 1992, p. 7), 이러한 정체성은 특수 개인이 선택한 자신(self)의 진정한 정체성이 아닌, 사회문화적으로 구성된 것으로서 마치 공장에서 찍어 낸 것 같은 것이라고 사회구성주의자들은 비판한다(Madigan, 1996, p. 50). 이러한 정체성은 자연적으로 삶의 행동양식을 규정하게 된다.

미림이 가정의 경우에서도 이러한 문제점은 여실히 드러난다. 미림이 엄마는 아스퍼거장애에 대해서 해박한 지식을 가지고 있었다. 일련의 연구자들은 아스퍼거장애와 같은 현상이 초기 양육의 문제가 아니라고 역설하고 있지만(김혜리 외 역, 2004; Tustin, 1990), 엄마는 미림의 모든 문제를 자신의 초기 양육의 실패로 규정하고 죄책감에 싸여 있었다. 아빠 역시 미림이가 영유아기를 지날 때, 미림이를 외할머니에게 맡길 수밖에 없었던 상황이 원망스럽다고 했다. 그 역시 죄책감을 가지고 미림이를 대하였다. 가족들은 이렇게 미림이의 대부분의 행동양식에 대해 아스퍼거장애란 기준을 가지고 보는 경향성을 나타내었다. 예를 들어, 책 읽기를 좋아하는 미림이가 책을 읽는 동안 동생들이 아무리 시끄럽게 굴고 장난을 쳐도 미림이는 읽고 있는 책에서 눈을 떼지 않는 놀라운 집중력을 보인다고 했다. 그러나 미림이 엄마 아빠의 눈에는 그런 미림이의 집중력은 '일반인'의 집중력과는 다른 미림이의 벽이라는 추측이다. 이처럼 가족들에게 미림이와 연관된 모든 일상을 해석하는 잣대는 아스퍼거장애였다.

우리만의 공간(development)

미림이와 상담을 위한 첫 만남부터 우리는 만화 그리기로 시간과 공간의 벽을 좁혀 갔다. 만화 그리기는 약 5개월간 매주 토요일마다 이루어졌다. 공식적인 만남의 시간은 1시간 30분 정도였지만, 미림이는 공식적인 만남의 시간 이후에도 상담실에 머무르는 시간이 갈수록 길어졌다. 왜냐하면 미림이 외에 미림이 동생, 그리고 다른 어린 친구들도 같이 만화 그리기를 하고 있었는데 그들과 놀기 위해서였다.

만화 그리기의 전개 과정은 크게 네 부분으로 구성되었다. 즉, 마음대로 그리기, 문제 분리하기, 문제와의 대척점 찾기(counter story), 대안이야기 그리기 등이다(Cattanach, 2002; White, 1995a, 1995b, 2000; White & Epston, 1990; Winslade & Monk, 2000; Wood, 1991; Zimmerman & Dickerson, 1996). 이를 통해 이야기를 전개하고 발달시킨 과정은 다음과 같다.

① 마음대로 그리기(약 3~4주)
- 목적: 자신의 생각이 가는 대로, 자신이 하고 싶은 대로 충분한 시간을 갖도록 하는 공간이다.
- 설명 듣기: 매 회기마다 자신이 그린 만화 이야기를 설명할 수 있는 기회를 가지게 했다. 그러나 나는 상담 초기·중기에 미림이의 설명을 거의 한 마디도 듣지 못했다. 다만 처음에는 아무 반응이 없었지만, 후기에는 내가 만화에 대한 감상이나 궁금증을 물으면 공감한다는 듯 살짝 웃어 줬다.
- 회기 보고: 3회기 동안 단 한마디도 말하지 않고 지나갔다. 내 입장에서 특이한 점은 나의 추측과는 다르게 만화가 경쾌하고 밝았다.
- 독특한 수확물(unique outcomes): 만화의 전체적 분위기가 경쾌했다. 그리고 공감에 대한 반응으로 미소를 짓는다.

② 문제 분리하기(약 6~8주)
- 목적: 문제를 눈으로 보게 하는 것이다. 자신이 문제가 아니라 문제는 문제 그 자체, 객체라는 것을 그림으로나마 실체적으로 보고 경험하게 하는 것이다. 이 단계에서는 문제 이름 짓기, 문제 생력(생일) 조사하기, 문제 영향력

찾기, 문제의 약점 찾기 등을 한다.

- 설명 듣기: 앞서 언급한 것처럼 아무 이야기도 듣지 못했다. 그렇다고 해서 대답을 듣기 위해 시간을 끌지 않았으며, 자연스럽게 인사하고 회기를 끝냈다. 이후 주 중에 전화를 해서 만화를 보며 내가 상상했던 이야기를 들려주었다. 물론 아무 반응도 얻지 못하고 통화를 마치곤 했다.

- 회기 보고: 약 5주간에 걸쳐 문제 분리하기를 진행하는 동안 독특한 수확물이 있었다. 나는 미림이의 영민함을 발견했다. 문제 이름 짓기, 그 이름에 맞는 문제의 캐릭터를 그린 것에 대한 이유, 그리고 문제 분리하기 등의 과정을 설명을 해 주면, 미림이는 그 즉시 이해했다. 흥미로운 현상은, 나의 설명은 잘 이해하지만 막상 그림으로 표현하지 못한다는 것이다. 그다음 주에 와서도 종이는 공백 그대로 있는 경우가 종종 있었다. 물론 나는 전혀 강제하지 않았다. 더욱 재미난 것은 미림이 엄마가 말해 준 것처럼 정말로 미림이의 행동은 '늘보원숭이' 같았다. 미림이가 늘보원숭이처럼 될 때는, 무언가를 하기 싫어할 때다. 이것을 발견하고 나의 이해가 맞는지 묻자, 미림이는 그 예쁜 미소를 짓곤 했다.

- 독특한 수확물: 이 과정에서의 가장 큰 수확물은 늘보원숭이의 정체와 이놈의 전략이었다. 미림이가 다른 사람들에게 오해받게 만들기 위해 늘보원숭이는 미림이가 싫어하는 일들을 만들고 상황을 조성한다.

③ 문제와의 대척점 찾기(5~7주)

- 목적: 미림이의 이야기 속에서는 문제 이야기도 있지만, 문제의 영향과 무관하게 자신이 원하는 것, 하고 싶었던 것, 해야 할 일 등에 대한 또 다른 기억들을 찾아가는 것이 있다. 문제와 대척되는 이야기, 혹은 문제를 이겨 봤던 미림이만의 노하우등을 찾아가는 것이다. 예를 들면, '늘보원숭이'가 미림이 곁에 오지 못하게 하거나, 미림이가 늘보원숭이를 이겼던 경우다.

- 설명 듣기: 미림이와 대화를 하고 싶었던 나는 미림이 앞에 난초 화분을 가

져다 났다. 우리의 사이에 대화 주체가 난초, 미림이, 나 이렇게 세 명이 되었다. 그러고 나서 미림이가 나와 이야기하기 싫으면 난초에게라도 이야기해 주라고 주문했다. 나 역시 미림이가 아무 반응이 없으면 난초가 마치 알아듣는 듯이 난초에게 질문도 하고, 하소연하기도 했다. 예를 들어, "난아, 너는 미림이가 뭔 마음인지 아니?" "너도 듣고 싶니?" "너에게라도 말해 달라고 해." 등이다.

• 회기 보고: 늘보원숭이는 미림이가 무엇을 싫어하는지 알고 있었다. 그중에서도 특히 학교 숙제였다. 학교 숙제 중에서도 미림이가 과제로서 가치가 없다고 판단하는 것이었다. 즉, 납득할 만한 이유가 있어야 미림이에게는 과제로서의 의미가 있었던 것이다. 그러나 이런 상황 속에서는 미림이가 하고 싶은 것을 충분히 한 후 밤늦게(예: 밤 11~12시까지), 그야말로 '후닥닥 해치운다'. 미림이에게 과제 점수는 큰 의미가 없었다. 이럴 때 늘보원숭이의 전략은 먹히지 않았다. 이때도 역시 주 중 한 번씩 전화 통화를 하고, 통화시 반드시 지난 회기 때 했던 내용들을 내가 어떻게 이해했는가에 대해 나눴다. 나에게 있어서 고무적인 현상은, 만약 미림이 자신의 생각과 내 생각이 다르면, "아니요~ 그게 아니에요. ㅋㅋㅋ" 하는 소리가 전화선을 타고 들려오는 것이다. 또한 특별했던 것은, 이 회기 때 그렸던 만화들 속에는 자신의 시를 넣기도 하고, 보통 한 장 그리고 끝나던 만화의 장수가 좀 더 많아졌다는 것이다. 즉, 이야기가 풍부해졌다는 의미다. 처음 회기인 마음대로 그리기 때보다 만화 내용이 줄거리를 구성하고 있었다. 나는 이 회기 동안 미림이의 또 다른 면을 보게 되었다. 만화 그리기에는 사실 별 흥미를 느끼지 못하는 태도를 취했다. 몸을 비비꼬거나, 한 시간 내내 연필만 빨고 있었다. 첫 회기 때 자신이 싫어하는 것을 할 때는 몸이 늘어지는 것이다. 늘보원숭이가 나타난 것이다. 반면에 만화 그리기가 끝나기 무섭게 미림이는 만화책과 다른 여러 잡지에 푹 빠져 있다가 상담소를 나가곤 했다.

• 독특한 수확물: 미림이가 싫어하는 것일지라도 충분히 설명해 주고, 이해시

키면 늘보원숭이는 기를 피지 못했다. 그리고 특별히 책을 좋아했으며, 책 중에도 동화와 같은 서정적인 것보다는 과학서 같은 종류를 좋아했다. 그리고 얼굴을 보지 않고 대화를 할 때는 말수가 좀 더 많아졌다.

④ 대안이야기 그리기

• 목적: 자신이 원하는 자신, 자신이 원하는 자신의 삶을 그리게 한다. 그리고 그 이야기를 강화하기 위해서 이제까지 그리고, 찾았던 자신의 또 다른 모습과 노하우 그리고 독특한 수확물들을 현재의 자신의 것으로 연결할 수 있도록 도와준다.

• 설명 듣기: 아쉽게도 이 회기부터 미림이는 늘보원숭이가 하라는 대로 몸 비비꼬기, 늘어지기 등이 더욱 심해졌다. 그러다 보니 만화 한 장을 간신히 그렸다. 내가 만화 그리기가 싫은지를 물었을 때, 또렷한 음성으로 더 하고 싶지 않다고 표현하였다.

• 회기 보고: 그렇다고 해서 상담실을 오기 싫어하는 것은 아니었다. 도리어 상담실에서 머무는 시간은 더욱 길어졌다. 그 이유는 앞서 언급한 것처럼 아이들과 놀고, 책을 보기 위해서였다. 그런데 이 회기를 하는 동안 미림이의 다른 관심사를 발견하였다. 영어 공부였다. 미림이는 영어 공부를 하고 싶어 했다. 이후 만화 그리기를 종료하고 영어 배우기에 들어갔다. 영어 배우기 과정에서 미림이는 만화 그리기 때보다 더욱 적극적으로 의사 표현을 했으며, 영어 선생님과의 교류도 눈에 띄게 친밀하게 행동했다.

• 독특한 수확물: 미림이는 자신의 관심사가 있을 때는 그 관심사를 표현하는 아이였다. 다만 그것을 말이나 행동으로 적극적으로 개진하지 않았을 뿐이다. 또 한 가지는, 미림이는 자신의 관심사와 그 분야에서 자신이 인정할 수 있는 사람에게는 다른 관계에서보다도 좀 더 적극적인 표현과 교류를 열어 갔다. 구조화된 만화 그리기 과정을 다 마치지 않았음에도 내가 이 과정을 마치고 영어 배우기로 넘어간 이유는 White(1999, p. 66)의 "사람을 연결하

는(connecting people therapy)"이라는 말이 떠올랐기 때문이었다. 다른 말로 하면, '새롭게 다시 멤버 구성하기(re-membering)'(Kelly, 2003; Kotzé & Kotzé, 1997; Morgan, 2000; Novy, 2002)와 같다. 이는 이야기치료 과정 속에서 관계의 축을 재구성해 보고, 그들에게 직간접적인 이야기를 듣고, 그 속에서 새로운 자신을 알아차리며, 다시 체험하는 기회가 된다(Anderson-Warren & Grainger, 2000, p. 227). '새롭게 다시 멤버 구성하기'는 대안이야기를 만들어 가는 사람(내담자)의 대안이야기를 강화시켜 줄 수 있으며, 문제에 둘러싸인 이야기를 대처해 나갈 수 있는 실제적인 힘을 제공한다(Madigan, 1996, p. 339). 이러한 맥락에서 '새롭게 다시 멤버 구성하기'와 '새로운 관계 맺기' 차원에서 미림이는 만화 그리기에서 영어 배우기(집단)로 이동하게 되었다.

⑤ 대안이야기 강화하기

- 목적: 문제(problem)는 내담자를 끊임없이 자신의 영역으로 회귀시키려고 시도할 것이라는 전제 아래, 이 회귀성을 차단하고, 내담자가 자신의 대안 이야기를 강화할 수 있도록 돕는다(김번영, 2007, p. 194).
- 설명 듣기: 이번 회기부터 만화 그리기는 더 이상 이야기를 전개하는 데 의미가 없기 때문에 자연스럽게 만화에 대한 설명을 들을 이유도 없었다.
- 회기 보고: 그러나 만화라는 중간 다리가 없어도 우리 둘 사이에서는 말(telling)로 하는 대화를 통해서 얼마든지 대안 이야기를 강화할 수 있었다. 나는 일차적으로 '새롭게 다시 멤버 구성하기'의 관점에서 미림이 엄마와 미림이의 만화 속에 나오는 캐릭터들과 상담소에서 유의미한 관계를 맺었던 미림이의 주위 사람들, 그리고 미림이 주위에 있는 모든 대상들을 재구성하였다. 그리고 미림이와는 이야기 속에 조각으로 편재되어 있는 이야기 요소들, 즉 아스퍼거장애와 대척되는 이야기 요소들을 마치 퍼즐 맞추듯이 재구성하여 한 줄의 이야기로 만들었다. 이 작업이 끝나자마자 미림이를 영어 교사에게 소개해 줬다. 영어 교사 애니어그램 전문가이자, 한신대학교

이경숙 교수 아래서 심리재활을 수학하고 있는 사람이었다.

- 독특한 수확물: 미림이는 자신을 지지해 줄 수 있거나, 늘보원숭이와 싸울 때, 자신을 도와줄 수 있는 사람들을 '새롭게 다시 멤버 구성하기'를 하였다. 이 속에 들어온 사람들은 의외로 미림이와 같은 공간에 있는 사람이었으며, 단지 상황과 조건이란 단서를 붙였을 뿐이다. 미림이는 다음과 같이 말했다. "학교 담임선생님, 외할머니 빼고 친할머니, 외삼촌이 있을 때는 외할머니도 괜찮음, 엄마가 다니는 교회, 지금은 반 짝꿍도 괜찮음, 그러나 너무 까부는 경향이 있음, 아빠, ○○ 교회 목사님 사모님."

다른 한편, 영어 배우기 과정에서 미림이는 언어 습득에 있어서 탁월한 두각을 나타내었다. 더욱 의미 있었던 사건이 있었다. 영어 배우기에는 6~7세 어린이도 있었는데, 그 아이들은 개별 지도를 하였다. 그 개별 지도에 미림이가 투입된 것이다. 영어 담당 교사는 미림이는 이 과정을 즐기는 듯했으며, 아이들 발음을 가르치고, 교정해 주고, 복습을 시키는 데 선생이 만족할 만큼 누구보다도 성실하고 효과적으로 과업을 수행한다고 하였다.

⑥ 환경 조성하기: 모든 상담 과정을 마치면서

미림이 엄마, 나 그리고 영어 교사는 미림이가 자신의 대안 이야기를 강화할 수 있도록 도와줄 수 있는 방법 몇 가지를 결정하였다. 이러한 결정은 철저하게 상담 과정에서 나온 독특한 수확물에 근거하였으며 최소화하는 데 초점을 맞췄다.

- 학교 과제물 준비나 숙제에 대해 시간 정하지 않기
- 담임교사의 도움받아 지각에 대해 문제 삼지 않기
- 누구에게든 인사시키기(머리를 잡고 구부려 주기)

결과 보고

상담 후속 활동

공식적인 상담 과정은 이미 만화 그리기로 맺음을 하였다. 그러나 그 후에 영어 배우기 과정에서도 미림이 엄마와 나 그리고 영어 교사는 미림이의 대안 이야기를 살아가는 모습을 지지하고 격려해 주었다. 또한 나는 2주에 한 번씩 총 6회에 걸쳐 미림이에게 '상담 후속 편지'(Epston, 1994, p. 31; Freedman & Combs, 1996, p. 112; Morgan, 2000, p. 104)를 써서 보냈다. 상담 후속 편지에는 미림이가 상담 과정 중에 나눈 이야기에서 나온 독특한 수확물과 나의 예상과는 다르게 미림이의 의외의 모습, 즉 문제와 대척되는 행동이나 생각 등을 정리해서 보내 주었다.

이것은 미림이 자신의 '역사적 이야기'이며, '자신의 동화'라고 할 수 있다(김번영, 2007, p. 221). 이야기는 현실을 기조로 하여 창작된다. 그 창작물은 또 다시 현실을 추동해 낸다. 마찬가지로 미림이 자신의 동화는 자신의 현실의 반영임과 동시에 자신이 추구하고자 하는 모방과 학습의 주요한 원천이 되기도 할 것이다. 그럼으로 Freedman과 Combs(1996, p. 112)은 "상담편지는 내담자에 의해 계속적으로 읽혀지고, 또 읽혀져야 한다."고 강조한다. Epston(1994)은 상담 후속 편지를 "대화를 확장하는 것(extending conversation)"이라고 하면서 그 유용성을 다음과 같이 말하였다.

> 대화란 하루살이 같이 쉽게 사라지지만, 편지라는 속성 그 자체는 대화와 같지 않게 시들거나 사라지지 않는다. 도리어 시간과 장소의 벽을 뛰어넘어 상담 결과물들의 증언자가 되어 주고, 더 나아가서 지지자가 되어 준다(Epston, 1994, p. 31).

상담 과정이 끝난 몇 달 후에 미림이는 학교에서 영어구연 대회에 나가서 장

려상을 받았으며, 도교육청 주관으로 각 학교에서 네 명씩 뽑는 영재교육반의
일원이 되었다는 소식을 들었다.

상담 후속 결론

앞서도 밝혔듯이, 이 보고서는 미림이의 대안 이야기를 통해 아스퍼거장애라
고 불리는 현상에 대해 어떤 가설을 증명하거나 이론을 세우려하는 것이 아니
다. 그러므로 미림이의 대안 이야기가 어떤 결론을 도출해 내는 것은 아니다. 다
만 아스퍼거장애라는 이야기에 가려진 미림이의 더 많은 이야기들, 즉 강점, 또
다른 정체성, 가족 이야기 등과 같은 것들을 드러내고 확인하여 미림이가 대안
이야기를 살아 갈 수 있도록 돕는 것이었다.

이런 도움의 과정 속에서 미림이가 보인 행동이나 특성들은 기존의 연구자들
의 보고들과 많은 유사성을 보이기도 했다. 어떤 면에서는 현상학적으로 나타나
는 특성을 보이기도 했으며, 정신역동적인 흔적과, 인과론적 요소의 중심축으로
작용하는 가족력의 문제를 드러나기도 했다. 특히 미림이 엄마의 성향과, 어린
시절 이야기는 Tustin의 심리생물학적 입장에서의 타고난 행동양식으로 보는 관
점을 뒷받침하기에 충분하였다.

반면에 미림이의 발전되는 이야기 속에서 볼 수 있듯이, 아스퍼거장애 이야기
는 미림이의 전체적 삶을 규정할 수 있는 이야기가 아닌 부분적 이야기이며, 결
핍된 이야기에 불과한 것이었다. 그럼에도 불구하고 이 결핍된 이야기가 미림이
의 정체성과 삶을 규정하고 있었으며, 미림이의 모든 행동양식을 이 이야기로
해석했던 것이다. 그러나 미림이의 대안이야기는 미림이의 또 다른 정체성을 확
인해 주었다. 또한 앞으로의 행동에 동기를 부여할 것이며, 행동양식의 지도 역
할과 안내자 역할을 할 것이다. 즉, 미림이의 대안이야기는 미림이의 행동 전망
과 정체성을 전망할 수 있도록 안내서 역할을 한다고 할 수 있다.

그러므로 본 보고서가 시도한 만화 그리기 활동과 인식론적 틀인 이야기접근
법은 아스퍼거장애라는 특성을 보이는 아동에게 유용하다. 또한 이 이론에 근거

한 이야기치료는 아동 치료를 보다 폭넓게 접근할 수 있도록 기회를 제공한다고 할 수 있다.

만화 그리기에 대한 경험 나누기

이 보고서를 위해 진행된 만화 그리기를 참관하면서 만화 그리기의 몇 가지 특징을 정리해 보았다.

- 만화를 그릴 때 초벌 작업을 연필로 하기 때문에 틀리면 지우고 다시 그릴 수 있다. 즉, 아동이 원하는 만큼 다시 할 수 있다는 장점이다. 그렇지만 대부분의 아동에게서 두세 번 이상 지우고 다시 그리는 사례는 거의 없었다.
- 초벌 후 펜과 잉크로 마무리를 하여야 하므로 아동은 세심해야 한다. 그러다 보니 개개인의 차이는 있지만, 대부분의 아동은 신중하게 마무리를 한다.
- 그림이 완성된 후, 가능한 한 아동에게 듣고 질문하는 과정을 거친다. 미림이의 경우 대면해서 대화하는 것을 어려워해서 난초를 이용하기도 했다.
- 다음 시간에 전개될 만화 이야기를 상담사인 나는 상상하며 기대감을 드러내 줬다.
- 매 회기마다 만화 그리기 기법을 하나씩 가르쳤다. 이는 그림 기술의 발전을 통해 아동 자신이 자신의 손 작업에 대해 자긍심을 갖게 하며, 이것은 아동의 정체성 강화에 도움이 되기 때문이다.
- 대안이야기 만들기, 대안 등장인물 창조하기 등은 아동의 창조성을 자극하고 도와준다.
- 가족과 함께 몇 번에 걸쳐 전시회를 연다(spread the news).
- 만화 그리기는 아동 이야기와 그림 구성이 같이 가는 효과가 있다.
- 준비물은 만화 그리기 기초교본, 제도용 잉크(30cc), 펜촉, 펜대, 30c자, 만화 원고지, 지우개, 연필(2B), 수정액, 고무판, 앞치마나 토시 등이다.

한국적 상담 현장에서의 반영팀의 활용에 대한 상담사의 경험 연구[2]

이 연구에서는 반영팀을 사용하여 이야기치료를 실시한 6명의 상담사들의 반영팀에 대한 경험과 인식을 통해 반영팀의 유용성과 의미를 찾아보았다. 이 연구는 상담사들의 반영팀에 대한 의미 창출에 주목한 기본적인 해석적 질적 연구다. 집단 인터뷰를 통해 상담사들의 경험을 듣고 그중에서 7개의 중심 주제를 찾아내어 반영팀에 대한 견해와 제안을 정리하였다. 상담사들은 반영팀이 다양한 시각과 풍부한 이야기 거리를 제공함으로써 상담에 도움이 되었음을 보고하였고, 반영팀이 상담사와 내담자 사이의 권력관계 긴장을 감소시키는데 도움이 되었다고 보았다. 또한 반영팀은 개방성과 안전한 공간의 제공, 현실감과 동지애를 제공하여 이것이 앞으로 상담 문화에 정착되어 나아가면 상담의 수준을 높여갈 것으로 보았다. 또한 전문가 반영팀을 슈퍼비전 대용으로 사용하면 내담자들뿐만 아니라 상담사들에게도 매우 도움이 될 것이다.

서론

반영팀은 노르웨이의 정신의학자인 Andersen(1987)이 처음 소개한 이후에 가족 상담을 비롯한 상담 분야에서 상당한 호응을 얻었다. 반영팀은 그동안 상담 윤리 중 비밀보장과 사생활 보호에 대해 굳게 지켜 온 신념과 실천방식을 바꾸어 상담의 개방성을 장점으로 내세운 포스트모던 시대의 상담 방식의 하나다. 반영팀을 이용한 상담을 함으로써 도움을 얻고 상담의 획기적인 변화를 경

---

2) 서울신학대학교 사회복지학과 고미영 교수님의 논문으로, 학문적으로나 실천적으로 아주 좋은 논문입니다. 교수님의 동의하에 싣습니다.

험했다는 상담사들이 늘어나면서 점점 반영팀에 대한 관심이 높아지고 있다 (Hoffman, 2002; Seikkula & Trimble, 2005). 한국의 상담 현장에는 처음 이야기치료를 통해 반영팀이 소개되었다. 2000년 이야기치료의 창시자인 Michael White는 워크숍을 통하여 반영팀을 처음 소개하였다. 이후 반영팀이 이론적으로만 알려지다가 소수의 이야기치료사들 사이에서 전문가들로 구성된 반영팀이 상담에 참여하거나 상담 후 반영 모임을 실시하면서 반영팀이 한국 상담 현장에서도 활용되어 왔다. 2012년 중앙아동보호전문기관에서 실시한 아동재학대 방지 가족강화 프로그램에서는 공식적으로 모든 상담 회기 안에서 반영팀을 사용하도록 프로그램을 설계하여 상담을 진행하고 좋은 호응을 얻었다(윤혜미, 장화정, 고미영, 2013).

반영팀은 독특한 상담 형식과 철학을 구조화하여 상담의 효과를 높이고자 설계된 포스트모던 상담 양식의 하나이다. 처음에 Andersen은 이차 사이버네틱 이론의 영향을 많이 받았으나 점차로 구성주의와 사회구성주의 이론을 더 많이 수용하면서 반영팀의 운영도 포스트모던 상담의 특징들을 드러내게 되었다 (Hoffman, 1990). 그러한 특징 중 하나는 언어의 사용에서 단 하나의 메시지가 아니라 다양한 의견과 가능성들을 탐구하여 막힌 내담자 체계에 변화를 가져 오고자 하는 것이다(Pare, 1999). 내담자가 새로운 메시지를 받아들일 수 있을 때 그들은 문제에 대한 생각을 바꾸거나 새롭게 문제를 보게 된다는 아이디어를 적용하였다. 반영팀은 단지 하나의 기법으로만이 아니라 포스트모던 상담의 한 접근법으로서 간주되기도 한다(Burnham, 1992).

한국에서도 최근 포스트모더니즘에 기반을 둔 해결중심상담과 이야기치료 상담 형식이 소개되어 현장에서 활용되고 있다. 그러나 한국적 상담에서는 아직 실천 현장에서 위계관계를 중요시하는 문화가 존재한다. 따라서 지시적 상담이 다른 상담의 유형보다 적합하다는 견해가 있다(송성자, 2002).

반영팀을 활용하는 이야기치료는 점차 상담사들의 호응을 얻고 현재 반영팀이 이야기치료 상담의 접근법으로 사용되고 있음에도 불구하고 이에 대한 연구는 매우 희박하다. 한국의 상담현장에서 반영팀 운영은 주로 이야기치료 상담 과정에서 전문가들이 반영팀원으로 참여하는 경우가 많다. 이들은 반영팀을 신선한 기법으로 수용하고 있지만 아직 반영팀이 어떻게 상담에 기여하고 있는지에 대해서는 정확히 알지 못하고 있어 이 연구가 필요한 실정이다.

이 연구는 2013년 발표된 아동학대 가족대상 이야기치료 반영팀원의 경험에 대한 질적 연구(고미영, 장화정, 윤혜미, 2013)의 후속 연구다. 따라서 이 연구에서는 주로 재학대 방지 사업에 참여하여 반영팀과 함께 상담을 진행한 경험이 있는 상담사들을 대상으로 그들의 경험을 연구하였다. 현재 한국적 상황에서는 반영팀에 비전문가 특히 내담자의 사회적 관계망 안에 있는 사람들을 초청하는 일이 매우 드물다. White가 제안했던 반영팀 운영 방식에는 비슷한 문제로 이전에 상담을 받았던 내담자들을 초청하는 경우도 있었지만 이 또한 한국 상황에서는 아직 받아들여지기 어려운 실정이다. 따라서 이 연구에 참여한 상담사들에게 반영팀의 경험은 주로 재학대방지 사업에서처럼 내담자와 함께 반영팀을 운영한 것에 초점이 맞추어져 있다. 이들 중에는 전문가 반영팀이라 불리는 전문 집단의 반영팀을 경험한 경우도 있다. 전문가 반영팀은 상담을 마친 상담사들이 모여서 서로의 사례를 나누며 반영을 해 주고 이 내용을 다시 내담자들에게 전달하는 형식으로 진행된다. 그러나 이 연구에 참여한 상담사들은 두 경험을 구분하지 않았는데 그 이유는 반영은 모두 내담자를 전제로 하는 것으로 보았기 때문이다. 또한 연구자의 질문이 주로 내담자와의 상담 과정 안에서 이루어진 반영팀 경험에 초점을 맞추었기 때문에 참여자들은 이에 부응하여 집단 토론을 진행해 나아갔다.

이론적 배경

반영팀에 대한 이론

반영팀은 Tom Andersen(1987)이 '제 이차 사이버네틱스'과 Maturana & Varela

가 주장한 구성주의적 사고에서 힌트를 얻어 가족치료와 부부치료에서 사용하기 시작하면서 알려지게 되었다. 반영팀은 가족과 같은 살아있는 체계는 외부로부터 변화를 받는 것이 아니라 자체적으로 체계를 결정해 나아간다는 Maturana와 Varela(1980)의 이론적 가정을 따른다. 따라서 가족이나 개인이 어떤 동요나 자극에 반응하는 방식은 체계 자신이 이미 가지고 있는 준비된 레퍼토리에 따라서만 반응하는 것이며 이러한 반응은 어떤 특정한 순간 그 체계의 구조가 그것을 결정하는 것이다(Andersen, 1991). 치료 상황에서도 가족 혹은 개인 내담자는 너무 지나치게 다른 자극에는 반응하지 못하며 어느 정도 약간의 차이를 느낄 수 있는 정보에만 반응을 할 수 있다는 Bateson(1972)의 이론을 함께 반영팀에 접목시켰다. Bateson은 다중의 시각이 존재함과 관찰자가 관찰 대상자와 분리될 수 없다는 주장을 펼쳤다. 따라서 전통적인 상담사가 가지는 객관적인 관찰이나 전문적인 해결책의 정보는 내담자에게 유용하지 못하므로 소용이 없다고 본다. 그 대신 막힌 내담자 체계가 필요로 하는 것은 그들의 관점과 배경적인 전제를 넓혀주는 새로운 시각이라고 보았다(Andersen, 1987). 상담사는 내담자 체계가 구성된 그대로를 존중하면서 약간의 도전과 자극을 줄 수 있지만 변화를 결정하는 것은 내담자 자신임을 받아들여야 한다. 이러한 내담자 체계에 적당히 자극을 줄 수 있는 생각을 전달하는 방식으로 Andersen은 말하고 듣는 위치를 바꾸는 반영팀을 제안하였다. 이런 방식은 단순히 내담자가 관찰된 후에 전문가 의견을 듣는 일방적인 의사소통의 통로를 벗어나서 내담자가 관찰자의 위치로 이동하여 자신에 대한 생각과 기술을 듣는 새로운 자리로 나아가는 것이다. 이러한 자리 이동은 체계가 받아들일 수 있는 자극을 적당히 주기 위한 장치로서 마련된 것이다. 이때 가장 도움이 되는 자극은 내담자의 해석과 약간 다른 방식의 견해를 들려주는 것이다. 반영자는 주로 긍정적인 함의를 내담자 체계가 제시한 것에 기초하여서만 반영을 하도록 권유받고 또한 이러한 생각은 임시적이라는 것을 전제로 하도록 하여 내담자에게 거부의 자유를 행사할 수 있는 여지를 주도록 하였다.

이야기치료의 창시자였던 Michael White는 이야기치료 과정 안으로 Andersen의 반영팀에 대한 아이디어를 적용시켜서 인정 예식이라는 대화의 양식으로 발전시켰다(White, 1995b). 인정 예식은 내담자 가족과 관련이 있거나 또는 전혀 무관한 전문가들로 구성된 반영팀이 치료 과정 중에 참여하여 가족들의 대화를 듣고 이 대화에 대해 반영해 주는 과정을 통해 내담자의 대안적 이야기를 풍부하게 해 주는 대화의 양식이다. 반영팀원들은 청중으로서 치료과정의 한 부분으로 참여한다. 이들이 상담사와 내담자 가족 간의 대화를 일방경 뒤나 임의로 설정한 다른 공간에서 들은 후에 자리를 바꾸어 자신이 들었던 대화에 대해 반영을 해 주는 양식을 취한다.

White는 이런 자리바꿈이 새로운 생각과 자신의 이야기에 대한 진정성을 깊이 고찰하게 해 준다고 보았다. 따라서 인정 예식을 시도하는 가장 큰 이유는 가족들이 자신의 지나온 삶에 대해 적극적으로 의미를 만들어 내는 주역이 되도록 하는 무대를 마련해 주는 것이다(White, 1995a, p. 177). 자신의 삶과 정체성에 대한 적극적인 의미 찾기는 혼자서 하는 작업이 아니라 누군가 그것을 들어주는 사람이 있을 때 더 활발하게 이루어진다고 보기 때문이다. 따라서 최초의 재저작 대화가 진행되는 동안에 반영팀원들을 청중으로 둔 내담자가족은 자신의 삶에 대한 중요한 면들에 대해 더 적극적으로 성찰하며 의미를 만들고자 한다. 사람들의 이야기에 대한 인정과 공감을 해 주는 존재로서 반영팀원들은 내담자 가족이 자신들을 성찰하고 정체성을 재고하는 데에 기여할 수 있다(ibid. 178). 특히 문제를 경험한 가족들은 공적으로 어떤 정체성을 표방해 갈지에 대해 깊이 반성할 수 있는 자극을 받고, 자신들의 삶을 새롭게 형성할 책임을 가지게 되며, 이를 새로운 정체성의 이야기로 만들어갈 수 있게 된다.

White는 이야기 치료 과정 속에서 발생할 수 있는 권력 관계에 대해 항상 민감하게 대처하고자 했다. 특히 반영팀이 함께 참여하는 맥락에서는 더욱 권력의 문제를 민감하게 다룰 것을 권유하였다. 그는 치료의 맥락 속에는 언제나 불평등이 존재함을 인정하면서 이를 최소화하기 위하여 해체 대화를 권유하였다(ibid. 188).

인정 예식에서 권력관계를 해체시키는 하나의 방식은 반영팀에서 해 준 반영이 반드시 수용될 필요가 없다는 사실을 가족들에게 알려주는 것이다. 이는 반영한 내용이 진실성의 여부를 가리는 것이 아니라, 반영자 개인의 경험이나 관심사, 의도나 상상 등을 반영하는 것임을 분명히 해 주는 것이다. 그 결과 반영자는 내담자에 대한 전문가가 아니며 내담자들과의 경험과 연결될 수 있는 공감자로 존재하는 것이다. 이러한 과정에서 반영자들과 내담자는 서로의 거리를 좁히고 권력의 불평등을 시정할 수 있게 된다. 이를 위해서 반영자들은 차갑거나 거리감이 느껴지는 전문 용어의 사용을 자제하고 현재 진행되는 대화를 자신들의 삶의 맥락 안으로 끌어들여 공감적으로 반영해 주는 것이 중요하다고 보았다.

반영팀에 대한 선행연구

반영팀이 과연 Andersen이 설계했던 대로 효과를 불러왔는지에 대한 연구는 반영팀이 많은 가족치료 현장에서 실시되는 것에 비해 매우 소수에 불과하다. 반영팀에 대한 연구는 주로 상담 상황에서의 적용과 그 효과성에 초점을 맞추고 있다. 대다수의 연구는 상담사, 내담자들의 경험에 대한 보고에 의존하고 있다. 그중에서 탐색적 연구를 통해 효과성을 측정하고자 한 연구도 있다. 가장 방대한 연구로는 Hoger, Temme, Reiter와 Steiner(1994)가 오스트리아와 독일에서 동시에 진행했던 59가족을 대상으로 한 연구가 있다. 이 연구에서는 반영팀을 동반한 가족 치료가 증상 완화에 얼마나 효과적이었나를 측정하였고 내담자 가족이 반영팀원들이 들려준 다양한 견해들이 도움이 되었는지에 초점을 맞추었다. 자료는 두 가지 방식으로 창출되었다. 하나는 치료회기를 비디오테이프로 녹음하여 치료 과정의 특징과 내담자 가족의 반응을 두 사람이 독립적으로 측정하여 점수를 낸 자료였다. 다른 하나는 치료가 실시된 이후 15개월 후에 우편으로 질문지를 발송하거나 인터뷰를 통하여 제시했던 문제의 증상 완화와 치료 전반의 만족도, 반영팀이 제안했던 의견의 유용성을 측정한 자료다. 질문에 답한 35가족 중 2/3 정도의 사례에서 초기 제시한 문제에 대한 긍정적인 변화를 경험하였다고 보고하였고 79%는 치료에 만족을 보고하였다. 심리신체 증상을 문제로 제시했던 가족보다는 정서적 문제를 제시했던 가족들이 더 긍정적인 결과를 보고하였다. 특히 정신병을 지닌 부모가 있는 가족과 의사소통이 원활하지 못했던 가족들은 치료에 불만족을 보였다. 반영팀이 다수의 견해를 제시한 것이 좀 더 나은 결과를 보였다는 상관성을 보였으나 반영팀원의 수는 치료 결과에 아무런 영향을 미치지 않았다. 그러나 이 보고 역시 내담자들의 자기 보고에 의해 자료를 제시하였고 1회기 후에 탈락한 가족이 많아서 연구 결과를 일반화하기에 제한적이었다. 또 다른 효과성 측정 연구는 Griffith 등(1992)이 시행한 부분적으로 통제한 신체증상 문제를 제시한 가족을 대상으로 한 연구다. 이 연구는 반영팀이 치료 중 발생하는 가족과 상담사간의 상호교류 과정에서 어떤 영향을 미쳤는지를 중점적으로 살펴보았다. 그 결과 반영팀 접근을 시도한 이후에 의사소통은 신뢰, 배려, 믿음과 위로를 더 보여 주었으며 비난이나 조롱, 통제와 감독이 줄어들었다고 보고하였다. McGovern(1996) 연구에서는 반영팀이 전략적 가족치료 접근과 비교하여 좀 더 나은 효과를 불러일으킨다는 주장을 펼쳤는데 그 차이는 매우 근소한 것으로 보고하였다.

질적 연구를 통해 반영팀의 유용성을 보고한 연구들 중 가장 초기 연구는 Smith, Winton과 Yoshioka(1992)의 연구다. 이 연구는 상담사들이 반영팀을 어떻게 인식하는지에 초점을 맞추어 참여관찰과 인터뷰를 통해 민속지학 연구로 진행되었다. 연구 결과 상담사들은 반영팀이 도움이 되었다고 보았는데 특히 반영팀원들이 더 극단적인 입장을 취할수록 치료적 조정이 수월했으며 상담사와 내담자와의 관계를 보호해 주는 것으로 인식하였다. 상담사들은 반영팀원이 다른 시각을 제시했을 때와 상담사가 막힐 때 반영팀이 도움을 주었다고 보았다. 특히 상담사들은 반영팀원들이 짧은 토론을 하는 것을 선호하였고 한 팀으로 활약하는 것을 기대하였다. 그러나 내담자와의 신뢰가 형성되지 않거나 너무 많은 정보를 제시했을 때, 또한 내담자가 말한 내용과 무관한 정보를 제시했을 때, 내담자가 반영팀 실천을 이해하지 못했을 때 반영팀은 도움이 되지 않았다. 반영팀 실천은 내담자들이 자신의 말을 들어주는 새로운 경험을 하도록 해 주었고 상담사들은 개방적이고 유연한 자세를 유지할 수 있도록 도왔다. 상담사들은 대체로 훈련을 위한 목적으로 반영팀을 운영하는 것은 매우 고무적이지만 실제로 일반적 상담 상황에서 반영팀이 운영될 수 있을지에 대해서는 회의적이었다. 뒤이어 같은 방식으로 Smith, Yoshioka, Winton(1992)이 내담자들이 반영팀을 통해 어떤 도움을 얻었는지를 연구하였다. 이 연구에서 내담자들은 다양한 견해 제시를 가장 도움이 되는 요소로 꼽았으며 그 견해들 사이의 변증법적인 긴장이 도움이 된다고 보고하였다. 그러나 다양한 견해 자체로만 이러한 긴장을 일으키지 않으며 반영팀원들의 성별과 인종, 경험들을 함께 고려하여야 함을 주장하였다.

Sells, Smith, Coe, Yoshioka와 Robbins(1994)는 반영팀의 과정에 대하여 7쌍의 부부와 5명의 상담사를 대상으로 민족지학 연구를 실시하였다. 연구 결과 7쌍 부부는 모두 반영팀의 도움을 받았다고 보고했다. 도움을 받은 영역은 의견이나 견해, 코멘트를 더 많이 들을 수 있었던 점과 문제를 다른 시각으로 보게 해 준 점, 치료가 덜 위협적으로 느껴지게 했던 점 등이다. 내담자들은 반영팀과의 물리적 분리가 반영팀의 중요한 요소라고 보았던 반면 상담사들은 물리적 분리는 전혀 중요하지 않았던 것으로 보고하는 차이를 보였다. 또한 반영팀원의 성별에 대해 내담자들은 다른 성별을 섞은 팀원이 덜 위협적이고 더 지지적이라고 본 반면 상담사들은 성별 차이는 중요하지 않다고 보는 견해 차이를 드러내었다. 내담자들은 반영팀이 어려운 치료 순간에 안전망을 제공한다고 보았고 상담사들 역시 내담자 부부가 위기에 처했을 때 혹은 어떤 문제에 대해 막혔을 때 이를 타개해 주는 데 도움이 되었다고 보았다. 전반적으로 내담자나 상담사 모두 반영팀 운영은 도움이 되었으며 치료의 긴장을 완화시키는 데에 도움이 되었다고 보고하였다.

Smith, Sells, Alves-Pereira, Todahl과 Papagiannis(1995)는 4명의 내담자와 4명의 상담사에게 반영팀이 어떻게 임상적으로 중요한 사건이 되었는지를 면접하였다. 그 결과 내담자들이 반영팀을 이해하고 수용하는 것이 반영을 중요하게 경험하는데 가장 핵심적인 요소라고 밝혔다. 만일 내담자들이 반영팀의 견해를 들을 마음이 없고 팀원들과 신뢰가 형성되어 있지 않은 상태에서 반영을 해 준다면 별다른 효과가 없다고 주장하였다. Jenkins(1996)는 반영팀의 이론적 기초를 밝혀내기 위하여 Delpi 기법을 통해 24명의 패널리스트로 하여금 반영팀의 이론을 찾아내는 연구를 시행하였다. 결과는 반영팀의 가장 중요한 이론은 현실이 협상가능하며 지식과 의미 등이 언어를 통해 중재되고 가변적이라 믿는 사회적 구성주의 이론임을 밝혀내었다. 또한 문제 보다는 내러티브에 관심을 두고 내담자의 경험 중에 긍정적인 요소들에 초점을 맞추며 내담자와의 협력적인 관계를 중시하는 것으로 나타났다. 또한 내담자들이 현실을 자신에게 가장 바람직하게 선택할 능력이 있음을 믿는 신념이 반영팀을 운영하는데 가장 중요한 것으로 꼽혔다. 기술적이며 개입에서의 중요한 요소로는 다각적인 시각, 듣기와 말하기의 자리바꿈, 비판단적인 호기심을 지닌 자세, 존중과 협력, 상호탐구를 찾아내었다.

연구 방법

연구 목적 및 방법

이 연구에서는 반영팀을 활용하여 상담을 진행했던 상담사들의 경험을 통해 그들이 반영팀에 대해 가지는 인식과 의미를 찾아내고자 한다. 따라서 이 연구의 목적은 상담사들이 한국적 상담 상황에서 포스터모더니즘의 철학과 가치가 반영팀의 운영을 통해 드러나는 경험을 했는지를 찾아보고, 반영팀의 활용이 궁극적으로 한국 상담사들의 상담 진행에 도움이 되었는지를 알아보고자 하였다. 이를 통하여 앞으로 한국 상담현장에서 반영팀을 적절히 잘 활용할 수 있는 방안은 무엇인지와 상담사들이 반영팀에 대해 가지는 기대를 탐구하고자 한다. 따라서 연구의 질문은 반영팀을 활용한 상담 과정에서 반영팀이 실제로 무엇을 해 주었으며, 내담자들은 반영팀에 대해 어떠한 반응을 보였는지를 중심으로 질문하였다. 이때 상담사의 입장에서 반영팀에게서 받은 도움은 무엇이었으며 아니면 무엇이 도움이 되지 않았는지와, 반영팀에 대한 상담사들의 일반적인 생각은 어떠하였는지, 그리고 한국적 상황에서 반영팀을 어떻게 활용하였으면 좋을 지에 대한 상담사들의 기대와 제안을 질문하였다.

　연구의 방법은 어떠한 현상을 경험한 사람들의 그 특별한 현상에 대한 인식과 의미를 찾아내고자 한 질적 연구로 기본적인 해석적 연구다(고미영, 2012). 이 연구에서는 반영팀이라는 현상에 대해 이에 참여했던 상담사들의 경험을 통해 그들이 반영팀을 어떻게 인식하고 어떠한 의미를 가지게 되었는지를 찾아내고자 하였다. 자료는 집단 인터뷰를 통해 수집되었다. 인터뷰는 사람들의 인식과 의미를 찾아내는 가장 좋은 방법이다. 특히 집단 인터뷰는 어떤 현상에 대한 설명이 집단 참여자들끼리 자극을 받아 더 심오하게 표현되고 일관성 있는 답을 얻을 수 있는 장점이 있다(Frey & Fontana, 1993). 특히 극단적인 견해나 잘못된 의견을 배제할 수 있고 집단 안에서의 상호작용을 통하여 균형 잡힌 질 높은 자료를 수집할 수 있는 장점을 가지고 있다. 비용효과적인 면에서 장점이 있으며 참여자 상호 간의 교류를 통해 생각과 견해를 넓혀 가는데 유익한 인터뷰 방식이다. 집단은 그 집단만의 고유한 구조를 창출해 내는데 이를 이용하며 수준 높은 의미에 도달할 수 있는 통로가 될 수도 있다(Denzin, 1989). 특히 인터뷰에서 집단을 사용하는 이유는 다양한 수준의 견해들을 수렴하여 의견과 태도를 정교하게 하는데 도움을 줄 수 있기 때문이다(Frey & Fontana, 1993). 집단 인터뷰에서는 의견 제시자들로 하여금 이전의 의견이나 주장에 대해 재평가할 기회를 주게 되어 심도 있게 의견을 확장시키거나 수준을 높여 자신의 의견을 수정할 수 있게 한다. 집단 인터뷰가 이 연구에 적절한 이유는 반영팀 운영의 경험이 다양한 가운데 새로운 방향을 설정해 가는데 도움을 주고 참여자들이 자신들의 의미를 다른 사람들의 의미와 맞물려 재평가하고 확장시킬 수 있는 기회를 줄 수 있기 때문이다. 집단 인터뷰의 진행은 연구자가 질문은 반구조화된 양식으로 적절히 제시하였으나 모든 과정은 자유로운 토론으로 진행하였다. 참여자들은 반영팀에서의 다양한 경험들을 각자 자유롭게 서술하면서 서로의 경험을 인정하고 비슷한 경험들을 공감하면서 반영팀에 대한 의견을 세밀화 시킬 수 있었다. 특히 한국적 상황에서 반영팀의 운영이 적절한지에 대한 의견 교환을 통해 참여자들 사이에서 최종적인 합의를 이끌어 내는데 도움을 주었다.

연구 참여자

연구의 참여자는 목적합치형(고미영, 2012) 샘플링 방법을 사용하여 추출하였다. 목적합치형 샘플링은 연구의 목적을 이해하고 연구의 질문에 답해 줄 수 있는 대상자를 물색하여 연구에 참여시키는 방식이다. 따라서 이 연구의 참여자는 치료 상황에서 반영팀의 반영을 활용해본 경험이 있는 상담사들을 섭외하였다. 연구에 참여한 대상자는 개별적인 접촉을 통하여 발굴되었다. 6명이 집단 인터뷰에 참여하였고 모든 자료는 녹음하여 전사하였다. 집단 인터뷰는 약 2시간 가량 소요되었으며 집단 인터뷰에 참여한 참여자들의 상세한 정보와 표를 다음에 제시하였다.

참여자 1은 현재 상담 센터장으로 이야기치료로 상담을 진행하는 센터를 운영하고 있다. 그의 반영팀의 경험은 재학대방지 방지 사업 중에 내담자와 함께한 반영과 센터에서 정기적으로 운영하는 전문가 반영팀에 참석한 것이다. 참여자 1은 집단 과정에서 리더 역할을 하였으며 반영팀 활용에 대한 의지와 기대가 매우 높았다.

〈표 14-1〉 참여자 정보

구분	성별	나이	상담경력	반영팀 경력	직업
참여자 1	여	49	1년 6개월	10회 이상	상담센터장
참여자 2	여	44	2년	4회	학교 상담사
참여자 3	여	47	1년	8회	상담센터근무
참여자 4	여	50	3년	10회 이상	상담센터근무
참여자 5	여	35	2년	7~8회	박사과정
참여자 6	여	51	10년	10회 이상	대학부설상담소

참여자 2는 건강지원센터와 고등학교 상담교사로 활약하면서 이야기치료로 상담을 시작한지는 1년 정도이다. 반영팀의 경험은 재학대방지 사업을 통해 시작하였고 이후로 자신의 상담에 반영팀을 활용하고자 노력하였다. 참여자 2는 집단 과정에서 조용한 편으로 다른 사람들의 의견을 주로 경청하고 가끔씩 자신의 주장을 하는 편이었다.

참여자 3은 상담센터에 소속하여 상담을 해오면서 유일하게 전문가 반영팀에만 주로 참석하여 반영을 경험한 상담사다. 참여자 3은 주로 다른 사람들의 의견을 경청하면서 지지와 공감을 나타내주었다.

참여자 4는 상담사로 3년간 다양한 세팅에서 상담을 해온 경력자로 이야기치료와 애니어그램을 중심으로 상담하고 있다. 반영팀의 경험은 자신이 반영자로서 여러 번 반영팀에 참여하였고 동시에 재학대방지 사업에서는 주 상담사로 상담을 진행하였다. 집단에서는 의견주도형으로 가장 많은 의견을 제시하였고 또한 다른 사람들의 의견에도 공감을 표시하였다.

참여자 5는 대학원 박사과정생으로 현재 다양한 세팅에서 이야기치료로만 2년간 상담을 해왔고 재학대방지사업을 통해 내담자와 함께하는 반영팀의 활용을 경험하였다. 이후로 전문가 반영팀에 참여하여 지속적으로 반영을 해오고 있으며 반영팀을 매우 적극적으로 활용하고자 하는 확신과 의지가 강하였다.

참여자 6은 현재 대학부설 상담센터에서 상담사로 10년이상의 경력의 소유자이며 이야기치료는 4년간 실시해왔다. 집단 참여자 중 반영팀에 대한 경험이 가장 풍부한 참여자로 모든 형태의 반영에 지속적으로 참여하였고 리더로서의 역할을 하고 있다.

결과적으로 참여자 특성은 한명을 제외한 나머지 참여자들은 모두 내담자와 함께하는 반영팀을 경험하였고 대부분이 전문가 반영팀에도 참여하고 있었다. 이야기치료로 상담한 경력은 다양하여 1년에서 4년 정도의 편차가 있었고 상담 경력은 평균 2~3년으로 볼 수 있다.

자료 분석

수집된 자료는 먼저 어떤 주제들에 대해 토론이 진행되었는지를 찾아보는 주제별분석(Cresswell, 1998)을 실시하여 자료의 중심주제와 소주제를 분류하여 각 주제별로 중요한 내용을 찾아 정리하였다. 이 과정에서 집단 토론의 중심 주제로 참여자들이 중요시했던 개념들을 도출하였고 연구자의 해석과 통찰을 이용하여 그 의미를 추출하였다.

연구의 엄격성을 위해 분석하여 정리한 자료를 세 명의 참여자들에게 보내어 피드백을 받고 그 내용을 결과의 해석에 반영하였다. 또한 질적 분석의 신뢰성을 높이기 위해 2명의 박사과정생과 함께 자료를 분석하면서 토론과 합의를 이끌어내는 과정을 거쳤다. 분석결과에서 연구 질문과 무관한 서술들은 결과 해석에 포함시키지 않았고, 상담사의 특성을 살펴보면서 반영팀에 대한 경험의 차이에 따라 다수 경험자와 소수 경험자 사이에 어떤 차이가 있는지를 살펴보았다. 이에 따라 중심 주제를 제시할 때에 특이한 사항들을 부연설명 하여 연구 결과에 덧붙이고 논의하였다.

연구 결과

반영팀을 경험한 상담사들의 집단 인터뷰 결과는 3가지 중심 주제에 따라 묶어서 제시하였다. 이 세 주제는 상담사의 반영팀 활용의 경험, 반영팀이 상담사에게 도움을 줄 수 있는 요인, 그리고 반영팀에 대한 상담사의 기대로 나타났다. 이 세 중심 주제 밑에 6가지 소주제로 나누어 정리하였다. 첫 번째 주제인 반영팀 활용에 대한 경험은 긍정적 경험과 부정적 경험으로 나누어 정리하였다. 두 번째 주제인 반영팀이 상담에 도움을 줄 수 있는 요인으로 반영팀의 가치와 반영팀의 활용방식으로 묶어내었다. 마지막 주제인 반영팀에 대한 기대는 반영팀을 활성화시키는 요인과 반영팀에 대한 기대, 상담사의 제언을 통해 반영팀에 대한 상담사들의 인식과 견해들을 정리하였다.

반영팀 활용의 경험

여기에서는 상담사들이 직접 반영팀을 운영하면서 경험한 것들을 긍정적인 면과 부정적인 면으로 나누어 정리하였다. 상담의 경험이 많은 참여자들이 긍정적인 면을 더욱 많이 언급하였으며 상담의 경험이 적었던 참여자들은 부정적인 면에 더 민감한 반응을 보이는 경향이 있었다. 그러나 전반적으로 상담사들이 모두 부정적인 경험보다는 긍정적인 경험을 더 많이 지적하였다.

① 긍정적 경험

반영팀과 함께 상담을 했던 상담사들은 신선하고 획기적인 결과를 얻었다고 보고했다. 반영팀이 상담에 도움이 되었던 점들을 정리하면 다음과 같은 것들이 나타났는데 이는 포스트모던 이론에서 언급하는 면들을 실제로 경험한 것으로 나타났다.

• 다른 시각의 제공으로 시야를 넓히고 방향 전환이 됨

먼저 반영팀은 상담사나 내담자가 생각하지 못한 새로운 시각을 제공함으로써 상담사나 내담자의 시야를 넓혀준 것이 가장 큰 도움이 되는 경험이었다. 상담사들은 반영으로 인해 때로는 막혔던 지점에서 새로운 방향으로 시각이 전환하는 전환점이 마련되기도 했다. 상담사가 미처 보지 못했거나 놓쳤던 부분을 반영자를 통해 듣게 되는 경우들이 있었다.

> 참여자 1: 제가 상담을 하면서 꽉 막혔던 적이 있었어요. 반영을 받았을 때 시야가 확 열리는 느낌이 들고 열리면서 굉장히 획기적으로 상담에 대해 도움을 받았던 적이 있었어요.
>
> 참여자 2: 시각의 변화는 아주 작은 것인 거 같아요. 정말 작은 건데 미처 생각을 못해서 이러고 있던 것을 탁 집어 주는 말을 한다든가 그럴 때는 확 방향이 바뀌는 느낌을 받거든요.

참여자 4: 다각화가 되는 거죠. 넓어진다기보다는 다각적으로 볼 수 있는 거죠.

• 새로운 이야기를 시작하게 하고 이야기를 확장시킴

좋은 반영은 이야기를 새롭게 시작하게 해 주고 또한 그 이야기를 확장시켜 주는 효과가 있었다. 내담자가 반영을 통해 반영자의 느낌을 듣고 그것을 다시 이야기 거리로 삼아 새로운 이야기를 시작할 수 있게 된다. 때로는 질문도 좋은 반영의 경험이 되었다. 질문은 내담자에게 말할 기회를 주어 새로운 이야기를 시작하게 해 주는 효과를 불러왔기 때문이다.

참여자 5: 내담자의 진도가 더 나가지 못하는 뭔가 하지 못하는 이야기를 더 할 수 있게 확장을 하게 하고 … 꼭 반영자가 상담사의 이야기 확장 에만 도움이 되는 것이 아니라 내담자의 이야기를 반영자가 확장시 켜줄 수 있지 않나하는 생각입니다. 제가 경험했던 반영의 효과는 그게 더 컸던 것 같아요.

참여자 1: 반영을 해달라고 해서 전체적인 이야기를 크게 그림을 그렸는데. 내 담자가 굉장히 지지받는 느낌을 받았나 봐요. 그러면서 그 이야기가 시작이 다시 되는 거예요. 반영이 끝에 들어가게 되어서 상담이 길 어지고 그런 경험들이 있었어요.

참여자 5: 반영이 막 얘기를 해야 될 거 같지만 오히려 질문했더니 … 아이가 굉장히 말을 안 하고 벽이 있던 아이였는데 그 노하우를 전해 주면 서 아이가 신이 나 하는 거예요. … 그 아이한테 질문을 하고 이런 식으로 반영시간을 늘려서 오히려 아이가 문제를 피했던 방법을 알 아냈던 거 같아요.

• 내담자와 깊이 공감함

내담자들에게 반영의 내용이 맞으면 좀 더 깊이 있는 이야기를 나눌 수 있었다. 특히 반영자가 자신의 비슷한 경험을 나누거나 내담자의 심정을 알아주면서 내담자와 서로 깊이 교감을 나눌 때 내담자들이 가장 긍정적인 반응을 보였다. 내담자들은 자기 이야기가 반영자에게 연결된 점에 대해 흥미와 놀람, 감동, 때로는 눈물로 반응하였다. 특히 자기 이야기에 관심을 가져준 반영자에게 감사와 동시에 깊은 공감을 나누었다.

> 참여자 4: 선생님이 느낀 점이나 떠올랐던 기억이나 경험들을 나눠주세요. 이랬는데 그거에 자기 아버지와의 갈등을 얘기할 때가 있었어요. 내담자가 그 상황에 있어서 굉장히 공감을 해 주고 오히려 그게 훨씬 내담자에게 도움이 되었어요.
>
> 참여자 5: 반영자도 자기의 경험을 결국은 한 구절 이야기 하는데 그러면 그 이야기를 듣고 '맞아, 맞아. 저도 그런 경험 있었어요.' 하고 말이 서로 많아지는 거 있잖아요.

• **권력의 부담이 줄어듦**

반영자의 존재는 내담자가 상담사와의 사이에 있을 수 있는 권력관계의 긴장과 부담을 완화시키는 결과를 불러왔다. 내담자와 상담사 사이에 들어와 있는 존재로서의 반영자는 그 둘 사이의 관계에 확실히 영향을 미쳤다. 처음에 상담사와 일대일 관계를 맺었던 내담자는 점차 삼각구도로 이야기를 셋이 하는 느낌을 받으면서 동등한 대화의 파트너가 되어갔다. 내담자들은 반영자를 상담사보다 편안히 접근할 수 있는 존재로 바라보면서 상담에서의 긴장을 덜어 내었다.

> 참여자 6: 아무리 '이야기치료는 같이 가는 동반자'라고 하지만 상담사는 한국적 정서에서 뭔가 어렵지만, 뭔가 여기 같이 앉아 있는 반영자는 동반자라는 마음이 있어요. 그래서 어렵거나 힘들면 반영자를 쳐다보면서 날 좀 여기서 어떻게 해달라는 뉘앙스를 풍기죠. 이 자리에

누군가가 있다는 게 나에게 에너지가 된다는 것을 맛을 보았기 때문에 이걸 보는 거죠. 상담사가 자기보다는 권력을 가지고 있지만 반영자가 있으면 그런 권력이 줄어들게 되죠.

참여자 1: 저도 비슷한 경험이, 내담자가 상담사와 마주보고 계속 상담하고 있었는데 어느 순간부터 셋이서 이렇게 내담자가 반영자와 상담사 가운데 같이 봐요. 결국 셋이 삼각형으로 앉게 되더라고요.

참여자 5: 내담자는 처음에 상담사는 조금 어렵지만 그렇지만 반영자는 같은 급이라고 생각하게 되죠.

② 부정적 경험

모든 반영팀이 성공적으로 상담에 적용되지는 않았다. 반영팀이 어떻게 도움이 되지 않았는지에 대한 상담사들의 경험은 크게 두 가지 요인으로 나뉘어졌다. 첫 번째는 반영팀을 오해하거나 반영자에 대해 편견을 가진 내담자로 인한 부정적 경험이었고 두 번째는 반영자가 문제를 제시한 경험이었다.

간혹 내담자 중에 반영팀을 이해하지 못하고 반영팀에 대한 거부감을 나타내는 경우에 반영팀과 함께 상담하는 데에 어려움을 겪었다. 반영자를 실습생으로 오해하거나 감시자로 생각하는 경우에 반영팀이 오히려 장애가 되었다. 상담 경력이 적은 상담사들이 더 부정적 경험에 민감함을 드러내었다.

참여자 2: 기관에 대해 부정적인 시각을 갖고 있던 내담자였어요. 그동안 여러 센터 전전하면서 거의 뭐 훈계식으로 상담을 받아온 터라 뭔가 그런 걸 또 받아야 한다는 것에 대해 불쾌하게 생각하면서, 거기다가 센터에 계시는 분이 반영팀으로 들어오니까, 아 이게 결국 이거구나. 그렇게 인식하더라고요. … 나는 배신감 느껴서 상담하기 싫다. 나갈 거다. 이러셨거든요.

참여자 1: 어떠할 때는 내담자가 옆에 있는 사람을 보고 실습하러 왔나? 이렇게 보는 사람도 있고.

또한 반영자 중에는 자신의 기존의 틀에서 반영을 하면서 선입견에 따라 전문가적 판단을 내리는 경우도 있었다. 이럴 때 상담사는 반영이 오히려 해가 되는 것을 경험했다. 또는 반영자가 내담자 가족 중 어느 한쪽 편을 들거나 하여 관계의 균형을 깨뜨리는 경우도 있었다.

> 참여자 1: 이분들이 이제 임상심리사라는 기존의 상담적 기법을 가지고 특히 진단적인 기준을 가지고 오셔서 하는데… 그 선생님들이 반영하는 것을 봤을 때는 좀 진단하는 것에 대해 불편함이 있었어요.
>
> 참여자 4: 아동을 상담했던 상담사가 반영팀으로 들어오셨는데 제가 그분한테 반영할 때 대충 반영팀이 어떻게 하는지 알고 계시기 때문에 아이 편에 서서 말씀을 하지 않으셨으면 좋겠다고 했는데도 불구하고 반영할 때 끊임없이 아이의 입장을 옹호하고 아이의 입장을 대변하고 부모님한테 계속 그런 식으로 이야기를 하셔서 그게 좀 어려웠어요.
>
> 참여자 4: 본인이 가지고 있는 생각에서 벗어나지 못한다는 것을 느꼈어요. 별로 도움이 안된다는 느낌을 받았어요. 오히려 걸림돌이 되는 경우도 많고. 그쪽에서의 해석을 가지고 저한테도 계속 주기 때문에 그게 굉장히 힘들더라고요.

반영팀이 상담에 도움을 줄 수 있는 요인

이 부분에서는 반영팀이 상담에 도움이 되는 요인들이 무엇인지에 대한 상담사들의 인식을 정리하였다. 상담사들은 반영팀이 가진 고유의 가치와 활용방식을 찾아내어서 이를 잘 활용할 수 있다면 반영팀은 매우 도움이 될 것임을 역설하였다. 반영팀의 가치를 인식하는 상담사는 주로 경력이 많은 상담사들이었고 반영팀의 활용방식에 대해서는 고르게 모두 인식한 경향을 보였다. 이는 반영을 창의적으로 활용하는 데에는 경력의 문제가 아니라 상담사의 개성과 창의력이 중요하기 때문인 것으로 보인다.

① 반영팀의 가치

상담사들이 생각한 반영팀의 가치는 다른 상담과 구분되는 독특한 점들이 발견된다. 반영팀은 상담을 개방하는 효과를 가지고 있고 이는 상담 문화에서 획기적인 일로 간주된다. 반영은 또한 안전한 대화의 공간으로 내담자들이 그 안에서 현실감과 동지애를 제공받고 동시에 객관성을 얻는 가치를 지닌다.

• 상담의 개방성 제공

일반적으로 상담에서는 비밀보장이 무엇보다 중요한 윤리로 꼽히면서 상담을 개방한다는 것은 무리로 간주된다. 그러나 반영팀은 개방성을 통해 내담자를 돕는 매우 독특한 방식이라는 점이 반영팀의 가치로 상담사들에게 인식되었다.

> 참여자 6: 비밀보장이 아주 각별하게 지켜져야 되는 것이고 이게 상담사의 윤리와 맞물려 있기 때문에 비밀보장이 안되는 상담의 위험성에 대해서는 굉장히 견고하잖아요. 그런 위험 부담이 없었을까 이런 의구심이 들었는데 제가 경험한 바로는 없었다. 오히려 그것이 도움이 되었다. 이게 반영의 아주 특별한 점이라고 생각해요.
>
> 참여자 5: 상담은 은밀히 받고 오자 하는 게 있는 거 같더라고요. 그런 사람들에게는 반영이 있을 수 없는 거죠. 상담도 뒷구멍으로 들어가서 하는데. 그렇기 때문에 제 생각에는 어떤 상담이 있는데 그것에는 몇 명이 앉아 있고… 다른 상담과 다르게 특수해.

• 내담자에게 현실감 제공

상담사들은 반영을 통해서 나온 이야기가 상담사들의 말보다 더 현실감 있게 내담자에게 다가가는 것을 목격하였다. 내담자들이 했던 이야기 중에서 반영자 자신의 사례에 비추어 내담자의 상황을 직시하도록 해 주면 내담자들은 반영자 의 말에서 현실적인 힘을 얻었다.

> 참여자 4: 제가 이야기하는 거는 매일 하는 소리, 말을 하는구나 라고 와 닿지 않는데 그 친구가 나를 이렇게 본다는 것에 대해서는 너무 충격을 받는다. 이게 훨씬 큰 무게로 가는구나. 스스로 깜짝 놀라고 자기 자 신을 보는 경험을 했어요.
>
> 참여자 3: 어느 순간에 그 사람이 했던 방식 중에 내가 캐어냈다거나 발견했던 것을 좀 이야기해 주면 아, 그랬었구나! 하면서 더 효과가 아니면 이 해도가 있거나 그랬던 것 같아요.

• 동지애를 제공

때로는 내담자들은 반영자를 동지로 끌어안게 된다. 내담자와 같은 경험을 했 던 반영자가 내담자의 경험을 인정해 주고 자신의 경험을 털어 놓으면서 서로 같은 일을 겪은 동지로서의 끈끈한 정을 나눌 수 있기 때문이다. 때로는 내담자 가 치료 중 난감한 상황에서 반영자를 동지로서 자신의 느낌을 알아주는 사람으 로 보기도 한다.

> 참여자 5: 나 같은 사람이 있었다는 거에 대해서 '외롭지 않아. 나 혼자가 아니 었어.' 이런 느낌인거 같아요. 나만 그런 거 아니었죠? 계속 주변에 서 자기가 계속 찌그러지는 느낌을 받다가 '그것 봐. 나만 그런 게 아니잖아?' 하는 느낌을 받는 거죠.
>
> 참여자 4: 이야기치료가 워낙 접근법이 색다르다 보니까 내담자들이 아직은

경험이 잘 안되어 있고 난감하다고 느꼈을 때 내 옆에 나처럼 내 난
감함을 알아주는 사람이 있구나하는 느낌을 받는 것 같아요.

• 거울효과: 제삼자의 눈을 제공

반영팀은 내담자가 자신의 문제를 다른 사람을 통해 객관적으로 바라볼 수 있
도록 해 주는 효과를 불러일으켰다. 거울 효과로 이를 설명할 수 있다. 내담자는
자신의 이야기와 연결된 반영자의 이야기를 듣게 되면서 객관적인 입장에서 자
신의 문제를 듣게 되었다.

> 참여자 6: 내담자는 늘 자기 주관대로 삶을 봤잖아요. 거기서 벗어날 수 있게
> 해 주는거죠. 또 다르게 보는 것과 혹은 타인으로서 자신을 보게 하
> 는 거울 같은 역할? 나는 늘 하얗다고 생각했는데 다른 사람이 빨간
> 색이라고 말할 수 있죠.
>
> 참여자 4: 거울이 많은 방에 들어가면 나는 내 앞 모습과 보여 주는 것만 봐서
> 내 뒷모습도 이렇겠지 생각하다가 막상 뒷모습을 보는 순간 아 뒷모
> 습은 저렇게도 보일 수 있구나 느끼게 되는 것이죠.

② 반영팀의 활용 방식

상담사들은 가끔 반영팀을 창의적으로 자신의 목적에 맞게 활용하였다. 다음
의 예에서 나타나듯이 반영팀의 활용 방식이 다양한 방식으로 사용되었다.

• 이야깃거리를 찾아 이야기를 풀어 냄

어떤 상담사는 반영자가 이야기해 준 내용을 잘 기억했다가 다음 시간에 그
이야기를 더 발전시킴으로써 이야깃거리를 찾아내는 데에 반영을 활용하였다.
또는 반영에 대한 내담자의 느낌을 듣고 이를 새로운 이야깃거리로 삼을 수 있
었다. 이는 이미 내담자의 자기 이야기에 대해 더욱 주목을 하는 결과를 낳는다.

내담자와 대화가 막히거나 잘 풀리지 않을 때 반영자를 통해 색다른 이야기가 시작되면 더 효과적으로 의사소통이 되면서 이야기가 잘 풀리는 경우도 있었다.

> 참여자 5: 제가 도시락 통에 담아 두듯이 잘 담아 두었다가 그 비슷한 이야기가 나오면 지난 반영 때에 이런 이야기를 하셨는데 좀 더 이 이야기를 확장해서 듣고 싶다고 이렇게 이야기를 하면 또 더 이야기가 나오고 제가 몰랐던 이야기를 하게 되는 것 같아요.

> 참여자 5: 내담자의 진도가 더 나가지 못하는 뭔가 하지 못하는 이야기를 더 할 수 있게 확장을 하게하고 뭔가 상담사의 입장에서 자기를 오픈하기가 시간적인 면이나 여러 가지 면에서 주저주저 할 때 반영자는 그런 이론들을 내려놓고 사례를 직접 말하니까 오히려 자기가 상담사에게 이야기 했던 것 이면의 이야기들이 시작되는데 오히려 그런 이야기들이 상담을 끌어갈 때 정서적인 면이나 이야기 거리에 더 많은 이야깃거리에 풍성함을 제공하지 않았나.

• 정서적인 완충 지대

반영팀은 내담자를 보호하는 여과 기능을 제공한다는 점에서 일반적 수다나 잡담과 다르게 인식되었다. 상담사와 내담자의 관계가 쉽지 않고 얽힌 듯할 때 또는 정서적으로 어려운 일을 만나게 될 때 상담사는 반영자를 정서적인 완충 지대로 활용할 수 있었다.

> 참여자 6: 정서적으로 위험이 줄어든다. 이렇게 일단 이야기 할 수 있어요. 공격하는 얘기도 할 수 있는 데 그 부담을 줄여 주는… 실제로 그렇게 줄어 가고요.

> 참여자 2: 모든 상담이 사실 다 매끄럽게 갈 수는 없는 거잖아요. 내담자와 정말 불편할 때도 있는 거고. 그랬을 때 순간적으로 내가 왜 불편한가

하는 부분에 대해 좀 알 수 있는 것 같아요.

참여자 1: 어떤 보호막인 느낌? 어떤 필터가 하나가 있어서 걸러져서 들어오는
느낌.

- **내담자의 지지자**

상담사가 상담을 혼자서 할 때와 다르게 반영자가 있다는 사실에서 자기 옆에
서 상담을 지원하며 그 효과를 배가 시킬 수 있는 반영자 역할을 이용하는 경우
도 있다.

참여자 1: 내담자가 이런 이야기를 했어요. 자기 이야기를 두 사람이나 경청한
것에 대해서 감격한 게 있다고요. 그리고 두 사람의 지지자가 생긴
것에 대해.

참여자 5: 가고 있던 게 잘 흘러가고 있었는데 우리 둘이만 가면은 에너지가
한 50이라면 반영자도 같이 이야기 해 주면 텔링, 리텔링하면서 커
지고 50보다는 한 80정도 더 세게 더 빠르게 갈 수 있는 것 같아요.

반영팀에 대한 기대

상담사들은 좋은 반영을 할 수 있기 위해서는 몇 가지 필요한 기본적 바탕이
있다고 보았다. 그 중에는 반영자가 내담자의 이야기에 흥미를 가지고 잘 경청
해 주는 것과 내담자가 반영에 대해 긍정적인 기대를 가지게 되는 것, 그리고 내
담자를 이해시키는 것 등의 요소들이 포함된다. 또한 문화나 배경이 다른 반영
자가 좋은 반영을 할 수 있다고 보았다.

① 반영을 활성화시키는 요인

• 내담자 이야기를 경청하고 호응해 줌

반영을 잘 하기 위해서는 우선 반영자가 내담자의 이야기에 집중하고 몰입하면서 잘 들어주어야 한다. 또한 반영자는 내담자의 눈높이에 맞추어 그의 이야기를 이해하고 잘 호응해 줄 수 있어야 좋은 반영을 해 줄 수 있다고 보았다.

> 참여자 5: 굉장히 아이의 얘기를 이야기 듣듯이 잘 듣고 그냥 아이의 눈높이를 잘 맞춰서 똑같이 자기가 아이가 되어서 그 아이한테 오히려 질문을 한 거죠.
>
> 참여자 4: 전 이런 것을 느꼈어요. 반영자가 이야기를 열심히 듣잖아요. 끄덕거리고 그럴 때 잘 들을 때 자신의 지원군인 것처럼 느끼는구나. 내 편 좀 들어줘요 라고.

• 내담자의 긍정적 기대

내담자가 반영팀에 대해 긍정적인 기대를 가지고 있는 것도 반영을 돕는 중요한 요소였다. 내담자는 반영자를 자기에게 도움이 되는 사람으로 받아들이고 자기와 동등한 존재로 보게 되면서 상담이 편안해 지고 마음을 열게 되었다.

> 참여자 5: 다 나를 도와주러 온 사람들이다. 오히려 감사하게 되는 거죠. 누군가 같이 들어주고 그리고 오히려 수고했다는 느낌을 반영자한테 더 많이 할 때도 있어요.
>
> 참여자 5: 우리가 선생님들이 아니라 동등한 어려움을 겪고 있고 고슴도치로 인해 힘들어 하는 사람들이 된거죠. 그래가지고 우리가 그 다음부터는 완전히 아이의 친구가 된 거죠. 그래서 오히려 반영시간을 조금 더 늘려서 셋이 얘기를 주고받는, 상담을 했다기보다는 반영시간을

아이가 원하는 시간으로 그 아이한테 질문을 하고 이런 식으로…

• 내담자를 이해시킴

상담사들은 내담자가 처음부터 반영팀에 대해 이해할 수 있도록 오리엔테이션을 잘 해 주는 것이 매우 중요하다고 보았다. 내담자가 반영팀을 수용하고 반영에 대해 이해를 하는 것이 반영팀을 성공적으로 활용하는 필수적인 요소로 간주되었다.

> 참여자 6: 내담자들은 처음에 주상담사가 반영자를 어떻게 소개하냐에 따라서 그것이 좌우돼요. 그게 완벽하게 이루어지면 내담자가 방어가 없이 상담에 임하게 되지만 설명이 미약하면 나중에도… 상담사가 어떻게 소개하느냐가 굉장히 크다는 것을 느꼈어요.
>
> 참여자 5: 시작부터 무조건 상담을 하는 것이 아니라 우리는 이야기치료 상담인데 우리는 늘 내담자와 반영팀이 있고 반영팀은 상담사가 상담을 하는 동안 아무런 이야기를 하지 않고 잘 듣기만 한다. 그리고 이제 반영시간이 되었을 때 발언권이 넘어가면 그때 자신의 이야기를 할 것이다. 신경 쓰지 말고 너의 이야기를 해라. … 그래서 그렇게 반영을 했고 워커가 바빠서 못 왔을 때 이 친구가 오늘부터 여기에 와 줄 거다, 해서 딱딱하지 않았던 분위기였던 것 같아요. 그래서 정말 잘 생글생글 잘 들었던 것 같고 그게 내담자 마음에 들었을 수도 있고.

• 문화와 배경의 다양성

상담사들은 반영자가 상담사나 내담자와 배경이 다를 때 더욱 효과적인 반영을 할 수 있다고 보았다. 이는 상담사나 내담자가 가지지 못했던 다른 시각을 알 수 있게 해 주는 요인이 되기 때문이다.

참여자 6: 저는 문화가 다른 사람이 들어오면 좋아요. 문화가 다르거나 사회적
　　　　역할이 다르고 그리고 삶의 형태도 다르고 성별도 다른… 이런거요.
　　　　상담사하고 다르면 더 좋고요. 내담자와도 다르고 또 상담사와도 다
　　　　르고.

참여자 1: 욕심을 부리자면 나와 다른 사람이 와서 반영해 주면 참 좋겠어요.
　　　　근데 그게 저에게 좋지만은 않죠. 내담자 입장에서도 내담자와 다른
　　　　사람이 해 주면 좋죠. 왜냐면 내가 못 보는 것을 봐줄 수 있으니까요.

② 반영팀에 대한 기대

　반영팀에 대해 상담사들이 가지는 기대는 반영팀이 내담자에게 확실히 도움
을 주는 것이다. 그러기 위해서 반영은 치료의 일부가 되어야 한다고 보았다. 상
담사들은 반영팀이 상담사와 팀워크를 형성해서 함께 일해야 한다는 생각을 가
지고 있었다. 이에 따라 반영자는 상담사의 부족한 부분을 보완해 줄 수 있는 존
재로서 역할이 기대되기도 한다.

・치료의 일부로서 역할을 해 줌

　상담사는 반영팀이 치료 과정과 동떨어진 독자적인 영역이 아니라 치료의 일
부로서 상담사를 도와주기를 기대하고 있었다. 따라서 반영자와 상담사는 하나
의 팀에 속한 팀원이 되기를 바라고 있었다.

참여자 1: 나 혼자로서는 어느 한계가 있을 거라고 인정해요. 반영자가 들어오
　　　　면 그것이 좀 더 확장이 돼서 내담자에게 내가 줄 수 없는 어떤 것까
　　　　지도 더 많이 내담자가 치료가 되길 원하는거죠. 그래서 이 상담은
　　　　너랑 나랑 같이 하는 상담이다. 상담사가 나 혼자가 아니다. 이렇게
　　　　같이 가는거죠.

참여자 5: 오케스트라에서 심벌즈, 북 이런 것은 가끔 쳐도 음악의 한 일부인

거잖아요. 반영자와 상담사가 굳이 권력을 얘기해도 1% 정도의 플러스, 마이너스 일뿐이지 제가 생각할 때에는 말을 좀 더 하고, 덜 하고 이런 차이지 저는 모두 같이 가는 거라고 생각해요.

• 내담자에게 도전과 자긍심을 제공함

상담사들은 내담자가 자신의 말보다 반영자의 말을 더 믿고 인정하는 경험을 했다. 특히 청소년들의 집단에서도 이런 현상은 두드러지게 나타나므로 반영이 내담자들이 당연시해 온 상담사의 말을 새롭게 인식하는 도전이 되기를 기대하였다. 또한 내담자의 이야기가 반영을 통해 다른 사람에게 영향을 주고 연결된다는 점에서 내담자들은 자긍심을 가지게 된다고 보았다.

참여자 6: 이게 청소년 집단에서는 더 강해요. 청소년 집단에서는 집단원으로 반영자가 서거든요. 그러면 이 아이들이 상담사가 하는 말보다 또래들에게서 듣는 이야기를 좋아해요. 그런 기대. 누군가 얘기해 주면 굉장히 잘 들어요. 아이들의 반응이 더 좋아요.

참여자 4: 제 경우에서는 내담자의 좋은 점들을 집어서 자기가 한 것들에 대해서 말하는데도 인정을 하지 않아요. 저를 좋게 말씀해 주시는데 저는 그렇지 않아요. 너무 좋은 것만 봐주시는 것 같아요. 끊임없이 밀쳐 내면서 아니라고 하시는데 그런 부분은 너는 상담사니까 당연히 그런 말을 하겠지. 그런데 전혀 아닌 사람이 그 부분에 대해 딱 공감을 해 줄 때 그 부분 그런 긍정성을 집어줄 수 있는 사람이 있어요.

• 같은 인식론을 가진 반영자를 원함

상담사들은 반영자가 기존의 전문 지식을 가지고 있으면 자신의 잣대로 판단을 내리고 선지식을 벗어나지 못하기 때문에 반영에 도움이 안 된다고 보았다. 따라서 될 수 있으면 인식론 면에서는 같은 인식론을 가진 반영자를 원했다. 그렇지 않으면 아예 전문적 지식이 없는 사람들이 반영자로 더 적합하다고 보았다.

> 참여자 1: 이게 지금 우리 이야기치료의 인식론을 같이 가져가는 사람한테는
> 정말 이렇게 동반자가 될 수 있어요. 우리가 지금 눈치를 통해서라
> 도 방향을 잡을 수는 있다고 봐요. 그런데 임상치료사가 들어와서
> 너의 과거가 지금 이렇게 가져왔다. 다시 문제 이야기로 끌고 갈 때
> 우리가 그때는 제재를 해야 하거나 같이 갈 수 없는 상황이 생기는
> 거죠. 그렇게 될 때는 차라리 아예 비전문가가 되어야 한다는 생각
> 이 들어요.
> 참여자 6: 인식을 달리하는 반영자는 안 된다는 거죠.

• 상담사를 보완해 줌

때로는 상담사를 보완해 주는 반영자를 상담사는 환영한다. 나이나 경험이 모자라 보이는 상담사를 반영자가 받쳐 주면 도움이 되겠다고 보았다.

> 참여자 5: 제 내담자가 제가 나이가 어린 것에 대해 불만이 많았어요. 다행히
> 저랑 같이 갔던 반영팀 선생님은 나이가 있었어요. 그래서 조금 안
> 정감을 가지셨던 것 같아요. 그래서 오히려 내담자가 선호하셨던 것
> 같아요.
> 참여자 6: 그러니깐 종합병원에 가서 의사들이 자기 제자들을 쫙 데리고 들어
> 오면 담당의사의 권위가 갑자기 확 서는 것처럼 그런 느낌을 받죠.
> 가령 나이가 어려서 어리다고 왜 나이 어린 상담사가 왔지? 기왕이
> 면 경력 있는 나이든 사람 이런 생각을 할 수 있는데 그때 보완이 되
> 는거죠. 나를 상담을 해 준 상담사가 훌륭한 상담사야. 누군가를 데
> 리고 왔어.

③ 반영팀에 대한 제언

한국적 상담의 상황에서 반영팀의 역할과 방향에 대해 상담사들은 반영팀을 더욱 발전시켜 상담에 유용하게 사용할 수 있도록 해야 한다고 주장하였다. 상담사들은 앞으로 반영팀을 상담의 문화로 정착시켜 나아간다면 상담에 좋은 효과를 얻을 수 있을 것으로 보았다. 또한 수퍼비전의 대용으로 전문가 반영팀을 활용하는 것도 바람직하다고 보았다. 교육과 훈련을 통해 꾸준히 전문가 반영팀을 양성하여 일반적 상담 상황에 투여하는 것도 하나의 방안이라고 제시하였다.

• 상담의 문화로 정착시킴

상담사들은 반영팀을 상담의 문화처럼 정착시켜 나아간다면 반영팀의 효과를 최대한 이용할 수 있을 것으로 보았다. 여기에는 매스 미디어의 역할이 큼을 강조하면서 반영팀에 대해 일반인들의 이해를 높여 가는 것이 중요하다고 보았다.

참여자 5: 그 반영팀이 처음에는 굉장히 어색하고 이런 게 뭐야. 상담은 단둘이 하는 게 아니야 하고 놀라기도 하지만 그게 자연스럽게 이게 이런 문화인가 보다 하고 생각하게 되면 그 다음부터는 이렇게 사람이 바뀌어도 이게 또 그 문화인가보다 하고 그렇게 되고…

참여자 1: 가장 좋은 거는 TV에서 자꾸 보여 줘야 돼요. 아니 이게요. 내담자들이 오면 내담자들이 전과 다른 게 TV에서 보고 와서 '상담이란 이런 거다.'라는 선지식을 갖고 있어요. 그래서 진짜 여기서 선생님이 매직을 일으킬 것 같은 그런 걸 해 달래요. 제가 TV에서 보여 줬음 한다는 게 상담세션을 보여 주면서 항상 옆에 반영자가 있다. 이것만 보여 줘도 상당히 도움이 되죠.

• 수퍼비전 대용으로 활용

반영팀을 상담 회기 안에서 내담자와 함께 운영하는 것과는 별도로 치료를 마친 상담사들끼리 서로 반영팀을 구성하여 자신의 사례를 나누고 그 안에서 반영을 받아 다시 내담자에게로 전달해 주는 방식도 상당히 효과가 있었다. 이는 기존 상담의 수퍼비전과 같은 역할이기는 하나 전문가가 지도 감독하는 형식이 아니라 동등한 위치에 있는 상담사들끼리 반영팀을 운영하는 방식이므로 기존의 수퍼비전과는 차이가 있다. 현재 이야기치료학회를 통해 운영되는 반영팀은 이런 방식을 사용하여 사례의 수퍼비전을 대신하고 있는데 이 방식이 상당히 유용하다고 보고하였다.

> 참여자 1: 한국적인 상담 상황이면 이야기치료가 많이 퍼져 있지 않은 이 상황에서, 여기서 반영팀은 전문성이 있었으면 좋겠어요. 지금 한국적인 상황에서 이야기 치료로 상담을 할 때에는 전문적인 반영팀이 들어가면 정말 좋겠어요.
>
> 참여자 4: 상담하는 때 반영팀으로 안에 들어갈 수 있는 사람이 많지 않으니까 상담 후에 이야기치료사들끼리 모여서 반영을 서로 하는 것이 좋죠. 상담사들끼리도 상호 반영을 계속 하는 것도 반영이라는 것을 충분히 반영을 하고 받고 하면서 그러면서 어떤 아이디어가 생기잖아요.

• 교육과 훈련을 통해 전문 반영팀을 양성

앞서 제안한 상담사들로 구성된 반영팀을 활성화시키는 방안으로는 무엇보다 교육과 훈련을 꼽았다. 반영은 내담자 중심으로 내담자를 보호하고 그들의 이야기에 주목하는 것이 무엇보다 중요하므로 이를 훈련받아야 한다. 정기적으로 교육을 통해 전문적 반영팀을 양성하고 수준 높은 반영을 할 수 있도록 이들을 훈련해가는 것이 바람직한 반영팀의 활성화 방안의 하나로 제시되었다.

> 참여자 1: 저희는 이제 정기적으로 반영 모임을 하는 거니까. 교육이 가장 중요했던 거 같아요. 그리고 저 같은 경우에는 그 교육에 의해서 억지

로 반영을 했잖아요? 근데 경험을 해보니까 진짜 좋거든요. 상담이 확장이 되고 그러니까 교육이 중요하다는 거죠.

참여자 4: 제가 상담을 하면 반영팀이 없는 상황에서 상담을 할 때 그리고 내가 이야기치료가 확실히 녹아 있지 않을 때 내가 뭘 하고 있는지 모르겠을 때 상담사들끼리 모여서 반영을 받아야 되는데 그게 선뜻 받아지지가 않는 게 우리의 문화잖아요. 그것을 자꾸 내놓고 반영을 받을 수 있는 분위기여야 하고… 이게 정착되면 너무나 좋겠구나. 상담사끼리만 모여서도 확장된다는 것을 경험할 수 있다는 것을 느낄 수 있을 거 같아요.

참여자 6: 저희가 전문상담사로 내담자를 상담하는데 사실 훈련의 기회가 이야기치료에서는 반영밖에 없다고 봐요. 이야기치료에서는 상담사 교육을 위한 측면이 사실은 없잖아요. 반영팀의 전문상담사 모임이 반영의 전문성을 키워서 상담의 역량을 강화하는 게 맞다고 봐요.

결론 및 논의

반영팀은 이야기치료와 함께 소개되어 소수의 상담 현장에서 활용되고 있다. 이 연구를 통해 반영팀을 활용해 본 상담사들은 반영팀이 상담에 대체로 긍정적인 결과를 얻었다고 보았다. 이들이 제시한 요인들은 포스트모던 상담의 특징들을 반영하고 있다. 특히 반영자는 내담자가 미처 보지 못한 새로운 시각을 제시할 수 있었고 내담자가 이야기를 더 풍부히 발전시킬 수 있는 자극이 되었다고 보았다. 이는 반영팀에 대해 언급되는 가장 중요한 주제로 처음부터 Andersen(1991)이 반영팀을 시작했던 의도와 맞물린다. Andersen은 언제든지 어떤 사람이 보는 것보다 더 보거나 들을 것이 있음을 주장해 왔다. 그는 반영팀의 과정이 새로운 이해의 방식이나 다른 견해를 찾아내는 데 도움이 됨을 강조했는데, 이는 대화를 통해 의미를 공동 구성한다고 본 사회 구성주의 시각을 보여준 것이다(Pare,

1999). 그러나 반영자들을 대상으로 한 이전 연구(고미영 외, 2013)에서 반영자들은 새로운 시각을 제시하는 것을 어렵게 생각하였고 다양한 의견을 제시하기보다는 내담자의 강점을 부각시키는 지지적 성격에 주력했음을 나타내어 이 연구의 상담사들과는 다른 관점을 가지고 있음이 나타났다. 또한 외국 문헌에서도 Sell 등의 연구(1994), 그리고 Smith 등의 연구(1992)는 이 연구의 결과와 일치하고 있다. 이들은 상담사들이 반영팀에 대해 매우 긍정적인 경험을 하였는데 그중에 반영팀에서 제시하는 다양한 시각이 매우 도움이 되었다고 보았다. 그러나 O'Connor 등이 한 연구(2005)에서는 반영팀이 매우 풍부하고 도움이 되는 경험을 제공하였지만 때로는 부담이 되는 압도적인 경험이기도 했음을 시사하여 약간 다른 견해를 제시하였다.

또한 포스트모던 철학의 중요한 주제인 상담 상황에서 권력의 불균형을 감소시키는 문제에 대해 이 연구를 통해 확인할 수 있었다. 이 연구에서 상담사들은 반영자가 확실히 그들과 내담자의 권력 관계 긴장을 누그러뜨리는 데에 기여했다고 보았다. 그 이유는 반영자가 상담사와는 다른 위상을 가지고 내담자들이 더 편히 대할 수 있는 대상이었기 때문이다. 반영자는 쉽게 내담자들의 삶과 연결되어 공감을 끌어내고 맞장구를 치는 위치여서 내담자들이 반영자를 자신과 동등한 존재로 보기 시작했다는 것이다. 또한 내담자가 반영자에게는 상담사에게 느끼는 긴장이나 두려움을 가지지 않아도 된다는 점에서 반영자는 정서적 완충 지대를 제공한다고 보았다. Sells, Smith, Coe, Yoshioka, Robbins(1994) 역시 그들의 연구에서 반영자가 권력 관계의 부담을 줄여준다는 것을 지지하는 결과를 보고하였다. 그러나 반영자들을 대상으로 한 연구에서는 이와는 다른 견해가 제시되었다(고미영 외, 2013). 한국적 상담의 상황에서는 상하 관계를 중요시하는 문화적 영향으로 내담자와 상담사 사이에 권력의 균형을 기대하기 어렵다는 반응이었다. 이러한 견해의 차이는 자신의 위치에 따라 반영팀에 대한 기대나 이해가 다를 수 있음을 보여 주는 것이다.

Andersen은 반영팀이 전통적인 가족 치료에 내재되어 있는 불평등의 문제를 시정하기를 기대하였다(Brownlee, Vis, & McKenna, 2009). 그는 반영팀 과정이 전문가가 문제를 해결하는 방식이 아니라 반영자들과의 교류를 통해 내담자들에게 동반자 관계를 형성해 주고 이를 통해 협력을 이끌어낼 수 있을 것으로 보았다. 따라서 대화의 과정에서 지지적이며 개방적인 분위기를 내담자들이 느끼도록 해 주는 것이 중요하다고 역설하였다. 이 연구에서 상담사들은 대체로 반영팀은 내담자를 지지해 주고 개방적이며 안전한 분위기를 만들어줄 수 있다는 점에 동의를 하였고 이를 반영팀의 중요한 가치로 간주하였다. 그 외에도 상담사보다는 반영자의 말을 더 현실적으로 받아들였다는 점과 동지애를 느끼는 동반자 관계를 형성할 수 있다고 보아 반영팀이 권력 관계를 감소시키는 효과를 확신하였다. Cox, Banez, Hawley 와 Mostade(2003)의 연구에서도 반영팀이 협력적이며 지지적인 분위기를 반영 과정 속에서 창출함으로써 내담자가 존중받고 이해받는다는 느낌을 가지게 해 주었다고 하였다. 이러한 협력적 관계는 내담자들이 권력의 평등함을 경험할 수 있는 분위기로 이어지게 된다. 이 연구에서도 내담자와 반영자 사이의 신뢰와 지지적 관계는 치료 상황에서 발생하는 권력의 부담을 감소시키고 내담자들이 상담의 효과를 최대한 누릴 수 있는 요소로 보았다.

상담사들이 한 반영팀에 대한 부정적인 경험을 대체로 내담자와 반영자들이 반영팀에 대한 오리엔테이션을 적절히 받지 못한 데에서 온 결과라고 볼 수 있다. Michael White는 반영자들이 의견이나 충고, 평가, 설명을 피하도록 당부하는 준비과정이 필요함을 역설하였다(White, 2007). 또한 상담사들은 반영팀이 내담자에게 도움이 되기 위해서는 내담자들이 반영팀을 이해할 수 있고 반영팀에 대해 긍정적인 기대를 가져야 한다고 보았다. 특히 상담의 초기에 오리엔테이션을 통해 내담자들이 반영팀에 대해 이해를 할 수 있어야 한다는 주장은 다른 연구에서도 확인되었다. Smith, Sells, Alves-Pereira, Todahl과 Papagiannis(1995)는 반영팀을 위한 기초 무대를 잘 마련해 주는 것이 내담자들이 반영팀을 효과적으로 경험하는 가장 핵심적인 요인이라고 지적하였다. 내담자들이 반영팀원들이

하는 말을 들을 준비가 되어야 하는 것과 팀원들을 신뢰할 수 있어야 한다는 점이 중요하다고 보았다. 이 연구에서도 내담자들이 반영자를 실습생이나 감시자로 간주하는 경우에 반영팀의 효과가 없었다고 나타났다. 따라서 반영팀이 내담자들에게 다른 어떤 것을 주기 이전에 자신들에게 도움이 되는 자원으로 이해되고 수용되어야 하는 점이 무엇보다 중요할 것이다.

반영팀이 상담에 도움이 되는 요인에서 개방성과 현실감, 동지애의 제공은 포스트모던 철학에서 강조하는 것과 일치하고 있다. 특히 현실의 공동 구성이 내담자와 반영자 사이에 일어날 수 있다는 점이 매우 고무적이다(Anderson, 1997). 그러나 이 연구에서는 내담자들에게 제 삼자의 눈으로 보는 객관성을 줄 수 있다는 점은 논란의 여지가 있다. 객관성에 대한 지지는 포스트모던 철학과는 위배되는 상담사들의 생각을 드러낸 부분이다. 원래 구성주의적 관점은 어떠한 현실에 대해 존재하는 객관성을 타당하다고 보지 않는다. 그러나 아직까지 한국의 상담 현장에서는 객관성이 중요한 지표로 지지 받고 있음을 볼 수 있었다.

상담사들은 반영자의 인식론이 이야기상담사와 다를 때 도움이 아니라 오히려 해가 됨을 역설하였다. 인식론이 다른 반영자는 자신의 틀에서 벗어나지 못하고 진단이나 판단을 내림으로써 내담자들에게 도움이 되지 않는 정보를 주장하게 된다. 이야기치료는 언어를 통해 새로운 의미와 가능성을 창출하는 데에 주안점을 두고 있고 단 하나의 진리가 아니라 다양한 견해를 수용하도록 한다(Fishel, Ablon, & Craver, 2010). 전문가가 내리는 하나의 메시지가 중요한 기존 인식론은 이런 의미에서 반영으로서는 바람직하지 않다고 보았다. 반영을 돕는 또 다른 요소로 상담사들은 반영자들이 지닌 문화와 배경의 다양성을 꼽았다. 반영자가 다른 문화나 다른 배경을 지닐수록 내담자나 상담사가 보지 못한 다른 시각을 같은 문제에 대해서 가질 수 있다고 보았기 때문이다. 이 점에 대해 Young 등(1997)도 반영자들이 다른 시각을 긍정적으로 제시했을 때에 내담자들은 반영을 더 수월하게 받아들였다고 주장하였다. 이는 반영을 통해 동일한 사건이 다르게 비춰질 때 내담자들에게 도움이 되었다는 이 연구 결과와 일치한다. 이런 다른 시각을 가지기 위해서 상담사들은 반영자들이 자신이나 내담자와는 다른 배경을 가지는 것이 도움이 되리라고 보았다.

한국적 상황에서 반영팀 운영을 활성화시키는 방안으로 상담사들은 우선 반영팀이 상담의 한 문화로 정착되어야 할 필요성을 역설하였다. 상담에 대해 일반인들이 가지는 인식은 TV와 같은 매스미디어의 영향이 크다. 그러나 아직까지 TV에서 상담은 은밀하며 기적을 일으키는 마술과 같이 그려지고 있다. 이는 상담에 대한 문화를 편협하게 오도하는 것으로 일반인들에게 파급되는 효과가 크다. 이 연구의 참여자들은 반영팀이 내담자에게 소개될 때 상담의 한 문화로 구조화되어진다면 내담자들은 반영팀을 쉽게 받아들일 수 있으리라고 보았다. 반영팀은 내담자들이 반영팀을 얼마나 수용할 수 있느냐에 따라 변화를 일으키는 힘을 가질 수 있다. 따라서 상담 초기의 오리엔테이션과 신뢰받는 관계의 형성이 무엇보다 중요하다.

또한 상담사들은 반영팀이 상담 상황 안에서만 유용한 것이 아니라 밖에서 운영되는 전문가로 구성된 반영팀도 상담을 위해 도움이 됨을 역설하였다. 현재 일반 상담에서 매번 반영자들이 회기에 참여하여 반영하기 어려운 사정을 감안하면 상담이 끝난 후에 내담자들의 허락을 얻어 상담 내용을 전문가 반영팀에서 반영 받는 형태로 반영 작업을 하는 것도 하나의 좋은 대안이 될 수 있다. 실제로 이야기치료학회를 통해 현재 한국에서는 상담사들끼리 모여서 반영을 하는 전문가 반영팀 운영의 독특한 문화를 발전시켜오고 있다. 이번 연구에서 상담사들은 이러한 외부 반영팀의 반영이 큰 도움이 되었고 내담자들에게도 새로운 관점의 전환과 변화를 야기하는 동력이 되었음을 역설하였다. 전문가 반영팀의 수준을 높이는 방안으로는 교육과 훈련을 통해 계속 실천을 하는 길이 제시되었다. 반영팀의 목적은 내담자의 변화를 촉진하고 상담의 수준을 높이는 것이라고 볼 수 있다. 이 연구를 통해 상담사들은 반영팀이 새롭고 다양한 시각을 제시하고 내담자들이 막혔던 문제를 새롭게 볼 수 있도록 돕는 데에 유용했음을 보고하였다. 따라서 반영의 수준을 높이기 위해서 학회나 실천 현장에서는 전문가 반영팀을 지원하고 교육 자료를 유포하여 많은 상담사들이 이를 실천에 활용할 수 있도록 도움을 주는 것이 바람직하다고 본다.

나가며

감사합니다. 불민한 것의 작업을 끝까지 읽어 주셔서 감사합니다. 여러분의 실천 현장에서 조금이나마 도움이 되기를 바라는 마음입니다. 혹여 더 필요하실 경우, www.storycip.kr에 들어오시면 동영상으로 실제 작업하는 모습을 볼 수 있으며 MP3로 강의도 들을 수 있습니다. 또한 감사합니다. 이제까지 부족한 저와 함께 실천 현장을 일궈 주신 여러 선생님께 감사드립니다. 저희는 지식은 공유되어야 한다고 생각합니다.

탈고를 하려고 하니 이것저것 더 채우고 싶은 내용이 많으나 결국 다른 분들의 책을 짜깁기 하는 그 이상이 아니니 부족한 면은 다른 책으로 더욱 보강하시길 부탁드립니다. 바라기는 이야기치료를 통해서 개인의 존엄성이 세워짐과 동시에 사회적 존엄성이 지켜지는 이야기공동체가 확장되기를 기원합니다. 그런 의미에서 이 책과 이야기치료학회, 이론가들과 실천가들께서 상업화되고 계급 구조화되는 상담 현실에 조금이나마 균열을 만들고 새로운 공동체 형성에 초석이 되기를 기도합니다. 감사합니다.

참고문헌

고미영(2004). 이야기 치료와 이야기의 세계. 서울: 청목.

고미영(2012). 초보자를 위한 질적연구방법. 서울: 청목.

고미영, 장화정, 윤혜미(2013). 아동학대 가족대상 이야기치료 반영팀원의 경험에 대한 질적 연구. 아동과 권리, 17(4), 699-736.

김경원(2003). '만화치료'가 이혼가정 아동의 사회적 상호작용 및 사회적 기능 변화에 미치는 영향. 놀이치료연구, 제6권, 제2호, 43-57.

김번영(2007). 이야기치료와 상담. 서울: 솔로몬.

김번영(2010). 아스퍼거증후군 여아의 만화 그리기를 통한 이야기치료 사례. 영유아아동 정신건강연구, 제3권, 제1호, 83-100.

김번영 역(2012). 여행길의 동반자[Companions on the journey]. J. C. Müller 저. 서울: 솔로몬. (원저는 2006년에 출판).

김윤성 역(1998). 해석이론[Interpretation Theory: Discourse and the Surplus of Meaning]. P. Ricoeur 저. 파주: 서광사. (원저는 1976년에 출판).

김재은(1984). 그림에 의한 아동의 심리 진단. 서울: 교육과학사.

김한식 역(2004). 시간과 이야기 3: 이야기된 시간[Temps et récit. 3: Le Temps Raconté]. P. Ricoeur 저. 서울: 문학과지성사. (원저는 1991년에 출판).

김혜리, 정명숙, 박선미, 박영신, 이현진 역(2004). 자폐증과 아스퍼거증후군 아동: 치료자와 부모를 위한 지침서[Children with autism and asperger syndrome: A guide for practitioners and carers]. P. Howlin 저. 서울: 시그마프레스. (원저는 1999년에 출판).

노안영(2011). 집단상담이론과 실제. 서울: 학지사.

노양진 역(1995). 삶으로서의 은유[Metaphors we live by]. G. Lakoff & M. Johnson 공저. 파주: 서광사. (원저는 1980년에 출판).

박선정(2009). 포스트모던 사회와 네트워크의 세계. 파주: 한국학술정보.

보건복지부, 중앙아동보호전문기관(2012). 재학대 방지를 위한 가족기능강화 사업 최종 보고서. 서울: 보건복지부.

송성자(2002). 가족과 가족치료. 서울: 법문사.

안지은(2007). '만화치료(Cartoon Therapy)'의 절차와 방법 연구: 청소년기의 인격장애를 중심으로. 공주대학교 대학원 석사학위 논문.

윤혜미, 장화정, 고미영(2013). 아동학대 재발방지를 위한 이야기치료 기반의 가족치료 접근. 한국가족복지학, 41. 55-86.

이소현 역(2006). 아스퍼거 증후군: 성공적인 통합교육을 위한 전략[Children and Youth with Asperger syndrome]. B. S. Myles 저. 서울: 학지사. (원저는 2005년에 출판).

이재훈, 장미경, 권혜경 역(2001). 자폐 아동을 위한 심리치료[Protective shell in children and adults]. T. Frances 저. 서울: 한국심리치료연구소. (원저는 1990년에 출판).

이재훈, 양은주 역(2003). 대상관계 이론과 임상적 정신분석[Object relations theory and clinical psychoanalysis]. O. F. Kemberg 저. 서울: 한국심리치료연구소. (원저는 1995년에 출판).

이재훈 역(2004). 대상관계 이론과 정신병리학[Object relations theories and psychopathology: A comprehensive text]. F. Summers 저. 서울: 한국심리치료연구소. (원저는 1994년에 출판).

장하석(2014). 장하석의 과학, 철학을 만나다. 서울: 지식채널.

전은청(2008). 만화기법을 이용한 집단미술치료가 정서장애아동의 대인관계향상과 공격성 감소에 미치는 영향: 지역아동센터 아동을 중심으로. 원광대학교 대학원 석사학위논문.

정석환 역(2002). 여성들을 위한 목회상담: 이야기 심리학적 접근[Counseling women: A narrative pastoral approach]. C. C. Neuger 저. 서울: 한들출판사. (원저는 2001년에 출판).

정옥분(2006). 아동발달의 이해. 서울: 학지사.

천병희 역(2002). 시학[Poetics]. Aristoteles 저. 서울: 문예출판사.

최광열 역(2007). 시간의 문화사: 달력, 시계 그리고 문명 이야기[Empires of time: Calendars, clocks, and cultures]. A. Aveni 저. 서울: 북로드.

최의헌(2008). 최의헌의 정신 병리학 강의. 서울: 시그마프레스.

Adams, J. E. (1972). *The big umbrella*. Grand Rapids, MI: Zondervan.

Andersen, T. (1987). The reflecting team: Dialogue and meta-dialogue in clinical work. *Family Process, 26*, 415-428.

Andersen, T. (1991). *The reflecting team: Dialogues and dialogues about the dialogues*. New York: W. W. Norton & Company.

Anderson, H. (1993). On a roller coaster: A collaborative language systems approach to therapy. In S. Friedman (Ed.), *The new language of change: Constructive collaboration in psychotherapy*. New York: Guilford Press.

Anderson, H. (1997). *Conversation, language and possibilities: A postmodern approach to psychotherapy*. New York: Basic Books.

Anderson, H., & Goolishian, H. (1990). Beyond cybernetics: Some comments on Atkinson and Heath's "Further thoughts on second order family therapy". *Family Process, 29*, 157-163.

Anderson, T. (1991). Guidelines for practice. In T. Anderson (Ed.), *The reflecting team: Dialogues and dialogues about the dialogues*. London: W. W. Norton & Company.

Anderson-Warren, M., & Grainger, R., (2000). *Practical approach to dramatherapy: The shield of perseus*. London: Jessica Kingsley.

Andrews, J., & Frantz, T. (1995). Reflecting teams in case consultation and training: Two for the price of one. *Journal of Collaborative Therapies, 3*(3), 14-20.

Bateson, G. (1972). *Steps to an ecology of mind: Collected essays in anthropology, psychiatry, evolution, and epistemology*. New York: Chandler Press.

Bellah, R. N., Madsen, R., Sullivan, W. M., Swidler, A., & Tipton, S. M. (1985). *Habits of the heart individualism and commitment in American life*. Berkeley, CA: University of California Press.

Bower, T. G. R. (1977). *A Primer of Infant Development*. San Francisco, CA; W. H. Freeman.

Brooks, P. (1984). *Reading for the plot: Design and intention in narrative*. New York: Vintage Books.

Browning, D. S. (1991). *A fundamental practical theology: Descriptive and Strategic Proposals.* Minneapolis, MN: Fortress Press.

Brownlee, K., Vis, J., & McKenna, A. (2009). Review of the reflecting team process: strengths, challenges, and clinical implications. *The Family Journal: Counseling and Therapy For Couples and Families, 17*(2), 139-145.

Brueggemann, W. (1989). *Finally comes the poet, daring speech for proclamation.* Minneapolis, MN: Fortress Press.

Brueggemann, W. (1993). *Texts under negotiation: The bible and postmodern imagination.* Minneapolis, MN: Fortress Press.

Bruner, J. (1986). *Actual Minds, Possible Worlds.* Cambridge, MA: Harvard University Press.

Bruner, J. (1990). *Acts of Meaning.* Cambridge, MA: Harvard University Press.

Bruner, J. (2002). *Making story.* New York: Farrar, Strauss and Giroux.

Bryman, A., & Burgess, R. G. (1999). *Qualitative Research* (ed.). London: SAGE.

Burnham, J. (1992). Approach-method-technique: making distinctions and creating connections. *Journal of Systemic Consultant Management, 3,* 3-26.

Carr, A. (1998). Michael White's narrative therapy. *Contemporary Family Therapy, 20*(4), 485-501.

Cattanach, A. (1997). *Children's stories in play therapy.* London: Jessica Kingsley.

Cattanach, A. (Ed.). (2002). *The story so far: Play therapy narratives.* London: Jessica Kingsley.

Clandinin, D. J., & Connelly, F. M. (1991). Narrative and story in practice and research. In D. A. Schön (Ed.), *Case studies in and on an educational practice.* New York: Teachers College.

Combs, G., & Freedman, J. (1999). Developing Relationships, Performing Identities. In Dulwich Centre (Ed.), *Narrative therapy and community work: A conference collection* (pp. 27-32). Adelaide: Dulwich Centre Publications.

Cox, J. A., Banez, L., Hawley, L. D., & Mostade, J. (2003). Use of the reflecting team process in the training of group workers. *Journal for Specialists in Group Work, 28*(2),

89-105.

Cresswell, J. W. (1998). *Qualitative inquiry and research design: Choosing among five traditions.* London: SAGE.

Dallos, R. (1997). *Interacting stories: Narratives, family beliefs, and therapy.* London: Karnac Books.

Damziger, K. (1997). *Naming the mind: How psychology found its language.* London: SAGE.

Demasure, K., & Müller, J. C. (2006). Perspectives in support of the narrative turn in pastoral care. *Nederduits Gereformeerde Teologiese Tydskrif, 47*(3-4), 410-419.

Denzin, N. K. (1989). *The research act.* Englewood Cliffs, NJ: Prentice-Hall.

Denzin, N. K., & Lincoln Y. S. (Eds.). (2000). *Handbook of Qualitative Research.* London: SAGE.

Derrida, J. (1973). *Speech and phenomena, and other essays on Husserl's theory of signs.* Evanston, IL: Northwestern University Press.

Dunn, R. G. (1998). *Identity crises: A social Critique of postmodernity.* Minneapolis, MN: University of Minnesota Press.

Epston, D. (1994). Extending the conversation. *Family Therapy Networker, 18*(6), 31-37, 62-63.

Epston, D. (1998). *'Catching up' with David Epston: A collection of narrative practice-based papers published between 1991 and 1996.* Adelaide: Dulwich Centre Publications.

Epston, D., & White, M. (1994). *Experience, contradiction, narrative & imagination: Selected papers of Daivd Epston & Michael White 1989-1991.* Adelaide: Dulwich Centre Publications.

Fee, D. (Ed.). (2000). *Pathology and the postmodern: Mental illness as discourse and experience.* New Delhi: SAGE.

Fishel, A. K., Ablon, J. S., & Craver, J. C. (2010). The couple's reflecting team: How spoken and written reflections, gender, and stage of therapy impact perceived helpfulness. *Journal of Couple & Relationship Therapy, 9,* 344-359.

Flaskas, C., & Humphreys, C. (1993). Theorizing about power: Intersecting the ideas of foucault with the problem of power. *Family Process, 32*(1), 35-48.

Fogel, A. (1993). *Developing through relationships: Origins of communication, self, and culture.* Chicago, IL: University of Chicago Press.

Foucault, M. (1982). The subject and power. In H. L. Dreyfus & P. Rabinow, *Beyond structuralism and hermeneutics.* Sussex: Harvester Press.

Frankl, V. E. (1988). *The will to meaning: Foundations and applications of logotherapy.* New York: Meridian Printing.

Freedman, J., & Combs, G. (1996). *Narrative therapy: The social construction of preferred realities.* New York: W. W. Norton & Company.

Freedman, J., & Combs, G. (2002). *Narrative therapy with couples and a whole lot More!* Adelaide: Dulwich Centre Publications.

Freedman, J. C., Epston, D., & Lobovits, D. H. (1997). *Playful approaches to serious Problems: Narrative Therapy with Children and Their Families.* London: W. W. Norton & Company.

Frey, J. H. & Fontana, A. (1993). The group interview in social research, In D. Morgan (Ed.), *Successful Focus Groups* (pp. 20-34). Newbury Park: SAGE.

Gadamer, H-G. (1975). *Truth and method.* London: Sheed and Ward.

Gadamer, H-G. (1984). The Hermeneutics of suspicion. In G. Shapiro & A. Sica (Eds.), *Hermeneutics: Questions and Prospects.* Amherst, MA: University of Massachusetts Press.

Ganong, L., & Coleman, M. (1994). *Remarried family relationship.* London: SAGE.

Gergen, K. J. (1985). The Social constructionist movement in modern psychology. *American Psychology, 40*(3), 266-275.

Gergen, K. J. (1994). *Realities and relationships: Soundings in social construction.* Cambridge, MA: Harvard University Press.

Gergen, K. J. (2001). *An invitation to social construction.* London: SAGE.

Gergen, K. J., & Thatchenkery, T. J. (1996), Organizational science in a postmodern context. *Journal of Applied Behavioral Science, 32*, 356-378.

Gerkin, C. V. (1986). *Widening the horizons: Pastoral responses to a fragmented society.*

Philadelphia, PA: Westminster Press.

Gerkin, C. V. (1997). *An introduction to pastoral care.* Nashville, TN: Abingdon Press.

Girard, R. (1986). *The Scapegoat.* Baltimore, MD: The Johns Hopkins University Press.

Gordon, C. (Ed.). (1980). *Power/knowledge: Selected interviews and other writing: 1972-1977.* New York: Pantheon Books.

Graham, E. L. (1996). *Transforming practice: Pastoral theology in an age of universality.* London: Mowbray.

Greenspan, M. (1993). *A new approach to women and therapy.* New York: John Wiley & Sons.

Grenz, S. J. (1996). *A primer on post-modernism.* Grand Rapids, MI: Eerdmans.

Griffith, J., Griffith, M., Krejmas, N., McLain, M., Mittal, D., Rains, J., & Tingle, C. (1992). Reflecting team consultations and their impact upon family therapy for somatic symptoms as coded by structural analysis of social behavior(SASB), *Family Systems Medicine, 10,* 53-58.

Hall, S., & Grieben, B. (Eds.). (1992). *Foundations of modernity.* Cambridge, MA: Polity Press.

Heshusius, L. (1994). Freeing ourselves from objectivity: Managing subjectivity or turning toward a participatory mode of consciousness? *Educational Researcher, 23*(3), 5-22.

Hoffman, J. C. (1986). *Law, freedom, and story: The role of narrative in therapy, society, and faith.* Waterloo, ON: WLU Press.

Hoffman, L. (1990). Constructing realities: an art of lenses. *Family Process, 29,* 1-12.

Hoffman, L. (2002). *Family therapy: An intimate history.* New York: W. W. Norton & Company.

Hoger, C., Temme, M., Reiter, L., & Steiner, E. (1994). The reflecting team approach: convergent results of two exploratory studies. *Journal of Family Therapy, 16,* 427-437.

Horney, K. (1987). *Final lectures,* D. H. Ingram (Ed.). New York: W. W. Norton & Company.

Howlin, P. (1998). *Children with autism and asperger syndrome: A guide for practitioners and carers.* New York: John Wiley & Sons.

Jenkins, D. (1996). A reflecting team approach to family therapy: A delphi study. *Journal* of Marital and Family Therapy, 22, 219-238.

Jones, E. E., Scott, A. R., & Markus, H. (1984). *Social stigma: The psychology of marked relationships*. New York: W. H. Freeman & Company.

Jones, P. (1996). *Drama as therapy: Theatre as living*. London: Routledge.

Kaduson, H. G., & Schaefer, C. E. (Eds.). (1997). 101 *more favorite play therapy techniques*. Northvale, NJ: Jason Aronson.

Kelly, P. (2000). Youth as an artefact of expertise problematizing the practice of youth studies in an age of uncertainty. *Journal of Youth Studies, 3*(3), 301-315.

Kelly, P. (2003). Growing up as risky business? Risks, surveillance and the institutionalized mistrust of youth, *Journal of Youth Studies, 6*(2), 165-180.

Kendler, H. H. (1987). *Historical foundation of modern psychology*. Chicago, IL: Dorsey Press.

Kotzé, E., & Kotzé, D. (1997). Social construction as postmodern discourse: An eistemology for conversational trapeutic pactice. *Acta Tehologica, 17*(1), 27-50.

Kotzé, E., & Kotzé, D. (2001). *Telling Narratives: Spellbound Edition* (ed.). Pretoria: D & P Prepress.

Kotzé, D., Myburg, J., Roux, J., & Associates. (Eds.). (2002). *Ethical ways of being*. Chagrin Falls, OH: A Taos Institute Publication/WorldShare Books.

Lalljee, M. (1996). The interpreting self: An experimentalist perspective, In R. Stevens (Ed.), *Understanding the Self*. Buckingham: Open University Press.

Lamarque, P., & Olsen, S. H. (1994). *Truth, fiction and literature*. Oxford: Claredon Press.

Lather, P. (1991). *Getting smart: Feminist research and pedagogy with/in the postmodern*. New York: Routledge.

Lax, W. D. (1992). Postmodern thinking in a Clinical practice. In K. J. Gergen & S. McNamee (Eds.), *Therapy as Social Construction*. London: SAGE.

Lester, A. D. (1995). *Hope in Pastoral Care and Counseling*. Westminster: John Knox Press.

Limerick, B., Burgess-Limerick, T., & Grace, M. (1996). The politics of interviewing: Power relations and accepting the gift. *Qualitative Studies in Education, 9*(4), 449-460.

Linstead, S. (Ed.). (2004). *Organization theory and postmodern thought.* London: SAGE.

Lowe, R. (1991). Postmodern themes and therapeutic practices: Notes towards the definition of 'family therapy.' *Dulwich Centre Newsletter, 3,* 41-52.

Lyotard, J-F. (1984). *The postmodern condition: A report on knowledge.* Minneapolis, MN: University of Minnesota Press.

Madigan, S. (1996). The politics of identity: Considering community discourse in the externalizing of internalized problem conversations. *Journal of Systemic Therapies, 15*(1), 47-62.

Maturana, H., & Varela, F. (1980). *Autopoiesis and cognition: The realisation of the living.* Dordrecht: Reidel.

May, R. (1983). *The discover of being: Writings in existential psychology.* London: W. W. Norton & Company.

McGovern, T. J. (1996). Quantitative and qualitative differences between the reflecting team model and the strategic team model in family therapy: A comparative study. *Dissertation Abstracts International Section A: Humanities and Social Sciences, 57*(6A), 2691.

McPhie, L., & Chaffey, C. (1999). The journey of a lifetime: group work with young women who have experienced sexual assault. In Dulwich Centre Publications (Ed.), *Extending narrative therapy: A collection of practice-based papers.* Adelaide: Dulwich Centre Publications.

Monk, G. (Ed.). (1997). *Narrative therapy in practice: The archaeology of hope.* San Francisco, CA: Jossey-Bass.

Morgan, A. (1999). *'Practice notes: Introducting narrative ways of working.'* In extending narrative therapy: A collection of practice-based papers, Adelaide: Dulwich Centre publication.

Morgan, A. (2000). *What is narrative therapy: An easy-to-read introduction.* Adelaide: Dulwich Centre Publications.

Morton, N. (1985). *The journey is home.* Boston, MA: Beacon.

Müller, J. C. (1990). Families inside out. unpublished.

Müller, J. C. (1999). *Companions on the journey.* Johnsburg, IL: Logos Electronic Publishers.

Müller, J. C. (2004a). A narrative-based pastoral conversation following the experience of trauma, *Praktiese Teologie in Suid-Afrika, 19*(1), 77-88.

Müller, J. C. (2004b). Human dignity: A south africa story. This paper was presented at a workshop at the 14th international seminar on intercultural pastoral care and counseling, 24-29 September 2000, London.

Müller, J. C., Van Deventer, W. V., & Human, L. (2001). Fiction writing as metaphor for research: A narrative approach. *Practical Theology in South Africa, 16*(2), 76-96.

Myerhoff, B. (1982). Life history among the elderly: Performance, visibility and remembering. In J. Ruby (Ed.), *A crack in the mirror: Reflexive perspectives in anthropology.* Philadelphia, PA: University of Pennsylvania Press.

Novy, C. (2002). The Biography Laboratory: Co-creating in Community. In A. Cattanach (Ed.). *The story so far: Play therapy narratives.* London: Jessica Kingsley.

Paré, D. A. (1999). of families and other culture: The shifting paradigm of family therapy. *Family Process, 34*(1), 1-19.

Paré, D. A. (1999). The use of reflecting teams in clinical training. *Canadian Journal of Counselling, 33*(4), 293-306.

Parry, A., & Doan, R. E. (1994). *Story re-visions.* New York: Guilford Press.

Riikonen, E., & Smith G. M. (1997). *Re-imagining therapy: Living conversational and relational knowing.* London: SAGE.

Roberts, J. (1994). *Tales and transformations: Stories in families and family therapy.* New York: W. W. Norton & Company.

Rosaldo, M. Z. (1984). Toward and anthropology of the self and Feeling. In R. Schweder & R. LeVine (Eds.), *Culture theory: Essays in mind, self, and emotions.* Cambridge, MA: Cambridge University Press.

Rubin, H. J., & Rubin, I. S. (1995). *Qualitative interviewing: The art of hearing data.* London: SAGE.

Sampson, E. E. (1989). The Deconstruction of the Self. In J. Shotler & K. J. Gergen (Eds.), *Texts of identity.* London: SAGE.

Schultz, D., & Schultz, S. E. (1998). *Theories of personality.* Belmont, CA: Brooks.

Scott, L. W. (1990). Deconstructing equality-versus-difference: Or, the uses of post-structuralism theory for feminism. In M. Hirsch & E. F. Keller (Eds.), *Conflicts in Feminism*. New York: Routlegde.

Seikkula, J., & Trimble, D. (2005). Healing elements of therapeutic conversation: Dialogue as an embodiment of love. *Family Process, 44*(4), 461-475.

Sells, S. P., Smith, T. E., Coe, M. J., Yoshioka, M., & Robbins, J. (1994). An ethnography of couple and therapist experiences in reflecting team practice. *Journal of Marital and Family Therapy, 20*, 247-266.

Shotter, J. (1993). *The cultural politics of everyday life: Social constructionsim, rhetoric, and knowing of the third kind*. Buckingham: Open University Press.

Shotter, J. (1996). *Conversational realities: Constructing life through language*. London: SAGE.

Smith, C., & Nylund, D. (Eds.). (1997). *Narrative therapies with children and adolescents*. New York: Guilford Press.

Smith, E. E., Yoshioka, M., & Winton, M. (1993). A qualitative understanding of reflecting teams I. *Journal of Systemic Therapies. 12*, 28-43.

Smith, T. E., Sells, S. P., Alves-Pereira, M. G. Todahl, J., & Papagiannis, G. (1995). Pilot process research of reflecting conversations. *Journal of Family Psychotherapy. 6*(3), 71-89.

Smith, T. E., Winton, M., & Yoshioka, M. (1992). A qualitative understanding of reflective-teams II: Therapists' perspectives. *Contemporary Family Therapy. 19*, 419-432.

Spender, D. (1980). *Man made language*. London: Routledge & Kegan Paul.

Stern, D. N. (1986). *The interpersonal world of the infant*. New York: Basic Books.

Stevens, R. (Ed.). (1996). *Understanding the self*. Buckingham: Open University Press.

Talbot, M. M. (1995). *Fictions at work: Language and social practice in fiction*. London: Longman.

Tharp, R. G., & Gallimore, R. (1988). *Rousing minds to life: Teaching, learning and schooling in social contexts*. New York: Cambridge University Press.

Townely, B. (1994). *Reframing human resource management: Power ethics and the subject at work*. London: SAGE.

Tustin, F. (1990). *The protective shell in children and adults*. Karnac Books.

van Huyssteen, J. W. (2006). *Alone in the world? Human uniqueness in science and theology*. Grand Rapids, MI: William B. Eerdmans Publishing.

Vay, D. L. (2002). The self is a telling a child's tale of alien abduction. In A. Cattanach (Ed.), *The story so far: Play therapy narratives*. London: Jessica Kingsley.

Vygotsky, L. (1986). *Thought and language*. Cambridge, MA: MIT Press.

Watzlawick, P. (1984). Self-fulfilling prophecies. In P. Watzlawick (Ed.), *The invented reality* (pp. 95-117). New York: W. W. Norton & Company.

Weingarten, K. (2000). Witnessing wonder, and hope. *Family Process, 39*(4), 389-402.

Wetherell, M., & Maybin, J. (1996). The distributed self: A social constructionist perspective. In R. Stevens (Ed.), *Understanding the self*. London: SAGE.

White, M. (1988). The process of questioning: A therapy of literary merit? *Dulwich Centre Newsletter, Winter*, 8-15.

White, M. (1995a). *Re-authoring lives: Interview and essays*. Adelaide: Dulwich Centre.

White, M. (1995b). Schools as communities of acknowledgement: A conversation with Michael White. *Dulwich Centre newsletter, Nos. 2 & 3*, 51-66.

White, M. (1999). Reflecting-team work as definitional ceremony revisited. *Gecko: A journal of deconstruction and narrative ideas in therapeutic practice, 2*, 55-82.

White, M. (2000). *Reflections on narrative practice: Essays and interviews*. Adelaide: Dulwich Centre Publications.

White, M. (2007). *Maps of narrative practice*. New York: W. W. Norton & Company.

White, M., & Epston, D. (1990). *Narrative means to therapeutic ends*. New York: W. W. Norton & Company.

Wing, L. (1981). Asperger's syndrome: A clinical account. *Psychological Medicine, 11*(1), 115-129.

Winslade, J., & Monk, G., (2000). *Narrative mediation: A new approach to conflict resolution*. San Francisco, CA: Jossey-Bass.

Wood, D. (Ed.). (1991). *Narrative and Interpretation*. London: Routledge.

Yalom, I. D. (2012). *Love's executioner and other tales of psychotherapy.* New York: Basic Books.

Young, J., Saunders, F., Prentice, G., Macri-Riseley, D., Fitch, R., & Pati-Tasca, C. (1997). Three journeys toward the reflecting team. *Australian and New Zealand Journal of Family Therapy, 18,* 27-37.

Zimmerman, J. L., & Dickerson, V. (1996). *If problems talked: Narrative therapy in action.* London: Guilford Press.

julianmuller.co.za

찾아보기

내용

저자 소개

▣ 김번영

남아프리카공화국 프레토리아 대학교 대학원 박사(상담학)

현 크리스찬치유상담대학원 대학교 교수

이야기 C.I.P개발센터 장(www.storycip.kr)

〈주요 저서 및 역서〉

이야기치료와 상담(솔로몬, 2007)

Stories of Adolescents in Remarried Families(VDMVerlag, 2008)

재혼코칭(대한기독교서회, 2011)

여행길의 동반자(역, 솔로몬, 2012)

청소년을 위한 이야기 상담과 치료(학지사, 2013)

성경 이야기와 이야기치료(솔로몬, 2014)

이야기치료의 원리와 실제
Principles and Practice of Narrative Therapy

2015년 9월 15일 1판 1쇄 발행
2021년 9월 20일 1판 4쇄 발행

지은이 • 김 번 영
펴낸이 • 김 진 환
펴낸곳 • (주) **학지사**

04031 서울특별시 마포구 양화로 15길 20 마인드월드빌딩 5층

대표전화 • 02) 330-5114   팩스 • 02) 324-2345

등록번호 • 제313-2006-000265호

홈페이지 • http://www.hakjisa.co.kr
페이스북 • https://www.facebook.com/hakjisabook

ISBN 978-89-997-0802-2 93180

정가 20,000원

이 도서의 국립중앙도서관 출판시도서목록(CIP)은 서지정보유통지원시스템
홈페이지(http://seoji.nl.go.kr)와 국가자료공동목록시스템(http://www.nl.go.kr/kolisnet)
에서 이용하실 수 있습니다.
(CIP제어번호: CIP2015024135)

출판 · 교육 · 미디어기업 **학지사**

간호보건의학출판 **학지사메디컬** www.hakjisamd.co.kr
심리검사연구소 **인싸이트** www.inpsyt.co.kr
학술논문서비스 **뉴논문** www.newnonmun.com
원격교육연수원 **카운피아** www.counpia.com